Systèmes d'informations administratives

Claude Decoste et collaborateurs

IN.

Systèmes d'informations administratives

gaëtan morin
éditeur

Données de catalogage avant publication (Canada)

Vedette principale au titre :

Systèmes d'informations administratives

ISBN 2-89105-371-0

1. Systèmes d'information de gestion. 2. Gestion – Informatique.
3. Gestion – Logiciels. I. Carrier, Serge.

T58.6.S97 1993   658.4'038011   C92-096272-6

gaëtan morin éditeur

C.P. 180, BOUCHERVILLE, QUÉBEC, CANADA
J4B 5E6   TÉL. : (514) 449-2369   TÉLÉC. : (514) 449-1096

Dépôt légal 3ᵉ trimestre 1993
Bibliothèque nationale du Québec
Bibliothèque nationale du Canada

© gaëtan morin éditeur ltée, 1993
Tous droits réservés

1 2 3 4 5 6 7 8 9 0   G M E 9 3   2 1 0 9 8 7 6 5 4 3

▶▶▶ Remerciements

Nous ne pouvons passer sous silence l'aide précieuse reçue lors de la préparation de ce manuel. Nous tenons à remercier nos consœurs et confrères des différents collèges pour leurs divers commentaires, mais plus particulièrement Denis Ménard (Collège de Bois-de-Boulogne), Gaétan Ménard (Cégep de Sorel-Tracy), Lucie Morin (Cégep de Victoriaville), Laurent Thouin (Cégep Saint-Jean-sur-Richelieu) pour l'évaluation du manuscrit, de même que Jean-Klaude Desgroseillers (Cégep de Saint-Jérôme), Gilles Lamontagne (Cégep François-Xavier-Garneau), Pierre Lévesque (Collège de l'Outaouais) et Mayivangua Matampi (Cégep André-Laurendeau). De plus, nous remercions l'équipe de Gaëtan Morin Éditeur, c'est-à-dire le réviseur Jean-Pierre Leroux pour sa patience et son habileté, Christiane Desjardins, chargée de projet, pour le bon déroulement de la production de cet ouvrage, et enfin Josée Charbonneau, adjointe à l'édition, pour son soutien et ses conseils.

Avertissement

Dans cet ouvrage, le masculin est utilisé comme représentant des deux sexes, sans discrimination à l'égard des hommes et des femmes et dans le seul but d'alléger le texte.

 Table des matières

▶▶▶ Introduction

Ce livre a été conçu pour servir de guide auprès des gestionnaires, présents et futurs, dans un monde corporatif en pleine évolution. La microgestion a transformé la façon traditionnelle de travailler, de penser et de réagir.

La révolution des micro-ordinateurs se produit actuellement, mais pas encore pour tout le monde. Plusieurs gestionnaires ne sont pas conscients du fait que les micro-ordinateurs sont en train d'envahir lentement mais sûrement leur milieu de travail. Il serait dangereux pour une entreprise concurrentielle de passer à côté d'une innovation aussi importante.

Évidemment, la vitesse des micro-ordinateurs ajoute de la flexibilité à l'analyse, multiplie les options avec une grande facilité, ce qui n'est pas une révélation, ni même une révolution. La vraie révolution est beaucoup plus profonde et subtile. *La vraie révolution est plus organisationnelle que numérique, plus gestionnelle que mathématique, plus humaniste qu'analytique.* Les micro-ordinateurs changent l'environnement de l'organisation et redéfinissent le concept d'« information ». Cette révolution engendrée par l'arrivée des micro-ordinateurs a pour effet de former une nouvelle génération de technologues. L'organisation de demain a besoin d'une génération de leaders en gestion informatisée.

Voilà donc le but de cet ouvrage. Nous croyons que celui-ci est unique. Notre point de départ est le gestionnaire et non les applications, c'est les gens et non les logiciels. *Notre idée maîtresse sera la volonté du gestionnaire plutôt que la capacité du logiciel.*

Nous explorerons de quelle façon les micro-ordinateurs peuvent soutenir les gestionnaires dans leurs fonctions. Nous examinerons comment les micro-ordinateurs changent la méthode de penser et d'agir du gestionnaire. De plus, nous expliquerons pourquoi les gestionnaires doivent comprendre la vraie révolution technologique et comment ils peuvent y prendre part afin de devenir d'authentiques leaders administratifs.

Ce livre traitera des grands concepts de la gestion, soit la planification, l'organisation, les ressources humaines et le contrôle. Mais son but principal sera toujours, à travers ces concepts, le leadership administratif, c'est-à-dire la transformation du travail administratif du gestionnaire par :

— la transformation du concept d'«information»;

— la transformation de l'environnement de l'organisation;

— la transformation de la méthode de penser.

Nous présenterons d'abord à l'étudiant des concepts de gestion informatisée, puis nous ferons bien sûr un survol des logiciels standard de gestion. Mais l'utilisation d'un logiciel n'entraîne pas pour autant la compréhension de sa puissance et surtout de son champ d'activité. Il sera donc important d'illustrer de quelle manière on peut se servir d'un logiciel pour résoudre un problème administratif.

Cet ouvrage décrira des logiciels tels que:

— Lotus 1-2-3;

— dBASE III PLUS et dBASE IV;

— WordPerfect.

Il présentera:

— différents concepts de systèmes;

— l'approche systémique.

Il sera complété par:

— des cas;

— des questions à développement.

Les cas consistent en des exemples de problèmes administratifs très courants. Mais, comme dans la vie de tous les jours, les cas contiendront des ambiguïtés. En se basant sur les principes administratifs exposés et sur sa connaissance des logiciels, l'usager devra d'abord discerner l'ambiguïté, puis considérer les diverses possibilités afin d'élaborer le modèle informatique adéquat. Par la suite, il devra concevoir une application manuelle, puis créer un modèle ordonné. Une fois cela fait, il devra comparer son modèle à celui qui est proposé par les auteurs. Enfin, il devra commenter son modèle par rapport à l'approche choisie.

Nous croyons que le rapprochement que nous faisons entre le monde de l'éducation et l'industrie rendra ce livre intéressant et révélateur pour les futurs gestionnaires. Nous espérons qu'il servira de support aux éducateurs et professionnels de la formation, peu importe s'il s'agit du contexte de l'enseignement en classe ou de celui du séminaire en industrie. L'attention que cet ouvrage accorde à la réalité rendra celui-ci indispensable à tous les lecteurs.

1

Le système d'information

▷ OBJECTIFS

Après avoir lu ce chapitre et fait les cas à la fin de celui-ci, l'étudiant ou l'étudiante devrait être en mesure de :

1. Préciser ce qui a amené l'administration à élaborer un système d'information.

2. Définir le système d'information.

3. Définir les différents types de systèmes d'informations.

4. Expliquer l'environnement dans lequel fonctionne un système d'information.

► Introduction

De tout temps, les entreprises et les gestionnaires ont dû disposer d'information afin d'être en mesure de prendre les meilleures décisions possible dans les domaines qui les intéressaient. Le besoin d'information n'est donc pas un phénomène propre aux années 80 ou 90; il remonte en fait au début même de la gestion. Ce qui diffère, cependant, ce sont, d'une part, la quantité d'information accessible et, d'autre part, les outils de traitement de cette information.

Dans cet ouvrage, nous examinerons l'information sous toutes ses formes ainsi que son traitement. Nous aborderons des thèmes tels que la recherche de l'information, la classification de l'information, les outils de gestion de l'information et, bien entendu, les systèmes d'informations eux-mêmes. Ainsi, nous nous rendrons compte qu'avec tous les outils modernes mis à la disposition du gestionnaire, le rôle de ce dernier porte de plus en plus sur le traitement et la gestion de l'information et, conséquemment, de moins en moins sur la recherche proprement dite de celle-ci.

L'avantage concurrentiel d'une entreprise par rapport aux autres entreprises dépend de plus en plus de l'information dont elle bénéficie et de l'efficacité avec laquelle elle la traite. Ainsi, la maison Sears & Roebuck possède un avantage marqué sur ses concurrents, lequel ne provient aucunement des produits qu'elle offre ou de la localisation de ses succursales de vente de détail : tous les concurrents dans ce domaine peuvent plus ou moins facilement copier son approche. Mais là où personne ne peut, à court terme du moins, enlever l'avantage à cette entreprise, c'est sur le nombre de détenteurs d'une carte de crédit de l'entreprise : en effet, le nombre de détenteurs de la carte de crédit Sears dépasse largement les 10 millions. Voilà de l'information! Les gestionnaires de Sears connaissent le nom, l'adresse, les habitudes de consommation (et des dizaines d'autres renseignements) d'à peu près le quart de la population du continent! Comment ne pas posséder, dans de telles conditions, un avantage concurrentiel?

Sears n'est pas la seule entreprise à disposer d'une banque d'information semblable sur sa clientèle : American Express, Merrill Lynch, les grandes banques canadiennes ainsi que de nombreuses autres entreprises possèdent des banques de données d'une ampleur considérable. Mais le besoin d'information ne porte pas que sur le marketing et la clientèle; de façon à être concurrentielle, une entreprise doit détenir une information complète et à jour à tous les niveaux de gestion, qu'il s'agisse des ressources humaines, financières ou matérielles. Et ce besoin va en grandissant.

► 1.1
Le besoin grandissant d'information

Les entreprises des années 90 disposent d'une somme d'information considérable, lorsqu'on les compare aux entreprises d'il y a vingt ou trente ans à peine. La quantité d'information accessible et utilisée semble avoir subi une progression presque géométrique depuis les quarante dernières années. Mais les gestionnaires ont-ils réellement besoin de toute cette information? Voilà une question sur laquelle tous les experts ne s'entendent pas; mais tous s'accordent pour dire qu'il existe certains phénomènes et éléments qui augmentent non seulement le besoin quant à la quantité d'information dont on doit disposer pour être en mesure d'accomplir une bonne gestion, mais aussi l'efficacité et la rapidité avec lesquelles les gestionnaires doivent utiliser cette information (voir le tableau 1.1). Jetons donc un coup d'œil du côté des principales tendances ou modifications, dans le monde de la gestion moderne, qui influencent le besoin d'information.

Tableau 1.1
L'information, élément indispensable à la gestion

Type d'utilisation	Exemples
Information = obligation légale	• Publication du bilan, des résultats • Déclarations fiscales • Déclarations relatives à la sécurité sociale
Information = base pour la décision	• Préparer un rapport comparatif sur différents micro-ordinateurs avant de décider de l'achat • Étudier des *curriculum vitæ* avant d'embaucher un employé
Information = base de la communication	• Diffuser des instructions de la direction aux employés • Envoyer un compte rendu après un contact avec un client • Téléphoner pour fixer la date d'une réunion

1.1.1
La mondialisation des marchés

Il n'existe à peu près plus d'entreprises qui puissent se targuer de ne s'intéresser qu'aux aspects locaux des affaires. La majorité des entreprises doivent maintenant tenir compte de ce qui se passe tant sur le plan national que sur le plan international, que ce soit en amont ou en aval de leur domaine d'intérêt. Auparavant, les fournisseurs d'une entreprise pouvaient se trouver dans un environnement géographique restreint, tandis qu'aujourd'hui ils sont souvent disséminés. Ainsi, même les gestionnaires de petites entreprises traitent la plupart du temps avec des fournisseurs de tous les coins du pays, voire du monde. Le gestionnaire doit donc disposer d'une information non seulement sur les fournisseurs qui sont à proximité de l'entreprise, mais sur le plus grand nombre de fournisseurs potentiels au pays ou dans le monde.

L'exportation, au sens propre du terme, vers les autres pays ou, en un sens plus restreint, vers les autres villes ou provinces d'un pays, n'est plus l'apanage de la grande entreprise, mais elle devient le fait de la moyenne entreprise et même de la petite entreprise. Dans le cas où l'entreprise ne cherche pas à entrer dans le marché de l'exportation, cela ne signifie aucunement qu'elle ne doive pas tenir compte des marchés extérieurs, car les entreprises œuvrant dans ces marchés voudront peut-être, elles, exporter vers son marché local. Le gestionnaire a donc tout intérêt à être parfaitement au courant de ce qui se passe ailleurs.

On parle de plus en plus de libre échange, de marchés internationaux, de mondialisation des marchés. Pour survivre dans ces nouveaux marchés, les gestionnaires doivent posséder une somme d'information astronomique sur l'ensemble de leur domaine, et cela dans un espace de plus en plus vaste.

1.1.2
L'élargissement
des intérêts des entreprises

Quel est le domaine d'affaires d'une entreprise telle que les Caisses populaires Desjardins ? N'importe quel étudiant de niveau collégial des années 60 aurait pu donner la réponse à cette question : les Caisses populaires sont une institution financière comparable aux banques et elles offrent des services similaires. Mais les choses ont changé. Par le biais de plusieurs autres entreprises qu'il a créées, le Mouvement des Caisses populaires et d'économie Desjardins œuvre maintenant dans le domaine de la fiducie, celui des assurances, celui de l'immobilier, etc. Il était peut-être facile de gérer et de contrôler une information à caractère strictement financier, même pour quelques millions de membres, mais il en va tout autrement lorsqu'on touche une demi-douzaine de domaines.

Le Mouvement des Caisses populaires et d'économie Desjardins n'est pas la seule organisation à avoir étendu le champ de ses intérêts : on a même l'impression que cela a été la mode durant les années 80. Toutes les grandes sociétés de fiducie canadiennes (Trust Royal, Montréal Trust, etc.) offrent maintenant une panoplie de services qui dépassent largement le cadre de leur mandat original. Les grands commerces de détail (Sears, Zellers, etc.) œuvrent de plus en plus dans les marchés de l'entretien ménager ou de la rénovation domiciliaire. Et ce ne sont là que les exemples les plus frappants.

Ces entreprises cherchent à tirer le plus possible avantage d'une de leurs forces : elles disposent, par le biais de leurs cartes de crédit maison, d'informations privilégiées sur un grand nombre de personnes. Elles se concurrencent, et concurrencent les entreprises environnantes, moins sur le plan des services offerts que sur celui de l'information

qu'elles détiennent au sujet des consommateurs et de leurs habitudes et besoins de consommation.

1.1.3
La déréglementation

Les entreprises, qui étaient auparavant protégées par une réglementation locale ou nationale, se trouvent de plus en plus fréquemment sur un terrain auquel tout le monde a accès.

Les banques et les caisses populaires étaient les seules institutions à pouvoir offrir certains types de services financiers (les comptes chèques, les comptes d'épargne, etc.) il y a quelques années à peine, mais la situation a bien changé. Les grandes sociétés de fiducie leur font maintenant concurrence sur la majorité des produits offerts, et on voit même des entreprises comme American Express chercher à pénétrer ce marché fort attirant en raison de sa rentabilité. En fait, il est même possible d'entrevoir le jour où une entreprise comme Sears profitera de sa banque de données pour tenter de s'immiscer dans ce domaine. Dans un autre ordre d'idées, qui n'a pas entendu parler des problèmes qu'ont connus Air Canada et Canadian en 1992 ? Ces deux entreprises ont à toutes fins utiles dominé le marché canadien de l'aviation civile, non pas par le biais des services offerts, mais bien grâce à leur système de réservation auquel toutes les entreprises concurrentes devaient adhérer si elles voulaient que les agences de voyages soient mises au courant des vols qu'elles proposaient. Une alliance possible entre une de ces entreprises et une entreprise comme American Airlines aurait changé les règles du jeu du tout au tout, non pas sur le plan des vols offerts et des avions disponibles, mais plutôt sur le plan du système de réservation, lequel aurait été beaucoup plus vaste que celui existant actuellement au Canada.

1.1.4
Le rythme du changement

Une information qui était exacte la semaine dernière ne l'est peut-être plus aujourd'hui. La situation politique change de jour en jour dans plusieurs pays qui constituaient, il y a quelques années à peine, le bloc de l'Est. Un ordinateur à la fine pointe de la technologie au début de l'année 1993 est déjà plus ou moins dépassé à la fin de la même année. La technologie utilisée dans la fabrication d'un produit peut changer d'une année à l'autre.

Les choses évoluent de plus en plus rapidement. Le gestionnaire, pour être concurrentiel, doit donc constamment se tenir au courant de tout ce qui se passe dans son domaine d'intérêt ainsi que dans les domaines les plus proches de celui-ci. Il doit alors aller chercher une quantité phénoménale d'information; une fois qu'il l'a obtenue, il doit la gérer intelligemment.

1.1.5
L'évolution de la gestion

On ne fait plus de gestion, en 1993, de la même manière qu'en 1960: c'est là une évidence. Mais qu'est-ce qui a changé? Tout! Le matériel de production est de plus en plus complexe, les outils dont le gestionnaire dispose lui permettent d'aller beaucoup plus loin qu'il n'était en mesure de le faire auparavant, les attentes et les besoins des travailleurs ont évolué, l'ordinateur a révolutionné le travail d'un grand nombre d'employés et de gestionnaires.

La proportion de travailleurs s'occupant de tâches manuelles diminue régulièrement; de plus en plus d'employés travaillent maintenant à des tâches faisant appel beaucoup plus à l'intellect qu'au physique. On leur demande de modéliser, sur Lotus ou dBASE, des tâches qui étaient autrefois faites à la main; on confie à l'employé, parce que c'est maintenant possible de le faire avec une certaine facilité, plusieurs décisions qui étaient auparavant réservées aux gestionnaires, et cela sans diminuer le niveau de certitude quant à la qualité de ces décisions; un nombre de plus en plus élevé de décisions, qui requéraient auparavant un délai administratif allant de quelques heures à quelques jours, peuvent maintenant être prises sur-le-champ.

Citons l'exemple des travailleurs dans le secteur bancaire. Il y a trente ans à peine, on mettait notre livret de banque à jour manuellement, et l'employé affecté aux tâches de comptoir ne connaissait que les opérations nécessaires à la gestion des dépôts, des retraits et de quelques autres transactions très fréquentes. En fait, les banques offraient des services restreints. Avec l'arrivée de l'informatique, elles ont étendu leur gamme de produits et les demandes de leurs employés se sont accrues. Une grande partie des dépôts et des retraits se font maintenant par le biais de différents appareils informatisés, sans intervention humaine autre que celle du client; on peut connaître le solde de notre compte en banque immédiatement, peu importe où l'on se trouve en Amérique du Nord; une grande partie des clients bénéficient d'une marge de crédit bancaire, etc. Le client n'entre plus que rarement dans une succursale bancaire; lorsqu'il y va, ce n'est généralement plus pour une transaction simple, c'est plutôt pour une question importante. Ainsi, l'employé ne peut plus être qu'un caissier; il représente, dans bien des cas, un gestionnaire et un conseiller.

1.1.6
L'ordinateur

Peut-on parler de l'évolution du monde moderne et de ses effets sur l'information et sa gestion sans parler d'ordinateurs ou de logiciels? La collecte et le traitement de l'information, qui pouvaient exiger des semaines de travail, ne demandent plus que quelques heures, voire quelques minutes.

Tous les gestionnaires peuvent avoir un micro-ordinateur et des logiciels à jour pour quelques milliers de dollars à peine. En fait, non seulement ils ont généralement un ordinateur à leur disposition au bureau, mais ils en possèdent souvent un autre qu'ils transportent partout où ils vont; ainsi, en quelques secondes, ils peuvent établir une communication avec l'ordinateur central de leur entreprise. Les clients et fournisseurs d'une entreprise, qu'ils soient du domaine industriel ou de simples consommateurs, disposent du même matériel et peuvent la plupart du temps établir un contact sans intervention humaine.

Le monde de l'informatique évolue de plus en plus rapidement et cette tendance ne semble aucunement sur le point de ralentir. Certains experts soulignent que, de même que l'humain n'utilise actuellement qu'environ 10 % de sa capacité intellectuelle, de même les logiciels qu'on trouve sur le marché n'emploient que 10 % de la capacité du matériel disponible. Plus encore, on dit que les découvertes dans le monde du matériel se produisent à un rythme supérieur à celui des découvertes dans le domaine des utilisations.

1.1.7
L'information est une ressource

Les gestionnaires considèrent maintenant l'information comme une ressource au même titre que l'énergie et les matières premières. L'information en elle-même, comme nous l'avons vu dans les exemples sur des entreprises telles que Sears ou le Mouvement des Caisses populaires et d'économie Desjardins, a une valeur certaine. On engage des dépenses pour se la procurer et ensuite pour la gérer, et elle permet à l'entreprise de se donner un

avantage concurrentiel. Il est donc normal de considérer l'information comme une ressource au même titre que les autres ressources.

On gère l'information un peu comme les matières premières: on détermine les meilleures sources d'approvisionnement, on la traite de différentes façons, on la stocke de sorte qu'elle soit accessible au moment et à l'endroit désirés.

On peut donc dresser la liste suivante des principaux phénomènes qui rendent l'information et sa gestion si importantes pour le gestionnaire des années 90:

— la mondialisation des marchés;

— l'élargissement des intérêts des entreprises;

— le rythme du changement;

— l'évolution de la gestion;

— l'ordinateur;

— l'information en tant que ressource.

▶ 1.2
Qu'est-ce qu'un système d'information de gestion?

La majorité des auteurs s'entendent sur l'existence des besoins de l'entreprise d'avoir de l'information et de traiter l'information; cependant, l'accord n'est pas aussi étendu lorsqu'on en vient à définir ce qu'est un **système d'information de gestion (SIG)**. Le domaine relatif aux SIG est récent et il reste encore plusieurs éléments à éclaircir.

Comme nous l'avons souligné précédemment, les gestionnaires se sont toujours servis de l'information; ils ont toujours possédé et classifié un certain nombre de renseignements, sur le personnel de l'entreprise ou les ventes par exemple, et cherché à en obtenir d'autres par différents moyens, tels que la recherche commerciale ou les statistiques fournies par divers organismes. En ce sens, la gestion de l'information existe depuis fort longtemps. Plusieurs auteurs définissent un système d'information de gestion (SIG) comme tout simplement l'ensemble des personnes, des renseignements, des méthodes et des équipements auxquels les gestionnaires peuvent faire appel dans le but de se munir d'une information utile à la gestion de l'entreprise.

Mais il existe là-dessus une autre école de pensée. L'expression «système d'information de gestion» a vu le jour, ou du moins a été reconnue, en 1968 lorsque Gordon Davis a créé le premier enseignement des *management information systems* à l'Université du Minnesota. Avant cette date, il n'était jamais question de SIG. Les entreprises possédaient et géraient l'information, sans qu'on puisse pour autant parler de système de gestion de l'information, et encore moins de système d'information de gestion.

Certains affirment que le SIG n'existait pas avant l'invention de l'expression et qu'il faut donc accepter la définition que le père des SIG en a donnée. Davis définit, quant à lui, les SIG comme :

> un système homme-machine intégré dans le but de rendre accessible l'information nécessaire à la gestion des opérations de même qu'à l'analyse et à la prise de décision dans l'entreprise. Un tel système est composé d'un matériel informatique, de logiciels, de méthodes, de modèles servant à l'analyse, à la planification, au contrôle et à la prise de décision, ainsi que de bases de données[1].

Faut-il nécessairement la présence de l'informatique pour que nous puissions parler de SIG ?

L'objectif de cet ouvrage n'est évidemment pas de trancher cette question une fois pour toutes. Nous nous bornerons à dire que, dans le cadre de ce livre, le vocable «SIG» désignera les systèmes d'informations de gestion, qu'ils soient sous forme manuelle ou qu'ils fassent appel à l'informatique. Par ailleurs, comme nous savons qu'il reste de moins en moins d'entreprises qui n'utilisent pas du tout l'informatique, la discussion sur la nature du SIG nous semble quelque peu futile.

Tous les gestionnaires ont besoin d'information pour l'accomplissement de leur travail. Si l'on pense à une décision portant sur un poste à combler dans l'entreprise, nous comprendrons immédiatement la nécessité de disposer d'une information pertinente et à jour sur le personnel en place. Si l'entreprise projette le lancement d'un produit, elle doit détenir de l'information quant à la clientèle potentielle, à la concurrence, aux modes de distribution possibles et aux types de promotion des ventes les plus appropriés. Les objectifs de l'entreprise sont souvent exprimés sous forme financière, et tant le gestionnaire que l'actionnaire auront besoin d'une information comptable et financière pour bien juger de la situation.

Toutes les entreprises doivent posséder une information diversifiée. Qu'est-ce qui permet alors de parler d'un SIG plutôt que d'une simple accumulation de l'information ? C'est l'approche systémique. Pour qu'on puisse dire qu'une entreprise a un SIG, il faut nécessairement que toute l'information qui est à sa disposition soit structurée de façon à être facilement accessible à tous les intéressés pour qu'ils puissent améliorer l'efficacité de la gestion dans l'entreprise. Cette structuration peut prendre plusieurs formes, comme celle de la figure 1.1, ou se faire à l'aide de différents outils, mais son objectif est toujours le même : améliorer l'efficacité de l'ensemble de l'entreprise.

---

1. Gordon B. Davis et Margaret H. Olson, *Management Information Systems*, 2ᵉ édition, New York, McGraw-Hill, 1985, p. 6.

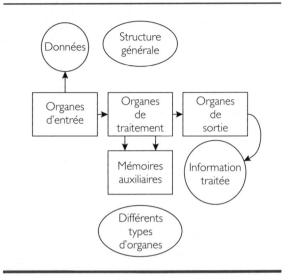

La comptabilité et les finances

Les gestionnaires doivent disposer d'une information financière comportant un haut degré de précision s'ils veulent être en mesure de prendre de bonnes décisions. L'information est donc normalement organisée selon la comptabilité financière et selon la comptabilité de gestion.

Les systèmes d'informations, dans ces secteurs, servent principalement à faciliter le traitement et le stockage de l'information. L'analyse et la prise de décision sont évidemment laissées au gestionnaire, mais le SIG permettra d'obtenir plus rapidement une information plus précise et de rendre cette information plus accessible à un grand nombre de personnes dans l'entreprise.

La production

Dans le domaine de la production, les deux principales utilisations du SIG sont l'aide à la prise de décision et la gestion de l'information.

L'entreprise doit posséder différents renseignements sur les stocks de matières premières, de produits en cours de fabrication et de produits finis; elle doit aussi connaître le temps et les coûts de production de différents articles, l'historique des ventes, etc. Les SIG constituent une aide précieuse pour le gestionnaire en lui fournissant une information précise et à jour.

On se sert aussi énormément des systèmes informatisés pour la prise d'un grand nombre de décisions, telles que la planification d'un projet d'agrandissement, l'équilibrage d'une chaîne de montage, le calcul des lots de marchandises à commander ou à fabriquer ou la détermination de la fréquence des vérifications à des fins de contrôle de la qualité.

► ## 1.3
Les différents types de systèmes d'informations

On trouve, dans la documentation sur le sujet, deux grandes classifications des systèmes d'informations : d'un côté, la classification qui différencie les systèmes d'informations selon les utilisations de ceux-ci et, de l'autre, la classification qui se base sur les fonctions de ces systèmes. Examinons ces deux classifications.

1.3.1
La classification selon les utilisations

Les systèmes d'informations existent dans le but d'aider les gestionnaires à exécuter leurs tâches et de leur permettre d'atteindre un niveau d'efficacité plus élevé. Il est donc naturel d'observer les

Le marketing

Les gestionnaires du service du marketing doivent connaître leur clientèle, les concurrents, le marché à l'intérieur duquel ils œuvrent, les services de publicité qui leur sont accessibles, etc. Les SIG, sur ce plan, favoriseront non seulement l'accumulation de l'information, mais aussi son organisation sous la forme la plus facilement utilisable.

La gestion des ressources humaines

Qui sont les employés de l'entreprise? Quelle est la qualification particulière de chacun? Quels employés méritent le plus une promotion? Quels sont ceux qui ont besoin d'une formation? Quand les évaluations de rendement doivent-elles être faites pour chaque employé? À quel moment les révisions salariales doivent-elles avoir lieu? Voilà autant de questions auxquelles un bon SIG contribuera à répondre rapidement et précisément.

La haute direction

Bien que la haute direction ne constitue pas un secteur distinct de l'entreprise, il ne faut pas oublier que les directeurs de l'entreprise doivent prendre des décisions stratégiques quant à l'orientation de l'entreprise. Pour ce faire, ils ont besoin non seulement d'une information ponctuelle, mais aussi de prévisions et de projections que les SIG leur permettront de faire avec une certaine facilité.

1.3.2
La classification selon les fonctions

Une autre façon d'aborder les systèmes d'information consiste à examiner les différentes fonctions qu'ils remplissent dans l'entreprise et le type d'aide qu'ils apportent au gestionnaire.

Lorsqu'ils sont orientés vers la prise de décision, les SIG servent à faciliter le travail du gestionnaire. Ils sont conçus de façon à organiser et à présenter l'information le plus simplement et le plus clairement afin d'aider l'utilisateur dans sa tâche.

Ainsi, le SIG permettra à un gestionnaire des ressources humaines de bien gérer les évaluations du rendement des employés. Pour ce faire, le SIG lui fournira probablement une information d'abord classée par ordre chronologique (de façon qu'aucune date importante ne soit oubliée) et ensuite présentée de telle sorte que le gestionnaire puisse rapidement prendre connaissance du passé de l'employé dans l'entreprise, de ses forces et de ses faiblesses ainsi que des évaluations de son rendement les plus récentes.

L'information nécessaire à un autre gestionnaire de l'entreprise, comme le directeur du marketing ou celui de la production, sera tout à fait différente, mais aussi bien adaptée à ses besoins. Le SIG est un système constitué d'un ensemble de sous-systèmes d'information; chacun de ces sous-systèmes a sa vocation particulière et contribue à l'efficacité du système.

Nous verrons dans les prochaines lignes les principaux sous-systèmes qui composent ce grand système d'information de gestion; nous y reviendrons d'ailleurs plus en détail au chapitre 5. La figure 1.2 présente ces sous-systèmes du SIG.

La bureautique

La bureautique constitue sans doute le domaine où l'informatisation est la plus visible pour le commun des mortels. D'ailleurs, c'est souvent le premier système d'information avec lequel on entre en contact dans l'entreprise parce que la majorité des activités effectuées font appel en tout ou en partie à la bureautique ou à l'un ou l'autre des extrants qu'elle contribue à produire.

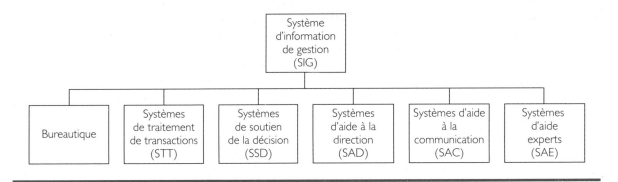

Un service de bureautique est un système d'information dont les principaux rôles sont de recueillir l'information, de la traiter et de la retransmettre par le biais de messageries électroniques, de documents ou de toute autre forme de communication adéquate.

Les systèmes de traitement de transactions

La majorité des entreprises œuvrent dans des domaines où, pour assurer leur survie, elles doivent traiter un grand nombre de transactions et donc se doter d'un système pouvant répondre à cet objectif. Qu'il s'agisse des systèmes de réservation des compagnies aériennes, des systèmes de commandes téléphoniques pour les entreprises de vente par catalogue ou pour les entreprises de distribution, un élément demeure : l'absolue nécessité d'en arriver à effectuer correctement le traitement de milliers, voire de millions de transactions. C'est alors que s'impose le recours à des systèmes de traitement de transactions (STT).

Selon le type précis de système auquel on s'intéresse, l'ampleur et la complexité des opérations à accomplir varieront, mais le travail de base restera sensiblement le même. En effet, il faut posséder et gérer des informations de base sur les caractéristiques du client (son nom, son adresse, son numéro de téléphone, etc.), sur sa demande (les produits désirés, les quantités, etc.) et sur son passé de client (la fiabilité de ses paiements, les escomptes qui lui sont accordés, etc.). Pour ce faire, on devra peut-être :

— classer les renseignements selon les types de clients, de produits consommés, ou selon toute autre base utile à l'entreprise ;

— effectuer différentes opérations mathématiques sur les renseignements à traiter, telles que la multiplication (du prix par la quantité) ou l'addition (d'une facture à l'état de compte) ;

— organiser les renseignements en fonction de l'urgence des commandes ou de la facilité de les préparer à l'entrepôt ;

— stocker l'information de façon à construire un historique des ventes de l'entreprise, des produits commandés ou du représentant responsable de la transaction.

Les systèmes de soutien de la décision

Connus en anglais sous le terme «*décision support systems*», ces systèmes de soutien de la décision (SSD) ont été conçus dans le but d'aider le gestionnaire lors de la prise de décisions non répétitives. Souvent, ces décisions sont plus stratégiques que tactiques et comportent un certain nombre de caractéristiques :

— l'information dont le gestionnaire doit disposer pour prendre la décision n'est pas claire;

— l'information nécessaire n'est pas accessible, ou, lorsqu'elle l'est, elle ne se présente pas sous la forme la plus utile;

— une partie de l'information nécessaire peut être accessible à l'intérieur d'un des sous-systèmes d'informations internes de l'entreprise;

— une partie de l'information doit provenir de l'extérieur de l'entreprise.

Les systèmes d'aide à la direction

Les systèmes d'aide à la direction (SAD) (en anglais, *executive support system*), comme leur nom l'indique, sont destinés à la haute direction de l'entreprise. Conçus pour aider les directeurs à se tenir au courant des activités quotidiennes de l'entreprise, ils servent non seulement à rendre compte de ce qui se passe dans l'entreprise à un moment précis, mais ils peuvent aussi favoriser une prise de conscience des forces de l'entreprise qui constitueront éventuellement un avantage concurrentiel ou une possibilité de commerce.

Les systèmes d'aide à la communication

C'est dans la grande catégorie des systèmes d'aide à la communication (SAC) (en anglais, *work group support systems*) qu'on trouve probablement les innovations les mieux connues des dernières années. Il y a entre autres le courrier électronique, une sorte de boîte aux lettres totalement informatisée, qui permet aux gestionnaires de communiquer entre eux de manière décalée tout en maintenant une efficacité et une rapidité impressionnantes. L'expéditeur laisse un message au destinataire dans la boîte aux lettres informatisée de celui-ci; ce dernier prend connaissance du message au moment qui lui convient (ce pourrait être à deux heures du matin, s'il rentre tard d'un voyage d'affaires) et remet sa réponse directement dans la boîte aux lettres de l'expéditeur original (qui peut en prendre connaissance dès son arrivée au bureau le lendemain matin).

À un niveau plus élevé, on trouve les systèmes de transmission de données (*electronic data interchange*, EDI) qui jouent le même rôle que le courrier électronique, mais entre un fournisseur et son client cette fois, ou encore entre deux entreprises travaillant conjointement. En permettant à un acheteur de transmettre sa commande directement de son ordinateur à celui du fournisseur, on élimine les dépenses et les erreurs possibles occasionnées par l'intervention d'un intermédiaire humain au service des commandes.

C'est dans cette catégorie qu'entrent les logiciels de traitement de texte et de mise en pages. Souvent reliés sur un réseau interne, les différents employés d'un bureau ou d'une entreprise disposent tous du même système. Ces logiciels permettent alors de supprimer une grande partie des communications écrites ou, dans le cas où elles existent toujours, de minimiser les pertes de temps autrefois causées par la présentation visuelle d'un document ou par la multiplication des copies nécessaires.

Enfin, c'est dans cette catégorie que sont regroupés les systèmes d'aide à la communication tels que les télécopieurs (communément appelés «*fax*»), les messageries vocales (sortes de répondeurs téléphoniques de deuxième génération) et autres éléments de la même catégorie.

Les systèmes d'aide experts

Les systèmes d'aide experts (SAE) (en anglais, *expert systems*), qui sont parfois intégrés à des systèmes plus vastes et même autonomes, visent à stocker les éléments et les règles de prise de décision dans des situations précises. Ils tenteront éventuellement de se substituer, du moins en partie, à l'être humain dans certains types de prises de décisions pour lesquelles ils ont été conçus.

1.3.3
Les utilisateurs et les SIG

Bien qu'il ne s'agisse pas d'une classification habituelle des SIG, il peut être intéressant de jeter un coup d'œil sur l'emploi que les utilisateurs font des systèmes d'informations de gestion.

Les employés

Pour les employés en général, les SIG représentent surtout de nouvelles méthodes ou un nouvel équipement pour stocker ou traiter l'information. Les employés considèrent le plus souvent les SIG comme un outil de travail différent et plus efficace.

Les gestionnaires

C'est probablement auprès des gestionnaires que les SIG jouent le plus grand rôle, du moins en ce qui concerne leur utilisation. Les gestionnaires se servent des systèmes d'informations de gestion pour l'aide qu'ils leur apportent au moment de la planification, de l'organisation, du contrôle ou de la correction de diverses situations. Ils y font également appel dans leurs activités courantes à différents stades de la prise de décision.

Les directeurs

Pour les directeurs, les SIG constituent l'outil indispensable pour bien connaître la situation de l'entreprise. Les SIG leur fournissent les rapports réguliers dont ils ont besoin, leur donnent l'information ponctuelle recherchée; ils leur permettent en outre de simuler différentes stratégies et de prendre toutes sortes de décisions.

Les conseillers

Les conseillers internes de l'entreprise sont aussi de grands utilisateurs des SIG, car l'information que ces systèmes mettent à leur disposition leur permet de mieux planifier et analyser les différentes activités pour lesquelles ils doivent apporter un soutien technique.

▶ 1.4
Les SIG et l'ordinateur

Comme nous l'avons mentionné précédemment, il existe une école de pensée selon laquelle les SIG n'existent réellement que lorsque la gestion de l'information s'appuie sur l'informatique. Il nous apparaît donc important de présenter brièvement les principales composantes informatiques de ces systèmes.

Selon Gordon Davis, pour qu'on puisse parler de système d'information de gestion, il faut qu'un système soit basé principalement sur l'ordinateur. Voici différentes catégories d'ordinateurs qu'on trouve sur le marché et dont les entreprises se servent pour gérer leur information. Cette description nous permettra incidemment de prendre connaissance des différents niveaux de complexité et d'investissement qui caractérisent ces systèmes.

1.4.1
L'ordinateur

Puisque tout le monde sait maintenant ce qu'est un ordinateur, nous différencierons les divers types d'appareils qu'on trouve couramment dans l'entreprise (voir le tableau 1.2).

Les trois grandes familles d'ordinateurs

	Micro-ordinateur	Mini-ordinateur	Grand ordinateur
Caractéristiques	• Peu encombrant • Mémoire centrale limitée • Fonctionnement assez lent • Disque souple et rigide ayant une capacité limitée • Imprimante lente	• Possibilité de supporter plusieurs terminaux effectuant des tâches différentes • Disque ayant une grande capacité • Vitesse de traitement assez élevée • Imprimantes variées	• Unités centrales très rapides • Périphériques nombreux à haute performance • Très nombreux terminaux travaillant simultanément • Mémoires auxiliaires ayant une très grande capacité
Utilisations types	• Ordinateur complet • Peut effectuer des travaux classiques de petites entreprises (facturation, comptabilité, etc.) • Poste de travail individuel (traitement de texte, calcul, aide à la décision, etc.)	• Ordinateur de base de la PME • Peut être utilisé pour conduire des processus industriels, gérer des télécommunications, etc.	• Toutes utilisations • Calculs scientifiques et techniques complexes • Gestion des grandes entreprises
Coût	• Prix d'achat : de 2 000 $ à 10 000 $	• Prix d'achat : de 40 000 $ à 100 000 $ • Peut être loué	• Location mensuelle supérieure à 20 000 $ • Prix d'achat supérieur à 300 000 $

Le super-ordinateur

Utilisé presque exclusivement dans les très grandes entreprises ou les organismes de recherche, le super-ordinateur est la machine la plus puissante qui soit. Le bureau météorologique du Canada, situé à Dorval, se sert d'un de ces ordinateurs (le Cray) pour traiter toute l'information météorologique transmise par satellite et nous fournir des prévisions quant à la température à venir. D'un coût souvent supérieur à 50 millions de dollars l'unité, ces machines sont à la portée de quelques-uns seulement.

L'ordinateur central

C'est le premier type d'ordinateur (ordinateur central) dont les entreprises et les gestionnaires ont pu bénéficier; c'est en fait le type de machine dont on s'est servi jusqu'au milieu des années 70. Élaborés pour un usage industriel ou commercial, les premiers ordinateurs étaient particulièrement volumineux et exigeants quant à leur environnement : il fallait en effet les placer dans un environnement climatisé où l'air ambiant devait contenir très peu d'impuretés.

Avec la miniaturisation de certaines composantes, les manufacturiers ont réussi à produire des ordinateurs beaucoup plus puissants que ces premières machines tout en n'utilisant qu'une fraction de l'espace qu'elles demandaient. Mais l'ordinateur central garde toute son importance dans les entreprises qui ont besoin d'une capacité de traitement et de mémoire très grande. Il serait presque impensable, par exemple, de concevoir un système de réservation pour une entreprise telle qu'Air Canada qui fonctionnerait sur un ensemble d'ordinateurs ayant une faible capacité. Les entreprises devront investir de 500 000 $ à 2 000 000 $ pour se procurer ce type de matériel.

Le mini-ordinateur

Ayant une capacité inférieure à celle de l'ordinateur de la catégorie précédente, le mini-ordinateur est le plus souvent utilisé dans les entreprises de taille moyenne dont les besoins ne justifient pas l'achat d'un ordinateur central. Cette machine, qui coûte de 10 000 $ à 100 000 $, peut effectuer les mêmes opérations que les machines plus puissantes, mais sa mémoire et sa rapidité d'exécution sont moins grandes.

Le micro-ordinateur

Souvent appelé «ordinateur personnel», le micro-ordinateur ne coûte qu'entre 1 000 $ et 10 000 $ et permet d'accomplir plusieurs opérations dont les gestionnaires ont besoin. Il est intéressant de souligner que cette machine a une capacité de traitement de l'information et de mémoire qui dépasse souvent celle qu'avaient les ordinateurs du début des années 70 qui se vendaient plus d'un million de dollars l'unité.

Les principaux modèles de micro-ordinateurs que l'on trouve sur le marché appartiennent soit à la technologie Macintosh, soit à la technologie IBM; dans cette deuxième catégorie, il existe beaucoup plus de machines fabriquées par des concurrents d'IBM qui ont copié la technologie de cette entreprise que de machines provenant de cette entreprise même.

Avec la miniaturisation de plus en plus poussée des composantes, non seulement on a réussi à rendre le micro-ordinateur de plus en plus performant, mais on a réduit la grosseur et le poids de l'appareil. Ainsi, on dispose maintenant de modèles portatifs (communément appelés «*laptop*») qui remplissent les mêmes fonctions qu'un micro-ordinateur pleine grandeur.

1.4.2
Les logiciels

Un ordinateur, peu importe sa capacité, ne fonctionne pas seul. Il faut lui fournir une programmation de base qui lui permette d'accomplir les fonctions dont on le charge. En plus des logiciels de gestion de base (tels que le DOS), les principaux logiciels utilisés dans l'entreprise sont des logiciels conçus pour le traitement de texte (WordPerfect, Wordstar, Word, etc.), des chiffriers électroniques (Lotus 1-2-3, Quattro, Excel, etc.), des bases de données (D-Base, R-Base, etc.), des logiciels de comptabilité (tels que Simple Comptable, Accpac, Fortune 1000) ainsi que toute une panoplie de logiciels spécialement élaborés pour exécuter un grand nombre de tâches pouvant aller de la gestion des stocks aux calculs financiers, en passant par la gestion des ressources humaines.

1.4.3
Les composantes d'un ordinateur

Peu importe la puissance d'un ordinateur, sa capacité de mémoire ou sa grosseur, il est toujours constitué d'un ensemble de composantes bien déterminées.

L'unité centrale de traitement

C'est là le cœur de la machine, l'ensemble des composantes qui lui permettent de traiter l'information. Dans les micro-ordinateurs, c'est au modèle particulier de cette composante qu'on renvoie lorsqu'on parle de «286», de «386» ou de «486». Dans le langage courant, on regroupe fréquemment d'autres éléments qui, bien que ne faisant pas partie intégrante de l'unité centrale, y sont tellement reliés que la différenciation n'est pas aisée pour les non-initiés.

Ainsi, on parlera de « coprocesseur mathématique » pour faire référence à une option qu'une machine peut posséder et qui la rend plus ou moins efficace lors du traitement de données mathématiques. Les termes « disque dur », « unité de disquettes » et « CD-ROM » sont utilisés pour décrire les différents espaces réservés à l'information, lesquels sont indépendants de l'unité centrale.

L'équipement d'entrée de données

Pour fournir à l'ordinateur l'information, ou même une programmation, il faut évidemment pouvoir lui communiquer certaines données; cette opération se fera à l'aide d'un équipement d'entrée de données.

Les principaux éléments faisant partie de cet équipement sont le clavier (pour la transmission de l'information par dactylographie), l'unité de disque (pour l'information déjà codifiée et en mémoire), la souris (dont l'utilité se limite à certains ordres simples qu'on lui donne, souvent par le contact avec un point précis de l'écran), l'écran tactile (dont l'utilité est semblable à celle de la souris, mais qui requiert le contact de la main), le modem (qui permet à deux ordinateurs d'entrer en communication), le numériseur (*scanner*) (qui permet de transmettre une image à l'ordinateur), etc.

L'équipement de sortie d'information

Une fois l'information traitée, elle ne devient réellement utile que lorsque les gestionnaires peuvent en prendre possession; l'ordinateur doit donc pouvoir fournir cette information. L'équipement de sortie de l'information est constitué principalement de l'imprimante (dans le cas de documents standard), de l'écran (lorsque le support de papier n'est pas nécessaire), de la traceuse (dans le cas de plans et de devis), de la disquette (dans les cas où l'on veut conserver l'information ou la transporter) et du modem (pour envoyer l'information à un autre ordinateur).

Les réseaux

De plus en plus d'entreprises fonctionnent sur ce que les experts appellent un « réseau ». Cette approche, qui date de la fin des années 80, permet à l'entreprise de ne réserver qu'un petit nombre de machines au stockage de logiciels et aux éléments de mémoire générale tout en fournissant aux employés qui en ont besoin un équipement leur permettant d'accéder à l'information. Cette approche a l'avantage de diminuer grandement les coûts d'acquisition de l'équipement et des logiciels tout en améliorant l'efficacité des opérations informatiques.

▶ ## 1.5
Pourquoi étudier les SIG?

Pourquoi étudie-t-on les systèmes d'informations de gestion? Après tout, plusieurs personnes pensent que seuls les experts y ont recours. Mais rien n'est plus faux.

Bien qu'il soit exact que seuls les experts conçoivent et élaborent les SIG, il reste que les employés et les gestionnaires les utilisent de plus en plus parce qu'ils permettent d'améliorer la productivité des employés, l'efficacité des opérations et qu'ils fournissent souvent un avantage concurrentiel à l'entreprise.

1.5.1
L'amélioration
de la productivité

Il existe de nombreuses situations où les SIG et l'informatique ont amélioré la productivité de l'employé. Pensons simplement au travail de secrétariat dans lequel on a éliminé une grande partie des tâches de classement et des activités répétitives, comme le fait de dactylographier la même lettre des dizaines de fois pour que chaque client ait une lettre personnalisée.

Les tâches de production les plus répétitives sont souvent remplies par des machines plus ou moins «intelligentes». Les gestionnaires peuvent tester des dizaines de scénarios de prévisions budgétaires en quelques minutes. On peut maintenant simuler l'effet qu'une décision aura sur les ventes et les profits de l'entreprise et donc éviter certaines erreurs. Et cette liste ne représente que quelques avantages offerts par les différents SIG sur le plan de l'amélioration de la productivité des employés ou des gestionnaires.

1.5.2
Une plus grande efficacité des opérations

Tous les consommateurs aiment recevoir leurs commandes rapidement ou connaître la disponibilité des produits dont ils ont besoin. Une maison comme Sears peut fournir un état du stock sur-le-champ pour n'importe quel produit; de même, on peut connaître le solde de son compte en banque vingt-quatre heures sur vingt-quatre, peu importe où l'on se trouve en Amérique du Nord.

Mentionnons aussi le processus d'inscription dans les cégeps et les universités du Québec, lequel demande beaucoup moins de temps qu'auparavant tout en offrant un niveau de précision équivalent, sinon supérieur, à celui de l'ancien système. Soulignons enfin le système de réservation de billets de théâtre ou d'avion, où la réservation se fait maintenant en quelques instants et où il est possible de connaître le nombre exact de places disponibles à la seconde près.

1.5.3
La possibilité d'un avantage concurrentiel

Grâce aux SIG, les entreprises sont en mesure d'offrir de nouveaux produits à leur clientèle et, très souvent, de se démarquer de leurs principaux concurrents. Pensons à la quantité de produits que les banques nous proposent dorénavant, produits qu'on n'aurait pu concevoir il y a vingt ans à peine. Les compagnies aériennes peuvent offrir des «points pour grands voyageurs» grâce à la capacité de mémoire des ordinateurs qu'elles utilisent et aux systèmes d'informations dont elles se sont dotées.

Même une petite entreprise est dorénavant susceptible de concurrencer une grande entreprise et d'offrir à sa clientèle des services étendus. La seule limite aux nouvelles utilisations des SIG demeure l'imagination humaine.

 CONCLUSION

Les systèmes d'informations en général et les systèmes d'informations de gestion en particulier ne constituent pas une mode des années 80 et 90, qui est appelée à disparaître au cours de la prochaine décennie; ils représentent plutôt une évolution de l'approche de la gestion qui est là pour longtemps.

L'arrivée de l'ordinateur a révolutionné le monde de la gestion en donnant à l'être humain la capacité de traiter des quantités énormes d'information de façon rapide, précise et efficace. Les gestionnaires ne font que commencer à explorer les options et possibilités offertes par ce nouvel équipement.

La miniaturisation du matériel, l'augmentation de sa capacité de traitement de l'information et de sa capacité de mémoire ainsi que la diminution des prix ont rendu l'ordinateur accessible à quiconque désire l'utiliser. Un bon système d'information n'est plus l'apanage exclusif de la grande entreprise; il est désormais à la portée de la petite entreprise ayant un propriétaire unique.

▶ ## CAS 1.1
UN SYSTÈME D'INFORMATION POUR LE SERVICE D'IMPÔTS DE VOTRE COLLÈGE

Les étudiants de votre collège tiennent, chaque année vers la fin du mois de mars, une semaine d'aide à la préparation des déclarations d'impôts pour les habitants de la région. Durant cette semaine, les gens peuvent se rendre au cégep et obtenir gratuitement qu'on les aide à préparer leur déclaration. Pour pouvoir rendre ce service, les étudiants doivent cependant planifier leur organisation.

Votre tâche

De quelle information les étudiants auront-ils besoin pour planifier cette semaine adéquatement? Si vous étiez responsable du système d'information de gestion pour cet événement, comment procéderiez-vous?

Amorce de solution

Dans cette situation, les étudiants devront déterminer les secteurs dans lesquels ils auront besoin d'information ainsi que le type d'information nécessaire, dans chacun de ces secteurs, pour mener leur tâche à bien. Ils pourront donc, comme nous venons de le voir dans le chapitre, procéder soit selon les utilisations des systèmes d'informations accessibles, soit selon les fonctions de ceux-ci.

Les tableaux 1.3 et 1.4 présentent certains éléments importants à considérer.

▶ Tableau 1.3
Les utilisations du SIG

Marketing
- Type de publicité à utiliser
- Conception des principales communications
- Fournisseurs possibles
- Médias accessibles
- Budget

Gestion des ressources humaines
- Liste des étudiants disponibles
- Horaires de travail
- Programmes de formation à fournir

Comptabilité et finances
- Budget
- Gestion des liquidités
- Sources et utilisations de fonds
- État des résultats
- Bilan
- Répartition des surplus

Opérations
- Matériel nécessaire
- Fournisseurs
- Contrats de location-emprunt
- Logistique
- Service à la clientèle

▶ Tableau 1.4
Les fonctions du SIG

Bureautique
- Traitement de texte pour toute documentation
- Chiffrier électronique pour les besoins de la comptabilité
- Logiciel d'éditique pour la préparation des annonces et des rapports

Système de traitement de transactions
- Base de données pour l'archivage des clients servis
- Base de données pour des études ultérieures sur les types de clientèle servis et les principaux services offerts
- Base de données pour l'évaluation de la rentabilité financière de l'opération selon le type de services ou le type de clientèle servi

Système de soutien de la décision
- Base de données pour enregistrer la provenance des clients, les communications qui les ont attirés, etc.
- Base de données pour tenir compte des jours et des heures d'affluence en vue d'une planification future des horaires de travail

- Base de données pour faire une étude comparative du rendement des étudiants selon l'expérience acquise (pour la planification future des ressources humaines)

Système d'aide à la direction
- Système d'information sur les principales modifications prévues dans la fiscalité
- Système d'information sur les entreprises concurrentes (à but lucratif ou non lucratif)
- Comptes rendus de gestion

Système d'aide à la communication
- Accessibilité des services téléphoniques, des télécopieurs, etc.
- Système de communication interne sur l'étage durant la semaine
- Système de communication avec la clientèle à des fins de suivi ou de «relance» lors de l'instauration du prochain service d'impôts

Système d'aide expert
- Logiciel de fiscalité pour l'offre de services à la clientèle
- Logiciel comptable pour la gestion de l'entreprise

CAS 1.2
L'INFORMATIQUE AU SERVICE
DU COMMERCE DE DÉTAIL

L'une des chaînes de magasins de détail les plus prospères aux États-Unis, en ce moment, est la chaîne de pharmacies Walgreen. Celle-ci comprend plus de 1 600 points de vente répartis à travers les États-Unis, et ses dirigeants comptent ouvrir pas moins de 1 300 autres magasins d'ici la fin de la décennie.

La ligne de produits la plus rentable de cette chaîne est celle des médicaments sous ordonnance dont les ventes ont augmenté chaque trimestre, au cours des douze dernières années, et cela principalement pour deux raisons : la population vieillissante consomme de plus en plus de médicaments, et les prix de ces derniers augmentent continuellement. Mais les compagnies d'assurances qui paient une large part des médicaments sous ordonnance forcent Walgreen à maintenir ses prix, d'où des coûts d'exploitation qui se maintiennent à un niveau acceptable.

Pour ce faire, Walgreen se fie énormément à la nouvelle technologie. Ainsi, elle a été l'une des premières pharmacies à élaborer un système dans lequel les médicaments sont facturés directement à la compagnie d'assurances; cela évite ainsi au pharmacien de devoir faire une facture au client et à celui-ci de réclamer un remboursement à sa compagnie d'assurances. En plus de rendre le processus beaucoup plus simple, cette innovation permet à un client de Walgreen de faire renouveler une ordonnance n'importe où aux États-Unis puisque toute l'information se trouve dans un ordinateur central au siège social de l'entreprise.

En fait, les clients apprécient tellement le service offert qu'il n'est pas rare qu'ils acceptent de payer quelques sous de plus pour se procurer leurs médicaments sous ordonnance auprès de la maison Walgreen.

Votre tâche

Quels sont les avantages d'un tel système pour Walgreen?

Amorce de solution

Pensez aux avantages que retirent les clients (ces avantages deviennent indirectement des avantages pour Walgreen puisqu'ils contribuent à rendre les clients plus loyaux); aux avantages que retirent Walgreen et sa clientèle du fait que ce système de communication établit un lien direct avec les compagnies d'assurances; et, enfin, à l'avantage concurrentiel que ce système donne à cette chaîne de magasins.

CAS 1.3
DE NOUVELLES IDÉES
EN MANAGEMENT

Un grand nombre de changements qui se produisent dans les mentalités modifieront la façon dont les directeurs d'entreprises gèrent celles-ci. Voici quelques-uns de ces changements.

Une étude menée durant trois ans dans le milieu du travail aux États-Unis a démontré que les employés désirent fournir un travail de haute qualité, mais leur désir est souvent contrecarré par des pratiques managériales déficientes. Le Public Agenda Foundation de New York a prouvé, encore récemment, que des éléments tels qu'un lieu de travail approprié et de bons avantages sociaux rendent leur emploi plus satisfaisant aux yeux des travailleurs. Mais ce qui les amène à travailler plus fort, ce sont les chances d'avancement, la possibilité d'acquérir de nouvelles habiletés et le défi que représente leur travail.

Tom Peters, coauteur du livre *In Search of Excellence*, a dit lors d'une confé-rence que les directeurs ne sont en contact ni avec leurs employés ni avec leurs clients, car ils ne portent pas réellement attention à la qualité que nécessitent les produits offerts ni aux personnes affectées à la production. Il soutient qu'il est essentiel d'instaurer un climat de confiance dans l'entreprise : « Si vous tenez à traiter les membres de votre organisation comme des enfants, ne vous surprenez pas s'ils agissent comme tels ».

Le futurologue Alvin Toffler (auteur de *The Third Wave*) souligne, quant à lui, que les personnes de l'époque industrielle étaient à l'aise dans l'uniformité, aimaient être comme leurs voisins, acceptaient la permanence et voulaient être guidés par leurs employeurs. Pour ce qui est des personnes de la nouvelle société, ils pestent contre la routine, aiment sentir qu'ils font quelque chose de valable, qu'ils sont différents, ils veulent improviser, ne font pas beaucoup confiance aux experts ni à l'autorité et se motivent eux-mêmes.

La professeure d'économie de l'université Yale, Jennifer Roback, men-tionne qu'un bon nombre de femmes dans la trentaine qui exercent une profes-sion et qui sont mères aimeraient passer plus de temps avec leurs enfants et avoir des heures de travail plus flexibles que celles qu'elles ont actuellement. Étant donné que plusieurs entreprises ne sont pas en mesure de répondre à ces demandes, Mme Roback croit que la solution consiste à devenir son propre employeur. Ainsi, les femmes devraient se faire entrepreneures.

Votre tâche

Si vous devenez directeur ou directrice durant les années qui viennent, vous aurez probablement à travailler avec des employés dont les exigences seront différentes de celles des employés du passé, y compris les employés qui ne voudront pas travailler aux heures et aux conditions habituelles des bureaux traditionnels. Comment les nouvelles technologies accessibles pourraient-elles assurer à ces employés l'indépendance qu'ils désirent obtenir tout en garantissant à l'entreprise un haut niveau de productivité?

▶ # QUESTIONS

1. Un système d'information de gestion doit-il nécessairement être un système informatisé?

2. Quelles sont les six principales tendances modernes qui ont suscité un besoin grandissant d'information?

3. Qu'entend-on lorsqu'on dit que l'information est maintenant considérée comme une ressource?

4. Quelles sont les deux principales définitions d'un SIG qu'on trouve dans les différents écrits?

5. Quelle est la différence entre un système d'information et un système d'information de gestion?

6. Quels sont les différents types d'utilisations que l'on peut faire d'une information?

7. On classifie souvent les systèmes d'informations selon les fonctions qu'ils remplissent. Dans cet ordre d'idées, quels sont les principaux systèmes?

8. Qu'entend-on par « systèmes d'aide experts »?

9. Quelles sont les principales catégories d'ordinateurs?

10. Quelles sont les trois principales raisons pour lesquelles on étudie les SIG?

2

La collecte et la transformation de l'information

▷ OBJECTIFS

Après avoir lu ce chapitre et fait les cas à la fin de celui-ci, l'étudiant ou l'étudiante devrait être en mesure de :

1. Définir le concept d'«information» et les caractéristiques d'une bonne information.
2. Identifier les différentes sources d'information.
3. Identifier les modes de saisie de l'information.
4. Connaître les besoins auxquels les modes d'organisation de l'information doivent répondre.
5. Différencier les modes de traitement de l'information.
6. Définir les critères nécessaires à l'utilisation de l'information.

▶ Introduction

Les organisations sont des systèmes complexes qui utilisent plusieurs types de ressources. Ces intrants peuvent se présenter sous forme de matières premières, de ressources humaines, technologiques ou financières. Mais cette liste demeure incomplète tant qu'on n'y ajoute pas un élément qui prend de plus en plus d'importance dans la gestion moderne: l'information. L'information peut servir dans la mise au point de l'innovation, dans l'accumulation des connaissances requises par rapport au processus de fabrication ou dans des recherches sur les marchés potentiels de l'entreprise ou sur ses concurrents; souvent, elle constitue même le produit final, la raison d'être de certaines entreprises.

Pour qu'il y ait un système d'information, et plus encore un système d'information de gestion, il faut bien sûr disposer d'informations, cela semble évident. Malgré l'évidence apparente de cet énoncé, il en va tout autrement dans la réalité quotidienne des entreprises. Les gestionnaires responsables des systèmes d'informations doivent répondre à une série de questions pertinentes avant de pouvoir établir le système lui-même.

Les gestionnaires doivent en effet connaître les types d'informations qui pourront être utiles aux autres gestionnaires de l'entreprise, la somme d'informations adéquate qu'ils mettront à leur disposition, l'importance relative des différents types d'informations, les principales sources d'informations, les liens à établir entre les informations accessibles ou entre celles qui proviennent des nombreux secteurs d'activités de l'entreprise. Et on pourrait continuer cette énumération encore longtemps. La question de l'élaboration d'un système d'information n'est pas aussi simple qu'il y paraît.

▶ 2.1
Les données et l'information

Toute «information» constitue-t-elle vraiment de l'information? Bien que cette question puisse paraître un peu bizarre, elle garde toute son importance. On utilise, dans le langage de tous les jours, le mot «information» à toutes les sauces. On dit qu'on a reçu de l'information à tel ou tel sujet, qu'on a pris des informations, que tel document nous fournit une mine d'informations, et ainsi de suite.

Mais lorsqu'on traite de l'information en rapport avec la gestion, on doit différencier deux niveaux: le **renseignement** et l'**information**. Un renseignement ne constitue pas nécessairement une information au sens que nous donnerons à ce terme dans cet ouvrage.

Certains types de renseignements ne sont en fait que des **données**, des unités de connaissance qui n'apportent rien, en tant que telles, à celui ou celle qui les possède. Les données en elles-mêmes ne véhiculent pas de message. Elles doivent être organisées, traitées, de façon à présenter un sens, avant d'être considérées comme de l'information (voir la figure 2.1). Ainsi, le fait de savoir qu'il fera 32° à Acapulco, aujourd'hui, ne constitue pas, pour moi, une information. Cette bribe de connaissance ne m'est d'aucune utilité : je n'ai pas l'intention de me rendre à Acapulco, je ne fais actuellement affaire avec personne qui y ait un bureau et je ne connais personne qui y soit en vacances. C'est donc un renseignement qu'il peut être amusant de posséder, mais qui demeure un renseignement.

Par contre, ce renseignement peut constituer une information utile pour quelqu'un d'autre. Le voyageur, dont l'avion s'envole à 13 heures en direction de cette ville sera certainement heureux de connaître ce renseignement : cela l'aidera à décider des vêtements qu'il portera. Devant ce renseignement, une autre personne choisira peut-être Acapulco comme destination pour ses vacances. Il existe donc des milliards de données dont les entreprises et les gestionnaires peuvent disposer; mais cela ne signifie pas que toutes ces données constituent de l'information.

Pour avoir une valeur informative, les données doivent ajouter aux connaissances de l'utilisateur et présenter une certaine utilité. Une donnée prendra un sens et se transformera en information au moment où elle permettra au gestionnaire de mieux comprendre une situation, de se faire une opinion, de prendre une décision. Tant et aussi longtemps qu'un renseignement ne joue pas ce rôle, il demeure tout simplement une donnée de plus à la disposition du gestionnaire.

Pour le directeur d'un cégep, la répartition, par groupes d'âge des habitants de la région dans laquelle son établissement œuvre constituera de l'information, parce qu'il pourra se servir de ces données pour être mieux en mesure de prévoir ses effectifs pour les années à venir de même que leurs besoins de formation. Par contre, un renseignement quant à la nouvelle politique de prix de la société Eaton ne lui sera d'aucune utilité. Ce qui repré-

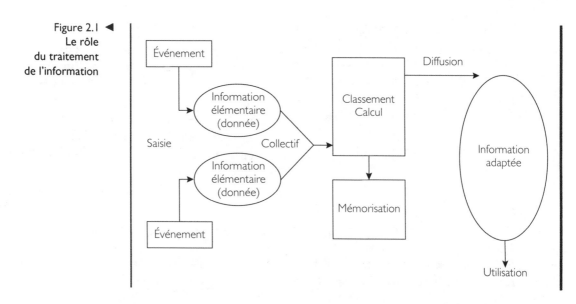

Figure 2.1 ◄
**Le rôle
du traitement
de l'information**

sente de l'information pour l'un peut très bien n'être qu'un renseignement pour son voisin.

Différents auteurs ont établi de la façon suivante la différence entre les termes «données» et «information»: les données sont des faits ou des chiffres, tandis que l'information est la connaissance acquise par le traitement des données. Une donnée peut être définie comme la représentation de faits, d'observations ou de répétitions d'un événement. L'information, quant à elle, constitue des données qui ont été modifiées en une forme utile et pourvue de sens pour certains besoins particuliers de l'être humain.

Nous avons vu deux exemples d'éléments de connaissance qui pouvaient être ou non de l'information, selon le point de vue du récepteur, ou du détenteur, de cette connaissance. Ces données en elles-mêmes constituaient ou ne constituaient pas de l'information. Mais ce n'est pas toujours le cas : il faut parfois transformer les données originales pour qu'elles passent du niveau de renseignement au niveau d'information. Certains renseignements peuvent devenir de l'information lorsqu'on les traite correctement.

Ainsi, le fait de savoir qu'une livre se divise en seize onces n'est pas en soi une information importante. Mais pour le gestionnaire d'un restaurant McDonald, qui sait qu'un quart de livre de viande contient exactement quatre onces, ce renseignement possède une tout autre valeur. Ce n'est pas la connaissance en soi du rapport onces-livre qui constitue une information pertinente et utile; c'est plutôt la connaissance de ce rapport combinée à celle de la recette du quart de livre de viande.

Nous pouvons donc affirmer que toute information est une donnée, mais toute donnée ne constitue pas nécessairement une information. L'information peut aussi se présenter sous différentes formes. Elle peut être quantitative (ou nu-

mérique); elle indique alors une évaluation précise, comme le profit brut d'une entreprise, son ratio d'endettement ou d'encaisse. Elle peut aussi être qualitative (ou symbolique), auquel cas on la présente normalement au moyen d'un texte, comme c'est le cas de ce livre.

Voyons maintenant les principales caractéristiques que doivent posséder les données et renseignements pour accéder non seulement au rang d'information mais au rang d'information utile.

▶ 2.2
Les qualités de l'information

Pour qu'une information soit bonne, elle doit posséder les qualités suivantes (voir également le tableau 2.1).

2.2.1
L'information doit être utile

Pour qu'un renseignement puisse devenir une information, comme nous l'avons dit précédemment, il doit avoir une certaine utilité pour le gestionnaire qui le reçoit.

Ainsi, pour le gestionnaire d'un marché d'alimentation comme Provigo ou Métro, le fait de connaître les prix de l'essence à la station-service la plus rapprochée ne constitue qu'un renseignement. Par contre, le fait de connaître les prix de vente de son concurrent le plus proche sur une caisse de boissons gazeuses en cannettes est une information particulièrement utile.

2.2.2
L'information doit être exacte

Il nous apparaît évident qu'une information, pour être utile, se doit d'être exacte; mais cette évi-

Tableau 2.1 ◄
Les qualités
de l'information

Qualité	Définition	Exemple
Utile	L'information est pertinente si elle est bien adaptée aux besoins de ses utilisateurs	Connaître la population d'un quartier pour savoir si on doit y implanter un magasin. Par contre, le chiffre d'affaires du magasin d'une autre ville n'est pas une information utile
Exacte	L'information est digne de confiance si elle vient d'une bonne source, si elle est bien vérifiée et si elle est à jour	Une information issue de rumeurs peu vérifiables découlant de calculs approximatifs n'est pas fiable
Complète	L'information touche tous les aspects importants pour la compréhension des phénomènes et pour la prise de décision	Le fait de savoir que les ventes ont augmenté de tel pourcentage ne signifie rien si on ne connaît pas la variation de prix qui a entraîné ce résultat
Ponctuelle	L'information est facile à obtenir, requiert peu de manipulation et est accessible rapidement	Possibilité de retrouver rapidement le chiffre d'affaires par catégorie de clients à l'aide de deux ou trois frappes au clavier de l'ordinateur

dence dans la vie courante prend un tout autre aspect dans le contexte de la prise de décision dans l'entreprise. En effet, une information erronée ou imprécise peut être lourde de conséquences, car le gestionnaire, qui considérera cette information comme exacte, prendra une décision en fonction de celle-ci, ce qui peut l'amener à faire un mauvais choix.

Ainsi, le gestionnaire d'un marché d'alimentation qu'on informerait du fait que son concurrent le plus proche s'apprête à accorder un rabais important sur le prix des boissons gazeuses pourrait très bien décider de faire de même. Il annoncera alors ses prix réduits, avant de se rendre compte que le concurrent en question n'a pas baissé les siens. Il aura donc subi, plus ou moins inutilement, un manque à gagner.

2.2.3
L'information doit être complète

Une information partielle peut être tout aussi dangereuse qu'une information inexacte. Le gestionnaire doit disposer d'une information détaillée pour être en mesure de prendre une bonne décision. Il arrive évidemment qu'on prenne une bonne décision sans connaître toutes les données d'un problème, mais c'est souvent là l'effet de la chance.

Pour poursuivre l'exemple précédent, avant de prendre une décision quant à sa réaction à l'attaque du concurrent, le gestionnaire du marché d'alimentation cherchera à savoir de quel ordre sera la réduction de prix prévue : s'agit-il de 0,50 $ la caisse de 24 cannettes, de 1,00 $ ou de 2,00 $? Il est certain que la réaction de ce gestionnaire dépendra de l'importance de l'action du concurrent.

2.2.4
L'information doit être ponctuelle

Certains renseignements peuvent prendre une valeur au fil des ans. On base souvent nos prévisions de ventes sur les ventes des périodes antérieures, on se fie au temps qu'il a fait ces derniers jours pour planifier nos activités des prochains jours, etc. Mais il existe aussi un grand nombre de renseignements, qui finissent par perdre toute valeur.

Ainsi, le gestionnaire d'un marché d'alimentation se servira-t-il de la courbe des ventes des dernières semaines pour prévoir les ventes de la semaine prochaine ; il consultera peut-être les informations des années antérieures pour tenter d'établir un comportement plus ou moins régulier des ventes selon les saisons ou les périodes de l'année. Ce sont là des informations qui ne souffrent pas du passage du temps, mais tous les types d'informations ne connaissent pas ce sort.

À quoi peut-il servir au gestionnaire du marché d'alimentation de savoir que son concurrent a fait un rabais éclair, jeudi dernier, sur les boissons gazeuses, et qu'il en a vendu des milliers de caisses ? Évidemment, ce renseignement peut être utile au gestionnaire du fait que les ventes effectuées la semaine dernière par le concurrent auront probablement des effets négatifs sur ses ventes futures, mais c'est là une bien mince consolation. Ce renseignement lui aurait été réellement utile s'il l'avait eu avant la promotion en question, de sorte qu'il aurait

pu réagir immédiatement et contrer les principaux effets négatifs de cette action du concurrent.

2.3
Les caractéristiques
de l'information

Les différents niveaux auxquels les informations possèdent les qualités mentionnées précédemment nous permettent de classer ces informations et d'en faire une première évaluation. Mais on peut aussi répartir les différentes informations selon leurs caractéristiques.

2.3.1
Les sources

Préalablement à toute utilisation de l'information, les données doivent être recueillies et organisées. On doit donc déterminer quelles données il faudra recueillir, à quel moment on devra le faire, à quelle fréquence et de quelle façon. Par exemple, pour un marchand, il est très important, lors de chaque vente, de retenir le prix de vente afin d'assurer un suivi des rentrées de fonds. Toutefois, ce n'est pas suffisant : il a aussi besoin de savoir quels articles ont été vendus afin de contrôler son inventaire. Si, de plus, les vendeurs reçoivent un pourcentage des ventes, il devra enregistrer le nom (ou le numéro) de chaque vendeur qui a effectué une transaction.

L'information provient de multiples sources. Il est important pour une organisation de les identifier et de les connaître. Chaque source possède à la fois des avantages et des inconvénients et doit donc être choisie en fonction de l'objectif visé et des capacités de traitement de l'information fournie. La même source peut être utile à plusieurs services ; ainsi, l'inventaire fait par les responsables de la gestion des stocks d'une entreprise servira aussi bien au service de la comptabilité qu'à celui du marketing et à celui de la distribution. On distingue deux bases de différenciation de l'information; d'une part, les sources primaires et les sources secondaires et, d'autre part, les sources internes et les sources externes.

Les sources primaires

L'information provenant d'une source primaire est une information qui a été recueillie dans un objectif particulier. Par exemple, un sondage est une source primaire d'information. Il permet de connaître l'opinion d'un large groupe de personnes sur un sujet précis. Par contre, les sondages sont coûteux, longs à réaliser et la préparation des questionnaires demande un soin minutieux.

L'observation est aussi une source primaire. Cette méthode permet d'éviter les délais ainsi que les biais occasionnés par les intermédiaires. Il faut toutefois faire attention au fait que les résultats peuvent être faussés si l'observation d'un phénomène influence (directement ou non) l'objet observé.

Une troisième source possible est l'expérimentation. Il s'agit d'une façon efficace de maîtriser l'ensemble des conditions entourant un phénomène; mais il est souvent très difficile de reproduire les conditions réelles d'une situation.

Une autre source primaire d'information consiste simplement à demander l'avis d'une personne. L'estimation d'un expert est quelquefois la seule ou la meilleure information possible sur un sujet donné. Il est alors très important de bien choisir sa source d'expertise et de lui décrire avec précision le problème.

Enfin, les fichiers des entreprises sont généralement considérés comme une source primaire d'information. On pense, par exemple, aux fichiers sur les clients qui servent à la perception des comptes ou à ceux utilisés dans la gestion des inventaires. Ces fichiers permettent d'accumuler systématiquement l'information nécessaire à la bonne marche des opérations de l'organisation.

Les sources secondaires

La caractéristique des sources secondaires est qu'elles présentent une information déjà existante, indépendamment de l'objectif fixé par le gestionnaire. Ces sources sont très variées; nous en verrons quelques-unes. Une première source secondaire est constituée par la masse d'informations déjà recueillies et emmagasinées par chaque organisation (les registres). Cette information accessible à peu de frais est reliée au contexte particulier de l'entreprise. Elle peut, par contre, parfois se révéler périmée ou difficilement utilisable sous sa forme originale.

L'information peut aussi être obtenue de firmes externes. Cela permet d'avoir accès à des renseignements qu'il serait autrement quasi impossible d'obtenir dans des délais et à des coûts raisonnables. Plusieurs firmes se spécialisent dans l'acquisition et la revente de l'information. Certaines banques de données sont accessibles sur des systèmes informatisés et un client peut se servir de celles-ci à l'aide de son propre ordinateur muni d'un modem.

Une troisième source secondaire d'information est l'ensemble des organismes gouvernementaux (tels que Statistique Canada). Ces organismes fournissent de l'information sur une foule de sujets, en quantité phénoménale et dans une forme standardisée, qui se prête généralement bien aux traitements minimaux qu'il faudra lui faire subir pour l'adapter aux besoins de l'entreprise.

Finalement, une quatrième source d'information provient des publications diverses (publications scientifiques, magazines et journaux). Ces publications peuvent aussi fournir une masse d'informations à un coût très faible. Cependant, l'information, dans ce dernier cas, est souvent biaisée et peu rigoureuse; il faut alors que le responsable la traite avec soin pour en faire un produit utile.

Les sources internes

Les membres de l'entreprise constituent des sources internes d'information pour une organisation. Les données sont alors les connaissances des individus, les rapports produits par la firme ou une étude de marché effectuée par des membres du personnel. Notons qu'une source interne d'information peut utiliser des données provenant de l'extérieur de l'entreprise; la source est interne dans la mesure où les éléments ne deviennent de l'information (comme nous avons défini celle-ci précédemment) qu'après avoir été saisis par l'organisation. La plupart des données utilisées par l'ordinateur sont de nature interne : les factures, les relevés de salaires, les relevés de ventes ou d'achats en sont des exemples courants.

Les sources externes

Les sources externes proviennent de l'extérieur de l'entreprise et les renseignements recueillis possèdent déjà un caractère informationnel avant d'être récupérés par l'entreprise. Il s'agit par exemple des publications d'affaires, des publications gouvernementales ou des rapports en provenance de firmes de consultation.

2.3.2
La régularité

Une deuxième caractéristique de l'information porte sur la régularité ou la fréquence de sa mise à jour. Certaines informations requièrent une mise à jour quotidienne (les données de ventes, par exemple) alors que d'autres ne peuvent être obtenues qu'une ou deux fois la semaine (comme le taux d'intérêt offert par la Banque du Canada), ou tous les mois, tous les ans ou même tous les cinq ans (comme les données de recensement de Statistique Canada).

2.3.3
La période

Une autre caractéristique de l'information est la période sur laquelle elle porte. Il peut s'agir de données historiques, de données présentes sur les activités de l'entreprise ou de ses concurrents ou même des données sur une situation future. Il serait faux de prétendre que les informations historiques ne sont pas aussi pertinentes que les informations actuelles; les informations historiques qui concernent la même période au cours des deux dernières années peuvent être beaucoup plus utiles que les informations actuelles lorsqu'on veut prévoir les ventes de la période à venir, par exemple.

De même, certaines informations ayant trait à des données futures peuvent être, contrairement à ce que plusieurs croient, tout aussi exactes que certaines informations actuelles. Ainsi, on connaît de façon très précise le nombre d'individus qui auront 16 ans l'an prochain : ce sont tous ceux qui ont actuellement 15 ans... Ce n'est pas parce qu'une information porte sur une période à venir qu'elle est nécessairement fausse; il existe toujours une marge d'incertitude lorsqu'on se tourne vers l'avenir, mais cette marge est souvent mince.

2.3.4
La présentation

Tous les exemples que nous avons donnés dans les sections précédentes touchaient des informations d'ordre quantitatif présentées sous forme de données chiffrées. Mais ce ne sont pas les seules informations qui seront utiles au gestionnaire.

Il existe un éventail d'informations qualitatives qui s'avèrent précieuses pour les personnes qui les possèdent. Ainsi, il sera intéressant de connaître l'opinion des gens sur tel produit qu'on offre, on voudra connaître les préférences des consommateurs en ce qui a trait à l'emballage des boissons gazeuses, on cherchera à comprendre comment le consommateur moyen en arrive à prendre une décision d'achat ou de non-achat.

De même, la présentation sous forme de données chiffrées ne constitue pas la seule façon de transmettre une information. On peut communiquer le même message par le biais d'un graphique ou d'un dessin. Dans certains cas, cette approche est préférable à la communication par le texte.

▶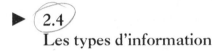
2.4
Les types d'information

Dans les situations où l'on trouve un système d'information, on pourra utiliser un autre genre de classification de l'information, soit les types d'infor-

mation. Dans le cas d'un système d'information de gestion, les types d'information seront constitués par les secteurs de gestion suivants : la comptabilité et les finances, le marketing, les ressources humaines, la production et le management (voir la figure 2.2).

2.4.1
La comptabilité et les finances

Un partie importante de l'information accessible dans l'entreprise provient du secteur de la comptabilité et des finances. Comme les lecteurs le savent probablement déjà, la principale tâche du service de la comptabilité consiste à enregistrer toutes les données chiffrées de l'entreprise. Le service de la comptabilité est donc un important fournisseur de renseignements.

Mais le rôle de ce service ne se limite pas à l'accumulation de données et de renseignements : il a aussi la responsabilité de traiter les renseigne-

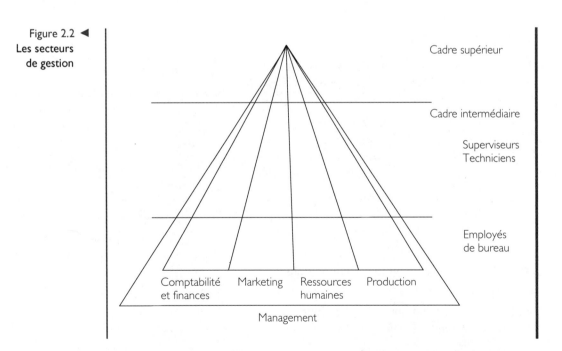

Figure 2.2 ◀
Les secteurs de gestion

Cadre supérieur

Cadre intermédiaire

Superviseurs
Techniciens

Employés
de bureau

Comptabilité
et finances

Marketing

Ressources
humaines

Production

Management

ments qu'il collige de façon à les présenter sous une forme standardisée, compréhensible et utile aux gestionnaires ou aux individus à l'extérieur de l'entreprise qui y ont accès. En deux mots, le service de la comptabilité doit aussi transformer les renseignements en informations. C'est ce service qui prépare les états financiers de l'entreprise de même que les études de coûts et revenus, de même que l'évolution de la situation financière. Le service des finances, quant à lui, est un utilisateur de l'information. C'est en effet en se basant sur les informations fournies par le service de la comptabilité que les gestionnaires des finances prendront toutes sortes de décisions visant à améliorer la situation financière de l'entreprise et à profiter des possibilités qui s'offrent à elle.

En fait, ces services traitent une si grande quantité de renseignements et d'informations qu'on a souvent tendance à croire que les informations comptables et financières représentent l'ensemble des informations de l'entreprise. Bien qu'il soit vrai que ces services occupent une place importante dans les systèmes d'informations de gestion, ils constituent une composante parmi plusieurs autres.

Les services de la comptabilité et des finances préparent ou utilisent des documents tels que ceux-ci :

1. Les états de fabrication et des résultats. Ces états rendent compte des coûts reliés à la fabrication des produits de l'entreprise, des ventes effectuées ainsi que des dépenses engagées.

2. Les budgets de caisse. Ils permettent aux gestionnaires de déterminer la situation de leur encaisse et de prévoir les besoins futurs ou les surplus de fonds éventuels.

3. Le bilan. Ce document fournit un portrait de la situation d'une entreprise à un moment précis.

4. La conciliation bancaire. Elle confirme au gestionnaire l'état de son avoir en banque.

2.4.2
Le marketing

Le service du marketing est à la fois un fournisseur et un utilisateur d'informations. Les gestionnaires ont en effet besoin d'une grande quantité d'informations pour être en mesure de prendre les meilleures décisions possible. Grâce à ces informations, ils pourront, entre autres :

1. Effectuer les prévisions des ventes. Le gestionnaire doit alors disposer d'informations qui lui permettront de déterminer, aussi précisément qu'il le pourra, les ventes de l'entreprise au cours des prochaines semaines ou des prochains mois. Mais ces informations ne sont pas seulement utiles au service du marketing; grâce à elles, il sera possible de prévoir les quantités à produire, les achats à effectuer, le personnel à embaucher, etc.

2. Évaluer le marché potentiel. L'entreprise qui songe à offrir un nouveau produit cherchera à connaître sa clientèle potentielle, tant sur le plan quantitatif que sur le plan qualitatif; la proportion de la population qui est susceptible de s'intéresser à ce produit; les régions où se trouvent les acheteurs potentiels; etc.

3. Définir les possibilités d'innovations. Une entreprise qui désire étendre sa gamme de produits doit déterminer quel produit elle ajoutera, dans quel emballage, à quel prix, etc.

4. Procéder à une évaluation des coûts. Le gestionnaire doit prévoir les coûts qu'il engagera durant les prochaines périodes en publicité, en promotion, en travail de vente personnelle, etc.

5. Évaluer l'efficacité du travail de communication. La publicité est-elle efficace? Qu'en est-il du travail de promotion? Les représentants sont-ils efficaces? Est-il possible de répartir les budgets autrement, de façon à en retirer un meilleur rendement?

2.4.3
Les ressources humaines

Ce secteur est souvent négligé par les responsables de l'information. En effet, tout le monde s'accorde pour reconnaître le besoin d'information dans le service du marketing ou dans celui des finances, mais lorsqu'il s'agit d'évaluer ce besoin dans le service des ressources humaines, les opinions divergent. Pourtant, le besoin d'information est tout aussi important dans ce service que dans les autres services de l'entreprise. On y aura entre autres, selon la taille de l'entreprise, les besoins suivants :

1. Les dossiers de candidatures. Les entreprises d'une certaine envergure, qui engagent régulièrement du personnel, désireront probablement garder en mémoire toutes les candidatures reçues afin d'être en mesure de retracer rapidement les candidats potentiels à un poste.

2. Les dossiers des employés. Les gestionnaires se doivent d'avoir à leur disposition un certain nombre d'informations sur leurs employés, s'ils veulent gérer adéquatement leurs services. Un dossier comprend notamment le salaire actuel de l'employé, date de la dernière évaluation de son rendement et les possibilités de promotion.

3. Les données sur les accidents du travail. Point de plus en plus important dans la gestion des ressources humaines, les accidents du travail font maintenant l'objet d'un contrôle très serré non seulement de la part des gestionnaires de la production, mais aussi de la part de la haute direction de l'entreprise.

2.4.4
La production

Le service de la production est sans doute le deuxième plus important producteur et utilisateur d'informations, après le secteur de la comptabilité et des finances. On y traite des informations sur les sujets suivants :

1. Les fournisseurs. Il s'agit des différentes sources d'approvisionnement pour chacune des matières premières ou des fournitures utilisées dans l'entreprise, des prix offerts par chaque fournisseur, de la courbe des achats, etc.

2. Les stocks. L'information porte sur l'état des stocks de matières premières, de produits en cours de fabrication, de produits finis, etc.

3. Les plans de production. Selon les prévisions de ventes établies par le service du marketing et selon la situation des stocks, il faut planifier la production future de façon à avoir toujours en main les quantités suffisantes de produits pour répondre à la demande.

4. Le contrôle de la qualité. Quels sont les standards de qualité de l'entreprise pour chacun des produits, quels sont les niveaux de qualité atteints, quelles corrections doit-on apporter ? Voilà des questions auxquelles le gestionnaire du service de la production doit être en mesure de répondre.

5. Le transport et les douanes. Le gestionnaire doit bien connaître les entreprises de transport avec lesquelles il fait affaire, les lois et règlements sur l'importation et l'exportation, les fournisseurs de produits d'emballage, etc.

2.4.5
Le management

Les gestionnaires de tous les services de l'entreprise ont besoin d'informations courantes pour être en mesure de prendre des décisions jour après jour. Un bon système d'information fournira alors des informations sur les ventes de la journée précédente, sur l'état actuel des stocks, sur la situation présente de l'encaisse, sur l'état des négociations avec les représentants syndicaux, etc. Le tableau 2.2 présente les principales activités dans lesquelles les gestionnaires des différents services ont besoin d'information.

La plupart des tâches de gestion requièrent du gestionnaire qu'il prenne des décisions. Pour cela, il doit disposer d'une information pertinente, exacte et à jour.

▶ 2.5
La collecte de l'information

Les pages précédentes laissent peut-être croire, à tort, que le processus de collecte de l'information est simple et sans difficulté. On ne recueille pas l'information n'importe où et n'importe comment. Que la collecte de l'information se fasse à l'interne ou à l'externe et que l'on travaille avec des informations primaires ou secondaires, les étapes d'une bonne recherche demeurent les mêmes. Voici donc ce qu'il faut faire :

1. Il faut déterminer le type d'information à recueillir, celle dont l'entreprise a réellement besoin et la quantité dont elle a besoin (il ne sert à rien d'investir du temps et de l'argent pour accumuler des renseignements inutiles).

2. Il faut définir les étapes de la recherche. Quel est le but poursuivi, dans quelle industrie se situe notre entreprise, quelles sont nos forces et nos faiblesses?

3. Il faut choisir la technique de recherche appropriée. Existe-t-il des informations secondaires à l'interne ou à l'externe ou devons-nous colliger toute l'information? Dans ce dernier cas, quelle méthode doit-on utiliser (l'enquête, l'observation, l'expérience dirigée)?

▶ 2.6
La nécessité de gérer l'information

L'accroissement des besoins d'information pour les organisations ainsi que la nécessité d'organiser les données afin de produire l'information

▶ Tableau 2.2
Les principales activités et les systèmes d'informations.

Secteurs	Comptabilité et finances	Marketing	Ressources humaines	Production
Principales fonctions	• Budgets • Grand livre • Facturation • Comptabilité par coûts	• Gestion des ventes • Recherche commerciale • Promotion • Fixation des prix • Nouveaux produits	• Dossiers du personnel • Paie • Relations du travail • Formation	• Achats • Réception et expédition • Fabrication des produits
Système en usage	• Système comptable • Gestion des comptes clients et des comptes fournisseurs • Budgets • Gestion des fonds • Gestion des immeubles	• Système de ventes • Système de recherche commerciale • Système de fixation des prix	• Système de paie • Système des avantages sociaux • Système de formation	• Système des achats • Système de contrôle • Système de qualité totale

souhaitée impliquent l'utilisation d'outils et de méthodes de gestion efficaces. La technologie informatique actuelle rend possible un traitement productif de l'information.

Pour que toutes les caractéristiques de l'information soient présentes, un système formel d'acquisition et de gestion de l'information s'avère nécessaire. Les entreprises doivent structurer les différentes étapes du traitement de l'information (indiquées au tableau 2.3), soit :

1. La collecte des données, où l'on détermine, comme nous l'avons vu précédemment, ce qui doit être recueilli et de quelle façon.

2. La saisie des données, qui porte sur le mode de collecte des données.

3. Le traitement des données, c'est-à-dire le moment où l'on valide et édite les données recueillies.

4. Le stockage et la mémorisation de l'information, c'est-à-dire l'organisation et la conservation de celle-ci.

5. La diffusion de l'information, où l'on détermine qui doit recevoir l'information, sous quelle forme et à quelle fréquence.

Certes, l'information n'est utile que si elle est transmise aux personnes qui en ont besoin et au moment où elles en ont besoin. En raison de ses capacités fabuleuses de traitement, l'ordinateur permet une gestion à la fois rapide et efficace de cette information.

Les entreprises sont des unités de traitement de l'information. Elles utilisent régulièrement des modes de traitement traditionnels comme le téléphone, les lettres ou les messages écrits pour transmettre de l'information. Lorsque le volume de données à traiter augmente, les modes traditionnels

Tableau 2.3 ◀
Les étapes du traitement de l'information

Étape	Définition	Exemple
Saisie	• Noter l'information, l'enregistrer sur un support pour pouvoir la traiter et la communiquer	• Noter la commande d'un client qui téléphone
Collecte	• Regrouper des données élémentaires	• Rassembler les bons de commandes pour les transmettre au magasin
Traitement (calcul)	• Classer, trier, comparer • Opérer des calculs arithmétiques et logiques	• Calcul du montant de la facture selon les bons de commandes
Stockage et mémorisation	• Ranger l'information sur un support pour la conserver en attendant de l'utiliser	• Ranger le double d'une facture dans un classeur
Diffusion	• Mettre les informations sous une forme accessible et les transmettre	• Imprimer la facture et l'expédier au client

ne suffisent plus. On veut alors réduire les délais et augmenter la quantité et la précision de l'information. L'ordinateur offre alors la capacité de traitement qui répondra aux nouveaux besoins de l'organisation.

▶ 2.7
Le système d'information

Mais qu'est-ce donc qu'un système d'information? Comme l'expression le dit, c'est d'abord un système, c'est-à-dire un ensemble de composantes qui ont constamment des interactions entre elles, et cela dans le but d'atteindre un objectif précis. C'est ensuite un système axé sur l'information, c'est-à-dire sur la communication, ou l'utilisation de données afin de rendre ces renseignements utiles aux récepteurs éventuels.

Dans tout système d'information, on trouve deux niveaux de systèmes: un premier niveau qui consiste dans le système conceptuel, soit la structure ou la logique du système, et un deuxième niveau qui constitue le système physique, c'est-à-dire les différentes composantes informatiques ou tangibles qui servent de support au système conceptuel.

Un système physique est nécessairement construit à l'aide d'un ensemble de composantes; le système d'information n'échappe pas à cette règle. Les principales composantes d'un système d'information sont l'environnement, les intrants et les extrants. Nous verrons ces composantes en détail.

2.7.1
L'environnement

Dans les écrits sur le management, on fait souvent la différence entre un système ouvert et un système fermé selon qu'un système est influencé ou non par son environnement et qu'il l'influence ou non en retour. En ce sens, un système d'information constitue l'un des plus beaux exemples de système ouvert: il prend en effet toutes ses informations dans un environnement et les retransmet dans le même environnement ou parfois dans un environnement différent.

Ainsi, on peut fournir au système d'information différentes données portant sur l'environnement concurrentiel de l'entreprise de sorte qu'après leur traitement les gestionnaires de l'entreprise puissent disposer d'une information qui leur servira pour la prise de décision. De même, on peut donner au système un ensemble de données comptables qui deviendront des informations utiles à la prise de décision. Ces deux exemples démontrent que le système d'information ne peut vivre sans interagir avec son environnement: une grande partie des renseignements originaux proviennent de l'extérieur du système d'information et l'extrant est lui aussi, la plupart du temps, utilisé à l'extérieur du système.

Cependant, un certain nombre de renseignements traités par le système d'information ne proviennent pas de l'extérieur; il arrive en effet qu'on traite des informations déjà existantes pour en faire d'autres séries d'informations tout aussi utiles que les premières. On prendra, par exemple, les données de ventes pour établir des rapports de rendement par représentant ou par gamme de produits. Ce fait indique aussi que les informations produites ne sont pas nécessairement dirigées vers l'extérieur; elles sont souvent utilisées à l'intérieur même du système d'information.

Un système d'information est donc fortement dépendant de son environnement. Il doit alors être conçu de façon à être adapté le plus possible à l'environnement avec lequel il interagira.

2.7.2
Les intrants

Les intrants constituent l'ensemble des éléments qui entrent dans le système d'information. Il peut s'agir des renseignements provenant de l'extérieur de l'entreprise comme des renseignements provenant de l'intérieur de celle-ci.

Mais attention : tous les renseignements ne sont pas nécessairement des intrants. Comme nous l'avons mentionné précédemment, pour qu'un renseignement puisse devenir une information, il doit posséder certaines qualités, soit être utile, exact, complet et ponctuel. Les gestionnaires responsables du système d'information auront donc pour tâche de faire une sélection de ces renseignements; ils n'accepteront que ceux qui se conforment aux critères établis.

De même, les renseignements devront subir une transformation minimale pour être intégrés au système d'information : ils seront codés. Les données fournies par des organismes tels que Statistique Canada ont de grandes qualités, mais la forme sous laquelle cet organisme les fournit ne correspond pas nécessairement à la structure du système d'information de l'entreprise. Celle-ci devra alors modifier le format de leur présentation, les recodifier afin de les intégrer à son système.

Il faut donc accomplir certaines opérations de base pour que des renseignements, qu'ils soient internes ou externes, puissent constituer des intrants dans le système d'information. On doit d'abord sélectionner les renseignements qui remplissent les critères d'acceptation; on doit ensuite les codifier (ou les recodifier) pour qu'ils correspondent au format utilisé par le système; on doit enfin transmettre ces renseignements au système d'information même.

2.7.3
Les extrants

De même que le système doit recevoir des intrants pour pouvoir fonctionner, de même il doit produire différents extrants; sans quoi il sera totalement inutile. Ces extrants doivent présenter sensiblement les mêmes qualités que les intrants, soit être utiles, exacts, complets et ponctuels.

À quoi pourrait bien servir, en effet, un extrant qui n'aurait aucune utilité ? Ce ne serait là qu'un autre renseignement, et non une information. Dans la même veine, une information qui serait inexacte risquerait bien plus de créer des difficultés que de rendre service à l'entreprise. Par ailleurs, une information incomplète ou qui n'arriverait pas en temps opportun risquerait de perdre une grande partie de son utilité et de sa pertinence.

Les gestionnaires de systèmes d'informations doivent donc s'assurer que les extrants répondent à tous les critères mentionnés précédemment, mais ils doivent aussi veiller à ce qu'ils soient transmis à l'aide d'un signal que les récepteurs seront en mesure de décoder sans risque d'erreur. Le matériel informatique actuel offre des possibilités presque infinies de codification des informations (par le langage écrit ou chiffré, par les graphiques ou les icônes); la décision du responsable de l'information n'en sera que plus complexe.

▶ 2.8
Les composantes d'un système d'information

Pour qu'un système d'information fonctionne réellement, on ne peut le réduire à la seule présence d'intrants et d'extrants; il faut aussi traiter les intrants pour produire les extrants. On devra saisir les données, les valider, les stocker et les mémoriser, les traiter et, finalement, produire sous forme d'extrants compréhensibles et utiles au gestionnaire. Voyons chacune de ces étapes un peu plus en détail.

2.8.1
La saisie des données

L'enregistrement des données, par exemple sur une facture, n'est pas suffisante pour qu'il s'agisse d'un traitement de l'information. Les données doivent être entrées dans l'ordinateur à l'aide d'une unité physique permettant de les utiliser. Comme le montre le tableau 2.4, il existe plusieurs modes de saisie des données. Cependant, qu'ils soient manuels ou automatisés, ils ont tous le même objectif : permettre l'enregistrement de l'information recueillie et son traitement ultérieur.

Le mode de saisie manuel

La façon la plus courante d'entrer manuellement des données consiste sûrement à utiliser un clavier. Ce peut être le clavier d'une caisse enregistreuse, sur lequel un employé inscrit la vente, ou le clavier d'un ordinateur, sur lequel un opérateur tape les données. Ce mode de saisie implique qu'une personne enregistre manuellement les renseignements à conserver. La fiabilité de cette méthode est fonction de l'habileté de l'opérateur et de son attention lors de l'accomplissement de la tâche. Dans ce mode de saisie, la vitesse d'exécution est faible et le taux d'erreurs est élevé et variable.

Le mode de saisie semi-automatisé

La prolifération des outils technologiques tend à faciliter la saisie de données et à l'automatiser de plus en plus. Un mode semi-automatisé très

Tableau 2.4 ◀
Les modes
de saisie
des données

Mode de saisie	Définition	Exemple
Manuel	• Opérations et enchaînements exécutés par l'être humain; outils élémentaires	• Écriture manuscrite d'une lettre • Calcul « à la main » d'une facture
Semi-automatisé	• Certaines fonctions sont réalisées par des machines spécialisées. L'enchaînement des tâches est fait par l'être humain	• Écriture d'une lettre à la machine à écrire • Calcul d'un salaire net avec une machine à calculer
Automatisé	• Toutes les tâches et tous leurs enchaînements sont réalisés par des machines	• Traitement complet d'une paie par un ordinateur
Assisté interactif	• Beaucoup de tâches sont automatisées. L'enchaînement est en partie réalisé de manière automatisée et peut être modifié par l'être humain	• Calcul et analyse d'un budget avec un micro-ordinateur • Traitement de texte

courant est le lecteur de code à barres. Dans la plupart des marchés d'alimentation, la personne préposée à la caisse n'a qu'à passer devant le lecteur optique la face de l'article acheté sur laquelle est imprimé le code à barres pour que la vente s'enregistre automatiquement. Ce mode de lecture est beaucoup plus efficace que l'ancienne méthode où le coût de l'article et le prix devaient être entrés à la main. Le service est ainsi nettement plus rapide.

Un autre mode de saisie semi-automatisé est la lecture d'inscriptions à l'encre magnétique contenant des particules d'oxyde de fer. Un exemple de cette application est l'entrée de chèques à la banque. Un lecteur capte alors, à l'aide de cette encre particulière, le numéro de compte et le numéro de la succursale bancaire inscrits au bas du chèque. Lorsque le chèque est déposé, le montant est inscrit, lui aussi, à l'encre magnétique par la banque qui reçoit le dépôt. Les chèques sont ensuite envoyés à des centres de tri, groupés et passés au lecteur (le traitement se fait par lots). Les données des chèques sont donc entrées de façon extrêmement rapide et précise.

Il existe aussi des lecteurs optiques pouvant déchiffrer les inscriptions écrites à l'encre ordinaire. Ces machines sont utilisées entre autres pour lire de façon automatisée les codes postaux sur les enveloppes (d'où la nécessité d'inscrire le code postal dans une section de l'enveloppe réservée à cette fin). Ces lecteurs sont rapides, mais ils sont limités par la standardisation insuffisante de la forme des caractères. Les lettres et les chiffres écrits à la main présentant des formes variées, ils constituent un défi de taille pour un système de reconnaissance optique. Certains de ces lecteurs sont utilisés dans les grands magasins pour la lecture des étiquettes (codes de produits et prix). Pour de telles applications, la forme des caractères employés est standardisée.

D'autres méthodes sont employées, mais d'une façon moins régulière. Des écrans à sensation tactile servent à entrer des données lorsque celles-ci proviennent d'un ensemble limité et prévisible; des souris et des crayons électroniques peuvent aussi permettre de saisir des données à l'ordinateur. Pour les gens effectuant du travail sur la route, comme les représentants, il existe des terminaux portatifs, à peu près du format d'une calculatrice, grâce auxquels on peut entrer les commandes; ils sont ensuite branchés directement à l'ordinateur qui enregistre les données de ventes.

Le mode de saisie automatisé

Finalement, il existe un mode de saisie totalement automatisé. Dans ce cas, l'humain n'intervient nullement, que ce soit dans la collecte des données ou dans l'entrée de celles-ci dans le système (voir la figure 2.3). Par exemple, dans le domaine du contrôle de la qualité des unités de production, des lecteurs au laser font, à intervalles réguliers, des mesures précises sur les produits en cours de fabrication, et ces données sont saisies automatiquement par l'ordinateur pour être analysées. Il n'y a aucune intervention de la part des opérateurs dans le processus.

Dans le mode de saisie automatisé, tout comme dans sa variante, le mode assisté interactif, l'ordinateur permet d'accroître la vitesse de saisie, de diminuer les coûts et de restreindre au minimum les possibilités d'erreurs.

2.8.2
La validation des données

Lorsque les données sont entrées dans le système, il est indispensable qu'elles soient exactes. Malheureusement, des erreurs se glissent presque toujours au moment de la saisie, surtout lorsque celle-ci s'effectue par le biais d'un mode manuel.

De nombreux mécanismes permettent toutefois de détecter rapidement ces erreurs. Par exemple, on peut vérifier la vraisemblance des données entrées en déterminant des intervalles de valeurs possibles. Les entrées à l'extérieur de ces marges seraient alors sujettes à une vérification. Ainsi, pour éviter les erreurs les plus fréquentes dans le commerce de détail, on pourra fixer le prix possible pour certaines catégories d'articles d'un magasin à l'intérieur d'une borne supérieure et d'une borne inférieure. On vérifiera aussi que des caractères alphabétiques ne sont pas entrés dans des champs réservés aux montants (ou vice-versa). On effectuera des vérifications entre des sources différentes de données, par exemple en comparant le chiffre de ventes d'un magasin à celui de la sortie des marchandises en stock.

Une fois les données vérifiées lors d'une étape suivant celle de l'entrée, et dans le cas où des erreurs ont été décelées, des recherches sont effectuées pour découvrir la cause des erreurs. Des mesures seront alors prises non seulement pour corriger celles-ci dans l'immédiat, mais aussi pour éviter de les répéter. Chaque correction risque d'être fastidieuse pour la personne qui doit l'apporter et coûteuse pour l'entreprise. De plus en plus de systèmes sont conçus de façon à vérifier la validité des données au moment même de la saisie. Si une donnée fournie par un opérateur ne s'inscrit pas dans les bornes qui ont été déterminées, le système la rejettera et signalera le fait à l'opérateur au moyen d'un signal sonore ou visuel (un message d'erreur). Celui-ci pourra alors vérifier la donnée erronée et la corriger aussitôt

Certains systèmes sont aussi conçus de façon à utiliser des caractères de contrôle, des données d'autovalidation. Par exemple, dans le numéro d'assurance sociale des citoyens canadiens, le dernier

Figure 2.3 ◄
La saisie
automatisée
de l'information

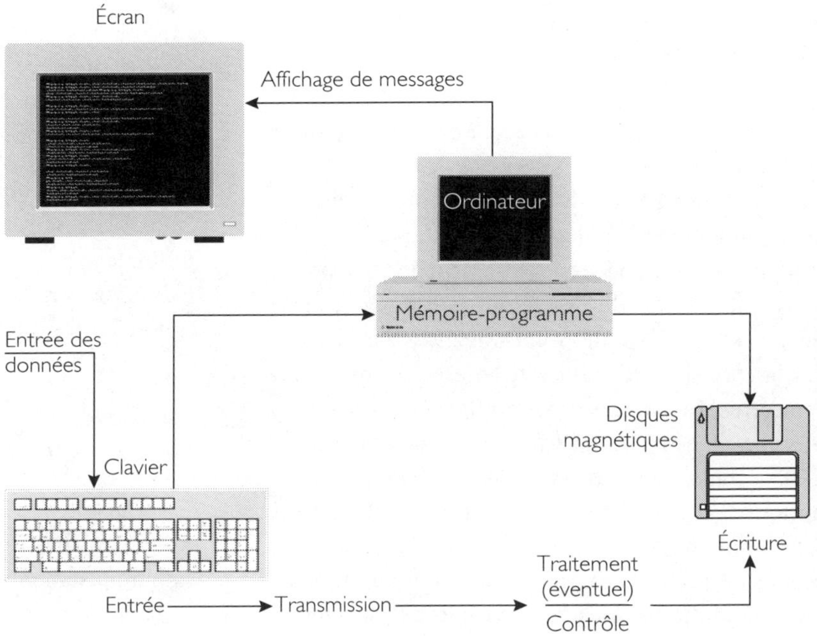

Écran

Affichage de messages

Ordinateur

Mémoire-programme

Entrée des
données

Clavier

Disques
magnétiques

Écriture

Entrée —— → Transmission ——— Traitement
(éventuel)
Contrôle

chiffre est une combinaison mathématique des huit chiffres précédents qui permet d'effectuer une première validation des chiffres fournis, de prévenir des erreurs possibles dès le départ.

Un autre mode de validation très répandu de nos jours est la demande de confirmation. Dans ce cas, le système affiche ce que l'opérateur a entré et lui demande si l'information est correcte. Les guichets automatiques des succursales bancaires constituent un bon exemple de ce mode de validation. Lorsque le client effectue un retrait, il entre le type de transaction, puis le montant désiré. Après avoir affiché le montant du retrait, le système lui demande si celui-ci est exact. L'utilisateur peut alors presser la touche «OK» pour confirmer la transaction ou la touche «CORRECTION» si le montant affiché n'est pas celui désiré. Lorsque la validation est faite en même temps que l'entrée originale, la correction de l'erreur est beaucoup moins coûteuse et beaucoup plus facile à effectuer. C'est peut-être là un des avantages les plus intéressants qu'offre l'ordinateur (utilisé en temps réel) par rapport au mode de traitement manuel.

2.8.3
Le stockage et la mémorisation des données

L'organisation de l'information

Il a été question, depuis le début du chapitre, de la pertinence, de l'exactitude et du caractère ponctuel de l'information. Mais il est impensable de répondre aux attentes formulées si l'information n'est pas organisé lors de son stockage. Nous ne discuterons pas ici des supports physiques, puisqu'il en sera question plus loin dans cet ouvrage, mais nous nous attarderons à l'aspect logique de l'organisation de l'information.

Ce sont bien plus des données que l'on stocke que de l'information. Celle-ci n'est produite que lorsqu'on retire des données du système et qu'on les transmet à un utilisateur. Les organisations emmagasinent une quantité impressionnante de données : les transactions de vente, les activités du personnel, les activités financières et immobilières, les indicateurs du marché ou de l'industrie, etc. Ces données doivent être classifiées et mémorisées le plus efficacement possible. On doit éviter toute forme de duplication qui ne ferait qu'alourdir le système en plus de menacer son intégrité. Les données doivent aussi se présenter dans un format facilement reconnaissable et utilisable.

Les données en mémoire sont organisées logiquement. Ainsi, les comptes clients sont placés en ordre selon les numéros des clients; les produits sont ordonnés par produit ou groupe de produits, etc. Une organisation standardisée et documentée permet à l'entreprise de s'y retrouver aisément et d'utiliser l'information dont elle a besoin de façon optimale.

L'organisation logique des données doit posséder une grande valeur informationnelle. Il est essentiel de mémoriser les soldes des comptes clients à des fins de comptabilité, de même que les articles vendus pour le contrôle de l'inventaire; mais si ces deux types de données sont conservés séparément, une partie de l'information potentielle aura disparu. Par exemple, le service du marketing aimerait connaître non seulement le volume des ventes, mais aussi le nom des clients qui ont acheté tel ou tel produit. Les données devraient donc être conservées de manière à rendre compte le mieux possible de ces réalités.

Les données doivent aussi être facilement utilisables. Même si elles sont généralement entrées d'une manière détaillée, elles doivent pouvoir être agrégées. Si les données sur l'utilisation d'un robot sont importantes pour un directeur de la production, elles ne présentent par contre aucun intérêt pour le président de l'entreprise. Toutefois, ce dernier pourrait désirer avoir un rapport sur les activités et le rendement d'une usine. Ce résumé pourra être obtenu d'après le rapport détaillé de l'usine, à condition que l'information soit organisée d'une façon homogène. Le fait de ramener l'information détaillée à une forme utilisable par un gestionnaire est essentiel à l'efficacité d'un système d'information.

Finalement, le système doit être en mesure d'emmagasiner plusieurs types de données. Qu'il s'agisse de la description détaillée des opérations, des estimations du rendement ou d'une réglementation adaptée par le Gouvernement, les données devraient toutes être stockées de façon à être compatibles entre elles et à déboucher sur la création d'une information complète. Le tableau 2.5 présente différents types de fichiers qui rendent l'information facilement utilisable.

Les coûts de stockage en comparaison de la valeur de l'information

La valeur de l'information est un élément difficile à établir. Nous avons dit précédemment qu'une information devait apporter des connaissances à un utilisateur. La valeur de l'information serait donc mesurée par la valeur de cet ajout, par l'augmentation des connaissances. Bref, la valeur d'une information varierait en fonction de la personne qui la reçoit. En effet, puisque deux personnes n'ont pas les mêmes connaissances au départ, elles ne feront pas la même utilisation d'une information; celle-ci aura donc une valeur différente pour ces personnes. De plus, la valeur informationnelle d'un renseignement risque de varier considérablement dans le temps; il est donc fort

▶ Tableau 2.5
Les principaux types de fichiers

Type de fichier		Fonctions	Exemples
Fichier permanent = Informations stables, donc réutilisables	Signalétique	• Données descriptives sur les individus • Identification	• Clients, fournisseurs, salariés, produits • Élèves
	De situation	• Dossier d'un individu à un instant précis	• Stock de produits • Soldes des clients
	D'archives	• Conservation des résultats de traitements antérieurs • Données peu utilisées	• Journaux des écritures comptables • Anciens élèves
Fichier en mouvement = Informations dont la valeur varie souvent, donc utilisables une seule fois	De saisie	• Lots de données saisies ensemble pour la mise à jour d'un fichier permanent ou pour des traitements	• Modification du fichier des clients de la journée • Commandes des clients de la journée
	De travail	• Lots de données ayant déjà subi un traitement et qui sont conservées pour un second traitement	• Retenues à la source • Commandes des clients expédiées pour facturation

difficile, voire impossible, d'attribuer une valeur fixe et exacte à une unité d'information donnée.

Les coûts liés au stockage, par contre, peuvent être estimés d'une façon plus précise. On peut évaluer les coûts de l'équipement, de la main-d'œuvre et de l'entretien du système d'information, de même que les coûts occasionnés par la transmission de l'information. Est-ce à dire qu'on peut définir clairement ce qu'il est rentable de stocker? Pas vraiment, car il est très difficile de justifier le stockage de l'information sur la seule base des coûts. Les bénéfices rattachés à la présence de l'information et au moment de la prise de décision sont souvent indirects ou intangibles. Les décisions reliées au stockage de l'information sont souvent subjectives ou fondées sur un savoir acquis au cours des années.

L'ordinateur permet l'accumulation, dans un espace restreint, de plus gros volumes de données. Il les rend rapidement (en quelques microsecondes, contrairement aux minutes ou aux heures que demanderait un système non informatisé) et contribue à diminuer les risques de perte (lorsque les mesures de sécurité appropriées sont prises). Le coût associé au stockage d'une donnée sur un support informatique est souvent nettement inférieur à celui d'une donnée sur un support physique (comme le papier), ce qui explique en partie la popularité que connaît actuellement l'informatique. Le tableau 2.6 montre la diversité des supports de stockage.

Le rythme de croissance des fichiers

La gestion de l'information emmagasinée est importante pour toute entreprise. Plus le temps passe, plus il y a d'informations à entrer et à stocker dans le système d'information, ce qui entraîne une croissance rapide des fichiers. Ainsi, une entreprise pourrait constamment entrer de nouveaux comptes clients sans se soucier des comptes existants. Si elle ne fait pas le «ménage» d'une façon régulière, elle

Tableau 2.6 ◀ Les principaux supports de stockage		Information orale	Information écrite (données, textes, images numérisées)	Information visuelle
	Stockage	• Bande magnétique, cassette, microcassette • Disque compact	• Imprimé • Microfilm et microfiche • Support magnétique (bande, disque, circuits, etc.) • Disque optique numérique • Écran d'affichage	• Bande magnétique vidéo • Disque vidéo • Pellicule cinématographique • Pellicule photographique
	Transmission	• Lignes de transmission • Ondes (avec relais ou satellites)	• Lignes de transmission • Ondes (avec relais ou satellites)	• Lignes de transmission • Ondes (avec relais ou satellites)

risque de trouver dans ses fichiers des transactions vieilles de dix ans ou plus et d'utiliser une grande partie de l'espace disponible au stockage d'informations qui ont perdu leur pertinence.

Malheureusement, les gestionnaires ont tendance à emmagasiner de l'information à des fins préventives. Cela peut être fait, mais de manière ordonnée. On devrait conserver les transactions des années antérieures, mais sur des supports différents de ceux servant aux activités courantes, afin de ne pas prendre l'espace nécessaire aux activités récentes de l'entreprise.

Comme cette gestion demande un effort supplémentaire de la part des utilisateurs, ils sont portés à remettre cette tâche au lendemain et à conserver dans le système une quantité sans cesse croissante de données périmées ou qui ne présentent plus aucune utilité informationnelle, avec les coûts et les difficultés que cela comporte. En effet, plus les fichiers deviennent importants, plus le temps d'accès à l'information s'allonge et plus l'utilisateur y perd. C'est toute l'efficacité du système qui s'en voit diminuée.

La sécurité des informations

La sécurité des informations d'une entreprise est une préoccupation importante. On doit d'abord s'assurer que les gestionnaires aient un accès immédiat et constant à l'information : il faut donc mettre en place un dispositif de sécurité qui garantira cette disponibilité. Des copies de sécurité doivent être faites à intervalles réguliers et conservées dans un endroit sûr, mettant ainsi l'organisation à l'abri d'une perte de son information à la suite d'un incendie, d'une surcharge électrique qui toucherait les ordinateurs, d'un bris matériel ou d'un vol. On peut aussi penser à d'autres mécanismes de sécurité qui viseront à rendre l'information disponible à un grand nombre d'utilisateurs, sans toutefois leur accorder le privilège de modifier ou d'éliminer des informations. On créera ainsi différentes catégories d'utilisateurs ou de fichiers d'information.

Un système doit aussi prévoir la possibilité qu'on modifie ou récupère certains types d'informations, même après qu'elles ont été effacées. Par exemple, si un employé décide d'éliminer un compte et qu'il réalise par la suite qu'il s'est trompé de client, il doit pouvoir retrouver l'information sur le compte éliminé par erreur. Le système de gestion de l'information doit donc prévoir l'erreur humaine ; il doit être aussi limpide que possible dans ses instructions et ses requêtes de façon à éviter les pertes et les erreurs.

L'organisation doit aussi protéger son information par rapport à son environnement. Une partie importante des données conservées sont considérées comme confidentielles et doivent le demeurer. L'accès à certaines informations sera donc réservé à des usagers qui devront révéler leur identité correctement à l'aide de mots de passe ou de cartes magnétiques, etc. L'élaboration de ces systèmes de sécurité s'est d'ailleurs beaucoup compliquée depuis que les moyens de communication se sont diversifiés. Il est maintenant possible d'avoir accès à un ordinateur à partir d'à peu près n'importe quel point à l'intérieur ou à l'extérieur des murs de l'entreprise, et cela à l'aide d'un matériel des plus simples. Cette facilité met en péril la sécurité des données dans la mesure où un intrus ingénieux peut plus ou moins facilement réussir à briser les barrières d'accès.

Le système de gestion des données devra donc trouver un équilibre entre un système très ouvert, qui facilite son utilisation par les membres de l'organisation grâce à un accès simple et direct, mais qui le rend vulnérable aux interventions de l'extérieur, et un système très fermé, qui assure une protection quasi parfaite de l'information, mais au détriment de la simplicité, et qui devient parfois un fardeau pour l'utilisateur. Malgré ce que nous venons d'indiquer, l'ordinateur permet davantage qu'un système manuel l'établissement d'un système souple et efficace tenant compte des impératifs de sécurité; c'est d'ailleurs une caractéristique importante lorsque l'information constitue un des avantages concurrentiels de l'entreprise. Il faut aussi considérer la question des virus informatiques qui peuvent détruire une partie ou la totalité des données.

2.8.4
Le traitement des données

Le temps

Les données peuvent être traitées en temps réel ou en différé. Dans un système en temps réel, les données sont traitées instantanément: l'intrant est immédiatement transformé en extrant. À l'opposé, un système de traitement différé implique qu'une période non négligeable s'écoule entre le moment de l'entrée d'une donnée dans le système et le traitement visant à la transformer en extrant.

Le traitement en temps réel ne demande aucun délai, ni l'utilisation d'un quelconque intermédiaire, entre la transaction et son entrée effective dans le système. Il n'y a aucun entreposage d'information dans un espace temporaire de mémoire; les données sont traitées instantanément et une à une. Dans un système en temps réel, les données sont en général entrées directement chez l'usager et les extrants sont retournés immédiatement chez le même usager. Le fichier «transactions» ne comporte qu'une transaction à la fois et il est traité dès sa création.

Ce mode de travail est d'une absolue nécessité partout où la rapidité de réponse constitue un

élément essentiel, ou bien là où il est extrêmement difficile de prévoir le rythme d'arrivée des interventions. Ainsi, dans une banque, il est impossible de prévoir le rythme d'arrivée des clients et ceux-ci s'attendent à un service rapide : il faut donc disposer d'un système qui permette de s'occuper des clients dès leur arrivée et de leur fournir sans délai toute l'information corrigée dont ils pourraient avoir besoin (états de compte, soldes, frais de service, etc.). De même, la rapidité de réponse est importante dans le cas du courtier qui soumet une requête d'information au sujet des cotes en Bourse d'un certain type d'actions : il doit obtenir son information presque sur-le-champ. S'il ne recevait l'information que le lendemain (par exemple, si le système ne pouvait répondre aux demandes d'information qu'en différé, au moment où il ne se transige plus rien), l'information reçue n'aurait à peu près plus de valeur, les cours ayant évolué suffisamment pour amener le courtier à prendre une décision tout autre.

Le volume

Les données peuvent être recueillies non seulement une à la fois, mais aussi par lots. Pour ce qui est de ce dernier mode, comme son nom l'indique, les données sont regroupées par lots ou paquets avant d'être entrées dans le système. La plupart du temps, ces lots sont constitués sur la base du temps. Par exemple, une organisation enregistrera sur une bande magnétique toutes ses transactions de la journée et les entrera dans son système en lots, à la fin de la journée (ce sera alors nécessairement un traitement différé). Ces opérations peuvent être faites plus ou moins fréquemment, suivant les entreprises. Il se peut aussi que les lots soient créés sur des bases particulières. Par exemple, si une firme possède plusieurs catégories de clients, ce qui entraîne des entrées et des traitements différents, elle préférera souvent former ses lots en fonction de chacun des types de compte. Cela lui permettra de traiter chacun des lots de façon appropriée.

Le traitement par lots se divise à son tour en deux modes : le traitement séquentiel et le traitement aléatoire. Dans le traitement séquentiel, on trie les entrées du lot pour qu'elles soient dans le même ordre que le fichier maître, et cela avant que le traitement du lot ne débute. Cette opération assure un traitement rapide puisque la correspondance entre l'ordre du lot et l'ordre des fichiers réduit au minimum le temps perdu à localiser les enregistrements dans le fichier maître. Le deuxième mode, le traitement aléatoire, ne réclame aucun tri préalable. Il est surtout utilisé lorsque la taille des lots est faible, ce qui diminue le besoin de rapidité. Un exemple courant de traitement aléatoire est le traitement du paiement des comptes dans les grandes compagnies comme Bell Canada ou Hydro-Québec. Lorsque les paiements sont reçus, ils sont regroupés et entrés dans des fichiers de transactions temporaires (avec le montant payé et le numéro de l'abonné à créditer). Puis le fichier initial de l'organisation est mis à jour à la fin de la journée, quand toutes les transactions du fichier temporaire sont entrées en lot.

Les données déjà existantes dans le système sont appelées « fichier maître ». Lors d'une mise à jour ou d'une correction, un fichier de transactions, c'est-à-dire une liste de modifications à apporter au fichier maître, est créé. L'ordinateur lit d'abord le fichier de transactions et effectue ensuite les opérations nécessaires dans le fichier maître (que ce soit la modification d'un enregistrement existant ou la création d'un nouveau). Lorsque le mode utilisé est le traitement séquentiel, le fichier de transactions doit être ordonné au préalable. Un point cependant demeure constant : dans l'édition et la mise à jour, c'est toujours le fichier de transactions qui amorce et dirige le processus.

Le lieu de la saisie et le lieu du traitement

Étant donné que les communications actuelles facilitent les choses, les lieux de saisie peuvent différer des lieux de traitement de l'information. Il arrive quelquefois que les données soient rassemblées puis entrées de manière centralisée, dans un endroit donné ; cette façon de faire est souvent justifiée par la nécessité d'utiliser un type d'équipement particulier. Par exemple, une firme qui recourt à un mode de saisie exigeant des lecteurs très sophistiqués sera amenée à centraliser la saisie des données lorsque le coût de l'équipement est trop élevé pour qu'elle se procure plusieurs appareils.

Très souvent, les données sont saisies directement sur les lieux de la transaction. Ainsi, lorsqu'une personne effectue un retrait à la banque, celui-ci est enregistré sur les lieux, quelle que soit la succursale où elle se trouve. L'information sera transmise à un ordinateur central (probablement installé ailleurs) et traitée à cet endroit. Si le client se présente par la suite à une autre succursale, la première transaction sera déjà connue et le solde de son compte sera ajusté en conséquence.

Bien entendu, lorsque l'information est saisie immédiatement (sur les lieux mêmes de la transaction), elle est aussitôt accessible à toute l'organisation (aussi bien au service de la facturation qu'à l'inventaire ou au service de la livraison). C'est encore une fois la meilleure façon de prévenir les erreurs ou de les corriger rapidement, le cas échéant. L'ordinateur permet de détecter promptement les incohérences (les erreurs) et de diffuser ensuite l'information validée quasi instantanément.

Lorsqu'il faut choisir le mode de traitement pour un système, plusieurs facteurs doivent être considérés. Le premier facteur consiste dans le temps de réponse nécessaire. À cet égard, le traitement par lots comprend un délai entre le moment de la transaction et celui de son insertion dans le système. Il est clair que, pour certaines applications, un délai serait inacceptable et qu'une utilisation en temps réel s'avère essentielle. La prévisibilité des demandes constitue le deuxième facteur dont il faut tenir compte au moment de choisir un mode de traitement. Là-dessus, un système en temps réel a la flexibilité pour traiter les requêtes spéciales ou inattendues, alors qu'un système de traitement par lots convient à des demandes standardisées. Le troisième facteur est le volume de transactions. Un système traitant un très grand nombre de transactions en temps réel a de fortes chances d'être surchargé, ce mode de traitement réclamant plus de travail de la part de l'ordinateur. Dans ce cas, un traitement par lots sera plus approprié.

On doit donc choisir, pour chacune des applications possibles, le mode de traitement qui répondra le mieux aux besoins de l'information à traiter. Le tableau 2.7 donne des exemples d'appariement entre un critère ou un facteur à considérer et le type d'information à adopter.

2.8.5
La production des données

La raison d'être de la collecte et du stockage des données consiste dans la production de l'information. Celle-ci doit être disponible pour aider les usagers à mieux comprendre leur environnement, à accomplir leurs tâches et à prendre des décisions (voir la figure 2.4). Tout comme aux étapes

Tableau 2.7 ◀
Le choix
d'un type
d'information
adapté

Critère à respecter	Forme à retenir	Remarques
Délai court	Orale	• Téléphone rapide et simple. Possibilité de transmettre à distance rapidement par la télécopie
Volume élevé	Visuelle (écrite ou graphique)	• Difficulté de retenir une grande quantité d'informations sous forme orale
Sécurité élevée (importance, précision)	Visuelle (écrite)	• Imprécision de l'information sous forme orale. Possibilité de bien réfléchir sur un texte et de le contrôler
Durée de conservation élevée	Visuelle (imprimée)	• Oubli rapide de l'information orale • Possibilité d'utiliser des supports magnétiques
Facilité de communication	Visuelle (graphique, audiovisuelle)	• « Un bon dessin vaut mieux qu'un long discours » • Possibilité de communiquer un message très complexe avec l'audiovisuel

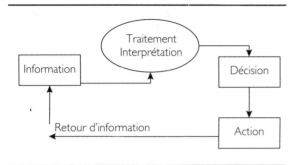

précédentes, la production des données requiert une planification solide.

À qui doit-on donner de l'information ?

Il importe d'abord de bien connaître les besoins de chaque utilisateur potentiel afin de lui fournir une information pertinente. Pour chaque type d'information produite (comme un rapport détaillé ou un résumé), il faut déterminer quels seront les utilisateurs potentiels. Ainsi, un rapport sur l'environnement concurrentiel d'une entreprise ne présente pas vraiment d'intérêt pour le gestionnaire des inventaires. Une information diffusée inutilement à quelqu'un entraîne des coûts superflus et surcharge de travail le destinataire, qui verra son efficacité décroître.

Quand doit-on fournir l'information ?

Idéalement, on devrait fournir l'information quand elle est nécessaire à la prise de décision. Malheureusement, la réalité n'est pas aussi simple. Souvent le processus de diffusion est standardisé et des rapports sont produits à intervalles réguliers (tous les jours, toutes les semaines, une fois par mois ou par année), en fonction des individus et des tâches. Afin de déterminer la fréquence souhaitable de ces extrants (comme leur contenu,

d'ailleurs), on doit effectuer une analyse des besoins d'information des utilisateurs. Il arrive trop souvent que des rapports soient produits en quantité industrielle sans qu'un réel besoin soit ressenti chez les utilisateurs. Ces rapports ne font alors que s'empiler sur les tablettes.

En plus des rapports, il existe une catégorie très différente de demandes : les réquisitions d'informations spéciales. Il arrive souvent qu'un gestionnaire désire obtenir sur-le-champ une information particulière. Il n'a alors pas le temps d'attendre la production du rapport mensuel. Il est aussi probable que sa demande concerne une information qui ne fait pas partie du contenu habituel du rapport. Le système informatisé peut alors avoir la flexibilité nécessaire pour satisfaire, rapidement et de façon précise, ce type de demande.

Sous quelle forme doit-on présenter l'information ?

L'information peut être présentée sous une multitude de formes. L'ordinateur permet de spécifier celles-ci pour que l'information puisse être utilisée au maximum. Ainsi, il est inutile de faire parvenir une information sur une disquette à une personne qui ne possède pas d'ordinateur. De même, le fait de donner une information très détaillée sous forme verbale seulement risque de voir une grande partie du contenu se perdre. Les formes de présentation sont variées ; il peut s'agir de textes, de graphiques (imprimés ou simplement affichés à l'écran), de films, de communications verbales ou de textes en braille. Il est toutefois primordial que la forme choisie soit compatible avec le contenu et avec les moyens de lecture à la disposition du destinataire.

Le mode d'accès, l'interrogation et le tri

Les modes d'accès à l'information sont aussi variés. On peut passer par un intermédiaire, comme lorsqu'un gestionnaire demande à un subalterne de lui fournir un rapport sur un sujet donné, ou encore accéder directement à l'information, comme le gestionnaire qui peut se servir d'un terminal pour faire sa demande d'information. De même, cette demande peut être traitée immédiatement (en temps réel) ou être soumise à un délai (traitement par lots).

Pour livrer une information donnée, l'ordinateur utilise un langage, fournit une méthode permettant d'interroger la base de données. Il existe plusieurs standards (Structured Query Language, Query By Example, etc.) grâce auxquels une personne ira chercher uniquement les éléments désirés dans la masse de données. Pour arriver à ce rendement optimal, l'un des éléments essentiels dans la plupart des requêtes (et même dans les opérations d'édition et d'entrée de transactions) est le tri, soit le fait d'organiser les enregistrements d'un fichier dans un ordre particulier. La plupart des langages de données ont des méthodes de tri intégrées et sont extrêmement faciles à utiliser.

La transmission de l'information

L'information ne prend de valeur que dans l'utilisation qui en est faite. Ce n'est pas tout de produire des rapports, si pertinents soient-ils. Il faut les distribuer aux gestionnaires, et cela au moment opportun. Si les systèmes en temps réel apportent des réponses immédiates, les systèmes de traitement par lots occasionnent des délais qui doivent être pris en considération. L'entreprise devra donc évaluer les délais qu'elle juge tolérables avant de prendre une décision sur le type de mode à utiliser.

Les méthodes de distribution seront aussi évaluées en fonction de la forme du message et des besoins quant à la rapidité et aux coûts. On peut transmettre des textes instantanément grâce à des appareils comme les télécopieurs, mais ils engendrent des coûts beaucoup plus élevés que la poste régulière : il faut donc faire un compromis entre la rapidité et les coûts. Il importe de déterminer dans quelle mesure le type de distribution de l'information répond aux besoins de l'utilisateur pour ce qui est du temps, des délais et des sommes à débourser.

 CONCLUSION

Dans ce chapitre, nous avons d'abord jeté un coup d'œil sur les principales caractéristiques de la transformation des données en informations, puis nous avons vu comment l'ordinateur peut se révéler un outil des plus puissants pour accomplir ce processus. Grâce à sa capacité de traitement de l'information, l'ordinateur est beaucoup plus productif et efficace que les systèmes manuels ne peuvent l'être ; il permet la réduction des coûts, des erreurs et des délais.

Ces caractéristiques font de l'ordinateur un élément indispensable de la gestion de l'information au XXe siècle. Les entreprises dépendent maintenant de lui pour l'ensemble de leurs activités. L'ordinateur peut permettre à une entreprise de distancer un concurrent : il doit par conséquent faire partie intégrante de sa stratégie.

CAS 2.1
L'ÉQUIPEMENT
HOSPITALIER

Le directeur des ventes d'une PME œuvrant dans le domaine de l'équipement hospitalier est insatisfait de la qualité de l'information qu'on trouve dans l'entreprise pour laquelle il travaille. Pour contrôler les activités de ses représentants, il doit passer la matinée du samedi à revoir, une à une, les factures envoyées aux clients tout au long de la semaine.

C'est en s'appuyant sur ces documents qu'il arrive à déterminer le montant des ventes effectuées par chacun des vendeurs, les achats des principaux clients, les produits qui semblent le mieux se vendre, etc. En fait, le directeur des ventes est tellement absorbé par ces tâches de bureau qu'il ne lui reste plus de temps pour percevoir des indices qui l'aideraient dans son travail de gestion. De même, il n'a jamais l'occasion de vérifier l'exactitude des transactions et il est fort possible que certains clients bénéficient de rabais auxquels ils n'auraient pas droit normalement, alors que d'autres devraient recevoir des avantages supplémentaires en raison de leur volume d'achats et du type de clients qu'ils représentent.

L'entreprise grandit à vue d'œil et le moment est sûrement venu de mettre sur pied un système efficace de gestion du service des ventes si l'on ne veut pas laisser les concurrents prendre trop de place sur le marché de l'équipement hospitalier. Le directeur des ventes songe sérieusement à instaurer un système qui lui permettrait de mieux connaître ses clients, d'évaluer ses vendeurs et de découvrir l'importance relative des différents produits que son entreprise offre.

Votre tâche

Comment un bon système d'information pourrait-il aider le directeur des ventes dans ses fonctions? Quelles informations l'entreprise devrait-elle chercher à se donner, et sous quelle forme? Quels types de rapports seraient les plus utiles?

Amorce de solution

Demandez-vous quelles informations seraient réellement utiles au directeur des ventes, sous quelle forme elles devraient idéalement être présentées, et à quelle fréquence.

CAS 2.2
LES DÉCISIONS PASSÉES
DES GOUVERNEMENTS

La manière dont la technologie influence notre vision des choses et nos façons de faire des affaires a donné lieu à un reportage dans le *New York Times*.

Des administrateurs gouvernementaux s'inquiètent de l'effet néfaste que pourraient avoir les technologies informatiques sur la collecte et le stockage de documents tels que les ébauches de discours ou de mémoires décrivant différentes options visant à améliorer certaines politiques gouvernementales. Ces ébauches sont utiles non seulement aux historiens, mais aussi aux nouveaux directeurs d'agences gouvernementales qui veulent connaître la démarche qui a amené leurs prédécesseurs à prendre telle décision plutôt que telle autre, ou encore aux juges qui veulent mesurer les effets de certaines décisions lors de poursuites et pour lesquelles certains documents gouvernementaux sont nécessaires.

Voici donc quelques-unes des façons dont la technologie de l'information pourrait entraver la collecte systématique de documents :

1. Le papier qui a été utilisé ne peut être réutilisé ; il est alors classé. Les disquettes sont beaucoup plus coûteuses ; en conséquence, on a souvent tendance à effacer les vieilles données pour pouvoir réutiliser les disquettes.

2. L'information contenue dans une disquette est souvent mal identifiée.

3. L'information stockée sur les bandes magnétiques a une espérance de vie d'approximativement vingt ans seulement à cause de la détérioration des signaux électroniques.

4. L'information est enregistrée sur des supports tels que les microfilms qui deviennent désuets et souvent les appareils qui servaient à lire ces informations n'existent plus dans le matériel en stock.

Votre tâche

Il est évident qu'on doit faire des choix quant à la méthode d'utilisation de telles informations. Quelles méthodes suggéreriez-vous à un gouvernement ? Si on vous posait la même question, appliquée cette fois à une entreprise privée œuvrant dans le domaine des assurances sur les biens et les personnes, votre réponse serait-elle différente ?

▶ QUESTIONS

1. Qu'est-ce que l'information?

2. Quelle est la différence entre une information et une donnée?

3. Quelles sont les principales qualités d'une bonne information?

4. Donnez les principales caractéristiques de l'information.

5. Nommez les différentes sources d'information en donnant deux exemples pour chacune d'elles.

6. Quels sont les différents modes de saisie de l'information? Donnez deux exemples d'utilisation pour chacun.

7. Qu'est-ce que la validation des données?

8. Quel est l'avantage ou l'inconvénient du traitement de l'information en temps réel pour le gestionnaire?

9. Qu'entend-on par «traitement de l'information par lots»?

10. Quelle est la différence entre lieu de la saisie de l'information et lieu du traitement?

La communication, base d'un système d'information

▷ OBJECTIFS

Après avoir lu ce chapitre et fait les cas à la fin de celui-ci, l'étudiant ou l'étudiante devrait être en mesure de :

1. Définir ce qu'est un canal de transmission de l'information interne et de l'information externe.

2. Définir les concepts de « coût » et de « durée de la vie » lorsqu'ils sont appliqués à l'information.

3. Décrire l'évolution, dans l'entreprise, d'un système d'information traditionnel au système d'information sur support informatique.

4. Décrire les principaux moyens de distribution de l'information.

5. Évaluer l'importance du support informatique dans la gestion de l'information.

▶ Introduction

Peut-on parler de système d'information sans discuter de communication ? Bien sûr que non ! Comme nous l'avons souligné au chapitre 1, un renseignement ne prend la valeur d'une information que lorsqu'il est présenté à une personne pour laquelle il a une utilité, au moment opportun et sous une forme compréhensible ; il faut donc qu'il soit communiqué.

En théorie, toute communication naît d'un message à transmettre. En ce sens, on définit généralement le message comme un ensemble cohérent de signes de même nature, ordonnés selon des règles précises et conventionnelles, et qui visent à exprimer quelque chose. Un message comprend essentiellement deux composantes : il s'agit de la **volonté** exprimée par un être vivant de signifier quelque chose à un autre ou plusieurs autres êtres vivants, afin d'atteindre à un **but** quelconque (informer, convaincre, vendre, etc.).

▶ 3.1 La communication

Plusieurs experts se penchent depuis longtemps sur ce qu'est la communication afin d'en comprendre le processus. Ils s'entendent habituellement pour définir la communication comme le processus par lequel une personne cherche à en influencer une autre. Cette influence peut prendre la forme d'efforts en vue de conclure une vente pour un représentant d'une entreprise, d'une négociation pour un représentant syndical, d'une discussion entre deux directeurs de services ou d'un débat entre un employé et son patron. Mais pour qu'il y ait communication, il faut transmettre quelque chose. Un certain nombre de difficultés peuvent alors se poser. On reconnaît en général trois niveaux de difficultés possibles dans la communication.

Il y a d'abord des contraintes d'ordre technique : comment fait-on pour transmettre les symboles qu'on veut transmettre ? On peut entre autres utiliser la communication verbale, dans une langue quelconque ; la communication écrite, dans une langue quelconque et à l'aide d'un alphabet défini à l'avance ; la communication informatisée, où le langage et les symboles employés varient selon les besoins et l'environnement.

Viennent ensuite les contraintes sur le plan sémantique : les symboles utilisés transmettent-ils vraiment le message ? Cette difficulté est accentuée dans le cas d'une communication faisant appel à l'informatique, car il faut alors s'assurer que les sorties de données de l'informatique soient codées de façon intelligible pour le lecteur auquel elles sont destinées.

Enfin, il y a les contraintes sur le plan de l'efficacité, ou de l'efficience, de la communication. Il faut alors se demander si la communication entraîne les effets escomptés. Pour bien comprendre le processus de communication, avec les difficultés qu'il comporte, nous jetterons un coup d'œil sur un modèle de communication universellement connu.

3.1.1
Le modèle de communication

La plupart des auteurs qui s'intéressent à la communication représentent ce processus sous la forme du modèle de la figure 3.1 :

▶ Figure 3.1
Le modèle de communication

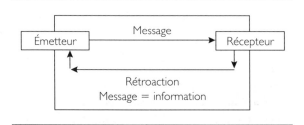

Un émetteur quelconque (prenons le propriétaire d'une pizzeria) désire transmettre une communication de marketing quelconque (par exemple une promotion pour les prochains jours) aux gens de la région. Il décide donc de faire passer des annonces radiophoniques comme celle-ci : « La pizzeria ABC vous offre la meilleure pizza en ville au bas prix de 9,99 $ pour une pizza de grandeur moyenne ». Le message est clair, du moins pour l'émetteur. Le propriétaire de la pizzeria désire tout simplement informer les gens qu'il vend sa pizza

9,99 $. Mais est-ce cela que comprendront les récepteurs de cette publicité ?

Tout dépendra de la qualité des ondes radio au moment où le message sera diffusé. Et si l'auditeur franchit justement un tunnel à ce moment-là, il n'est pas certain qu'il entendra toutes les paroles prononcées ; peut-être n'entendra-t-il que : « La pizzeria ABC....99 pour une pizza de grandeur moyenne. » Et même s'il entend correctement le message complet, que signifiera, pour lui, l'expression « la meilleure pizza en ville » ? Comprendra-t-il que c'est la pizza qui a le goût le plus savoureux ? que c'est celle qui compte le plus d'ingrédients ? Une communication peut être unilatérale ; il s'agit alors d'un message qui est envoyé au récepteur, qui l'assimile. C'est le cas de l'émetteur dans l'exemple précédent qui, par l'entremise d'une émission radiophonique, diffuse sa publicité. Le récepteur sera d'autant plus amorphe ou inactif si le message est complet puisqu'il n'a pas d'efforts à faire sur le plan de la compréhension. De toute façon, le récepteur ne peut pas dialoguer avec sa radio.

La communication peut être aussi de type bilatéral ; cela signifie qu'il y a un échange d'information entre l'émetteur et le récepteur (voir la figure 3.2). Le récepteur aura alors la possibilité de faire part à l'émetteur de sa perception du message, et l'émetteur cherchera à apprendre si le message a

▶ Figure 3.2
La communication bilatérale

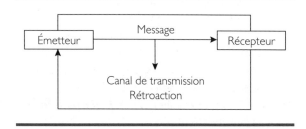

été bien compris ou bien perçu par le récepteur. Ce sera le cas, par exemple, du superviseur qui donne des directives à un subalterne et qui s'assure que le message a été décodé de la façon dont il le prévoyait.

Malheureusement, il arrive très fréquemment que le récepteur d'un message qui a été envoyé interprète le contenu de celui-ci d'une manière inadéquate. Le message porte la marque de son auteur (ses croyances, ses valeurs, ses préjugés et ses opinions), ce qui au départ peut en diminuer la clarté pour le récepteur. On dira alors qu'il y a un « biais » dans le message; autrement dit, le récepteur n'a pas compris le message de la même façon que l'émetteur. Dans certains cas, l'inverse se produit. Par exemple, l'information sera biaisée par l'émetteur s'il utilise les termes « une vieille auto » plutôt que les termes « une auto ancienne ». « Une vieille auto » signifie que le véhicule est abîmé et usé, et qu'il a peu de valeur, tandis que l'expression « une auto ancienne » classe celle-ci parmi les objets anciens de valeur. Cet exemple montre que le message pourrait avoir une influence sur la décision dans le contexte d'une communication téléphonique où l'on jugerait de la valeur du véhicule.

Dans tout canal servant à la transmission d'informations, on trouve un certain niveau de bruit, tant dans le signal choisi que dans le canal utilisé ou dans la réception du signal. Ce problème se produit aussi lors d'une communication dans l'entreprise. Le transmetteur du message devra par conséquent coder sa communication de façon parfaitement intelligible, utiliser un canal qui crée peu de bruit et qui se dirige directement vers le récepteur. Pour pallier ce risque de distorsion, les gestionnaires choisissent fréquemment un système où la répétition intentionnelle du message constitue la garantie d'une bonne compréhension; ces systèmes, qui paraissent inefficaces, sont en réalité très bien adaptés aux besoins de l'entreprise.

Lorsque le canal utilisé est l'informatique et que les messages sont souvent programmés, la situation n'en est que plus dangereuse. Lorsqu'on compte sur un système informatisé non seulement pour transmettre l'information, mais aussi pour l'utiliser et la modifier, il faut être encore plus prudent.

3.1.2
Le canal de transmission

La communication la plus simple et la plus efficace est sans aucun doute la communication verbale entre deux individus. Ce canal de transmission qu'est la parole n'est cependant pas toujours possible dans la vie de tous les jours, et surtout dans l'entreprise. En effet, dans une entreprise comprenant 300 employés, il devient parfois très difficile pour les gens de se rencontrer, voire de se connaître personnellement, et par conséquent de communiquer directement.

On devra alors faire appel à un intermédiaire qui aura pour rôle de faciliter la communication en transmettant le message de l'émetteur au récepteur. Dans une entreprise, ce canal de transmission peut être aussi simple que l'utilisation du téléphone ou de l'imprimé, mais certaines communications exigent l'intervention d'une ou de plusieurs personnes. Dans certains cas, on aura recours à un ensemble de composantes pour transmettre le message. Ainsi, un patron se servira du dictaphone pour communiquer une note de service au secrétariat, où une seconde personne retransmettra cette note par voie de communiqué. Plus le nombre d'intermédiaires, qu'ils soient humains ou non, augmente, plus les risques de distorsion grandissent.

Dans un tel environnement, la bureautique devient un outil qui favorise la diffusion du message écrit, la lettre. Dans une entreprise composée de plusieurs niveaux administratifs, il y a de fortes chances pour que les directives du président soient quelque peu biaisées par les employés si elles n'ont pas été écrites, vérifiées et répétées intégralement, et cela même si l'on a tenu des réunions pour que tout le monde soit bien informé. Sur ce plan, la bureautique sert à faire des mises à jour, des corrections, des ajouts de textes, des figures et des schémas. Elle peut même, avec un logiciel d'exploitation, bloquer un message qui n'est pas conforme aux données scientifiques de l'entreprise, de l'émetteur.

Mais ce n'est là qu'un des types d'informations qu'il faut transmettre à l'interne ou à l'externe dans une entreprise. Comment peut-on s'assurer qu'on dispose d'un canal de transmission adéquat pour tous les types d'informations et de communications qu'on trouve dans une entreprise ?

À la figure 3.3, l'entreprise éprouve des difficultés dans la diffusion de l'information, que ce soit auprès des employés, des clients, des fournisseurs, des inspecteurs des gouvernements ou des publicitaires, bref auprès des membres de son milieu.

3.1.3
L'information interne et l'information externe

Comme nous l'avons vu précédemment, peu d'entreprises peuvent évoluer en vase clos. En ce sens, les différentes informations à traiter peuvent provenir aussi bien de l'intérieur de l'entreprise que de l'extérieur de celle-ci (voir la figure 3.4).

L'entreprise devra disposer d'un mode de transmission-réception de l'information qui lui permettra d'acquérir tous les types d'informations, qu'elles proviennent des journaux, des revues, de la télévision, des fournisseurs, des clients, des sociétés de gestion, des municipalités, des organismes, des concurrents, des autres entreprises, des institutions gouvernementales, ou autres.

En ce qui concerne les agents ou sources d'information internes, ils sont divers et se multiplient selon la taille de l'entreprise. Il s'agit de chaque employé ou de chaque groupe d'employés (une association, un club, un syndicat ou une catégorie),

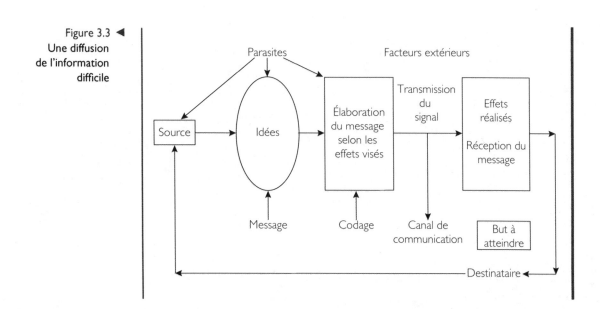

Figure 3.3 ◀
Une diffusion
de l'information
difficile

▶ Figure 3.4
Les milieux interne et externe de l'entreprise

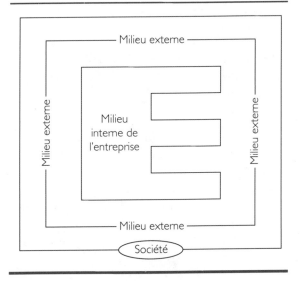

et plus particulièrement des employés leaders, des activités rattachées à une fonction ou à un service, etc.

La figure 3.5 nous présente un modèle possible de système d'information dans une entreprise intégrant les principaux types d'informations qui lui sont utiles et distinguant leur origine soit interne, soit externe. Ce système tient compte, par exemple, de l'analyse de la concurrence pour l'entreprise en question, les données sur la concurrence (comme les informations qui portent sur le total des dépenses engagées dans le secteur industriel) étant bien sûr recueillies par le biais de sources externes telles que Statistique Canada. C'est, d'autre part, à l'interne qu'on décortique l'information selon le devis technique de collecte décrit par le cahier des charges.

Figure 3.5 ◀
**Le système
d'information
interne et externe**

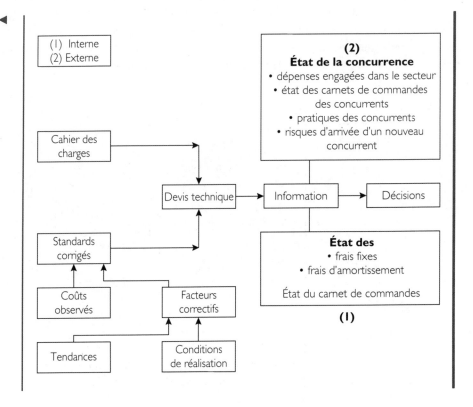

Mais l'entreprise a-t-elle toutes les informations internes nécessaires pour évaluer les informations externes ? C'est alors que devient nécessaire la connaissance de la structure et des fonctions de l'entreprise. Chaque entreprise a son propre système d'information qui doit prendre en considération la nature de l'information à diffuser. En effet, l'information peut être un objet :

— de décision ;

— de consultation ;

— d'organisation et de structure ;

— de correspondance ;

— de réglementation ;

— de discussion ;

— de technique ; etc.

L'entreprise verra à organiser un canal de transmission efficace (voir la figure 3.6). Si elle passe à l'informatique, l'ordinateur permettra une diffusion rapide et complète des informations internes et externes à l'ensemble des systèmes de l'organisation. Comme chaque fonction a ses propres informations à transmettre et comme la quantité d'informations à traiter dans l'entreprise est gigantesque, la création d'un système d'information de gestion, en tant que service et soutien, devient une condition fondamentale pour atteindre l'efficacité. Le système d'information de gestion est le canal de communication d'aujourd'hui.

► 3.2
L'information, une ressource pour l'entreprise

3.2.1
La vie d'une information

On ne peut parler de l'augmentation de l'information sans parler de la durée de la vie d'une

► Figure 3.6
Le système d'information et le canal de transmission

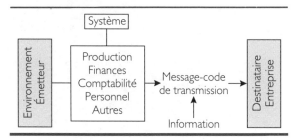

information, car l'information est une ressource au même titre que la matière première, la main-d'œuvre ou le capital.

Les étapes de la vie d'une information ont évidemment une incidence sur les investissements que les gestionnaires seront prêts à consacrer à son traitement. La figure 3.7 nous présente les principales étapes du traitement de l'information, depuis sa création jusqu'à sa réception par l'utilisateur final ; elle met également en évidence le coût de chaque étape par rapport au coût total. Ainsi, on constate que l'étape de la mise à jour représente 25 % du coût total du traitement de l'information.

3.2.2
Le coût du traitement de l'information

Dans tout type d'organisation, il y a une relation entre le volume de l'information et le coût de celle-ci. Comme c'est le cas dans plusieurs contextes de gestion, on peut réaliser des économies d'échelle en gestion de l'information, car l'accroissement du volume de l'information à traiter a pour effet d'abaisser le coût unitaire.

La figure 3.8 souligne clairement que si l'entreprise peut traiter un volume élevé d'informations, le coût unitaire de traitement, vu les

Pourcentage des dépenses consacrées aux
différentes étapes de la vie d'une information

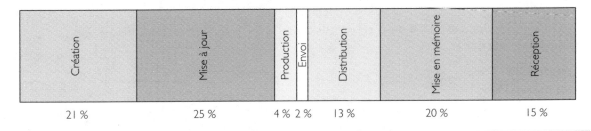

Création	Mise à jour	Production	Envoi	Distribution	Mise en mémoire	Réception
21 %	25 %	4 %	2 %	13 %	20 %	15 %

possibilités d'automatisation plus grandes, tendra à diminuer. Les gestionnaires auront donc à préparer des devis opérationnels de traitement de l'information adaptés aux besoins, aux priorités et aux ressources de l'entreprise. Ainsi, si l'entreprise a les sommes disponibles pour traiter l'information à l'aide de l'ordinateur, il en résultera une économie par rapport au traitement manuel, selon le volume de traitement réalisé. Mais comment déterminer la valeur d'une information en tenant correctement compte des besoins, des priorités et des ressources de l'entreprise ? Certains gestionnaires suggèrent que l'on se pose les questions suivantes :

— Ai-je en main toute l'information nécessaire, toute l'information utile ?

— Quels sont les besoins réels de l'organisation ?

— Quels sont les budgets à notre disposition ?

— Quels compromis sommes-nous prêts à faire sur la précision de l'information et sur l'investissement ?

Grâce aux progrès immenses de l'informatique, souvent il n'est pas beaucoup plus coûteux de traiter de grandes quantités d'informations que de faibles quantités.

► Figure 3.8
Le rapport entre le volume de traitement et le coût unitaire

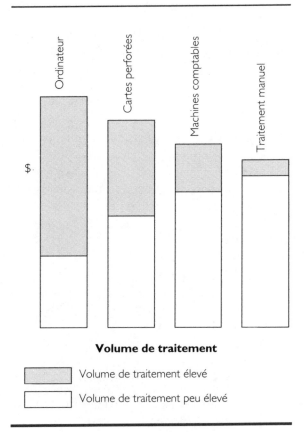

Volume de traitement

Volume de traitement élevé

Volume de traitement peu élevé

3.2.3
L'accroissement du volume de l'information et les systèmes d'informations

Depuis quelques années déjà, nous observons, dans le domaine de l'information, une évolution assez généralisée sur les points suivants :

1. Les marchés évoluant rapidement et les facteurs socio-économiques variant d'une période à l'autre, les entreprises doivent traiter plus d'informations afin de suivre les changements qui se produisent dans la concurrence, dans la fiscalité, dans les relations du travail et dans les programmes gouvernementaux qui les concernent.

2. Les dirigeants ont de plus en plus besoin d'obtenir l'information sur-le-champ pour prendre toute décision susceptible de faire avancer l'organisation, surtout durant les périodes où la survie de celle-ci est menacée.

3. La croissance de l'entreprise va de pair avec la diversité des sources d'information internes et externes, car l'entreprise est constamment à la recherche de nouveaux contrats, de nouveaux fournisseurs, de nouveaux employés, etc.

4. L'individu qui détient l'information détient le pouvoir. Malheureusement, l'employeur peut avoir tendance à filtrer les informations qui suscitent un intérêt pour le pouvoir, ce qui risque de diluer celles pouvant s'avérer cruciales.

5. La taille des organisations est de plus en plus grande : pensons à Alcan (environ 18 000 employés et un actif de 6 milliards de dollars), à Bell Canada (environ 20 000 employés et un actif de 6 milliards de dollars), et au secteur public canadien qui regroupe plus de 300 000 employés.

6. La technologie, avec ses nouveaux termes, procédés et méthodes, forme un labyrinthe dans lequel un employé trouvera difficilement son chemin s'il ne dispose pas d'une banque de données ou d'un lexique.

7. Le coût du traitement d'une donnée diminue avec l'implantation de l'informatique par rapport au matériel classique, d'où la compression des coûts fixes et la réalisation d'économies d'échelle.

8. L'implantation d'un système d'information favorise l'augmentation du volume de l'information traitée. Le seul fait que ce système accélère le traitement permet à l'organisation d'emmagasiner plus d'informations.

Par conséquent, pourquoi ne pas traiter plus de données pourvu que celles-ci répondent à des besoins de l'entreprise ? Et pourquoi ne pas se doter d'un système d'information de gestion (SIG) ?

3.2.4
L'universalité du traitement de l'information

Une multitude d'informations proviennent des diverses fonctions accomplies par l'entreprise et peuvent être traitées au moyen de différentes activités. Toute entreprise désire posséder un système d'information universel, qui comprenne les activités de traitement suivantes :

— la saisie des données ;
— le traitement des données ;
— le stockage des données ;
— l'impression ;
— la communication ;
— la recherche ;
— le classement et l'archivage ;
— la destruction.

Le concept d'«universalité» signifie que chaque fonction de l'entreprise possède un système d'information complet en lui-même (voir la figure 3.9), les différents systèmes étant reliés entre

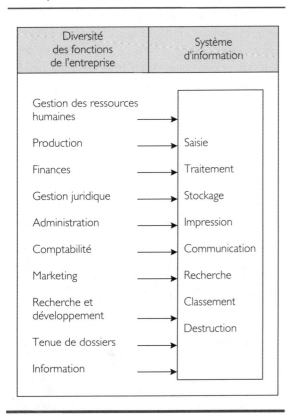

Diversité des fonctions de l'entreprise	Système d'information
Gestion des ressources humaines	Saisie
Production	Traitement
Finances	Stockage
Gestion juridique	Impression
Administration	Communication
Comptabilité	Recherche
Marketing	Classement
Recherche et développement	Destruction
Tenue de dossiers	
Information	

informatique est généralement justifié par les économies obtenues non seulement quant au coût du traitement de l'information, mais aussi quant aux éléments de contrôle et aux diverses tâches à accomplir.

Dans un environnement traditionnel, le gestionnaire de la haute direction a tendance à s'adjoindre plusieurs employés; aussi il n'est pas rare de voir un gestionnaire entouré d'un adjoint, d'une secrétaire, d'un commis, etc. Ces postes, ajoutés à ceux de la production ou du service, semblent faire partie des conditions de travail du gestionnaire, alors que les autres employés de l'entreprise sont souvent contraints de respecter toute une hiérarchie d'employés de bureau pour mettre la main sur un document ou un rapport dactylographié.

Afin de limiter la multiplication des postes d'employés de soutien, il est essentiel de faciliter les différentes activités touchant le traitement de l'information. C'est ici que l'informatique peut devenir un outil des plus intéressants. En accélérant le travail de recherche de données, l'informatique permet des gains de temps considérables lors de l'exécution des activités de collecte ou de traitement de l'information. Le tableau 3.1 donne un exemple d'implantation d'un système d'information en bureautique et des économies qu'elle peut faire faire à l'entreprise.

Le tableau 3.1 nous montre bien l'ampleur des économies qu'il est possible d'obtenir grâce à l'implantation d'un système de gestion informatisée dans le seul domaine de la bureautique. Cet exemple prend d'autant plus d'importance qu'au Canada, selon des statistiques sur la main-d'œuvre, une personne sur deux exécute des tâches de bureau, et la valeur totale des biens et services destinés au bureau représente six milliards de dollars par année.

eux dans un processus nécessairement adapté aux ressources humaines.

3.2.5
Le passage d'un système d'information traditionnel à un système d'information sur support informatique

Le passage d'un système d'information traditionnel à un système d'information sur support

3.2.6
La pénétration de l'informatique dans l'entreprise québécoise

L'ouvrage intitulé *La PME au Québec, état de la situation*, publié par le ministère de l'Industrie et du Commerce du Québec, nous fournit des informations très intéressantes sur la pénétration de l'informatique et de la bureautique dans l'entreprise québécoise. Celles-ci sont tirées d'une étude réalisée par trois chercheurs de l'Université du Québec à Montréal en juin 1985, au moyen d'un questionnaire adressé à 1 949 entreprises québécoises.

Étant donné que 849 entreprises ont rempli ce questionnaire, il y a lieu de croire que les résultats obtenus peuvent être généralisés à l'ensemble des entreprises québécoises pour donner un profil du taux de pénétration de la technologie informatique. Le tableau 3.1 présente la situation de l'information des entreprises québécoises.

Voici ce qui nous semble les deux principales observations que font les chercheurs :

1. Le pourcentage des entreprises qui possèdent de l'équipement informatique croît avec la taille, quel que soit le secteur d'activité économique.

2. « Quelle que soit la taille des entreprises interrogées, les firmes du secteur manufacturier sont moins informatisées que les entreprises commerciales, et ces dernières le sont moins que les entreprises de services[1] ».

---

1. *La PME au Québec, état de la situation*, Québec, Ministère de l'Industrie et du Commerce du Québec, 1987, p. 145-146.

▶ Tableau 3.1
Le rendement d'un système d'information en bureautique

Activité	Pourcentage du temps passé	Pourcentage des effets attribuables à la bureautique	Pourcentage du temps requis par la bureautique
Écriture	11	10	1,1
Lecture	10	10	1,0
Utilisation de l'équipement	10	0	0
Recherche	7	70	5,0
Réunions prévues	7	20	1,4
Réunions non prévues	6	20	1,2
Planification	6	10	0,6
Voyages	5	10	0,5
Courrier	4	20	0,3
Téléphone	4	20	0,8
Calculs	4	10	0,4
Relecture	3	50	1,5
Classement	2	25	0,5
Dictée	2	0	0
Discussion avec les secrétaires	1	20	0,2
Photocopies	1	0	0
Autres	17	0	0
	100 %		15 %

Les entreprises du secteur des services présentent des signes d'intégration de l'informatique plus évidents que les autres secteurs, alors que 50 % des entreprises ont déclaré plus de trois applications informatiques[2].

Le tableau 3.2 présente les données de cette enquête sur l'informatisation des entreprises québécoises.

_____
2. *Ibid.*, p. 152.

3.3
La distribution de l'information

Au chapitre précédent, nous nous sommes intéressés principalement aux sources d'information et au traitement de celle-ci. Nous examinerons maintenant la communication de cette information, sa distribution.

Bien qu'elle concerne toujours la diffusion de messages ainsi que l'instrument relatif à cette diffu-

Tableau 3.2 ◄
L'informatisation
des entreprises
québécoises

	Taille		
	Petites (en %)	Moyennes (en %)	Grandes (en %)
Entreprises manufacturières			
Pas informatisées	34	5	—
Peu informatisées	28	18	11
Moyennement informatisées	27	49	14
Très informatisées	12	28	75
Entreprises commerciales			
Pas informatisées	26	6	—
Peu informatisées	38	23	11
Moyennement informatisées	23	65	22
Très informatisées	14	6	67
Entreprises de services			
Pas informatisées	18	3	—
Peu informatisées	33	19	10
Moyennement informatisées	39	43	29
Très informatisées	11	35	62

Notes.
1. Le taux d'informatisation des entreprises est mesuré selon le nombre d'applications utilisées:
    — pas informatisées: ne possèdent aucune application;
    — peu informatisées: possèdent 1 ou 2 applications;
    — moyennement informatisées: possèdent 3 ou 4 applications;
    — très informatisées: possèdent 5 applications ou plus.
2. Petites entreprises: de 1 à 99 employés.
    Moyennes entreprises: de 100 à 499 employés.
    Grandes entreprises: 500 employés et plus.

sion, la fonction «distribution» varie évidemment d'une entreprise ou d'un milieu à l'autre, suivant le système en place. D'un point de vue administratif, on se posera les questions suivantes :

— De quels moyens dispose-t-on pour distribuer l'information?

— À quel moment l'information sera-t-elle distribuée?

— Qui distribuera cette information?

— Quelle est son utilité?

— Combien coûte cette distribution?

▶ Figure 3.10
La distribution de l'information selon les secteurs d'activités de l'entreprise

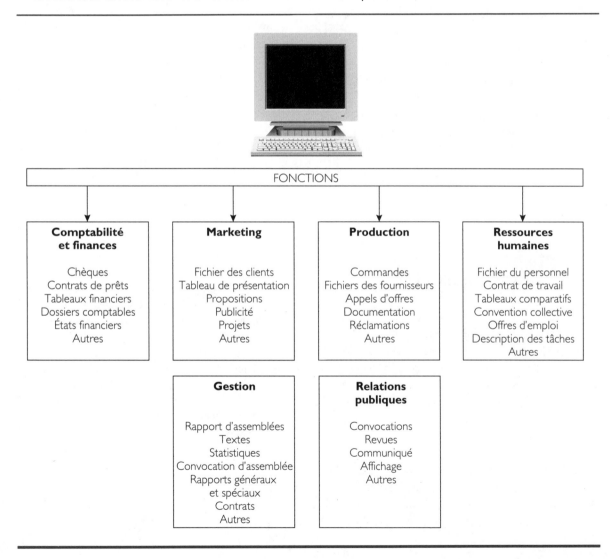

Pour bien saisir la notion de « distribution », il faut connaître les informations que l'on veut et que l'on peut distribuer. Ainsi, comme l'illustre la figure 3.10, le service de la bureautique s'intéressera à la distribution de différents types d'informations selon les secteurs d'activités de l'entreprise. Si nous prenons le domaine de la gestion de la production, les documents d'information traités par la bureautique seraient alors les rapports d'assemblées, les contrats, les avis de convocation, les notes de services, les fiches de présence, les horaires de travail, les plans et devis, les états financiers et autres.

La fonction « gestion des ressources humaines » et les autres fonctions ou services de l'entreprise auront aussi leurs propres besoins, objectifs et instruments d'information. Ainsi, dans le service de gestion des ressources humaines, il pourrait être plus utile de n'avoir qu'un terminal relié à un réseau, alors qu'en gestion de la production un ordinateur autonome s'avérera intéressant pour tout ingénieur qui se veut à la fine pointe du développement.

3.3.1
Les moyens de distribution

L'entreprise distribue l'information sur deux plans : à l'interne et à l'externe ; elle doit alors faire un choix judicieux des moyens de transmission. Le tableau 3.3 présente diverses façons de conserver et de reproduire l'information ; les lecteurs peuvent prendre conscience de la nécessité de bien connaître celles-ci afin de faire le bon choix parmi les supports et les procédés.

Pour sa part, la figure 3.11 présente les différents outils de distribution de l'information verbale, écrite ou visuelle. Le choix d'un outil dépend évidemment du type de sujet à traiter et de l'objectif visé.

Mais avant d'aller plus loin, il nous apparaît important de décrire les principaux instruments utilisés dans le cadre de la communication de l'information, dont certains sont particulièrement employés pour la production et l'exploitation de l'information. Le chapitre 7 permettra aux lecteurs d'approfondir la connaissance de ces divers outils.

L'ordinateur individuel

L'ordinateur individuel est essentiellement le micro-ordinateur. L'évolution technologique s'est adaptée aux besoins des individus, c'est-à-dire qu'aujourd'hui l'employé de bureau et le gestionnaire n'ont plus à demander l'information aux gros ordinateurs du service informatique. Les appareils modernes rivalisent de puissance entre eux et d'efficacité avec les plus gros ordinateurs, surtout lorsqu'ils sont regroupés en réseau. L'utilisateur averti peut alors se procurer l'information ailleurs, soit dans les banques de données publiques ou privées ou auprès d'autres usagers, et la traiter à sa guise et selon ses besoins.

En 1981, 2 % des travailleurs américains se servaient d'un ordinateur individuel. En 1982, année où IBM présenta le IBM PC, ce chiffre est passé à 4 %. On estime que 7 % des travailleurs américains se servaient d'un ordinateur individuel en 1983, ce chiffre devant passer à 16 % en 1985 (Sander, 1983), et à plus de 20 % dans les années 1990. [...] C'est ce type d'ordinateur qui effectue le passage du « manuel » vers l'électronique avec la promesse d'augmenter la productivité, d'améliorer les services rendus aux clients et, avantage non marginal, de rendre le travail plus gratifiant[3].

La figure 3.12 illustre la distribution de l'information effectuée par l'ordinateur. Ce système, appelé « réseau », qui s'installe peu à peu dans

---

3. Rolland Hurtibise, *La Bureautique : éléments et impacts*, Montréal, Agence d'Arc inc., 1984, p. 23.

Les supports et les procédés de reproduction de l'information

Supports

1. Papier
2. Microformes (microfilms, microfiches, etc.)
3. Cartes et rubans perforés (supports passifs)
4. Disques, tambours (supports magnétiques rigides)
5. Bandes, cassettes (supports magnétiques souples)

Procédés de reproduction

1. **Photocopies:**

    a) thermocopie: contact entre le document original et le support sensible de la copie soumis aux rayons infrarouges (par exemple, le thermocopieur)

    b) diazocopie: procédé chimique utilisant la lumière et l'ammoniaque (par exemple, les plans d'architecte)

    c) électrocopie: utilisation du procédé de la photographie avec une lumière intensive

2. **Offsett:** utilisation d'un cliché du document original monté sur un cylindre du duplicateur

3. **Polycopie:**

    a) duplicateur à alcool: le papier est humecté par l'alcool

    b) duplicateur à stencils: le stencil est perforé par une machine à écrire et l'encre passe par les perforations pour imprimer

4. **Fonctions bureautiques:**

    a) télécopie: transmission de documents de papier entre deux endroits. Un appareil muni d'un lecteur optique code l'information du document et la transmet à un récepteur composé d'un décodeur et d'une imprimante

    b) impression électronique: impression de données mémorisées (textes, graphiques et images) sur des équipements à microprocesseur, qui ne comprennent pas les imprimantes traditionnelles

    c) photocomposition: procédé de composition de textes par voie photographique à l'aide d'images optiques ou de programmes informatiques permettant de dessiner des caractères typographiques ou des symboles. L'utilisation des microprocesseurs et du laser permet d'obtenir automatiquement des clichés ou des plaques d'impression à partir d'un texte codé par traitement de texte

l'entreprise d'aujourd'hui, est appuyé par divers équipements favorisant une économie de temps et de coûts.

Pour la micro-informatique et l'ordinateur individuel, deux standards rallient la plupart des fabricants: d'une part, il y a l'IBM PC et tous les ordinateurs qui veulent être compatibles avec lui (Tandy, General, Toshiba, etc); d'autre part, il y a la ligne proposée par Apple, le Macintosh, qui est polyvalent et facile à utiliser, et dont la compatibilité avec l'IBM PC est presque complète.

Le Macintosh ne requiert pas de compétence particulière en informatique. Il a ceci de spécial que l'écran possède des fenêtres représentant des objets de bureau (le tiroir, le classeur, le dossier, la zone d'entrée et la zone de sortie, le document,

Figure 3.11 ◀
Les outils
de distribution
de l'information
verbale, écrite
ou visuelle

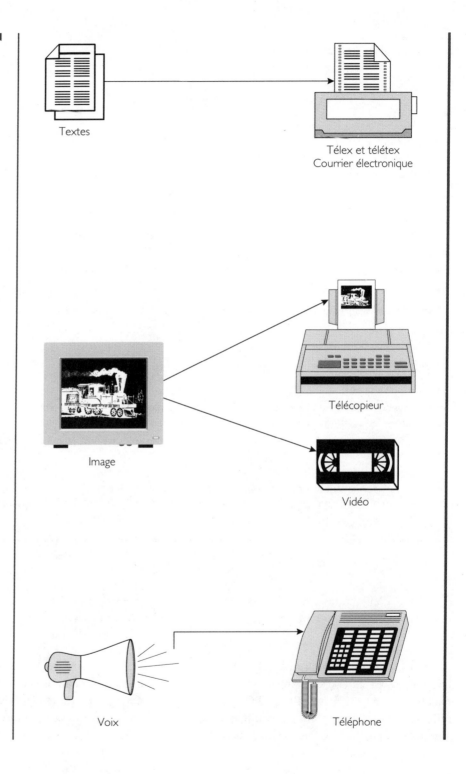

Textes

Télex et télétex
Courrier électronique

Image

Télécopieur

Vidéo

Voix

Téléphone

► Figure 3.12
La distribution de l'information
au moyen de l'ordinateur

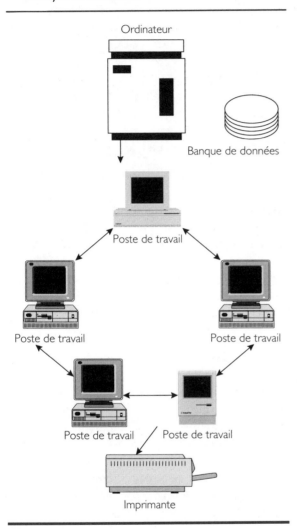

Ordinateur

Banque de données

Poste de travail

Poste de travail

Poste de travail

Poste de travail

Poste de travail

Imprimante

ditionnelles par des images et des symboles qui permettent à l'utilisateur de faire fonctionner presque instinctivement le système. Ainsi, pour effectuer une opération comme la lecture d'une donnée en entrée, on déplace la souris de façon que le pointeur soit positionné sur l'entrée, et on appuie sur le bouton de la souris. Par la suite, on peut choisir une autre opération parmi celles qui sont affichées à l'écran, comme stocker, imprimer ou traiter les données.

Le courrier électronique

Le système de courrier électronique a pour but d'enregistrer et de transmettre, par des moyens électroniques, des messages qui seraient normalement envoyés par la poste ou, verbalement, par ligne téléphonique. Il s'agit de l'ensemble des services de transmission à distance de tout document entre des appareils, sans recours au support du papier. Le courrier électronique, en comparaison de l'appel téléphonique, demande moins de temps en plus de produire l'image des données à transmettre.

Son fonctionnement est simple. Un message est préparé sur un équipement (un terminal, un clavier avec écran, une machine à écrire électronique, un système de traitement de texte, un terminal intelligent, etc.), puis adressé non pas à un autre terminal mais à une «boîte aux lettres» électronique, où son destinataire pourra venir le consulter. Une série de commandes simples, données par le terminal, permet d'identifier le destinataire, qui détient un compte particulier dans cette boîte aux lettres.

Le message peut alors être consulté au moment choisi par le destinataire ou son mandataire; il lui suffit de mettre le système en marche. Le caractère confidentiel du courrier électronique est donc limité. Dans la boîte électronique, en effet, les messages reçus peuvent subir diverses opérations, que ce soit le classement et l'archivage, la destruction, la

etc.). Le Macintosh est doté d'un petit boîtier mobile appelé «souris», qui dirige la position d'un pointeur sur l'écran.

En fait, les concepteurs de Macintosh ont remplacé toutes les commandes informatiques tra-

duplication, l'acheminement vers d'autres destinataires pour en obtenir de l'information, etc. Dans certains cas, il est même possible de savoir si le message a été consulté par son destinataire, grâce au retour d'un «accusé de réception».

Il existe tout un éventail de services qui font partie intégrante du courrier électronique. Ainsi, la **télécopie** est cette technique qui permet la reproduction à distance d'un document original sur papier, par l'intermédiaire de terminaux raccordés à un réseau de télécommunication. Lors de l'émission, l'original est analysé point par point par un dispositif de lecture photographique. Lors de la réception, on obtient un fac-similé par synthèse sur papier ou sur film.

Le **télétex**, ou «télétraitement de texte», peut être considéré comme le successeur du télex qui, en 1982, comptait 1 200 000 abonnés dans le monde, constituant de ce fait le plus vaste réseau de terminaux de l'époque. Le télex permet la transmission, entre deux terminaux, de documents dactylographiés page par page. Quant au télétex, c'est un véritable courrier électronique international entre des terminaux. Notons qu'on peut effectuer la transmission en raccordant des systèmes de traitement de texte ou encore des machines à écrire électroniques dotées de la fonction de télécommunication.

La **messagerie électronique**, ou «système de communication électronique des messages», assure la transmission de messages généralement courts et informels entre le terminal et l'ordinateur individuel et donne la possibilité de stocker ces messages. Agissant comme boîte aux lettres électronique, elle est située dans l'ordinateur central ou dans l'ordinateur individuel. L'émetteur et le récepteur n'ont pas besoin d'être tous les deux présents lors de la transmission puisque le système, en plus d'effectuer la livraison automatique, remplit la fonction de boîte aux lettres. Aussi, un seul message peut être distribué à de nombreux abonnés.

La **téléécriture** permet une communication alphanumérique et graphique instantanée entre plusieurs correspondants. Des caractères alphanumériques ainsi que des schémas, des graphiques et des dessins peuvent être tracés, corrigés ou effacés à l'aide d'un crayon électronique sur une tablette électronique qui sert d'espace électronique commun. On peut imaginer l'utilisation de la téléécriture dans le cadre de téléconférences.

Le **traitement de la parole** constitue un secteur de recherche et de développement actif. En effet, il existe des systèmes de restitution vocale soit à partir de mots préenregistrés ou grâce à un vocodeur, sorte d'orgue électronique. L'ordinateur doit alors calculer la fréquence à émettre, la durée et la puissance de chaque phonème. Ces appareils sont commercialisés pour diverses applications, dont la messagerie vocale.

Les principales fonctions de ce système sont toutes les fonctions téléphoniques, le traitement de texte, la messagerie électronique, le calendrier-agenda et un tableau sous forme de base de données. Du point de vue de l'informatique, ce système de gestion à base de fenêtres permet d'afficher plusieurs tâches à l'écran et de sauter d'une fenêtre à l'autre. On peut aller chercher des graphiques et des données dans l'ordinateur central et les afficher, écrire un rapport dans une autre fenêtre, afficher son agenda, discuter avec une ou plusieurs personnes au téléphone, qui elles-mêmes peuvent afficher les mêmes choses sur leur écran grâce à la fonction de partage, et tout cela en même temps.

La micrographie

La micrographie est l'ensemble des techniques se rapportant à la production, au traitement et à l'exploitation des microformes. À l'aide de procédés photographiques, des données et des informations qui étaient sur un support magnétique ou de papier sont transférées sur un film. Le support microphotographique (microfiche ou microfilm) amène une réduction considérable du volume et du poids, un gain de temps grâce à la facilité d'archivage, de consultation, de reproduction et de diffusion, ainsi qu'une réduction des coûts de reproduction et de transport. Son principal désavantage demeure la mise à jour des documents, qui demande une nouvelle photo. Elle oblige également à se doter d'un lecteur approprié.

Cette technique éprouvée que constitue la micrographie est un des éléments importants de la bureautique. Cependant, elle sera bientôt dépassée par le vidéodisque.

Le vidéodisque

Le vidéodisque constitue un excellent support pour le stockage de l'information. On commence à l'utiliser à la place du microfilm et de la microfiche, et il pourrait dans un avenir plus ou moins lointain remplacer les autres moyens de mémorisation informatique. Cependant, il faut considérer qu'un disque ne peut être enregistré qu'une fois. On trouve actuellement trois types de vidéodisques :

— le vidéodisque analogique, qui sert à enregistrer l'image et la voix par modulation ;

— le vidéodisque numérique, qui peut avoir les mêmes fins, mais cette fois par numérisation, et qui nécessite l'utilisation de l'ordinateur ;

— le vidéodisque optique, qui constitue le support de l'avenir grâce à ses qualités de fiabilité, de sécurité et de rapidité.

On peut facilement concevoir que ce système est idéal pour l'archivage et la recherche de documents. À titre d'exemple, citons le système de vidéodisque de Bell Canada, qui a permis de stocker 70 000 documents photographiques de nature historique sur un seul disque au laser de 30 centimètres de diamètre.

La téléconférence

La téléconférence consiste en une réunion tenue entre des personnes éloignées les unes des autres, sans qu'elles aient besoin de se déplacer. Voici, selon Rolland Hurtibise[4], les divers types de téléconférences :

— La téléréunion, conférence téléphonique qui se tient au moyen de postes téléphoniques classiques ou d'appareils qui laissent les mains libres. Un appel collectif permet de réunir par téléphone plusieurs abonnés qui participent à une communication orale.

— L'audioconférence, qui se réalise à l'aide de salles équipées de microphones très sensibles et de dispositifs de signalisation identifiant les participants.

— La vidéoconférence, qui joint à la communication l'image animée des participants éloignés. Ce moyen nécessite des salles spécialement dotées soit d'un matériel de télévision, soit de visiophones. Dans le futur, les participants aux vidéoconférences n'auront plus besoin de se rendre dans des salles spécialisées ; ils se serviront plutôt du visiophone et de leurs buroviseurs individuels.

— La téléconférence informatisée, ou téléconférence par ordinateur, qui demande que les participants entrent leurs messages respectifs dans des terminaux, des micro-ordinateurs ou des buroviseurs, et qu'ils prennent connaissance des réponses et des messages qui leur sont destinés. Ces téléconférences assistées par ordinateur peuvent s'effectuer en temps réel ou en différé.

---

4. Rolland Hurtibise, *op. cit.*, p. 34.

La téléphonie

La téléphonie est le successeur du téléphone traditionnel. Il s'agit d'un autocommutateur électronique comparable à un micro-ordinateur agissant comme centrale électronique, qui assure la transmission et la reproduction de la parole ou d'autres signaux sonores. Toujours selon Hurtibise[5], ce système a trois grandes fonctions.

Premièrement, chaque poste, grâce à la programmation, offre des possibilités diverses, dont l'accès au réseau, la numérotation abrégée, le rappel automatique, le transfert et le renvoi d'appels, la mise en attente, la sonnerie distinctive, l'intervention en cours d'appel, la téléconférence et la protection contre les intrusions. Deuxièmement, la téléphonie permet la gestion des horaires variables, le contrôle de l'accès à des services ou à des locaux, la transmission d'alarmes, etc. Troisièmement, la téléphonie permet d'interroger et d'insérer des ensembles de données, de relier des ordinateurs entre eux et de greffer un système de messagerie vocale.

Les réseaux

Afin de mettre en relation les différents modes de communication dont nous venons d'énumérer les fonctions, il est indispensable de faire appel aux réseaux. Ces réseaux peuvent être internes (se trouver à l'intérieur de l'entreprise) et externes (relier deux organisations ou plus).

Un réseau interne est caractérisé par l'autocommunicateur, qui est une espèce de centrale téléphonique électronique gérée à l'aide d'un ordinateur programmé qu'on appelle «ordinateur serveur». Cela va de soi que la qualité du logiciel gérant le réseau déterminera la qualité des communications entre les appareils.

La figure 3.13 présente un exemple de regroupement de l'équipement de communication réalisable sur le réseau local d'une entreprise; il s'agit d'un réseau «en étoile» ou autocommunicateur téléphonique. Un tel réseau de télécommunication se compose généralement d'appareils reliés entre eux par des dispositifs de communication (faits de fils, de câbles, d'une ligne téléphonique ou d'une fibre optique). Certaines unités traitent l'information, d'autres la reçoivent et l'émettent (voir la figure 3.14). Parmi les appareils qui constituent les points de communication du réseau, notons les unités de traitement de texte, les buroviseurs, les mini-ordinateurs et les ordinateurs à intelligence centrale et à unités périphériques comme les imprimantes à distance.

Le réseau de communication peut être à l'échelle d'une grande entreprise, voire d'une entreprise internationale faisant appel aux satellites. Localement, des micro-ordinateurs reliés à des terminaux non intelligents ou des systèmes de traitement de texte peuvent accomplir certains travaux.

▶ Figure 3.13
Un réseau «en étoile»
ou autocommunicateur téléphonique

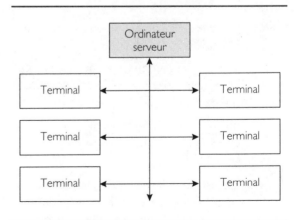

5. *Ibid.*, p. 35.

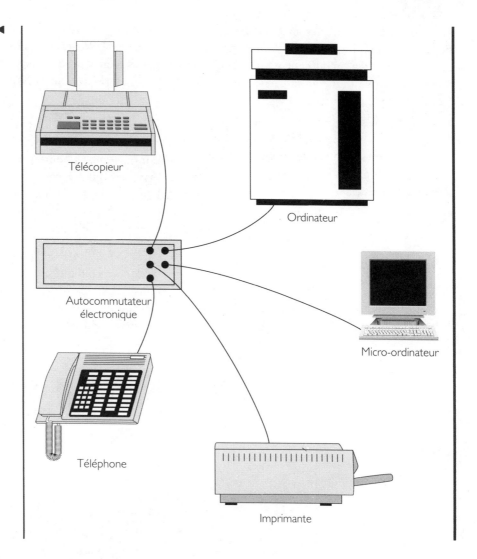

Figure 3.14 ◄
Un réseau
de communication

Télécopieur

Ordinateur

Autocommutateur
électronique

Micro-ordinateur

Téléphone

Imprimante

L'avantage de cette organisation réside dans la cohérence des informations et de leur traitement; en revanche, elle laisse assez peu d'autonomie et de souplesse aux micro-ordinateurs locaux.

Les différentes composantes d'un réseau

1. Le moyen de transmission, constituant un lien de communication physique, qui transporte l'information entre les différents points du réseau. Ce sont les circuits téléphoniques traditionnels,

les faisceaux d'ondes hertziennes, les ondes transmises par satellite, etc.

2. Les interfaces, qui permettent la transmission de données à travers les lignes de communication pour relier les terminaux avec le réseau, deux programmes ou deux systèmes.

3. Les protocoles ou les règles, qui commandent le flot et l'échange de l'information et permettent d'identifier les expéditeurs et les destinataires.

4. Les nœuds du réseau, qui sont les points d'où les liens de communication partent, où ils finissent ou se croisent. Un nœud peut aussi être un terminal directement relié au réseau ou une interface entre deux ou plusieurs usagers.

5. Les chemins d'accès, qui sont les différents circuits reliant les usagers. Si le réseau est centralisé, les liaisons seront partagées entre différents utilisateurs du réseau en mode multipoint. Si le réseau est décentralisé, on parlera d'une liaison point à point.

3.3.2
Les services de transmission de données

Outre le réseau public offert par des entreprises de télécommunication (comme Bell Canada),

il existe un large éventail de services spécialisés (tels que Télésat Canada). On trouve dans ces catégories d'entreprises plusieurs sociétés qui utilisent les satellites, comme la NASA (voir la figure 3.15).

Il existe également des entreprises de télécommunication qui offrent des services spécialisés, mais qui ne peuvent avoir leurs propres moyens de transmission. Ces entreprises ont des réseaux informatiques qui reçoivent des données de clients par ligne téléphonique. Ces données sont temporairement stockées et organisées en « paquets » de caractères pour être transmises à leur destinataire.

Enfin, il y a des entreprises de transmission de données qui fournissent des services aux utilisateurs de micro-ordinateurs pouvant transmettre et recevoir des messages ou du courrier électronique par l'intermédiaire de tels réseaux de traitement et

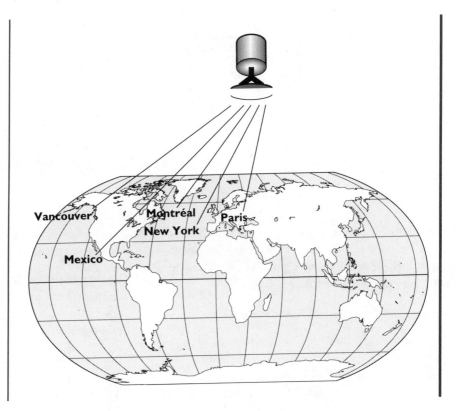

Figure 3.15 ◀
La télécommunication
par satellite

Vancouver   Montréal   Paris
             New York
      Mexico

de transmission de données, par exemple sous le système vidéotex (Télidon, Vista de Bell Canada).

L'implantation d'un réseau bouleverse la façon de travailler, car il met en contact entre eux tous les centres spécialisés d'une entreprise, il permet à chaque employé autorisé de capter les données de l'entreprise, de les utiliser, de les modifier et de les retrouver électroniquement avec plus de rapidité et d'efficacité que dans le bureau traditionnel.

Dans un monde régi par un réseau, on n'a plus besoin de copies de la correspondance et des rapports, l'original pouvant toujours se trouver à l'écran de chacun. La fréquence et la nature des réunions changeront; la rencontre d'information sera remplacée par la téléconférence assistée par ordinateur (en anglais, « computer conferencing »).

Aujourd'hui, la dimension internationale de la communication est capitale; c'est pourquoi les réseaux spécialisés de transmission de données sont mis en place par plusieurs pays. Certains réseaux ont comme objectif l'accès à des bases de données scientifiques et techniques; ils permettent l'échange d'information entre les pays.

Au début des années 2000, l'ensemble des projets conduira à une certaine homogénéisation des réseaux de communication (par la voix, les données, les images et les textes) grâce à l'établissement de supports de communication et de services communs. L'enjeu de la communication est vital pour les entreprises soumises aujourd'hui à une vive concurrence internationale. La télécommunication est une solution envisageable, car elle accélère les entrées de données et améliore la prise de décision.

3.3.3
Les autres éléments de distribution

Les appareils que nous venons de décrire ne constituent que quelques-uns des équipements mis à la disposition des gestionnaires de systèmes d'informations. Il nous apparaît intéressant d'en énumérer certains autres qui sont soit moins importants, soit moins utilisés.

Il y a d'abord le lecteur optique, qui permet de mettre en mémoire des données sans passer par le clavier. Ce dispositif peut enregistrer automatiquement, par un procédé optique, des images ou du texte. Il peut donc traiter la page dactylographiée comme une image ou comme une suite de caractères. Grâce à ce procédé, on peut effectuer des modifications au texte intégral par le biais d'un logiciel de traitement de texte traditionnel.

Il existe également un appareil qui rend possible l'entrée de données dans l'ordinateur vocalement, un micro-ordinateur à peine plus gros qu'une calculatrice, un composeur automatique de numéros, un contrôleur de communications téléphoniques, un centre de communication des messages et une foule d'autres gadgets électroniques pouvant améliorer ou faciliter le travail de bureau.

3.3.4
La sélection des moyens de traitement de l'information

Voici les questions qu'on doit se poser et les éléments qu'il faut considérer lorsque vient le moment de choisir des moyens de distribuer l'information :

— Quelle information sera distribuée ?

— Quand faudra-t-il distribuer cette information ?

— Qui la distribuera ?

— Quelle est l'utilité de cette information ?

— Quel en est le coût ou la valeur ?

— Par quel réseau cette information sera-t-elle acheminée ?

Les facteurs «temps» et «durée» doivent également entrer en considération. Tout n'est cependant pas parfait, et l'efficacité des moyens dépend de l'analyse des besoins. Ainsi, pour illustrer l'application des principes établis, la figure 3.16 présente un parallèle entre les questions de gestion et les éléments bureautiques de communication. Ce n'est qu'après avoir bien évalué ces derniers en rapport avec les besoins et les circonstances que l'on pourra effectuer un choix judicieux des moyens de distribution.

3.3.5
L'évaluation des moyens de distribution

La première étape de l'évaluation consiste non pas à consulter le fournisseur, mais à identifier

Figure 3.16 ◀
Les questions
de gestion et
les éléments
bureautiques
de communication

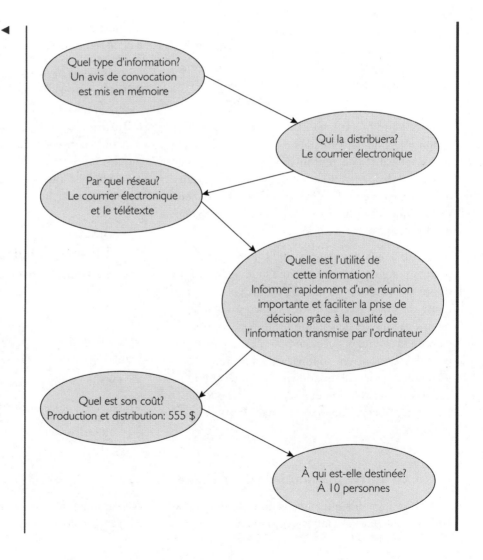

les besoins des utilisateurs. Pour ce faire, il existe des éléments d'information essentiels, tels que les suivants :

— la facilité de l'utilisation ;

— le temps maximal de perfectionnement ;

— l'ergonomie ;

— l'investissement en rapport avec la productivité ;

— la vitesse de l'information ;

— la capacité de reproduction de l'information ;

— la fiabilité.

De plus, la recherche et la lecture de revues spécialisées aideront le gestionnaire à prendre une décision sur l'orientation bureautique. Ainsi, en ce qui concerne la machine de traitement de texte, on a observé les faits suivants :

— Le temps total qu'une secrétaire consacre à la correction des fautes d'orthographe avec un ruban correcteur s'élève à plus de 15 jours de travail annuellement.

— La répartition des textes dans les organisations obéit à la célèbre loi de Pareto du « 80-20 ». Les textes créés par des rédacteurs représentent en moyenne 20 % du total des messages écrits. L'immense masse des documents produits dans les entreprises, soit 80 % d'entre eux, ne sont en fait que la reproduction, en tout ou en partie, de documents existants.

— Les machines de traitement de texte possèdent tout un éventail de fonctions permettant de supprimer, d'insérer, de substituer ou de déplacer un mot, une ligne, une phrase, un paragraphe ou une page.

— Le matériel de traitement de texte produit divers effets sur le fonctionnement des entreprises.

Le choix d'un moyen de communication n'est pas un exercice facile, d'autant plus qu'il aura des conséquences financières et humaines sur l'entreprise.

▶ ## 3.4
La gestion de l'information à l'aide des dossiers

3.4.1
L'exploitation

Toute gestion de l'information demande la tenue de dossiers, laquelle est une activité essentielle d'exploitation de l'information. La gestion des dossiers constitue dans l'entreprise un travail de bureau. La bureautique modifie quelque peu cette activité par l'apport d'un outillage différent, mais le but que poursuit l'information reste le même.

3.4.2
La vie des dossiers

On considère trois étapes dans la gestion des dossiers. Premièrement, les dossiers vivants sont ceux qui sont en voie de réalisation ou qui apportent l'information de base. Deuxièmement, les dossiers semi-vivants sont les dossiers relativement fixes que l'on consulte sporadiquement, et qui sont en révision ou presque réalisés. Troisièmement, les dossiers archivés sont ceux qui sont réalisés, terminés et emmagasinés ; normalement, ils ne seront consultés que sur demande.

Le classement vise l'accessibilité des informations, leur simplicité et leur confidentialité. L'employé peut avoir accès rapidement aux dossiers pour la consultation, l'insertion, la modification, la distribution ou l'archivage de l'information, jusqu'au moment où l'entreprise aura à choisir les utilisateurs. L'accès à l'équipement sera alors contrôlé selon l'importance des dossiers et leurs objectifs. Par exemple, un dossier de nature comptable

ne devrait être consulté que par une personne auto-
risée ou appartenant au service de la comptabilité
de l'entreprise.

3.4.3
Le matériel de classement
des dossiers

À quoi ressemblent les différents instruments
traditionnels servant à classer les dossiers? Dans le
cas des factures, par exemple, on aura le matériel
suivant : le bac de classement pour le suivi des
comptes clients, puis le classeur pour le rangement
des factures encaissées et enfin les cartons d'archives pour la conservation des documents pendant
une période minimale de cinq ans, selon le délai
prescrit par le ministère du Revenu. Par la suite, on
pourra détruire les factures, qui ne servent plus que
de documents de référence.

Avec l'apparition de l'informatique, la gestion
des dossiers a pris une tout autre allure. Aujourd-
'hui on parle de cartouches, de cassettes, de cartes
magnétiques, de disques, de disquettes, de mini-
disquettes, de microfiches et de microfilms, chaque
dossier étant acheminé vers l'un ou l'autre de ces
supports selon que le dossier est vivant, semi-vivant
ou archivé.

Parallèlement à l'approche traditionnelle, le
processus informatisé de cheminement de la facture est le suivant : il y a premièrement l'enregistrement de la facture en mémoire (sur une disquette)
afin de produire un relevé des comptes clients dont
le modèle est déjà programmé sur un logiciel
d'application; il y a deuxièmement l'entrée des
montants perçus dans la disquette, puis dans les
rapports financiers; il y a troisièmement la conservation de la facture payée sur microfilm ou sur
disque rigide.

Que son approche soit traditionnelle ou informatisée, l'entreprise devra élaborer un guide de
classement pour la gestion, qui servira de marche à
suivre. Ainsi, le matériel traditionnel, comme le
classeur et les cartons d'archives, reste opérationnel
quand il s'agit de classer les disquettes, les cartes
perforées et les documents archivés qui doivent
être accessibles pour la consultation par des personnes de l'extérieur de l'entreprise, tels les historiens, les inspecteurs du Gouvernement, voire les
procureurs dans les cas de litiges.

▶ 3.5
L'informatique,
une arme stratégique

Les entreprises adoptent de plus en plus les
nouvelles technologies d'information pour pouvoir
demeurer concurrentielles. Ces technologies ont
révolutionné le monde des affaires principalement
de trois façons :

— en changeant la structure industrielle et, par le
   fait même, en modifiant les règles de la concurrence;

— en fournissant de nouveaux moyens d'atteindre
   l'efficacité et de réduire les coûts;

— en créant de nouvelles façons de se différencier
   des concurrents.

3.5.1
La modification
de la structure industrielle

Les nouvelles technologies ont permis d'accroître le pouvoir de l'acheteur en augmentant sa
capacité d'analyse et la rapidité de ses interactions
avec les autres entreprises. Provigo, par exemple, a
profité de cette augmentation de pouvoir. En effet,
cette société a évalué que la paperasse représentait
de 3 % à 8 % du coût de chaque transaction. Elle a

donc estimé qu'il serait rentable d'exiger de tous ses fournisseurs qu'ils utilisent l'échange électronique des données. Cette méthode permet de vérifier les commandes directement, ce qui minimise le taux d'erreurs, car près de 50 % des commandes demandaient des corrections. Par conséquent, plus vite la correction est effectuée dans le processus, mieux c'est. Pour une entreprise comme Provigo, dont le siège social achète une bonne partie des marchandises qu'il doit redistribuer par la suite dans les succursales, cette façon de faire diminue considérablement les coûts.

L'investissement énorme qu'entraîne l'introduction de nouvelles technologies a augmenté les barrières à l'entrée. Par exemple, auparavant, les ateliers d'usinage et de transformation du métal étaient peu automatisés. Leurs clients, principalement l'industrie automobile, exigent de plus en plus que leurs chaînes de montage soient dotées d'un contrôle numérique parce que celui-ci est plus rapide, plus flexible et plus précis. Or, il en coûte à présent en moyenne 150 000 $ à une entreprise pour informatiser son atelier, comparativement à 25 000 $ pour la chaîne de montage traditionnelle.

Par contre, étant donné que la chaîne de montage informatisée est plus flexible, ce producteur peut différencier davantage sa ligne de produits, ce qui permet de diminuer le risque financier inhérent à l'informatisation.

3.5.2
La réduction des coûts et l'accroissement de l'efficacité

On n'a plus besoin de prouver que l'informatique permet de réduire les coûts de fabrication, de distribution, de commandes, etc. Une entreprise se doit de rationaliser de plus en plus ses coûts pour demeurer concurrentielle. Grâce aux nouvelles technologies, elle a accès à une information qu'elle n'aurait pu obtenir auparavant. La facilité de cet accès à l'information a augmenté de façon importante les capacités d'analyse et de contrôle des entreprises.

En outre, les entreprises de distribution peuvent réduire les coûts d'erreurs et ceux de facturation en automatisant leur processus de facturation et de commande. Par exemple, une charcuterie en gros a installé un système de facturation-livraison intégré afin de minimiser les erreurs et de réduire le personnel de bureau. Ainsi, lors d'une commande téléphonique, le commis coche sur un feuillet les produits à livrer. Il transmet immédiatement à l'ordinateur comptable le numéro du bordereau et le code permanent du client. Ce feuillet de commande circule jusqu'au service de l'expédition où son numéro de référence, tapé sur le clavier de la balance, demande l'affichage de la facture « cathodique » à remplir. Celle-ci identifie le client en plus de faire mention de son état de compte. L'ordinateur effectuant, au moyen du poids des paquets, la vérification des quantités commandées et des quantités livrées, il est donc impossible que le paquet ne soit pas suffisamment rempli, ou l'inverse.

Grâce à la conception assistée par ordinateur, les entreprises peuvent modifier leurs produits facilement et à un moindre coût. Par exemple, dans l'industrie du vêtement, le micro-ordinateur permet d'établir les plans de coupe du tissu afin de minimiser les pertes. Au moyen d'un logiciel de conception assistée par ordinateur ou de fabrication assistée par ordinateur (CAO/FAO), on dispose les différentes pièces d'un patron sur une pièce de tissu donnée de façon à réduire les pertes. Ensuite, une table traçante reproduit le nouveau modèle sur du papier, qui sera ensuite placé sur le tissu à couper. Une directrice de la production estime qu'elle a réduit ses pertes de 75 % grâce à ce nouveau procédé.

3.5.3
La différenciation

L'informatique permet à des industries homogènes de se différencier. Par exemple, l'introduction du guichet automatique a permis aux Caisses populaires de se distinguer de ses concurrents. Bien que l'industrie vise maintenant l'intégration en un réseau, les Caisses populaires ont pu jouir d'un avantage concurrentiel pendant quelques années grâce à un service unique.

Les nouvelles technologies peuvent aussi modifier les facteurs de concurrence. Auparavant, les taux d'intérêt constituaient le principal critère dans le choix d'une banque. Maintenant, les gens s'intéressent plutôt à la quantité de guichets automatiques, aux services intercaisses ou interbanques, aux services automatiques de prêts ou d'épargne et autres.

Mais il n'y a pas que les services financiers. Qui n'a pas entendu parler de l'ordinateur Karl qui conseille aux clients la coupe de cheveux et les divers traitements capillaires qui conviendront à leur situation? Pour un salon de coiffure, Karl représente une mine d'or. La fiche technique du client est mise en mémoire et pourra être consultée lors de sa prochaine visite. Le taux d'insatisfaction a chuté considérablement puisque 75 % des clients insatisfaits l'étaient à cause d'une mauvaise communication entre le coiffeur et eux. Après avoir répondu à une série de questions posées par Karl, le client peut visualiser plusieurs coupes avant de choisir celle qui lui plaira le plus. Le coiffeur n'a qu'à reproduire cette coupe, en y ajoutant peut-être sa touche personnelle. Cet exemple, tiré du magazine *Information Technology*, montre que le salon de coiffure utilise l'informatique comme une arme stratégique pour différencier son entreprise.

Un autre exemple est celui de l'industrie de la câblodistribution, qui a été complètement bouleversée lorsque Vidéotron a introduit son nouveau produit, Vidéoway.

Bref, de nos jours, une entreprise ne peut plus élaborer un plan stratégique sans tenir compte des possibilités que lui offrent les nouvelles technologies. Quoique l'utilisation de l'informatique varie d'un secteur industriel à un autre, nous tâcherons maintenant de démontrer que tous les secteurs industriels ont recours aux systèmes d'informations de gestion.

3.5.4
Le succès de l'informatique

On peut se demander aujourd'hui si l'informatique a été un succès dans le monde, et plus particulièrement dans les organisations. Il est évident que l'ordinateur a déjà apporté une contribution significative au fonctionnement des entreprises.

On trouve parmi les dirigeants de petites et de grandes entreprises et parmi les usagers de l'informatique des individus qui se disent déçus ou désorientés et qui sont parfois qualifiés de victimes de l'informatique. En fait, l'informatique a encore beaucoup de promesses à remplir.

La mesure du succès de l'informatique peut se faire selon deux dimensions : l'efficacité et le rendement. L'efficacité de l'informatique ou de toute autre activité humaine, cela consiste à faire la bonne chose. Le rendement, c'est de bien faire la chose.

L'efficacité ne saurait être assurée à moins que l'informatique ne soit au service des objectifs de l'entreprise, tant sur le plan de la réduction des coûts que sur celui de l'augmentation des revenus ou sur celui d'une meilleure répartition des ressources de l'entreprise. Pour être efficace, le système d'information utilisé doit s'adapter au type d'entreprise, à sa mission, à ses buts, à ses méthodes et au style de direction générale. Il serait inutile de poursuivre des objectifs techniques, tels que la création de banques de données, de systèmes en temps réel ou de systèmes sophistiqués, qui ne répondraient pas aux objectifs de l'entreprise.

Le seul objectif valable pour l'informatique est d'aider l'entreprise à progresser et à remplir sa mission d'une façon qui, sans l'aide de l'informatique, serait impossible ou non économique. Les utilisateurs et la direction générale sont donc les moteurs du développement de l'informatique et ce sont eux qui, en dernier ressort, doivent faire les plans en vue de garantir le succès de l'entreprise. Ces plans doivent être faits avec la collaboration d'informaticiens.

Trop souvent, on essaie de vendre de l'informatique aux petites entreprises en leur disant qu'elles diminueront ainsi leurs coûts d'exploitation ou qu'elles réduiront leur personnel. Mais on devrait plutôt insister sur la capacité de l'informatique de répondre aux autres objectifs de l'entreprise, tels que l'augmentation des revenus, sa croissance, la simplification du processus de prise de décision, l'accroissement de la productivité ou une meilleure répartition des ressources.

Voici cinq conceptions erronées concernant l'ordinateur qu'on observe chez plusieurs personnes :

1. **L'ordinateur est une mystérieuse boîte noire servant à faire des calculs très complexes.** Pour l'entreprise, l'ordinateur est davantage une machine de traitement de l'information qui reçoit des données brutes et les transforme en les déchiffrant, en les classifiant, en les comparant et en les triant en une information qui sera utile à la gestion.

2. **La tâche principale de l'ordinateur est de remplacer l'être humain.** Encore aujourd'hui, on justifie l'informatique par la réduction de personnel qu'elle entraîne dans beaucoup d'entreprises.

3. **L'ordinateur est une machine prête à être utilisée.** On pense souvent, en particulier dans les petites entreprises, qu'il est aussi facile d'implanter l'informatique que d'installer une machine à écrire.

4. **L'ordinateur se justifie par la réduction des coûts.** Il s'agit d'une vision étroite de la réalité.

5. **Le système informatique est synonyme de « système de gestion ».** Il y a une différence fondamentale entre ces deux aspects. Il faut d'abord comprendre le système d'information avant de l'informatiser.

Pour atteindre l'efficacité avec l'informatique, il faut donc une collaboration très étroite entre les cadres supérieurs, les usagers et les informaticiens. S'il est vrai que l'informaticien doit comprendre l'environnement de l'entreprise, sa structure et l'utilisation qu'elle veut faire de l'informatique, il est également important que l'usager comprenne l'informatique jusqu'à un certain point.

Pour que l'informaticien contribue à la réalisation des objectifs de l'entreprise, il faut :

— qu'il ait une vue d'ensemble de l'entreprise, une compréhension de ses stratégies et de ses objectifs, et plus particulièrement une compréhension de l'interdépendance des sous-systèmes de gestion ;

— qu'il comprenne que ce sont les résultats qui importent et non l'activité ;

— qu'il sache que l'informatique est au service de l'entreprise, et non le contraire ;

— qu'il comprenne les besoins de l'utilisateur de même que la structure de l'utilisation et qu'il désire contribuer à la réalisation des objectifs de l'entreprise, ce qui inclut les objectifs ne relevant pas de l'informatique.

L'autre aspect de la gestion de l'informatique est le **rendement**, lequel consiste à bien faire la chose. En d'autres mots, le rendement, c'est la gestion correcte du service de l'informatique, l'utilisation fructueuse des ressources. Deux grandes dimensions se dégagent de cette gestion. Le contenu même du système que nous avons vu, et la gestion du projet.

Sur le plan de la gestion du projet, deux problèmes se posent. D'une part, les coûts de développement sont très souvent supérieurs aux estimations. D'autre part, il ressort que, dans beaucoup

de centres d'informatique, 70 % des coûts de développement ou des budgets de développement sont imputables à l'entretien des systèmes. Comment peut-on résoudre ces deux problèmes ?

Il faut repenser la gestion du projet ainsi que la méthode utilisée pour créer des systèmes. Dans plusieurs entreprises, on constate que les informaticiens sont souvent appelés à mettre au point des systèmes sophistiqués de gestion de projets pour les usagers, pour les ingénieurs, etc. Cependant, le système d'information de gestion, ou de développement de système, est souvent simple. L'informaticien devrait appliquer à sa propre gestion de développement de système les principes qu'il prône pour les usagers.

 CONCLUSION

Dans ce chapitre, nous avons brièvement discuté de ce qu'était le processus de communication et des difficultés auxquelles on peut faire face. Il est évident que plus la quantité d'informations à traiter et à communiquer est grande, plus les risques et les difficultés qui s'y rattachent sont élevés. C'est pourquoi il devient de plus en plus important de se doter de systèmes bien adaptés à cette tâche.

Bien que tout le monde ne souhaite pas se spécialiser en système d'information de gestion, on n'a plus besoin de faire la preuve que l'ordinateur est un outil indispensable pour chacun. Point plus important encore, le gestionnaire pourra se démarquer de ses concurrents grâce entre autres à l'utilisation originale et créatrice qu'il fera de l'ordinateur. L'essentiel, c'est que le gestionnaire soit en mesure de reconnaître les possibilités des ordinateurs comme outils de travail et de déterminer les types d'applications dont il a besoin, que ce soit des bases de données, un chiffrier, la gestion de projets, etc.

 CAS 3.1
L'ORDINATEUR EN TANT QUE LECTEUR

Nous avons parlé, dans les deux premiers chapitres, de différents appareils qui permettent de saisir l'information. Un autre appareil de ce type, que nous avons seulement mentionné, est le numériseur (en anglais, «*scanner*»). Cet appareil, mis au point par Kurzweil Computer Products de Cambridge au Massachusetts, peut reconnaître les lettres et les nombres imprimés selon une grande variété de caractères, chose que l'ordinateur conventionnel ne peut faire. Cette machine est évidemment fort utile aux entreprises qui utilisent de grandes banques de textes informatisés. Ainsi, un éditeur de la région de Boston se sert du numériseur pour enregistrer le contenu de livres, qu'il réimprime ensuite dans un corps de composition beaucoup plus gros à l'intention des lecteurs ayant des problèmes de vision. Le réseau de nouvelles Nexus utilise le même genre d'appareil pour les journaux et magazines. Quant au gouvernement fédéral, il y recourt pour lire les documents écrits en russe ou en d'autres langues.

Votre tâche

Supposons que vous travailliez dans une grande entreprise et que vous ayez la possibilité d'acquérir un numériseur et de le relier à une base de données de grande envergure et à un bon système de communication. Comment utiliseriez-vous ce numériseur ?

Amorce de solution

Pensez aux documents dactylographiés et non informatisés, aux enregistrements de brevets, aux cas de procès, aux discours, aux manuels de formation, etc.

▶ CAS 3.2
UNE JOURNÉE BIEN REMPLIE... D'IMPRÉVUS

Une phrase décrit bien la journée de beaucoup d'employés de bureau : «Ce fut une journée bien remplie... d'imprévus.» Un chroniqueur du *San Francisco Examiner*, C.W. Miramker, parle de ces personnes en ces termes : «[...] foisonnant d'idées et empressés de les réaliser, ces gens sont continuellement dérangés par des appels téléphoniques, des réunions, des conférences, des collègues de travail bavards, des visiteurs et encore des appels téléphoniques». Le résultat, malheureusement, c'est qu'ils n'ont pas le temps de travailler parce qu'ils n'ont pas le temps de réfléchir. Après tout, il s'agit peut-être d'une façon normale de faire les choses pour certaines personnes : elles s'engagent dans un projet, sont dérangées et doivent alors se lancer dans un autre projet.

Mais peu importe comment certains voient ce genre de journées folles, plusieurs esprits entreprenants ont déjà trouvé les moyens technologiques d'y remédier. Un de ces moyens consiste à utiliser un ordinateur portatif, qui permet d'être productif quand on en a le temps, peu importe où l'on se trouve. Un autre moyen, c'est un logiciel de fenêtrage (*desktop environment*), qui permet à l'utilisateur de travailler avec plusieurs programmes (un chiffrier, un traitement de texte, une base de données, etc.) en même temps, grâce à la superposition de divers affichages dans des fenêtres à l'écran. La plupart de ces logiciels permettent à l'utilisateur de choisir une fenêtre pour qu'elle occupe tout l'écran (*zooming*). L'utilisateur peut aussi employer la souris pour déplacer le curseur, ce qui lui évitera d'avoir à frapper de multiples touches. Ce qui est important ici, c'est la facilité avec laquelle on peut passer d'un programme à l'autre, et revenir au premier sans devoir attendre; il n'était en effet pas possible, il y a quelques années à peine, de faire cela avec les micro-ordinateurs.

Votre tâche

Bureau Express inc., un des plus importants fournisseurs de services de dactylographie et de sténographie pour des projets à court terme, existe depuis 1958. On y fait passer des tests d'habiletés à de nombreux candidats et on leur trouve ensuite des emplois temporaires. Il y a quelques années, en vue de dominer ce type de marché, la compagnie a mis sur pied des cours de formation en traitement de texte sur ordinateur, pour ses futurs candidats à des emplois à temps partiel.

Vous êtes l'un des directeurs de cette entreprise et vous vivez le genre de journées folles que nous avons décrit. Comment utiliseriez-vous certains des outils présentés précédemment pour être mieux en mesure de vous acquitter de vos tâches?

▶ QUESTIONS

1. Quelles sont les principales difficultés qui se posent dans la communication?

2. Qu'entend-on par le concept de « bruit » dans le canal de communication?

3. Décrivez ce qu'est un canal de transmission.

4. Quelles sont les sept étapes de la vie d'une information?

5. Décrivez cinq des huit principaux facteurs ayant contribué à l'augmentation du volume de l'information accessible et traitée, dans l'entreprise, au cours des dernières années.

6. Quelles sont les principales activités de traitement de l'information?

7. Au Québec, quels sont les secteurs où l'informatisation n'a pas fait une percée importante? Expliquez.

8. Quels sont les principaux moyens de distribution de l'information qui sont à la disposition du gestionnaire?

9. Décrivez ce qu'on entend par le terme « réseau » en traitement de l'information.

10. Quelles sont les erreurs les plus fréquentes que font les gestionnaires qui considèrent la possibilité d'intégrer l'ordinateur à leur système de gestion?

 4

Les étapes de la mise au point d'un système

▷ OBJECTIFS

Après avoir lu ce chapitre et fait les cas à la fin de celui-ci, l'étudiant ou l'étudiante devrait être en mesure de :

1. Décrire les différentes étapes de la mise au point d'un système.

2. Comprendre les principales méthodes utilisées dans l'analyse d'un système et les appliquer à des situations simples.

3. Préciser l'importance d'un diagramme des flux d'information et en exécuter un dans une situation simple.

4. Évaluer les objectifs de gestion et concevoir, pour le système d'information, des objectifs qui les complètent.

5. Percevoir les avantages et les désavantages relatifs aux différentes conceptions de systèmes d'informations qui sont à la disposition de l'entreprise.

6. Appliquer les différents critères d'évaluation de logiciels ou de progiciels.

7. Comprendre les principales étapes de l'implantation dans l'entreprise d'un système d'information.

▶ Introduction

Maintenant que nous avons vu les principaux objectifs poursuivis par le système d'information, nous pouvons jeter un coup d'œil sur le processus de mise en place de ce système. Comme nous connaissons bien les objectifs d'information, les différents types de systèmes qui sont à la disposition des gestionnaires et des entreprises ainsi que les principales composantes d'entrée, de traitement et de sortie de l'information, il ne nous reste plus qu'à utiliser ces connaissances pour analyser les besoins de l'entreprise, mettre au point un système d'information qui convienne à ces besoins et, enfin, l'implanter dans l'environnement de travail.

Dans les prochaines pages, nous décrirons les étapes qu'on doit franchir pour pouvoir éventuellement atteindre les objectifs que nous venons de préciser. L'objectif de ce volume n'est évidemment pas de faire des lecteurs des spécialistes en analyse de système et en programmation, mais il est important pour tout futur gestionnaire de connaître les approches et méthodes de travail que ces spécialistes utilisent, s'ils désirent être en mesure de contribuer à l'élaboration du système d'information avec lequel ils devront peut-être travailler. La plupart d'entre nous ont, à un moment donné, fait de l'analyse de système, dans certains cas sans s'en rendre compte. Bien qu'il n'y ait des postes d'analystes de systèmes que depuis l'apparition de l'informatique dans l'entreprise, cette fonction existe à toutes fins utiles depuis aussi longtemps que la gestion elle-même. L'analyse du système, que nous verrons un peu plus loin, et dans le contexte particulier de la mise au point d'un système d'information, comporte cinq étapes.

▶ 4.1
Les étapes de la planification

On n'aborde pas la tâche consistant à mettre au point un système d'information sans une planification préalable ou sans une organisation des activités à accomplir. Sinon, ce serait la meilleure façon de brûler des étapes d'analyse, d'en arriver à des conclusions erronées et de créer un système qui ne convient pas aux besoins de l'entreprise ou qui ne soit pas fonctionnel ou viable.

Il faut donc procéder de façon logique et ordonnée et suivre un plan de travail défini à l'avance. Nous vous présentons donc, dans les prochaines lignes, les principales étapes sur lesquelles la majorité des spécialistes du domaine s'entendent lorsqu'ils doivent décrire le contenu d'un bonne méthodologie pour la mise au point d'un système.

4.1.1
La définition de la problématique

Comme c'est le cas de toute analyse, la première étape est évidemment l'analyse de la situation ou de la problématique. On ne peut espérer apporter de solution adéquate si, au départ, la problématique est perçue d'une façon incorrecte. Un analyste venant de l'extérieur du système qui fait l'objet de son étude procédera d'abord à des entrevues ou distribuera des questionnaires. Cela lui permettra de bien comprendre la situation du point de vue des participants.

4.1.2
L'étude de faisabilité

Une fois que la situation a été bien saisie, il s'agit de déterminer s'il existe une solution adéquate. Rien ne sert, en effet, d'investir beaucoup de temps et d'argent pour chercher une solution qui n'existe pas. Une étude de faisabilité n'est en fait qu'une mini-analyse de système dont l'objectif est d'en arriver à élaborer différentes possibilités de solutions et à évaluer ces possibilités pour en connaître les coûts et les chances de succès.

4.1.3
L'analyse du système

On passe alors à l'analyse proprement dite du système. À ce moment-ci, on définit la problématique, on étudie le système en profondeur afin de bien comprendre les besoins d'information de l'entreprise de même que les procédés et méthodes de travail utilisés, on élabore différentes possibilités de solution, on choisit la possibilité qui présente le plus d'avantages et on évalue les effets possibles de l'implantation du changement proposé (voir le tableau 4.1).

L'analyste du système se servira de l'information qu'il a recueillie lors de son examen du système pour élaborer un diagramme des flux d'information qui décrira en détail le système étudié, les flux d'information et les procédés de l'entreprise. Il s'agit sans contredit de l'une des tâches les plus importantes dans tout le processus de mise au point d'un système d'information.

L'analyse du système vise à bien faire comprendre le système existant dans l'entreprise avec les complexités et les difficultés qu'il comporte. Il faut donc s'assurer qu'on perçoit correctement les capacités et les limites du système, qu'on connaît les besoins des gens et les méthodes utilisées. Une grande partie du travail consiste donc à savoir qui fait quoi, à découvrir comment les choses se passent, à identifier les problèmes principaux, etc.

Les problèmes les plus courants posés par les systèmes manuels sont la duplication, lorsque plusieurs personnes effectuent les mêmes tâches,

▶ Tableau 4.1
Les étapes d'une analyse de système

1. La définition de la problématique
2. La compréhension du système
3. L'élaboration de différentes possibilités de solution
4. Le choix de la possibilité de solution présentant les plus grands avantages ou les plus grandes chances de succès
5. L'évaluation des effets possibles de l'implantation du changement proposé

et l'absence de coordination, dont la principale conséquence est que certains employés sont surchargés de travail alors que d'autres n'ont presque rien à faire. Il y a aussi le goulot d'étranglement (soit un poste de travail par lequel une grande partie du travail doit passer et qui ne suffit pas à la tâche), un manque flagrant d'organisation ou plus simplement un taux d'erreurs inacceptable.

Pour arriver à bien comprendre le système existant, l'analyste de systèmes fera appel aux entrevues, aux questionnaires, à l'échantillonnage du travail, à l'analyse de la répartition des tâches, à l'analyse des procédés et méthodes et à de multiples autres techniques.

L'entrevue

Bien que l'entrevue constitue l'une des approches privilégiées pour l'étude d'un système en place, elle comporte certains problèmes. Le principal problème est la crainte, souvent fondée, qu'ont les employés quant aux objectifs de l'analyse et les effets que celle-ci peut avoir sur leur futur emploi. Il est donc primordial que les gestionnaires de l'entreprise informent clairement tous leurs employés des objectifs poursuivis par l'analyse.

Le tableau 4.2 indique certains points que l'analyste de systèmes doit garder en mémoire lorsqu'il interviewe des membres du personnel. Ces points, qui peuvent sembler évidents, lui permettront d'éviter de faire certaines erreurs, comme celle de ne pas chercher à connaître l'entreprise et ses employés ou encore celle de ne pas examiner à fond la situation de façon à être en mesure de comprendre les problèmes réels.

Une bonne entrevue comporte différentes questions qui permettront de préciser certains points. Nous en fournissons un exemple au tableau 4.3.

▶ Tableau 4.2
Certains points à considérer lors d'une entrevue

1. Bien se préparer à l'entrevue en approfondissant sa connaissance de l'entreprise et de l'individu à interviewer

2. Expliquer clairement le déroulement prévu de l'entrevue, de même que les objectifs poursuivis

3. Commencer par des questions d'ordre général portant sur l'entreprise, son organisation et ses procédés

4. Poser des questions précises sur les procédés, lesquelles permettront de mieux identifier les points faibles du système existant

5. Faire un suivi sur les points mentionnés par la personne interviewée et fournir une rétroaction lorsque c'est possible ou nécessaire

6. Prendre le moins de notes possible de façon à ne pas déranger l'individu interviewé

7. À la fin de l'entrevue, faire un résumé des commentaires émis de façon à vérifer s'ils ont été bien compris

Le questionnaire

Bien qu'elle soit moins personnelle que l'entrevue, la recherche d'information par le biais du questionnaire possède certains avantages, dont le principal est sans doute qu'il permet de recueillir une grande quantité d'informations tout en exigeant un effort proportionnellement moindre que celui qui est demandé par l'entrevue. Mais, pour qu'il accomplisse correctement l'objectif fixé, le questionnaire doit être bien conçu et bien traité. Le tableau 4.4 fournit un bref rappel des principaux points à surveiller lors de l'utilisation de cette méthode.

Le diagramme des flux d'information

Pour bien comprendre le système existant, avec ses forces et ses faiblesses, il faut concevoir un diagramme des flux d'information. C'est en effet lors de cette tâche qu'on repère fréquemment les

Domaine	Questions types
Volume	• Combien de fois par semaine devez-vous accomplir cette tâche? • Combien de lettres de ce genre devez-vous écrire chaque mois?
Procédé	• Par quelles étapes doit passer un tel document? • Quelle est la marche à suivre dans un cas comme celui-ci?
Information	• De quelle information avez-vous besoin pour prendre votre décision? • Quelle information gardez-vous à portée de la main?
Contrôle	• Quelles sont les mesures prises pour assurer la confidentialité de l'information? • Comment vérifiez-vous l'exactitude de l'information fournie par un client?
Organisation	• À qui revient cette fonction? • Possédez-vous un organigramme de votre service?

erreurs. En effet, comme il s'agit alors d'identifier chacune des étapes accomplies et des informations traitées, toute rupture dans le déroulement logique des choses devient évidente et peut ainsi être plus facilement corrigée.

Afin que toutes les parties en arrivent à se comprendre et à parler le même langage, les analystes de systèmes se sont donné une liste de symboles standardisés pour élaborer le diagramme des flux d'information. La figure 4.1 présente les quatre symboles les plus fréquemment utilisés dans ce type d'analyse, tandis que la figure 4.2 montre à quoi peut ressembler un tel diagramme dans un service de la paie simplifié à l'extrême.

▶ Figure 4.1
Les principaux symboles utilisés pour un diagramme des flux d'information

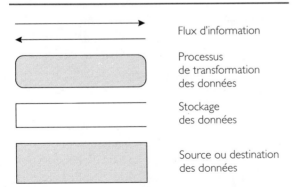

Flux d'information

Processus de transformation des données

Stockage des données

Source ou destination des données

▶ Tableau 4.4
Les points importants à considérer lors de l'utilisation d'un questionnaire

1. Bien désigner le groupe de participants visé

2. Fournir aux participants des directives claires de façon à éviter toute confusion

3. Déterminer avec précision les informations qu'on a l'intention d'aller chercher

4. Formuler des questions courtes, claires et précises

5. S'assurer que le questionnaire soit suffisamment court afin que l'intérêt des participants ne s'émousse pas et que ceux-ci répondent correctement à l'ensemble des questions

6. Tester le questionnaire dans un groupe pilote avant de l'utiliser de façon générale

7. Bien planifier la collecte et le traitement des données

8. Faire le suivi des questionnaires qui n'ont pas été retournés

9. Fournir une rétroaction aux participants dans la mesure du possible

Le diagramme des flux d'information d'un service
de la paie

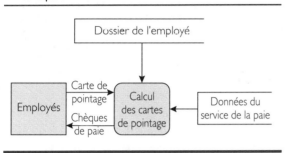

Bien que ces symboles ne garantissent pas
l'exactitude du diagramme ni une compréhension
parfaite de la part de tous les participants qui seront
appelés à l'utiliser, ils permettent d'éviter les erreurs d'interprétation les plus fréquentes et rendent ainsi le processus beaucoup plus transparent.

4.1.4
La conception d'un système d'information

Une fois que la situation a été bien décrite, on
peut procéder à la conception d'un système d'information. Il faudra alors définir clairement les objectifs du système, qui devront correspondre aux
objectifs de l'entreprise. À quoi servirait, en effet,
d'investir de l'argent dans l'élaboration d'un système si l'entreprise ne poursuit aucun objectif ou si
l'objectif poursuivi par le système ne répond pas aux
objectifs généraux de l'entreprise? Le tableau 4.5
donne des exemples d'objectifs de gestion et d'objectifs du système d'information qui viendraient les
appuyer.

Si l'on part du principe que le système aura
des objectifs mesurables, le spécialiste peut procéder à une évaluation comparative des différentes
solutions possibles selon les résultats attendus dans

chacun des cas. C'est lors de cette phase, par
exemple, qu'on évaluera les avantages relatifs d'un
système en temps réel en comparaison d'un système fonctionnant en différé; qu'on se posera des
questions quant aux avantages ou inconvénients
rattachés au fait de n'avoir qu'un point d'entrée de
données ou de permettre l'entrée à partir de points
multiples; qu'on décidera de la meilleure combinaison du travail manuel avec le travail informatisé.

Enfin, on présentera le nouveau diagramme
des flux d'information. Ce diagramme montre le
processus qui aura cours une fois le système mis en
place, à l'aide des mêmes symboles que ceux qui
ont été utilisés au moment de l'évaluation du système existant. Grâce à ce diagramme, on sera en
mesure d'évaluer les modifications à apporter au
système, les programmes de formation à donner aux
employés affectés et les nouveaux intrants ou extrants avec lesquels les gestionnaires auront peut-
être à travailler.

De même, c'est généralement à ce moment
que les responsables évaluent les avantages reliés,
d'une part, au fait d'adopter un système totalement
autonome (interne) utilisant soit un ordinateur
central et des terminaux, soit un réseau de micro-
ordinateurs, ou, d'autre part, au fait de recourir à un
système à temps partagé qui serait offert par une
entreprise de la région se spécialisant dans ce domaine.

Une question importante à ce moment-ci de
l'étude du système éventuel réside dans l'importance à accorder à l'utilisateur dans la détermination des besoins d'information. Il faut alors se
demander où s'arrête l'intervention du spécialiste
en information et où commence celle du futur utilisateur. Il n'y a malheureusement pas de réponse
toute faite à cette question. Cependant, nous vous
présentons, au tableau 4.6, une liste d'éléments qui
font généralement partie des responsabilités recon-
nues à l'un ou l'autre de ces groupes. Mais gardez

Tableau 4.5 ◀
Les objectifs
de l'entreprise
et les objectifs
du système
d'information

Objectifs de gestion	Objectifs du système d'information
Améliorer le temps moyen nécessaire à l'envoi d'une commande au client	• Diminuer le temps de traitement en simplifiant la codification des commandes • Réduire le temps nécessaire à la préparation des commandes à l'entrepôt en préparant les bons de commandes selon la disposition des articles dans l'entrepôt
Diminuer les stocks de produits ayant un faible taux de rotation	• Établir un système d'avis au gestionnaire des stocks l'informant au sujet de tout article qui n'a fait l'objet d'aucune vente au cours des deux derniers mois • Produire automatiquement des listes de soldes sur tous les articles qui n'ont fait l'objet d'aucune transaction au cours des deux derniers mois • Établir un système de transfert entre les succursales, en remplacement de commandes au manufacturier, pour tout article ayant un faible taux de rotation
Augmenter la marge bénéficiaire moyenne de 2 %	• Favoriser la combinaison de plusieurs commandes de clients lors de l'expédition de façon à rationaliser le transport • Combiner les commandes d'achat de manière à diminuer les coûts de fret
Diminuer le pourcentage de retour de marchandises de la part des clients	• Simplifier la codification des commandes • Établir un système de transfert direct de l'information • Standardiser les unités de mesure sur les principaux produits

bien à l'esprit que cette liste n'est qu'un exemple du partage des responsabilités qu'on trouve fréquemment; les situations sont très diversifiées.

4.1.5
L'élaboration d'un système détaillé

Le choix du système étant fait, le responsable sera alors en mesure de procéder à la conception détaillée de celui-ci, dont les étapes sont présentées au tableau 4.7. C'est à ce moment que se prennent les décisions portant sur les intrants à rechercher,

les extrants à produire, les outils à utiliser pour l'entrée des données, le traitement, le stockage et la sortie de l'information. C'est aussi à ce moment qu'on construit le dictionnaire de base du système. Ce dictionnaire, qui est illustré à la figure 4.3, aura pour raison d'être de standardiser l'utilisation des termes, des codes et des procédés (voir un exemple de dictionnaire à la figure 4.4).

Le choix entre les logiciels et les progiciels

Bien sûr, on devra non seulement évaluer les avantages et les inconvénients des différents

► Tableau 4.6
Le partage des responsabilités entre le service de l'information et les utilisateurs au moment de la conception d'un système d'information

Les responsabilités du service de l'information

— la conception des programmes de formation
— la traduction des données générales en données adaptées au traitement de l'information
— un service-conseil pour les usagers
— une aide aux usagers
— la conception et l'évaluation de nouveaux outils
— l'évaluation des coûts et des bénéfices

Les responsabilités des utilisateurs

— la compréhension de la problématique de fond
— la connaissance des données utiles ou nécessaires
— la capacité d'utiliser le matériel et les logiciels-progiciels
— l'évaluation des coûts et des bénéfices

► Tableau 4.7
Les étapes d'une conception détaillée

Les extrants

• les rapports
• le contenu
• la présentation
• le mode de transmission
• l'aide au gestionnaire

Le traitement

• le mode de traitement
• en temps réel ou en différé
• le volume

Les procédés

• la documentation nécessaire
• les méthodes de contrôle

Les intrants

• les données
• la codification
• le mode de saisie
• le mode d'entrée
• le volume

Les données

• le type
• la présentation
• les fichiers
• le volume

► Tableau 4.8
Les éléments de comparaison des progiciels

Les coûts

• le prix à l'achat
• les frais d'implantation
• les coûts de formation du personnel

Le soutien technique

• l'entretien inclus dans le prix d'achat
• les mises à jour
• le programme de formation initial
• l'installation originale

Les caractéristiques

• la convivialité
• la documentation accessible
• la rapidité d'exécution
• la compatibilité avec d'autres progiciels ou des logiciels

La capacité

• le nombre de fichiers
• la capacité de traitement

existant. La solution informatique, bien qu'elle s'avère fréquemment la plus adéquate, n'est pas nécessairement la meilleure. En effet, il existe de nombreuses situations où un bon système manuel fait encore mieux l'affaire qu'un système informatisé.

La décision concernant le logiciel

Même si l'on opte pour un progiciel, la décision ne s'arrête pas là. Il faut maintenant comparer les différents progiciels, les évaluer et choisir celui qui semble offrir les plus grands avantages, compte tenu de nos besoins et de nos attentes.

L'analyse des coûts et des bénéfices

Souvent, il faudra faire une analyse des coûts et des bénéfices non seulement pour les logiciels et

progiciels offerts sur le marché (voir le tableau 4.8) par rapport aux avantages et aux inconvénients des logiciels maison (voir le tableau 4.9), mais aussi considérer la possibilité de conserver le système

Une comparaison entre les progiciels et les logiciels maison

Le logiciel maison

Les avantages
• conçu en fonction des besoins de l'entreprise
• facile à modifier suivant l'évolution des besoins
• la possibilité de connaître parfaitement ses capacités et ses limites

Les inconvénients
• un investissement important en temps de conception
• la possibilité la plus onéreuse d'implantation d'un système informatisé
• la nécessité de tout concevoir de A à Z

Le progiciel

Les avantages
• un investissement minime en temps de conception
• la possibilité la moins onéreuse d'implantation d'un système informatisé
• une possibilité limitée de modifications selon les besoins de l'entreprise
• des programmes et une documentation de formation du personnel déjà conçus par le fournisseur

Les inconvénients
• une réponse plus ou moins adéquate aux besoins de l'entreprise
• des modifications souvent difficiles, voire impossibles
• un manque de flexibilité

L'amélioration du système existant

Les avantages
• la solution la plus simple
• la solution la moins onéreuse
• la formation nécessaire réduite au minimum

Les inconvénients
• l'évolution limitée du système
• une faible capacité de croissance

les progiciels, mais aussi pour le matériel. On évaluera alors les avantages tangibles et intangibles

qu'offrent le matériel et le logiciel choisis. C'est dans la catégorie des avantages tangibles qu'on classera les avantages mesurables portant sur des éléments tels que les suivants : le nombre de commandes qu'il est possible de traiter pendant une journée, la rapidité d'accès à l'information sur les comptes clients, l'exactitude des calculs de quantités économiques à commander, le niveau de service à la clientèle déterminé par le pourcentage de commandes remplies directement au moyen du stock. Le tableau 4.10 présente les avantages tangibles et intangibles d'un bon système d'information.

Plus difficiles à mesurer, les avantages intangibles n'en représentent pas moins un des éléments importants du choix. Ainsi, il est presque impossible de mesurer le niveau de satisfaction de la clientèle, si ce n'est par le biais d'indices (par

▶ Tableau 4.10
Les avantages d'un bon système d'information

Les avantages tangibles

• le temps de traitement plus court des commandes des clients
• la diminution du nombre de comptes clients
• la réduction du nombre de pertes pour mauvaises créances
• l'augmentation des ventes
• la diminution des frais de transport de marchandises
• la diminution du nombre de retours de marchandises
• l'amélioration de la productivité des employés de bureau, d'entrepôt ou de production

Les avantages intangibles

• l'amélioration de la prise de décision
• l'amélioration de l'image de l'entreprise
• le niveau de satisfaction plus élevé des clients de l'entreprise
• des relations plus harmonieuses avec les fournisseurs de l'entreprise
• l'augmentation des niveaux de satisfaction et de motivation des employés

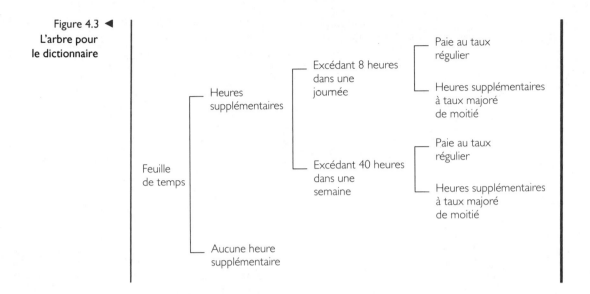

Figure 4.3 ◄
L'arbre pour
le dictionnaire

Feuille de temps

Heures supplémentaires

Excédant 8 heures dans une journée

Paie au taux régulier

Heures supplémentaires à taux majoré de moitié

Excédant 40 heures dans une semaine

Paie au taux régulier

Heures supplémentaires à taux majoré de moitié

Aucune heure supplémentaire

exemple, le nombre de plaintes ou le taux de retour des clients). De même, l'évaluation de l'image de l'entreprise auprès de la clientèle ou des fournisseurs ne se fait pas sans mal. Et pourtant, ces aspects entrent en ligne de compte au moment du choix d'un système.

4.1.6
L'implantation du nouveau matériel

Vient ensuite l'étape de l'implantation du nouveau matériel. C'est à ce moment qu'il faut codifier les données, vérifier l'exactitude de l'information fournie au système de même que des programmes utilisés, écrire les procédés de travail avec le nouveau système, former le personnel, etc. Cette seule étape peut facilement représenter de 50 % à 60 % du travail de mise au point d'un système d'information. Nous reviendrons plus loin sur cet aspect des plus importants.

4.1.7
L'entretien

Même si l'on a pris le plus grand soin au moment de la conception du système, il y a peu de chances pour que celui-ci soit parfait dès sa mise en route. On devra modifier le système établi pour de multiples raisons. Il peut s'agir d'erreurs ou d'oublis lors de la conception ou encore de changements de l'environnement qui forcent l'entreprise à travailler d'une autre façon ou à utiliser des données différentes.

► 4.2
L'implantation du système d'information

L'implantation d'un nouveau système d'information, que celui-ci soit informatisé ou non, ne se fait pas toute seule : il faut la planifier et en contrô-

Employé

Nom de famille
Prénom
Numéro d'assurance sociale

Paie

Nom de famille, prénom
Code d'emploi
Taux horaire
Taux supplémentaire

Carte de pointage

Nom de famille, prénom
Numéro d'employé
Heures de travail:
    Début
    Fin

Impôt

Nom de famille, prénom
Exemptions personnelles
Autres exemptions

ler le déroulement. Même le meilleur système ne servira à rien s'il n'est pas mis en place correctement, s'il est mal compris par les utilisateurs et s'il n'est pas utilisé à sa pleine mesure.

4.2.1
Les étapes d'une bonne implantation

L'implantation d'un système se fait normalement en trois étapes : les tests de fonctionnement du nouveau système en situation réelle, la formation du personnel et, finalement, une période de conversion.

Les tests de fonctionnement

Les logiciels conçus pour les besoins d'une entreprise doivent être soumis à des tests très stricts de fonctionnement avant d'être mis en place. Il faut s'assurer qu'ils ne comportent aucune erreur logique, qu'ils accomplissent bien les tâches prévues, qu'ils opèrent adéquatement en toutes circonstances. Idéalement, il faudrait même vérifier s'ils permettent de corriger toutes les erreurs qu'un utilisateur bien intentionné pourrait commettre.

Il arrive trop souvent que des gestionnaires aient les systèmes informatisés en horreur à la suite d'une mauvaise expérience. Ils se trouvaient peut-être dans une entreprise où l'on avait implanté un nouveau système sans le tester et, après de nombreuses heures d'apprentissage et de conversion, ils ont dû revenir à l'ancien système. Il n'y a probablement rien de plus frustrant que de travailler pour rien! Il faut donc s'assurer que le système fonctionne à la perfection avant d'engager les personnes qui l'utiliseront.

La formation du personnel

La formation du personnel est souvent déficiente dans les entreprises qui implantent un nouveau système d'information. Les responsables s'imaginent que tous les futurs utilisateurs connaissent l'informatique, qu'ils apprendront les nouveaux procédés en deux temps, trois mouvements. Ils oublient alors que ces procédés leur paraissent simples parce qu'ils viennent de passer des mois ou des années à les concevoir. Mais qu'en est-il pour le néophyte?

Un bon programme de formation doit toucher tous les utilisateurs, leurs supérieurs immédiats et les supérieurs de ces derniers. Tous les utilisateurs directs du système doivent pouvoir s'en servir avec aisance. Quant aux utilisateurs indirects, ceux qui demandent à leurs subordonnés d'accomplir telle tâche, de produire tel rapport, ils doivent être conscients des possibilités et des limites du système.

Il n'y a pas d'économie à réaliser lors du programme de formation : un employé mal formé fera rapidement perdre à l'entreprise les économies qu'elle a obtenues en écourtant son programme de formation.

La période de conversion

Une fois le système testé et les utilisateurs formés, on passe à l'implantation proprement dite du système : il faut alors convertir les opérations de l'ancien système dans le nouveau. Il y a plusieurs façons d'accomplir cette étape.

Certaines entreprises choisissent de faire fonctionner l'ancien système parallèlement au nouveau, pendant une période assez longue pour s'assurer que le nouveau système ne présente aucune faille. Remarquons que cette approche sert davantage à sécuriser les utilisateurs du système qu'à confirmer le fonctionnement de celui-ci.

Dans d'autres cas, on mettra en place graduellement le nouveau système et on retirera petit à petit l'ancien. On procédera alors par modules, en allant du plus simple au plus complexe; les nouveaux modules seront introduits d'une façon plus ou moins régulière. Cette approche suppose évidemment que l'ancien système et le nouveau système fonctionnent conjointement et qu'ils soient compatibles.

D'autres encore préféreront abandonner l'ancien système du jour au lendemain et intégrer immédiatement le nouveau système dans son ensemble. Bien que cette méthode soit la plus draconienne, elle n'est pas nécessairement la plus risquée. En effet, si le système est bien conçu, si les tests ont démontré sa viabilité, une implantation d'un seul coup ne devrait pas causer plus de maux de tête qu'une implantation graduelle ou en parallèle.

Il y a enfin les entreprises qui voudront couper la poire en deux en bénéficiant d'une implantation instantanée sans en courir tous les risques. Ces entreprises travailleront alors par le biais de projets pilotes : elles établiront le système entier d'un seul coup, mais uniquement dans une succursale ou un bureau.

Il n'existe pas une approche idéale pour l'implantation. Tout dépend de la confiance que l'on a dans le nouveau système, de la capacité de rattrapage dont dispose l'entreprise dans l'éventualité de difficultés et, dans une certaine mesure, du goût du risque des gestionnaires.

4.2.2 Le personnel en place

L'entreprise est constituée d'êtres humains. Malheureusement, ceux-ci semblent posséder un niveau de résistance au changement assez élevé; ce sont souvent des êtres d'habitudes.

Cette résistance au changement est souvent la pierre d'achoppement lors de l'implantation d'un nouveau système d'information, qu'il soit informatisé ou non. On redoute les effets que ce changement peut avoir sur nos habitudes, sur notre capacité d'adaptation, sur notre emploi même. La résistance au changement peut prendre plusieurs formes; nous vous présentons les principales au tableau 4.11.

Il est donc important que les responsables du service de l'information communiquent clairement avec les utilisateurs au moment de l'étude originale de faisabilité. Un employé informé du changement qui s'en vient se sentira beaucoup moins menacé par celui-ci lorsqu'il aura lieu (voir le tableau 4.12).

L'entreprise doit aussi s'assurer que les employés ne souffrent pas d'un tel changement. Il faut qu'un bon programme de formation leur soit offert, qu'un programme de reclassement soit accessible à ceux et celles dont l'emploi sera rendu désuet.

► Tableau 4.11
Les différentes formes de résistance au changement

L'agression

Certains employés qui s'opposent au changement ou qui le comprennent mal ont parfois tendance à chercher à rendre le système non fonctionnel. Ces comportements peuvent aller aussi loin que le sabotage du matériel ou des logiciels composant le système

La projection

Dans cette deuxième situation, les employés ne commettent aucun acte répréhensible, mais ils attribuent au nouveau système toutes les erreurs et difficultés qui risquent de se produire, même si celles-ci n'ont aucun lien avec le système

L'abstention

Les employés cherchent alors à éviter d'utiliser le système : ils ne lui commandent pas les différents rapports qui leur seraient utiles, ou ne s'en servent pas lorsqu'on les leur fournit

► Tableau 4.12
Les changements perçus ou réels lors de l'implantation d'un nouveau système

La structure de l'entreprise

- l'addition possible d'un service de l'information
- une nouvelle définition des responsabilités de chacun
- l'élimination de certaines tâches
- la création de nouvelles tâches
- la mise sur pied d'un nouveau canal de communication

Les ressources humaines

- la modification des tâches existantes
- l'ajout ou la réduction de personnel
- la mise au point de nouveaux standards de productivité
- la modification des normes internes
- les effets sur le statut des différents membres

CONCLUSION

Comme nous venons de le voir dans ce chapitre, la mise sur pied d'un système informatisé de gestion n'est pas forcément très complexe, mais elle exige tout de même qu'on suive une démarche structurée, rigoureuse. Il faut définir correctement la problématique et les objectifs poursuivis, savoir utiliser les outils appropriés et prendre le temps et les moyens nécessaires pour mener le projet à bien. Ici comme ailleurs, l'économie de temps et d'argent risque d'entraîner des difficultés majeures pour les gestionnaires.

► # CAS 4.1
LA SOCIÉTÉ CRÈME GLACÉE
DE GRAND-MÈRE INC.

Un important fabricant de crème glacée, Crème glacée de Grand-mère inc., vient de modifier son système d'information. Ayant toujours travaillé avec un système d'information manuel, les dirigeants de l'entreprise ont décidé d'informatiser leur système il y a deux ans lorsque les ventes de l'entreprise ont dépassé les 25 millions de dollars pour la première fois de leur histoire. Ils ont donc consulté des spécialistes en la matière qui ont élaboré les logiciels dont l'entreprise avait besoin et implanté un système complet basé sur un réseau de micro-ordinateurs. Tous les tests nécessaires ont été effectués de janvier à mars et la présidente de l'entreprise, Mme Charbonneau, a décidé d'implanter le système d'un seul coup dès le printemps de façon à tirer pleinement avantage de l'été qui s'en vient (80 % des ventes de l'entreprise sont réalisées durant cette saison). Tous les gestionnaires de l'entreprise s'entendent sur les faits suivants : le système était au point, les coûts qui auraient été engagés si on avait procédé autrement auraient été trop élevés et les employés sont parfaitement formés pour utiliser ce nouveau système. Il n'y avait donc aucune raison de ne pas agir de cette façon.

Votre tâche

Quels sont les avantages reliés à cette approche de conversion instantanée ? Quelles auraient été les autres approches possibles dans une telle situation ?

Amorce de solution

Revoyez les principales approches de conversion possibles présentées dans ce chapitre et tentez d'évaluer les risques d'une telle aventure dans le cas d'une entreprise dont la plus grande partie des ventes se réalisent sur une courte période.

▶ CAS 4.2
LA SOCIÉTÉ VÊTEMENTS AMISOL INC.

La présidente-directrice générale de Vêtements Amisol inc. vient de prendre ce qu'elle croit être la décision la plus importante de sa vie : changer son système d'information du tout au tout. Important importateur de vêtements féminins (un chiffre de ventes en gros de 45 millions de dollars, annuellement), cette entreprise s'était toujours enorgueillie de posséder le meilleur système d'information dans le domaine du vêtement à Montréal. Elle avait d'ailleurs bâti sa réputation sur la rapidité de son service et la précision de ses transactions. Les commandes aux clients ne subissaient jamais de retards et les erreurs d'expédition et de facturation étaient à peu près inexistantes.

Mais Mme Robidas, la P.D.G. de l'entreprise, en était venue à considérer que son ancien système d'information, basé sur un ordinateur central, ne lui offrait pas la flexibilité qui lui permettrait de devancer ses concurrents. Elle devint convaincue que si elle n'agissait pas immédiatement un de ceux-ci lui rendrait sûrement la vie difficile. Elle a donc fait une étude approfondie de ses besoins en information, a évalué tous les progiciels qu'on trouve sur le marché, a tenu compte des investissements nécessaires à un tel changement et a finalement opté pour un nouveau système basé sur un réseau de micro-ordinateurs utilisant l'un des progiciels les mieux connus et les plus cotés sur le marché.

Votre tâche

La décision étant maintenant prise, comment faudrait-il procéder à l'implantation du nouveau système d'information dans l'entreprise Vêtements Amisol inc.?

▶ ## QUESTIONS

1. Nommez et décrivez brièvement les principales étapes de l'analyse d'un système.

2. Discutez des principaux avantages qu'il y a à procéder par le biais d'entrevues lors de l'analyse d'un système.

3. Qu'est-ce qu'un diagramme des flux d'information?

4. Quels sont les principaux symboles utilisés dans la préparation d'un diagramme des flux d'information?

5. Quels sont les principaux éléments de comparaison entre un progiciel de gestion et un logiciel maison?

6. Décrivez les principaux avantages tangibles et intangibles reliés à l'implantation d'un bon système d'information.

7. Qu'entend-on par l'«entretien» du système d'information?

8. Décrivez les étapes de l'implantation d'un système d'information.

9. Quels sont les principaux comportements négatifs que peuvent adopter les employés qui font face au changement?

10. Quels sont les quatre modes possibles de conversion d'un système d'information en un autre? Discutez des avantages et des inconvénients de chacun.

5

Les différents systèmes d'informations

▷ OBJECTIFS

Après avoir lu ce chapitre et fait les cas à la fin de celui-ci, l'étudiant ou l'étudiante devrait être en mesure de :

1. Décrire les principales raisons justifiant l'utilisation d'un système d'information.

2. Différencier les principaux types de systèmes d'informations.

3. Décrire chacune des grandes utilisations des systèmes d'informations.

▶ Introduction

Suivant l'évolution que les entreprises ont connue au cours des dernières années, il n'est maintenant plus possible, ni même souhaitable, que les gestionnaires se fient à un service en particulier de l'entreprise pour trouver l'information dont ils ont besoin : il doivent être en mesure de disposer de l'information sur-le-champ. C'est dans ce contexte qu'on a vu évoluer les systèmes d'informations où le gestionnaire est à la fois l'utilisateur et le générateur de l'information, ayant à ce titre un contact direct et constant avec le matériel informatique qui sert de support au système.

Cela ne signifie pas qu'il n'y a plus de service de l'information dans l'entreprise ; au contraire. Le service de l'information existe toujours, mais son rôle de pourvoyeur d'information s'est modifié en un rôle de conseiller. Nous verrons maintenant les principales utilisations qu'on fait de ces systèmes d'informations axés sur l'intervention de l'utilisateur.

▶ 5.1
Le soutien à l'utilisateur

Peut-on parler de l'accès direct à l'information dont dispose le gestionnaire sans évoquer le matériel dont ce dernier doit se servir tous les jours ?

On a souvent l'impression que les gestionnaires qui utilisent l'ordinateur le font de façon totalement autonome par rapport au reste de l'entreprise et qu'ils pourraient tout aussi bien se trouver ailleurs que dans les locaux de l'entreprise et n'avoir aucun contact avec celle-ci. Rien n'est plus faux ! Bien que l'utilisateur travaille en grande partie à l'aide d'un micro-ordinateur indépendant et avec des logiciels autonomes, il doit fréquemment compter sur l'information qui lui est fournie par le réseau, les logiciels propres à l'entreprise ou les spécialistes en systèmes d'informations qui le conseilleront en cas de difficulté.

5.1.1
Le matériel informatique

Nous nous rendons compte de plus en plus du fait que presque tous les gestionnaires ont maintenant un micro-ordinateur à portée de la main. Bien qu'il y ait encore de nombreuses entreprises où les gestionnaires ne disposent que de terminaux reliés à un ordinateur central, la majorité fonctionne avec un ordinateur qui leur permet à la fois d'exécuter des tâches de façon autonome et de communiquer avec l'ordinateur central de l'entreprise.

Ces postes de travail peuvent être **autonomes, reliés en un réseau de plusieurs micro-ordinateurs** ou encore **reliés à un ordinateur central** avec lequel ils communiquent. Les possibilités offertes varient évidemment selon le type de système dont se dote l'entreprise. Toutes les entreprises n'ont pas nécessairement besoin d'un ordinateur central d'une grande puissance; un réseau composé de plusieurs micro-ordinateurs suffira amplement dans la plupart des cas. Il est d'ailleurs intéressant de souligner que les ordinateurs ayant une grande capacité ont tendance à laisser leur place aux micro-ordinateurs, lesquels, comme nous l'avons dit précédemment, n'ont plus de «micro» que le nom puisqu'ils peuvent souvent accomplir les tâches qui requéraient il y a quelques années encore un ordinateur central.

Au chapitre 7, nous examinerons le matériel informatique généralement utilisé dans l'entreprise.

5.1.2
Les logiciels de travail

Comme nous le verrons plus en détail au chapitre 6, il existe de nombreux logiciels. Pour le moment, nous les regrouperons en trois catégories : les progiciels, les logiciels d'aide au travail en équipe et les logiciels ayant une application particulière.

On désigne généralement sous le terme générique de **progiciels** les logiciels mis au point par des entreprises qui n'en sont pas les utilisatrices dans le but de répondre aux besoins d'une multitude d'entreprises très diversifiées. C'est dans cette catégorie qu'on place les principaux logiciels de traitement de texte, les chiffriers électroniques, les bases de données et tous les autres logiciels du même ordre.

Les **logiciels d'aide au travail en équipe** sont des logiciels conçus récemment qui visent à faciliter la communication entre les gestionnaires de l'entreprise. Comme nous l'avons vu au chapitre 3, il s'agit des logiciels de courrier électronique, de

planification de projet, de conférence par ordinateur, etc.

Enfin, on s'entend d'habitude pour ranger dans la catégorie des **logiciels ayant une application particulière** les logiciels qui ont été conçus pour répondre aux besoins de l'entreprise ou encore ceux qui ont été élaborés au moyen de progiciels existants auxquels on a fait subir des modifications importantes pour qu'ils correspondent davantage aux besoins de l'entreprise.

5.1.3
Les ressources humaines

Le tableau 5.1 présente les principales tâches que remplit le personnel du secteur de l'information, tant sur le plan stratégique que sur le plan opérationnel.

▶ Tableau 5.1
Les tâches du personnel sur les plans stratégique et opérationnel

Sur le plan stratégique

- la définition et l'achat du matériel informatique nécessaire
- la définition des besoins en progiciels et en logiciels
- l'évaluation et l'achat des progiciels de gestion
- la conception et la mise au point des logiciels particuliers
- l'établissement d'un système de communication interne
- la planification des interventions dans la formation du personnel
- la définition de normes de confidentialité et de sécurité de l'information
- l'établissement de programmes d'entretien du matériel et des logiciels
- la planification à long terme des besoins de l'entreprise

Sur le plan opérationnel

- la formation du personnel utilisateur
- le rôle de conseiller auprès des utilisateurs
- la conception de sous-programmes routiniers
- l'entretien de l'équipement et des logiciels

La majorité des gestionnaires ne sont pas des experts en informatique et n'ont vraisemblablement pas l'intention de le devenir. Ils acceptent de bonne grâce d'apprendre à se servir de cet instrument et de mémoriser les principales commandes dont ils auront besoin pour utiliser les logiciels et progiciels les plus courants; là toutefois s'arrête souvent leur «flexibilité». Lorsqu'il y a une difficulté, ou plus simplement une nouveauté, ils désirent être conseillés par des experts en la matière.

C'est dans ce domaine, entre autres, que le service de l'information de l'entreprise prend toute son importance : celui-ci doit pouvoir fournir le soutien technique à l'utilisateur au moment opportun. Ce service regroupera donc normalement un certain nombre de personnes spécialisées dans le matériel ou les logiciels qui pourront intervenir auprès des utilisateurs sur le plan de la formation, du conseil ou de l'aide en situation de crise.

5.1.4
Les logiciels et les bases de données communs

Il va de soi qu'une entreprise peut difficilement fonctionner avec l'intrant de dizaines d'utilisateurs sans qu'un système, et souvent un responsable, s'occupe de gérer les bases de données, les logiciels et les informations communs.

Il s'agit d'un deuxième domaine d'intervention du service de l'information, qui consiste à offrir le bon matériel et les progiciels ou logiciels appropriés aux utilisateurs et à mettre les registres communs à jour tout en veillant à ce qu'ils ne comportent pas de problèmes. On trouve donc un deuxième groupe de spécialistes qui, contrairement au premier groupe qui s'intéresse principalement à la gestion opérationnelle du service de l'information, se penche plus spécialement sur les aspects stratégiques de ce service.

5.1.5
Les risques rattachés à l'accès direct à l'information

Il existe malheureusement très peu de situations qui ne présentent pas le moindre risque ou désavantage, et l'accès direct à l'information pour les gestionnaires n'échappe pas à la règle. Bien que cette approche ait permis aux méthodes de gestion de faire de grands pas en décuplant la vitesse d'obtention de l'information, elle a apporté sa part de questions, de difficultés et de problèmes :

1. Il y a un risque évident d'une mauvaise utilisation des ressources financières de l'entreprise. Qui n'a pas vu au moins une entreprise, ou un service d'une entreprise, où tous les employés possèdent un micro-ordinateur d'un modèle récent, doté des périphériques les plus sophistiqués, et dont personne ne se sert réellement?

2. Il existe différents types de matériel (compatibles avec IBM ou Macintosh principalement) qui sont peu compatibles les uns avec les autres; de même, les progiciels qu'on trouve sur le marché sont très nombreux et ne permettent pas nécessairement un transfert facile de l'information.

3. Les problèmes de l'accessibilité à l'information, de la confidentialité et de la sécurité sont de plus en plus aigus : il est en effet difficile de rendre l'information très accessible tout en la mettant à l'abri des personnes non autorisées.

4. Les logiciels, même lorsqu'ils sont mis au point dans l'entreprise, pour répondre aux besoins particuliers des utilisateurs, ne satisfont pas toujours les attentes de ces derniers.

5. Les progiciels et logiciels ne sont pas tous «transparents», même si leurs concepteurs tentent de les rendre faciles à utiliser (*user friendly*) et de produire des guides et des manuels d'utilisation clairs.

6. On voudrait disposer de la plus récente technologie, en matière d'équipement ou de logiciels, et cela dès sa conception; malheureusement, une telle chose implique que tous les tests et vérifications sur le matériel ne pourront être faits avant la mise en marché, et les utilisateurs devront composer avec les imperfections.

7. Étant donné que les utilisateurs éprouvent parfois de la difficulté à s'adapter à un nouveau matériel et qu'il est ardu de concevoir celui-ci de façon qu'il soit facile à utiliser, les spécialistes peuvent être tentés de retarder l'arrivée d'un système ou d'une technologie simplement pour s'éviter des problèmes.

8. Dans le cas contraire, certaines entreprises investissent beaucoup de temps et d'argent en perfectionnement du personnel pour pouvoir utiliser un matériel plus à jour, qui n'apporte finalement aucun avantage supplémentaire.

Tout gestionnaire expérimenté pourrait sans doute allonger considérablement cette liste. Rappelons-nous simplement que bien que l'informatisation permette de grandes choses, elle ne constitue pas une panacée.

▶ ## 5.2
Les principaux systèmes d'informations

Maintenant que nous connaissons les principaux avantages et inconvénients de l'informatisation des systèmes d'informations dans l'entreprise, nous jetterons un coup d'œil sur les différentes formes que peuvent prendre ces systèmes. La figure 5.1 présente de nouveau les différentes parties du système d'information de gestion.

5.2.1
La bureautique

La majorité des ouvrages portant sur les systèmes d'informations soulignent que le service de la comptabilité est le premier service qui est informatisé, en raison de la grande quantité de données qui y sont traitées, ce qui nous montre un des principaux avantages de l'informatique. Cependant, la bureautique constitue probablement le domaine où l'informatisation est la plus visible pour le commun des mortels.

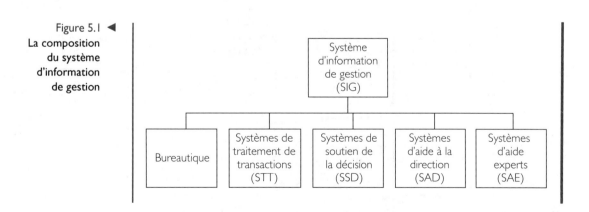

Figure 5.1 ◀
La composition du système d'information de gestion

Un service de bureautique est un système d'information qui vise principalement à colliger l'information, à la traiter et à la retransmettre par le biais du courrier électronique, de documents ou de toute autre forme de communication adéquate. Les principales composantes qu'on peut trouver dans un tel système sont indiquées à la figure 5.2.

La gestion de documents

Lorsqu'on parle de gestion de documents, on pense d'abord au traitement de texte par informatique. Remplaçant un système où le secrétariat devait dactylographier les documents et les reproduire au moyen de photocopieuses, le traitement de texte permet d'accélérer grandement le processus non seulement en facilitant l'entrée de l'information, mais en rendant la production de copies multiples d'une simplicité à toute épreuve.

Il y a quelques années à peine, les gestionnaires se contentaient de fournir des documents propres et lisibles et ne soignaient vraiment la présentation de leurs documents que pour les grandes occasions. Aujourd'hui, l'édition électronique permet de présenter un produit d'une qualité supérieure à des coûts minimes. Le personnel du secrétariat est maintenant en mesure non seulement d'utiliser les progiciels de traitement de texte, mais aussi d'intégrer différents logiciels de dessin et de présentation de façon à produire en quelques minutes des documents d'une qualité qui était autrefois l'apanage des éditeurs (voir la figure 5.3).

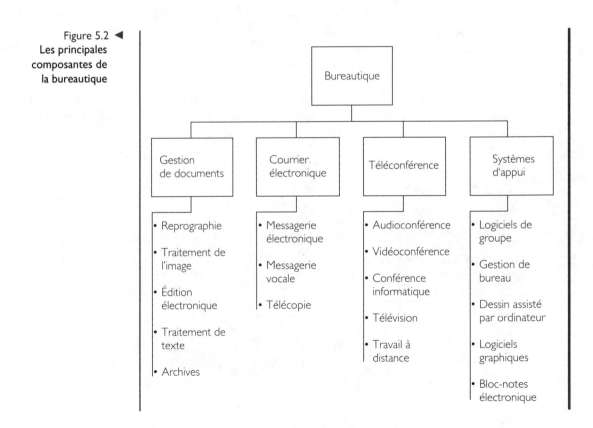

Figure 5.2 ◄
Les principales composantes de la bureautique

Figure 5.3 ◄
Les possibilités
de l'édition
électronique

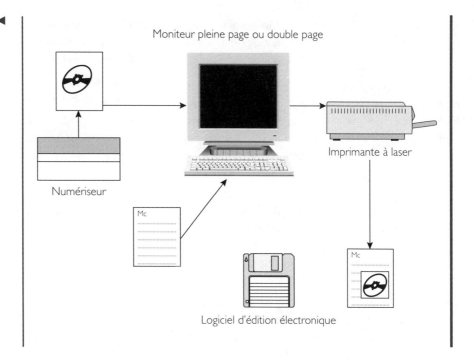

Moniteur pleine page ou double page

Imprimante à laser

Numériseur

Mc

Logiciel d'édition électronique

Mc

Inimaginable encore récemment, la saisie et le traitement d'une image par ordinateur est maintenant chose courante. Le gestionnaire qui veut intégrer la photo d'un produit ou le dessin d'un artiste à son document peut le faire en quelques secondes à l'aide du matériel de saisie de l'image. Ce matériel permet en effet de saisir une image, un peu selon le principe de la photocopie, et de l'intégrer au document de travail.

Le courrier électronique

Comme nous avons traité de cet aspect de la bureautique au chapitre 3 portant sur la communication de l'information, nous n'y reviendrons pas, si ce n'est pour souligner que les divers instruments permettant de transmettre de l'information (la télé-

copie, le télétex, la messagerie électronique, la téléécriture, le traitement de la parole) ont eux aussi grandement contribué à l'évolution du travail du gestionnaire.

La téléconférence

Bien qu'il s'agisse d'un instrument récent, la conférence à distance par le biais du service téléphonique est déjà perçue comme une chose du passé. À la fine pointe du développement de la communication de l'information, on trouve maintenant la tenue de réunions à distance grâce au recours simultané de la communication verbale, par le téléphone, et visuelle, par le micro-ordinateur. Plusieurs gestionnaires répartis dans le monde entier peuvent ainsi discuter d'un projet ou d'un problème et ont la possibilité de disposer des mêmes informations et des mêmes aides visuelles à un moment donné.

Ce nouveau système de rencontres électroniques (en anglais, «*electronic meeting systems*» – EMC) est évidemment appelé à jouer un rôle important dans tous les systèmes favorisant le travail en équipe. Les principaux auteurs dans ce domaine distinguent généralement trois types de systèmes de recontres électroniques :

1. Un premier type de système où un seul participant peut fournir l'information au système, où l'information apportée par les participants est centralisée et où la communication verbale domine.

2. Un deuxième type de système où chaque participant peut entrer de l'information dans le système informatique, où l'information fournie par les participants est centralisée et où la communication est à la fois informatique et verbale.

3. Un dernier type de système où chaque participant entre de l'information dans le système informatique, où chacun peut garder en mémoire les entrées des autres participants et les traiter selon ses besoins et où la communication est principalement informatique.

Les systèmes d'appui

Prolongement naturel des services de secrétariat informatisés, la gestion complète du bureau par l'informatique est maintenant répandue. La planification des activités est faite par l'informatique, les agendas sont électroniques, les réservations passent par le système informatique ; enfin, la planification et l'organisation de la vie de l'entreprise se font par le biais de l'informatique.

Il est évident que l'automatisation et l'informatisation du travail de bureau présentent de nombreux avantages tant pour les gestionnaires que pour le personnel de bureau, les fournisseurs ou les clients de l'entreprise. Voici quelques-uns de ces avantages :

— une augmentation de la productivité du personnel de bureau et du personnel de gestion ;

— une diminution des délais et du temps d'attente et, conséquemment, une plus grande efficacité de l'entreprise ;

— une amélioration du climat de travail qui permet à chacun de consacrer son temps aux activités les plus productives de son poste.

Mais ces systèmes présentent aussi certains inconvénients :

— les investissements lors de l'installation du système sont énormes et peuvent grever le budget de l'entreprise qui ne les aurait pas planifiés adéquatement ;

— les effets sur le personnel actuel peuvent être importants puisque les employés ne seront pas tous prêts à s'adapter aux nouvelles technologies ou capables de le faire, ce qui créera souvent des difficultés importantes sur le plan de la gestion des ressources humaines ;

— enfin, comme nous l'avons vu précédemment, l'informatisation du bureau rend en général l'information beaucoup plus accessible, ce qui risque d'entraîner de graves problèmes de confidentialité ou de sécurité de l'information.

5.2.2
Les systèmes de traitement de transactions

Les systèmes de traitement de transactions (en anglais, «*transaction processing systems*») comprennent d'habitude tous les systèmes qui ont pour objectif de traiter l'information engendrée par les activités courantes de l'entreprise. À la base de ces informations, on trouve évidemment les transactions de vente, d'achat, de paiement de fournisseurs ou de réception d'argent en provenance des clients de l'entreprise. Mais là ne s'arrêtent pas les transactions, car celles-ci peuvent avoir des répercussions sur un ou plusieurs autres services de l'entreprise.

Une vente aura pour conséquence de diminuer le stock de marchandises et peut-être d'obliger l'entreprise à placer une nouvelle commande auprès d'un fournisseur. De même, si cette vente touche un nouveau client de l'entreprise, il pourra s'ensuivre différentes démarches de vérification du crédit de la part du service des comptes clients. Il faudra sans doute informer le service d'entreposage de cette vente afin qu'il expédie la marchandise, joigne les transporteurs, etc. Une transaction est rarement un événement isolé, unique. En ce sens, un système de traitement de transactions (STT) doit être conçu en fonction de l'ensemble de l'entreprise et non seulement d'un service en particulier.

D'ailleurs, plusieurs entreprises ont déjà tiré profit des possibilités des STT pour se donner des avantages stratégiques importants. Ainsi, l'un des collaborateurs de ce livre a travaillé pour un grand fournisseur de produits médicaux et chirurgicaux qui avait, dès les années 70, établi des systèmes de communication électronique (en anglais, *«electronic data interchange»*) permettant aux principaux clients d'accéder directement à l'ordinateur de l'entreprise et d'y placer leurs commandes sans aucune intervention humaine. Pour le client, cela représentait une économie de temps et de papier phénoménale (plus de bons de commandes à remplir ou d'appels à faire pour passer des commandes verbalement) alors que pour l'entreprise, cela entraînait une augmentation du niveau de loyauté de la clientèle.

L'entrée de données

Une des premières tâches à accomplir dans un système d'information, mais de façon plus impor-

tante encore dans un STT (tout simplement parce que la quantité d'informations à traiter y est très grande) est la saisie de l'information.

Nous avons examiné, au chapitre 2, les différents modes de saisie de l'information, soit les modes manuel, semi-automatisé et automatisé. Nous nous bornerons donc à souligner qu'à la base d'un bon système de traitement de transactions on doit trouver des outils et des modes d'entrée de données adaptés aux besoins de l'entreprise tant sur le plan du volume de transactions à traiter que sur celui de l'importance du facteur temps ou sur celui de l'engagement des divers participants dans ce processus.

Le traitement de l'information

Une fois l'information entrée dans le système, il faut bien sûr la traiter de façon appropriée. Selon les besoins et les objectifs de l'entreprise, on décidera d'effectuer le traitement de l'information sur la base du temps réel ou du temps différé. Chacun de ces modes présente, comme nous l'avons vu au chapitre 2, des avantages et des inconvénients qu'il est important de se rappeler au moment de la conception du système ou de son évaluation.

La mise à jour des dossiers

Soulignons qu'une fonction importante des systèmes de traitement de transactions consiste à mettre les différents dossiers à jour, comme le présente la figure 5.4. Il ne s'agit pas seulement de traiter l'information de façon que toutes les actions nécessaires soient accomplies, il faut aussi que le STT réajuste toutes les informations pertinentes afin que la prochaine transaction puisse être traitée avec autant de précision et de rapidité que la précédente.

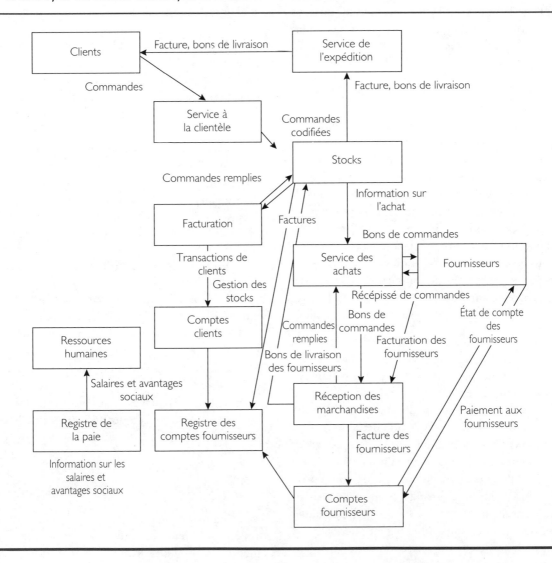

La production des extrants

Lorsque l'information a été traitée, il faut décider quels extrants seront produits et quels individus de l'entreprise, ou de l'extérieur de celle-ci, devraient en bénéficier. On classe généralement les extrants en trois catégories :

— ceux entraînant une action de la part d'un ou de plusieurs individus ; ce sont, par exemple, les bons de commandes ou de ventes, qui exigent qu'on expédie la marchandise, qu'on traite la facturation, qu'on réajuste les stocks, etc.;

— ceux qui ont un but informatif seulement, comme l'état des comptes clients ou des comptes fournisseurs;

— ceux servant au contrôle, tels que les rapports de ventes par territoire ou les rapports sur le nombre de commandes expédiées par employé d'entrepôt.

Les principaux systèmes

Les principaux systèmes de traitement de transactions qu'on trouve dans les entreprises portent généralement sur l'une ou plusieurs des utilisations suivantes :

— la tenue des livres;

— la gestion des comptes clients;

— la gestion des comptes fournisseurs;

— la comptabilité;

— la gestion des commandes de la clientèle;

— la gestion par caisse enregistreuse;

— la gestion des stocks.

5.2.3
Les systèmes de soutien de la décision

Les systèmes de soutien de la décision (en anglais, « *decision support systems* ») ont pour objectif, comme leur nom l'indique, d'aider les gestionnaires au moment de la prise de décision.

Comme on le sait déjà, le gestionnaire doit exécuter quatre grandes tâches qui forment une sorte de cycle sans fin :

1. La **planification,** au cours de laquelle le gestionnaire cherche à établir le plus précisément possible les objectifs de l'entreprise, ou du service

qu'il dirige, de même que les principaux outils et moyens qu'il entend utiliser pour atteindre ces objectifs.

2. L'**organisation,** qui consiste à mettre les différents éléments en œuvre pour travailler à la réalisation des objectifs. Voici les principales caractéristiques d'un système de soutien de la décision par rapport à cette tâche :

   a) il est utile lors de la prise de décisions structurées, semi-structurées ou non structurées;

   b) il permet une grande flexibilité quant à la présentation des extrants;

   c) il est facile à utiliser pour les gestionnaires qui ne sont pas des experts en informatique;

   d) il est rapide;

   e) il laisse à l'utilisateur une maîtrise élevée et permet une interaction soutenue entre le gestionnaire et la machine;

   f) il permet parfois l'utilisation de modèles mathématiques ou statistiques;

   g) il est principalement destiné aux gestionnaires de niveaux élevé et moyen.

3. La **direction,** où le gestionnaire joue, auprès des employés, un rôle de motivateur, de leader, à moins tout simplement qu'il ne veille à favoriser la communication.

4. Enfin, le **contrôle,** où le gestionnaire s'intéresse à la comparaison entre les résultats atteints et les objectifs visés et, lorsque cela s'avère nécessaire, aux corrections à apporter à l'approche de gestion.

Quels rôles doivent jouer les gestionnaires pour arriver à remplir ces différentes fonctions et, pour cela, de quelles informations ont-ils besoin? Henry Mintzberg, de l'université McGill, s'est attiré une réputation internationale par la description des rôles du gestionnaire qu'il a faite en 1970 dans son livre intitulé *The Nature of Managerial Work*. Voici ces 10 rôles :

Sur le plan interpersonnel :

— leader pour les subordonnés ;

— agent de liaison avec l'environnement externe ;

— représentant dans les circonstances officielles.

Sur le plan de l'information :

— contrôleur de l'information sur le rendement de l'entreprise ;

— communicateur de l'information dans l'entreprise ;

— porte-parole de l'entreprise à l'extérieur de celle-ci.

Sur le plan décisionnel :

— entrepreneur en matière d'innovation ;

— médiateur dans les situations d'urgence ;

— répartiteur des ressources de l'entreprise ;

— conciliateur lors de conflits.

Il importe donc de savoir de quel type d'informations les gestionnaires ont besoin pour être en mesure de jouer ces rôles efficacement. Plusieurs rôles portent sur le contrôle, le filtrage ou la dissémination de l'information ; les systèmes d'informations pourront alors aider grandement les gestionnaires pourvu qu'ils soient adaptés aux besoins de l'entreprise.

La prise de décision

La prise de décision dans le contexte de la gestion suit généralement un processus en quatre étapes. Les systèmes de soutien de la décision (SSD) doivent donc apporter au gestionnaire l'aide dont celui-ci aura besoin pour franchir ces étapes le plus efficacement possible.

1. Le gestionnaire doit d'abord posséder l'information dont il a besoin pour bien saisir la situation.

Un SSD doit donc permettre d'identifier clairement les moments de la prise de décision et disposer de toute l'information interne ou externe, primaire ou secondaire, utile à la prise de décision en question.

2. Le gestionnaire doit ensuite concevoir différentes possibilités de solutions, les comparer et les évaluer. Par conséquent, un bon SSD doit être conçu de façon à faciliter l'élaboration et l'évaluation des différentes possibilités de solutions convenant à une situation donnée.

3. Vient ensuite l'étape du choix d'une solution parmi toutes celles qui sont offertes ; le système doit alors faciliter la comparaison entre les diverses possibilités, faire ressortir les critères les plus importants, apporter une aide dans ce choix. Cette étape sera d'autant plus compliquée que les décisions seront non structurées et non répétitives. Il est, en effet, plus facile de se doter d'un système qui nous aidera à choisir le magasin où nous achèterons notre pain demain matin (décision répétitive et structurée) que d'en concevoir un qui nous permettra de choisir le conjoint idéal (décision non structurée et généralement non répétitive).

4. Finalement, le gestionnaire doit mettre la décision à exécution. Là-dessus, nous savons qu'une décision bien prise est beaucoup plus facile à appliquer qu'une décision mal pensée.

L'utilité des systèmes de soutien de la décision

Les systèmes de soutien de la décision doivent donc permettre au gestionnaire de bien jouer son rôle de preneur de décision, et cela à quelque niveau hiérarchique que ce soit (haute direction ou gestion opérationnelle), dans l'une ou l'autre des grandes tâches de gestion (planification, organisation, direction et contrôle) et que la décision soit prise individuellement ou en groupe.

Quels sont ces systèmes? vous demandez-vous probablement. Parle-t-on de logiciels de traitement de texte ou de chiffriers électroniques? Ni des uns ni des autres! C'est dans cette catégorie qu'on placera, par exemple, les logiciels de planification financière, les logiciels d'études statistiques ou de gestion de portefeuille. En plus d'accélérer et de faciliter le traitement de l'information, les SSD visent à présenter cette information sous la forme la plus utile au gestionnaire qui doit prendre une décision et à lui fournir certaines suggestions.

Le système de groupe

Dans le même ordre d'idées, il existe des systèmes de soutien de la décision orientés vers la décision de groupe. Selon les cas et les besoins, ils faciliteront la prise de décision d'un groupe de gestionnaires situés au même endroit ou encore d'un groupe dont les membres sont répartis dans le monde entier.

Peu importe où se trouvent les preneurs de décisions, un SSD joue toujours les mêmes rôles:

— il aide à clarifier le problème ou la situation;

— il facilite l'échange d'idées ou le *brainstorming* entre les différents participants;

— il structure les différentes possibilités de décision;

— il facilite le choix d'une solution.

5.2.4
Les systèmes d'aide à la direction

Comme son nom l'indique, les systèmes d'aide à la direction (en anglais, «*executive support systems*» ou encore «*executive information systems*») ont pour

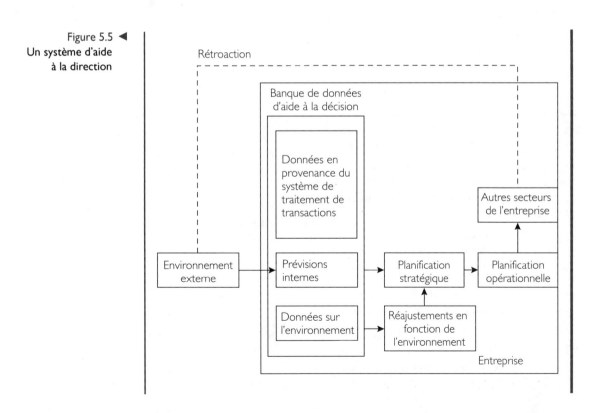

Figure 5.5 ◀
Un système d'aide
à la direction

objectif d'aider les gestionnaires de haut niveau, soit les directeurs d'entreprises, dans leur gestion quotidienne (voir la figure 5.5).

Alors que le système de soutien de la décision est conçu en fonction du type de prise de décision qui se fait à tous les niveaux de l'entreprise, le système d'aide à la direction (SAD) se concentre sur les processus ayant lieu au niveau de la direction. Dans le cas des directeurs, les besoins d'information concernent principalement les éléments suivants :

— une compréhension plus rapide et plus approfondie des différentes situations que connaît l'entreprise ;

— une aide dans les affaires générales de l'entreprise ;

— l'établissement de relations professionnelles ;

— l'acquisition d'une vision globale de l'entreprise et de l'industrie.

Il est évident, dans ce contexte, que les attentes par rapport au système d'information sont totalement différentes de ce qu'elles seraient dans le cas d'un gestionnaire de niveau inférieur. Ce système doit permettre à un individu de saisir une grande quantité d'informations dans un court laps de temps, tout en évitant une surcharge d'informations, et lui fournir une vision claire de l'ensemble tout en tenant compte des particularités des principales composantes.

La compréhension des diverses situations

Le directeur de l'entreprise doit être en mesure d'évaluer une situation rapidement et de prendre la bonne décision dans les plus brefs délais. Par conséquent, le système d'information qui l'alimente doit :

— fournir rapidement une information sur la situation ;

— permettre l'évaluation de différentes stratégies possibles ;

— offrir la possibilité de tester différents modèles de décision ;

— faire ressortir les principaux éléments de la situation ;

— éviter la surcharge d'informations.

Les situations sont rarement simples ; il existe presque toujours plusieurs possibilités de progression et plusieurs menaces à la fois : il faut donc pouvoir disposer de l'information nécessaire pour évaluer tous ces éléments simultanément. Le SAD pourra aussi permettre l'accès aux opinions de différents spécialistes de façon que le directeur puisse prendre une décision éclairée dans les meilleurs délais.

Une aide dans les affaires générales de l'entreprise

Comme Mintzberg l'a souligné dans ses études sur les gestionnaires de haut niveau, les directeurs ne suivent pas nécessairement un processus de prise de décision standardisé. En fait, ils accomplissent plus souvent un rôle d'aide à la prise de décision qu'un rôle de preneur de décision. En ce sens, ils sont portés à essayer d'identifier les membres de l'entreprise qui pourront prendre les meilleures décisions plutôt que de se pencher sur le processus de décision lui-même. Ils doivent donc disposer des outils qui leur permettront d'arriver à cet objectif.

L'établissement de relations professionnelles

Un des principaux rôles des dirigeants consiste à établir des relations professionnelles non seulement avec les cadres de l'entreprise mais aussi avec les fournisseurs, les clients et même les concurrents directs ou indirects de façon à définir la place de l'entreprise à long terme. Il est donc extrêmement important que les dirigeants possèdent les outils facilitant cette communication.

L'acquisition d'une vision de l'entreprise et de l'industrie

Les décisions stratégiques de l'entreprise ont souvent trait à sa position à l'intérieur de l'industrie dans laquelle elle œuvre. Le directeur doit donc situer clairement son entreprise par rapport à l'industrie et situer cette industrie par rapport au monde des affaires en général, s'il veut tirer profit des différentes possibilités qui se présentent.

Un système d'aide à la direction adéquat

Un bon système d'aide à la direction doit permettre de choisir rapidement les informations utiles, de les modifier selon les besoins du moment et d'y ajouter des informations importantes.

C'est dans cette catégorie qu'on place généralement les services tels que le Dow Jones News/Retrieval ou le Dun's Marketing Services, qui permettent au directeur de s'informer en quelques minutes sur la situation générale des marchés ou de son industrie.

5.2.5
Les systèmes d'aide experts

Généralement, les systèmes d'aide experts (en anglais «*expert support systems*») désignent tous les systèmes qui utilisent des données qu'ils ont en mémoire pour copier le processus de l'intelligence humaine et en arriver à suggérer une ou plusieurs décisions adaptées à la situation. À ce sujet, nous n'en sommes pas encore à l'intelligence artificielle, dont l'objectif est de rendre l'ordinateur capable de raisonnements «intelligents», mais nous en approchons. Il reste plusieurs difficultés importantes à contourner pour parvenir à une intelligence artifi-

cielle réelle, mais les chercheurs sont sur la bonne voie.

Voici plusieurs applications possibles d'un système d'aide expert (SAE) dans différents secteurs de l'entreprise :

Comptabilité et finances :

— des conseils fiscaux ;

— l'autorisation de marges de crédit à la clientèle ;

— les modèles de prévision ;

— des conseils pour l'investissement financier.

Marketing :

— la détermination des objectifs de ventes ;

— la réponse automatique aux appels de la clientèle ;

— l'aide à la prise de décision en marketing ;

— le calcul des politiques de rabais et d'escomptes.

Production :

— la planification des calendriers de production ;

— le choix des modes de transport ;

— l'aménagement physique de l'entreprise ;

— les programmes d'entretien.

Ressources humaines :

— l'évaluation des candidatures ;

— l'aide aux employés au sujet des programmes d'avantages sociaux ;

— l'évaluation du potentiel des employés ;

— la sélection du personnel.

Gestion générale :

— la gestion de projet ;

— les programmes de formation ;

— la gestion de portefeuilles ;

— l'évaluation du rendement du personnel.

L'être humain possède cette faculté, dans les situations complexes, de traiter plusieurs facteurs en faisant appel à la fois à la réflexion, à son jugement et à son expérience. Le SAE cherche à capter ces habiletés en emmagasinant dans sa mémoire les connaissances d'experts humains et en les appliquant selon les similitudes que présente une situation nouvelle et l'une ou l'autre des situations pour lesquelles il dispose d'informations. Le système d'aide expert se concentre donc normalement sur des champs d'intérêts très restreints, afin que l'ordinateur puisse retrouver facilement une ou des situations présentant des caractéristiques semblables à celle qu'il a à traiter et ainsi appliquer les solutions qu'il a en mémoire.

Le système d'aide expert poursuit les objectifs suivants :

1. Fournir l'expertise au non-expert en lui permettant d'avoir accès à une banque de données accumulées grâce aux opinions et aux réflexions d'experts. Le gestionnaire qui n'est pas un expert n'a donc qu'à entrer les paramètres de la situation dans l'ordinateur, et celui-ci lui fournira les décisions ou réflexions d'experts dans des situations semblables.

2. Aider les experts dans leur prise de décision en leur offrant la possibilité de vérifier leur réflexion auprès de celles d'un certain nombre d'autres experts du domaine ayant vécu le même genre de situation.

3. Remplacer totalement l'expert dans les situations où celui-ci n'est pas disponible et une décision doit être prise sur-le-champ.

4. Aider à la formation du personnel en leur fournissant en un laps de temps très compressé l'opinion de nombreux experts différents face à une panoplie de situations plus ou moins variées.

Un système d'aide expert est normalement composé de quatre éléments : une base d'informa-tions (ou de connaissances), un module d'infé-rence, un sous-système d'acquisition de l'information et un module de transmission-explication de l'information traitée. Regardons rapidement ces composantes.

La base d'informations

Le système d'aide expert est fondé sur une base d'informations ou de connaissances reliées à un domaine particulier. On observe chez les experts deux approches quant au traitement et à l'utilisation de cette base d'informations : l'une qui s'appuie sur des règles de décision et l'autre sur des modèles préétablis.

Une base d'informations qui s'appuie sur l'emploi de règles de décision fonctionne selon le principe « si... alors ». Ainsi, dans le cas où un individu doit décider s'il investira dans un régime enregistré d'épargne-retraite ou utilisera cet argent pour diminuer son hypothèque, le système procédera par une série de questions-réponses du type :

Si l'individu dispose de l'argent liquide pour ce placement, *alors* il faut connaître le taux d'intérêt payé sur l'hypothèque et celui qui est offert par le REER.

Si le taux payé sur l'hypothèque dépasse le taux offert par le REER de tel pourcentage, il faut *alors* tenir compte du taux d'imposition.

Et ainsi de suite jusqu'à ce qu'on en arrive à la décision finale. Dans le cas d'une base d'informa-tions qui s'appuie sur des modèles, on trouve un éventail de modèles de décision préétablis allant du plus général au plus particulier. Dans la situation qui nous intéresse, il y aurait différents modèles déjà en mémoire allant du plus simple, où l'on ne tiendrait compte que du taux d'imposition de l'individu (en deçà de tel pourcentage, il doit investir son argent dans un REER), au plus sophistiqué, qui tiendrait aussi compte de la différence entre le taux de l'hypothèque et le taux de rendement du REER ainsi que de l'âge de l'individu. L'ordinateur basera alors sa recommandation sur le modèle qui ressemble le plus à la situation de l'individu en question.

Le module d'inférence

Le module d'inférence permet de passer d'une étape à l'autre par le biais d'une série de «si... alors». Il existe deux types de modules : ceux qui suivent un processus commençant avec la base d'informations et se terminant avec la décision finale et ceux qui partent de la décision finale désirée et reviennent en arrière jusqu'aux conditions qui doivent exister pour obtenir celle-ci.

L'exemple précédent appartient au premier type de module. Le processus part en effet de la situation de base et évolue vers la décision finale. Le deuxième type de module aurait fonctionné exactement à l'envers :

> *Si* un individu veut faire un investissement rentable dans un REER, *alors* il doit payer un taux d'imposition marginal de tel pourcentage.

> *Si* un individu paie tel taux d'imposition, *alors* la différence entre le taux d'intérêt offert par le REER et celui qui est payé sur l'hypothèque doit être de tel pourcentage au minimum.

Comme on peut le voir, du point de vue de l'utilisateur, le résultat est sensiblement le même, qu'il utilise le premier type de module ou le deuxième.

Le sous-système d'acquisition de l'information

Le processus que suit le système d'aide expert nous paraît simple, mais l'investissement en temps et en argent qui permettra de fournir à un ordinateur la base de connaissances et le modèle de prise de décision capables de créer un logiciel utile est énorme. On doit donc compter non seulement sur des experts prêts à collaborer, mais aussi sur des systèmes qui aideront ces experts à exprimer leurs connaissances sous une forme qui puisse facilement s'adapter aux besoins de la machine.

Le module de transmission-explication de l'information

Enfin, pour que l'information puisse servir à l'utilisateur, elle doit lui parvenir au moment opportun, sous une forme et dans un langage compréhensibles. Comme il arrive souvent que l'utilisateur ne soit pas un expert, le langage courant du domaine de l'informatique peut lui paraître hermétique ; il faudra donc penser à lui fournir une information intelligible.

L'utilisation d'un système d'aide expert

Comme ce système en est à ses débuts, il n'est pas très répandu. D'autre part, il coûte encore très cher sur le plan de la conception et sur celui du développement, lequel lui permettra de demeurer à la fine pointe dans son domaine.

On ne trouve le SAE que dans les domaines où le besoin se fait le plus sentir et là où les ressources financières et humaines ont permis son développement et sa mise à jour.

5.2.6
Le système d'information de gestion

Maintenant que nous avons vu les principaux systèmes d'informations qu'on trouve dans les entreprises modernes, nous sommes sans doute mieux placés pour comprendre ce que sont réellement les systèmes d'informations de gestion (SIG).

Qu'on perçoive le SIG comme un grand système composé de plusieurs sous-systèmes dont chacun des systèmes décrits plus haut constitue l'une des composantes, ou qu'on considère le SIG comme un amalgame de systèmes d'informations plus ou moins indépendants les uns des autres mais ayant des relations entre eux, il reste qu'un système d'information de gestion est un ensemble de matériel, de logiciels, de ressources humaines et technologiques qui a pour but de colliger l'information, de la traiter, de la conserver et de la rendre accessible, sous une forme compréhensible et au moment opportun, aux gestionnaires qui en font la demande.

CONCLUSION

Comme nous venons de le voir dans ce chapitre, le terme «système d'information» peut s'appliquer à un grand nombre de systèmes différents tant sur le plan de leur utilisation que sur celui de leur raison d'être. Mais ces systèmes présentent plusieurs caractéristiques communes : ils utilisent l'informatique, ils traitent l'information et ils sont au service du gestionnaire de l'entreprise.

Les systèmes d'informations ne remplacent pas le gestionnaire et ne le remplaceront probablement jamais. Ils lui facilitent la tâche et lui permettent de se consacrer aux décisions importantes pour l'entreprise. Le gestionnaire n'a donc pas à utiliser la plus grande partie de son temps pour traiter des ensembles de données qui lui fourniront l'information dont il a besoin.

CAS 5.1
LE DÉPANNEUR DU COIN

À titre de gérante du dépanneur-station-service du coin, Marie voit défiler des centaines de clients tous les jours. En plus d'être responsable de la caisse enregistreuse de 8 heures à 10 heures, elle doit superviser toutes les activités du commerce, établir les horaires des employés, préparer les rapports de ventes de chacun des secteurs (essence, denrées alimentaires, billets de loterie), s'assurer que les commandes de marchandises sont placées chez le grossiste principal et que les tablettes sont bien garnies, etc. La quantité de transactions à traiter est phénoménale et Marie quitte souvent son travail vers 18 heures épuisée, souhaitant presque que le dépanneur disparaisse au cours de la nuit.

Le grossiste principal qui alimente le dépanneur en question songe à mettre sur pied un système de communication, entre les commerces et entre les commerces et le siège social, qui permettrait de diminuer la quantité de paperasse que les gérants des commerces ont à utiliser. On pourrait ainsi faire le total des ventes automatiquement, transmettre les commandes de marchandises directement par l'informatique, transmettre les rapports journaliers de ventes par ordinateur, etc. Cette modification au système demanderait évidemment des investissements importants, mais les gestionnaires croient que les avantages qu'ils en retireraient justifieraient la dépense.

Votre tâche

Comment conseilleriez-vous aux gestionnaires de procéder pour établir un système amélioré?

Amorce de solution

Regardez d'abord du côté du type et de la quantité de transactions à traiter. Certains systèmes vous paraîtront alors plus avantageux que d'autres. Vous pourrez ensuite compléter votre recommandation en ajoutant différents systèmes d'appoint qui viendront raffiner votre processus de base.

▶ CAS 5.2
LES MAGASINS CADO LTÉE

La direction des magasins Cado ltée vient de lancer un ultimatum à ses fournisseurs : «Prenez des mesures pour instaurer un système de communication électronique d'ici 18 mois ou cherchez-vous d'autres clients que nous!»

Évidemment, cette communication a fait des vagues chez les fournisseurs de l'entreprise, mais les directeurs de Cado ltée croient fermement qu'ils n'ont plus le choix. Selon eux, le système de communication électronique représente le seul moyen d'améliorer l'efficacité du service des achats et d'obtenir les marchandises désirées au moment opportun et en quantité nécessaire, le tout à des coûts raisonnables pour l'entreprise.

Cette modification au système entraîne, bien entendu, des difficultés et des coûts chez les fournisseurs. On estime que la mise en place d'un tel système, chez un fournisseur de petite taille, constituera un investissement d'au moins 10 000 $, sans compter les tracasseries administratives et les autres frais reliés à la formation du personnel. Mais plusieurs d'entre eux n'ont pas le choix; les magasins Cado ltée représentent leur principal client et ils ne peuvent se permettre de perdre ces ventes. D'un autre côté, ils se rendent compte que Cado ltée ne fait qu'annoncer une tendance et que tous leurs clients exigeront le même genre de service d'ici quelques années.

Votre tâche

Pensez-vous que la demande de Cado ltée soit raisonnable ? Comment les petits fournisseurs devraient-ils réagir face à cette demande et, le cas échéant, en arriver à une entente avec Cado ltée ?

▶ QUESTIONS

1. Quelle est la différence entre un logiciel et un progiciel ?

2. Décrivez les principaux rôles que peut jouer le personnel du service de l'information sur le plan opérationnel.

3. Décrivez les principaux risques que représente pour une entreprise l'accès direct à l'information de la part d'un grand nombre d'employés.

4. Quels sont les cinq types de systèmes d'informations ?

5. Décrivez brièvement les quatre catégories de systèmes utilisés en bureautique.

6. Décrivez brièvement ce qu'est un système de traitement de transactions.

7. En quoi consiste le système de soutien de la décision ?

8. Qu'est-ce qu'un système d'aide à la direction ?

9. Quels sont les principales utilisations d'un système d'aide expert ?

10. Un système d'information de gestion doit-il inclure tous les types de systèmes décrits précédemment ? Justifiez votre réponse.

6

Les domaines d'applications

Après avoir lu ce chapitre et fait les cas à la fin de celui-ci, l'étudiant ou l'étudiante devrait être en mesure de :

1. Comprendre l'importance des applications informatisées dans les activités industrielles et commerciales, notamment comme arme stratégique.

2. Prendre conscience des multiples usages de l'informatique à tous les niveaux hiérarchiques de l'entreprise, et plus particulièrement chez les gestionnaires.

3. Prendre conscience des multiples usages de l'informatique dans toutes les fonctions de l'entreprise et pour les gestionnaires.

▶ Introduction

Les ordinateurs modifient la façon de travailler, car ils assistent les gestionnaires en leur fournissant des rapports propres à leur domaine de gestion grâce à l'analyse rapide des informations recueillies par le système d'information de gestion (SIG). De nos jours, les gestionnaires doivent prendre des décisions de plus en plus complexes, et ce très rapidement. C'est pourquoi ils passent de plus en plus de temps à utiliser l'ordinateur. Ils l'utilisent plusieurs fois par jour pendant des périodes plus ou moins longues.

Un système d'information aux fins de gestion est un concept de gestion qui exploite la technologie des ordinateurs pour transformer les données en informations utiles à la gestion et à la prise de décision. On combine les possibilités de l'être humain avec celles de l'ordinateur afin de fournir aux gestionnaires l'information nécessaire à la planification, au contrôle et à la direction de toutes les activités d'une organisation. En plus de son personnel spécialisé, de ses méthodes de travail, des données qu'il est chargé de gérer, le SIG comprend l'équipement informatique et les logiciels permettant de procéder au traitement de l'information.

Dans le monde moderne des affaires, l'ordinateur, en tant qu'outil pour résoudre les problèmes de l'entreprise, joue un rôle primordial. Il est donc essentiel de savoir déterminer les situations qui se prêtent à l'utilisation de cet outil. Ce chapitre nous aidera dans cette tâche.

▶ 6.1
L'ordinateur : l'outil du gestionnaire

Ce chapitre vise à sensibiliser le futur gestionnaire à l'importance de l'ordinateur. L'ordinateur fait maintenant partie intégrante des sociétés industrialisées. Toutefois, les répercussions de cet outil sont plus grandes dans les entreprises que dans n'importe quelle autre sphère d'activité. En fait, 93 % des entreprises utilisent au moins une technique faisant appel à l'ordinateur, soit à l'intérieur du produit (par exemple, l'ordinateur intégré dans un four à micro-ondes), soit pour la gestion de la production et de la distribution (par exemple, une liste des clients ou un calendrier de production). L'ordinateur constitue un support incomparable dans la gestion de l'information dans l'entreprise.

Cette utilisation très répandue est en partie due au fait que les ordinateurs ont permis aux entreprises de prospérer en augmentant leur efficacité (de nouveaux produits de meilleure qualité, de meilleurs services, de nouveaux marchés) et en réduisant les erreurs de fonctionnement. De plus, l'ordinateur a permis aux entreprises d'accroître leur productivité en accélérant la production, en améliorant la gestion (par la diminution des erreurs et par la préparation de meilleures analyses de marché et des coûts et des bénéfices) et en donnant lieu à une meilleure utilisation du personnel.

Selon Stitt[1], les entreprises ne pourraient plus se passer des nouvelles technologies sans augmenter considérablement leurs coûts d'exploitation. Même l'acheminement de leurs produits vers le consommateur serait difficile.

L'expression «*management information system*» se traduit en français par «système d'information aux fins de gestion (SIG)[2]». Le système d'information de gestion est avant tout un concept de gestion selon lequel la technologie des ordinateurs sert à transformer les données en informations utiles à la gestion et à la prise de décision. Un SIG combine les possibilités de l'être humain avec celles de l'ordinateur afin de fournir aux gestionnaires l'information nécessaire à la planification, à l'organisation, à la direction et au contrôle de toutes les activités d'une entreprise.

Un système d'information de gestion se compose d'un ensemble d'éléments :

a) les ressources humaines, techniques et financières qui assurent le fonctionnement du SIG;

b) les méthodes, soit les types de traitement, les procédés d'acquisition, de mémorisation, de recherche et de communication des informations;

c) les données fournies par l'entreprise et par son environnement;

d) l'équipement informatique et les logiciels, qui font l'objet de ce livre.

En fait, les ordinateurs modifient la façon de travailler, car ils assistent les gestionnaires dans la préparation des décisions en permettant l'analyse rapide de diverses situations de gestion. Ils permettent aussi de synthétiser l'information interne et d'accéder à une information externe dans un laps de temps suffisamment court pour que celle-ci demeure pertinente.

De nos jours, les gestionnaires doivent prendre des décisions de plus en plus complexes, et cela très rapidement. Par exemple, il y a trente ans, Westinghouse décidait d'implanter une nouvelle usine après avoir analysé la situation pendant six ou sept années. Il y a dix ans, il fallait prendre ce genre de décision en trois ans; et maintenant, la même décision doit être prise dans des délais beaucoup plus courts.

Ce sont les cadres intermédiaires qui utiliseraient le plus les micro-ordinateurs, sans doute à cause de la place centrale qu'ils occupent dans la hiérarchie de l'organisation. En effet, c'est à eux qu'il revient de recueillir et d'analyser l'information, puis de la communiquer à leurs supérieurs hiérarchiques.

Les ordinateurs aident les gestionnaires à prendre des décisions de diverses natures, que ce soit l'élaboration de budgets, l'allocation de ressources, les prévisions, la planification financière, la planification et l'analyse stratégiques, la gestion stratégique, l'ordonnancement, l'inventaire, la modélisation ou l'affectation des ressources humaines[3].

Le tableau 6.1 résume les tâches de gestion les plus fréquemment effectuées à l'aide de l'ordinateur.

1. W. L. Stitt, «Management Utilization of Automated Office Equipement and Microcomputers», travail présenté à la National Delta Epsilon Research Conference, Chicago, Illinois.
2. Rolland Hurtibise, *L'Intégration de l'information à l'organisation*, Montréal, Agence d'Arc inc., 1990.
3. R. Rhodes et J. Krupsh, «Do Top Level Executives Use Computers to Make Their Decisions?», *Office Systems Research-Journal*, vol. 6, n° 2, p. 7-13.

► Tableau 6.1

Les tâches les plus fréquemment effectuées
à l'aide d'un ordinateur

Tâches exécutées à l'aide d'un ordinateur	Pourcentage de participants
Planification	84
Aide dans la décision	80
Élaboration de budgets	79
Prévisions	76
Communication avec les autres	70
Analyse des tendances	68
Direction et contrôle d'activités	67
Résolution de problèmes	66

Il est intéressant de noter que 31 % des participants se servent de l'ordinateur pour accomplir ces 8 tâches et que moins de 25 % des participants ont dit qu'ils utilisaient leur micro-ordinateur pour moins de 4 tâches parmi ces dernières. La plupart des gestionnaires actuels considèrent que, pour s'acquitter de leurs tâches, il est aussi important de connaître les principaux logiciels et le fonctionnement d'un ordinateur que de savoir lire et écrire. Ils s'attendent à ce que les futurs gestionnaires possèdent ces connaissances dès leur embauche.

Certes, il est révolu le temps où l'informatique appartenait exclusivement aux programmeurs. Les nouveaux logiciels simplifient l'utilisation de l'ordinateur et même un débutant en informatique peut désormais accomplir des tâches très compliquées à l'aide de ces logiciels.

Bien que l'ordinateur ait considérablement modifié leur façon de travailler, il semble que les cadres intermédiaires de la région de Montréal aient une opinion positive au sujet des répercussions de l'informatisation sur leur travail, comme le résume le tableau 6.2.

Tableau 6.2 ◄
L'informatisation
et la
modification
des tâches

Perception des cadres intermédiaires sur les modifications de leurs tâches	Diminution	Aucun changement	Augmentation
	(en %)		
Importance du travail	2,7	41,9	55,4
Quantité de travail	9,5	32,4	58,1
Exactitude	2,7	45,9	51,4
Habiletés nécessaires	1,4	27,0	71,6
Enrichissement des tâches	2,7	29,7	71,6
Rétroaction	0,0	68,9	31,1
Responsabilité des résultats	0,0	51,4	48,6
Liberté dans la façon de travailler	9,5	54,1	36,5
Supervision reçue	28,4	63,5	8,1
Possibilités d'avancement	4,1	52,7	43,2
Sécurité d'emploi	6,8	67,6	25,7
Relations avec les employés	2,7	77,0	20,3
Efficacité personnelle	1,4	23,0	75,7
Efficacité du service	0,0	10,8	89,2
Efficacité de l'organisation	0,0	15,1	84,9

Ainsi, ces gestionnaires trouvent que leur emploi est plus intéressant et plus valorisant. En outre, ils estiment que l'informatisation a augmenté considérablement leur efficacité personnelle, celle de leur service et celle de l'organisation.

Les résultats de la recherche effectuée par Laudon[4] nous permettent de constater que l'informatique n'est plus l'apanage des informaticiens ou des employés de bureau et que les logiciels et les micro-ordinateurs sont devenus des outils de travail que tout gestionnaire doit maîtriser.

Cet accroissement de l'utilisation de l'ordinateur, combiné avec une simplification des logiciels, incite les gestionnaires à acquérir les habiletés grâce auxquelles ils pourront travailler dans un environnement informatisé. Ainsi, 62 % des gestionnaires n'ont besoin que de trois mois de formation pour être en mesure d'utiliser un nouveau système d'information. L'étude révèle aussi que 72 % des gestionnaires interrogés affirment qu'ils devraient posséder des habiletés supplémentaires portant principalement sur le fonctionnement des ordinateurs et des logiciels utilisés.

Bien sûr, lorsqu'on parle d'informatisation, on parle aussi de logiciels. Or, les gestionnaires ont recours à un nombre restreint de logiciels, et 68 % d'entre eux utilisent moins de 4 logiciels. Le chiffrier électronique semble le logiciel le plus populaire avec un taux d'utilisation de 94 %, suivi du traitement de texte employé par 63 % des participants, des logiciels de communication (52 %), des applications graphiques (51 %) et enfin des bases de données (41 %).

L'utilisation du traitement de texte par les gestionnaires est un phénomène nouveau. En effet, il semble que, de plus en plus, les gestionnaires écrivent leurs brouillons et les lignes directrices d'un texte directement à l'ordinateur. Les secrétaires complètent le texte et l'éditent. Puis les gestionnaires effectuent les dernières corrections et les remettent aux secrétaires pour l'impression et la distribution.

La gestion informatisée propose donc un éventail d'outils dont la maîtrise peut être facilitée par la lecture de ce livre. D'une part, celui-ci veut aider les gestionnaires à comprendre le fonctionnement d'un ordinateur et à appliquer leurs connaissances à l'élaboration d'une grille d'achat, puisqu'il est de plus en plus fréquent que les gestionnaires doivent décider de l'achat d'un micro-ordinateur. D'autre part, il présente les logiciels les plus utilisés par les gestionnaires : le chiffrier électronique, le traitement de texte, le graphisme et la base de données ainsi que la télécommunication. Il brosse également un tableau des logiciels courants en micro-informatique.

Bien que les gestionnaires aient accès à toute la gamme des ordinateurs, les micro-ordinateurs sont le principal sujet de cet ouvrage parce qu'ils représentent la technologie qu'ils préfèrent. En outre, la rapidité des micro-ordinateurs, leur mémoire vive et leur capacité de stocker de l'information ne cessent de croître, alors que les prix ne cessent de baisser. En fait, la prochaine génération de micro-ordinateurs sera en mesure de donner le même rendement que les ordinateurs centraux actuels, ce qui fait du micro-ordinateur un outil indispensable aux organisations.

Bref, les gestionnaires des années 90 ne peuvent plus se passer de l'ordinateur. Mais il peut être rassurant de savoir que les gestionnaires utilisent peu de logiciels différents. Pourvu qu'il ait

---

4. K. Laudon, « From PC'S to Managerial Workstations : Organizational Environment and Management Policy in the Financial Industry », Center for Research on Information Systems, Working Paper n° 121, avril 1985, New York University, p. 27.

une compréhension du fonctionnement des ordinateurs et une connaissance des possibilités des bases de données, du chiffrier électronique, du traitement de texte et d'un logiciel de graphisme, n'importe quel gestionnaire peut devenir habile en informatique.

Nous verrons maintenant plus en détail l'utilisation de l'informatique comme support du SIG :

a) à tous les niveaux hiérarchiques;

b) dans toutes les fonctions de l'entreprise;

c) dans tous les secteurs d'activités.

▶ 6.2
L'informatique
à tous les niveaux hiérarchiques

Tous les niveaux hiérarchiques d'une entreprise font appel à l'informatique. Comme les activités sont diversifiées, il est normal que l'utilisation de l'informatique diffère. Le cadre conceptuel suivant attribue un type d'activité managériale à chaque niveau hiérarchique.

Chaque niveau hiérarchique a ses propres besoins; par conséquent, l'information utilisée a des caractéristiques particulières selon les niveaux et des outils informatiques différents.

En ce qui concerne la planification stratégique, les gestionnaires font appel à des données synthétisées dans le but d'établir des politiques d'acquisition, d'utilisation ou de répartition des ressources, ces politiques visant à atteindre les objectifs que les gestionnaires auront préalablement fixés. L'ordinateur peut alors faciliter grandement le travail de ces derniers. En effet, les avantages stratégiques d'une entreprise sont intimement liés à la rapidité avec laquelle ses gestionnaires obtiennent et traitent l'information. L'analyse de l'environnement peut être simplifiée par l'utilisation de bases de données commerciales, grâce auxquelles il est possible d'acquérir aisément des informations sur l'environnement socioculturel, technologique, légal, etc.

Plus on descend dans la hiérarchie, plus les informations à traiter sont routinières, plus les données sont nombreuses et plus les applications sont propres à l'entreprise. Sur le plan du contrôle de la gestion, les données sont plus détaillées et permettent de s'assurer que les objectifs de l'entreprise soient réalisés et que les ressources soient utilisées adéquatement. Sur le plan des opérations, on recueille quotidiennement toutes les données qui concernent les tâches particulières permettant d'accomplir efficacement les opérations de base de l'entreprise.

Pour chacun des niveaux décisionnels, nous donnerons quelques exemples d'utilisation de l'informatique afin de montrer en quoi celle-ci peut servir aux gestionnaires.

6.2.1
L'informatique
et la planification stratégique

Plus le gestionnaire est proche du sommet de l'échelle et moins les opérations sont routinières, le système d'information le plus approprié étant alors le système d'aide à la direction (SAD). Ce système permet d'accéder à des données de l'entreprise et à des banques de données externes. Ainsi, la haute direction est rapidement informée des occasions qui s'offrent à l'entreprise et du rendement des activités internes. Par exemple, dès son arrivée, le matin, le président d'une multinationale en alimentation met son ordinateur en marche et prend connaissance des fluctuations des prix du blé et d'autres denrées alimentaires. Dans l'après-midi, il consulte un service d'analyse de Dow Jones afin d'évaluer les diverses possibilités d'investissement pour l'entreprise. Vers la fin de la journée, il examine généralement un ou plusieurs rapports hebdomadaires sur les opérations. Bien qu'encore peu de dirigeants d'entreprise recourent à l'informatique de façon aussi systématique, cette pratique tend à se généraliser au fur et à mesure que l'utilisation des logiciels est simplifiée.

Enfin, les gestionnaires responsables de la planification stratégique utilisent largement des systèmes interactifs d'aide à la décision (SIAD), par exemple les chiffriers électroniques. Ces logiciels permettent de prendre des décisions plus justes grâce à l'analyse de scénarios basés sur la relation qui existe entre une décision et ses conséquences. Un gestionnaire se pose souvent la question : «Qu'arriverait-il si...?» Il doit produire des rapports pour justifier devant la haute direction les actions qu'il suggère ou encore il doit comparer avec d'autres gestionnaires les diverses options possibles. L'ordinateur n'a rien inventé; mais il permet, par la rapidité des calculs et des modifications de données, d'étudier un plus grand nombre d'options en moins de temps. De plus, ces logiciels simplifient la présentation de l'information grâce aux possibilités graphiques et de traitement de texte. Les gestionnaires bénéficient donc rapidement d'une analyse détaillée présentée de façon claire et souvent sous forme graphique.

De nombreux logiciels permettent d'évaluer divers scénarios macro-économiques, par exemple l'effet du taux de change ou d'une fluctuation des taux d'intérêt sur les profits de la compagnie. Un chiffrier électronique peut effectuer des simulations simples pour estimer la marge de manœuvre de l'entreprise.

6.2.2
L'informatique et le contrôle de gestion

En ce qui concerne le contrôle de gestion, les applications de l'informatique sont nombreuses. En fait, on trouve des systèmes de contrôle de gestion pour la plupart des activités de l'entreprise. Par exemple, au moyen de l'informatique, les gestionnaires de ce niveau peuvent produire plus rapidement des rapports sommaires qui alimenteront les analyses de rentabilité de divers services, régions et produits et qui permettront d'identifier parmi ceux-ci les plus performants et les moins performants.

Ainsi, le directeur d'un service, qui est responsable de la gestion du budget de son service, utilisera un chiffrier électronique. Le programme permet, entre autres, de calculer le budget qui devra être alloué, par exemple, à l'affectation de certains employés. Il est également possible d'analyser chacun des postes budgétaires en calculant leur marge de manœuvre respective. Pour bien visualiser les résultats, l'utilisateur peut diviser l'écran de l'ordinateur horizontalement en fenêtres. Chaque fois qu'une nouvelle combinaison est entrée, il voit immédiatement apparaître dans la fenêtre inférieure l'incidence directe qu'aura l'opération en question sur le budget du service. Il va sans dire que l'ordinateur permet ici de faire des prévisions très précises tout en faisant gagner énormément de temps. Grâce à la capacité des ordinateurs, on peut évidemment échelonner des prévisions sur plusieurs années.

6.2.3
L'informatique et les opérations

En ce qui a trait aux opérations, on trouve des systèmes d'entrée de données. Les gestionnaires des opérations doivent identifier et faire enregistrer par les commis toutes les transactions effectuées par la compagnie. Ces enregistrements doivent être faits chaque jour. C'est à l'aide de ces données que les gestionnaires prendront la plupart de leurs décisions, comme celle de répartir le travail entre les commis ou celle de déterminer en fonction des fichiers de commandes les clients à visiter.

Les systèmes d'informations concernant les opérations se caractérisent notamment par un volume élevé de données à entrer. L'invention des lecteurs optiques, magnétiques et de codes à barres, qui permettent de réduire les erreurs, a révolutionné l'entrée de données. Bien sûr, les supermarchés les utilisent beaucoup, ce qui permet de contrôler l'inventaire depuis la caisse enregistreuse et de minimiser les erreurs des caissiers. Les codes à barres sont aussi utilisés lors de l'emprunt de livres dans les bibliothèques ou encore pour la gestion de l'inventaire dans les entreprises de distribution ou de fabrication. Entre autres, la Croix-Rouge recourt aux codes à barres pour identifier les échantillons de sang. Les lecteurs optiques permettent aussi de lire les transactions de Bell Canada, d'Hydro-Québec et des cartes de crédit. En outre, les lecteurs magnétiques permettent de faire la conciliation bancaire des chèques encaissés.

Dans certains hôpitaux, on a voulu instaurer un quart de nuit pour les dactylos. Par contre, on ne voulait pas augmenter les coûts administratifs en embauchant un surveillant. Les traitements de texte utilisés par les secrétaires ont donc été munis d'un logiciel de contrôle de gestion. Ainsi, le superviseur de jour reçoit quotidiennement un rapport sur lequel sont inscrits le nombre de mots par minute tapés par chaque dactylo, le temps de non-utilisation de l'ordinateur de même que le nombre de corrections effectuées. Il n'y a donc aucune perte de temps possible. Le superviseur est alors en mesure de mieux connaître les possibilités de traitement de son service et ainsi d'établir des standards de productivité, et de justifier l'engagement ou le congé-

diement d'employés. Ce type de surveillance est appliqué à l'heure actuelle notamment à la Société canadienne des postes pour l'entrée de codes postaux, dans certains supermarchés pour les caissiers et chez Bell Canada pour les téléphonistes. Il va sans dire qu'une telle utilisation à des fins de contrôle soulève l'opposition de syndicats, d'employés et de groupes de soutien aux libertés individuelles.

▶ 6.3
L'informatique dans toutes les fonctions de l'entreprise

Quelles que soient leurs fonctions dans l'entreprise, les gestionnaires font appel à l'informatique; seuls les logiciels et les utilisations diffèrent. Gorry Morton et Scott Morton ont préparé un document qui propose un certain nombre d'activités pouvant être informatisées par niveau hiérarchique, d'une part, et par fonction, d'autre part. Nous nous inspirerons de ce document pour présenter des exemples d'utilisation de l'informatique pour chaque niveau hiérarchique de chacune des grandes fonctions de l'entreprise.

6.3.1
Le service de la comptabilité

Le service de la comptabilité est généralement le premier service qui est informatisé dans l'entreprise. Au point de vue opérationnel, on y effectue la tenue des livres, qui comporte un volume de données élevé. Grâce aux logiciels de comptabilité, cette tâche est nettement simplifiée. En effet, on n'a plus à retranscrire la même donnée dans tous les livres comptables; le logiciel le fait lui-même. Le préposé entre les données une seule fois et celles-ci s'appliquent à tous les journaux comptables en question.

Sur le plan du contrôle de gestion, les comptables peuvent se servir de l'informatique pour gérer les comptes clients et les comptes fournisseurs, pour repérer les exceptions et comprendre les écarts. La politique de crédit est de « net 30 jours » ? Un logiciel de facturation peut dresser la liste de tous les clients qui ont dépassé cette limite, et cela aux intervalles désirés. Mieux encore, il peut imprimer une lettre type, et modifier automatiquement le nom du client dans l'en-tête et, dans la lettre, le nombre de jours de retard et la somme due.

Les gestionnaires chargés de la planification stratégique voient entre autres à la rédaction d'états financiers *pro forma*. Grâce au chiffrier électronique, cette tâche devient un jeu d'enfant : il suffit de changer une donnée et l'ordinateur modifie automatiquement le chiffrier aux endroits où cette donnée avait des incidences.

6.3.2
Le service de gestion des ressources humaines

Le service de gestion des ressources humaines figure aussi parmi les premiers services qui sont informatisés dans une entreprise. Sur le plan des opérations, l'informatique a considérablement simplifié le traitement des salaires des employés, par exemple. Sur le plan du contrôle de gestion, il est possible d'analyser les taux d'absentéisme et ses conséquences sur l'entreprise en vue de définir des politiques pour y remédier. Il est également possible d'élaborer des plans d'affectation, d'analyser le rendement, etc.

Sur le plan stratégique, les gestionnaires des ressources humaines peuvent utiliser des systèmes d'informations capables de les assister dans leurs tâches de planification des ressources humaines et de gestion des carrières. Il est certes important de planifier le mouvement des ressources humaines, de prévoir le nombre de départs, afin que l'organisation puisse toujours disposer des ressources humaines dont elle a besoin.

6.3.3
Le service du marketing

De plus en plus, les représentants ont dans leur voiture une mallette contenant une imprimante, un modem et un ordinateur. Ils peuvent ainsi rédiger des contrats de vente, commander les pièces vendues et établir leur itinéraire depuis leur voiture. Ces nouvelles possibilités ont entraîné une augmentation sans précédent de la productivité. Les gestionnaires du service du marketing responsables du contrôle des opérations peuvent, à l'aide de l'informatique, schématiser rapidement la progression des ventes par vendeur, par région ou par produit, ce qui permet de corriger une situation problématique dans de brefs délais.

En ce qui touche la planification stratégique, les gestionnaires du service du marketing utilisent souvent un système interactif d'aide à la décision pour analyser les ventes, la part de marché, les prix, les promotions et les publicités. Ils peuvent aussi obtenir promptement de l'information sur l'élasticité des prix, sur l'efficacité de la promotion et sur l'effet d'une campagne publicitaire sur les ventes.

6.3.4
Le service de la production

De nouvelles technologies manufacturières ont considérablement modifié les procédés de fabrication. Avec des technologies du type CAO/FAO (conception et fabrication assistées par ordinateur), des machines à contrôle numérique ou encore des robots, les entreprises modifient considérablement la flexibilité de leur chaîne de production, améliorent le contrôle de la qualité et réduisent les coûts de production.

Le contrôle de la production se réalise très facilement avec les logiciels appropriés. À quelle étape du processus de fabrication sommes-nous rendus? Combien de temps nous reste-t-il pour livrer la commande? Voilà des questions auxquelles il est aisé de répondre avec un logiciel de gestion de projet. Les gestionnaires du service de la production responsables de la planification des activités peuvent produire des simulations simples ou complexes à l'aide d'un chiffrier électronique ou d'un logiciel de gestion de projet, ce qui leur permet d'étudier un plus grand nombre de scénarios en moins de temps.

6.3.5
La fonction « gestion »

S'il est un domaine où l'arrivée de l'informatique a grandement simplifié le travail et amélioré l'efficacité des employés, c'est bien celui du secrétariat. En effet, les programmes de traitement de texte professionnels permettent maintenant d'accomplir une foule de tâches en un temps record.

Tout d'abord, il est possible de modifier un document tant que celui-ci n'est pas parfait. Une fois le travail terminé, l'impression du texte est commandée. Plusieurs formats et en-têtes étant offerts, il ne reste qu'à choisir ceux qui conviennent le mieux au texte. Pendant que l'impression est en cours, on peut commencer la rédaction d'un autre texte. L'ordinateur gardera alors en mémoire le nouveau texte à imprimer.

Il est également possible de produire des documents personnalisés sans avoir à y consacrer beaucoup de temps et d'énergie, grâce au tri et au traitement de fichiers et de listes. Par exemple, le tri permet de créer, au moyen d'une liste de clients déjà existante, une nouvelle liste où apparaîtront les clients qui répondent à certains critères (l'adresse, le code postal, les frais d'utilisation,

etc.). Des expressions codées correspondant aux libellés des clients entreront automatiquement dans les espaces où le texte standard doit être modifié.

Les gestionnaires administratifs responsables du contrôle des approvisionnements utilisent de plus en plus l'informatique. En effet, pour réduire les coûts de manipulation de la paperasse, plusieurs entreprises se sont dotées de terminaux et communiquent directement avec leurs clients et leurs fournisseurs par ordinateur.

Pour un président de compagnie, il n'y a rien de mieux que d'utiliser les nouvelles technologies de communication pour économiser du temps, lequel est si précieux. Maintenant, on trouve des télécopieurs partout, même dans l'avion. Un président peut, avant de s'envoler vers l'Europe, donner à sa secrétaire une lettre à dactylographier et au service du graphisme des acétates à préparer en vue d'une présentation qui aura lieu dans l'après-midi. Depuis l'avion, il pourra recevoir une copie de chacun des documents et même demander qu'on apporte des corrections. Il lui suffit de se servir de la télécopie.

6.3.6
Le service du système d'information de gestion

Sur le plan des opérations, l'informatique permet entre autres de mettre au point des systèmes et de gérer l'utilisation des ressources du service. En ce qui concerne le contrôle de gestion, grâce aux logiciels de gestion de projets, qui sont très répandus, on peut contrôler les étapes de la mise au point de même que les coûts d'exploitation. L'ordinateur permet également d'imputer les coûts d'utilisation aux usagers ou encore d'analyser l'utilisation des ressources informatiques.

Au point de vue de la planification stratégique, l'informatique offre la possibilité de proposer des projets et d'analyser les effets d'un système d'information sur les activités de l'entreprise.

▶ 6.4
L'informatique dans tous les secteurs industriels

Jusqu'à maintenant, nous avons indiqué que l'informatique était utilisée par tous les gestionnaires, à tous les niveaux hiérarchiques et dans toutes les fonctions d'une entreprise. À l'aide d'exemples, nous tenterons de démontrer que les systèmes d'informations de gestion sont employés dans tous les secteurs industriels. Comme il est impossible de rendre compte de toutes les activités d'un secteur donné, nous mettrons l'accent sur des domaines très différents afin d'illustrer l'importance de l'informatique et ses divers usages.

6.4.1
Le secteur primaire

En adoptant l'informatique, les entreprises œuvrant dans le secteur primaire peuvent rationaliser davantage l'utilisation de leurs ressources et fournir une aide à la prise de décision sur le plan de la gestion.

L'agriculture

Une innovation technologique importante dans l'agriculture consiste dans l'application des systèmes d'informations à la gestion de l'exploitation agricole. L'ordinateur permet une gestion plus efficace des machines et de l'énergie, facilite la comptabilité et améliore les opérations agricoles, telles que le mélange des aliments pour les animaux et la répartition appropriée des engrais.

La marge de profit étant minime dans le domaine de l'agriculture, il importe de faire une utilisation maximale des ressources. Un fermier ne peut plus se fier à sa seule intuition comme auparavant. En effet, l'ère de la rationalisation touche aussi ce secteur. Or, au moyen de certains logiciels, un éleveur de bétail peut surveiller l'alimentation des troupeaux, la varier selon la productivité qui sera calculée pour chacune des bêtes et faire reproduire les plus productives, décider des dates d'accouplement, etc.

La foresterie

Combien d'arbres l'entreprise coupera-t-elle cette année? l'année prochaine? dans dix ans? Quelle quantité d'insecticides devra-t-elle acheter? Quel est le pourcentage d'arbres qui sont parvenus à mi-maturité? Voilà le genre de questions que se posent fréquemment les gestionnaires d'un plan de coupe. Bien sûr, s'il est possible de répondre à ces questions sans ordinateur, il est impossible de le faire avec la même précision et la même rapidité que celles qui sont offertes par l'ordinateur.

L'industrie pétrolière

Les ordinateurs sont devenus des outils indispensables pour les géologues qui effectuent la prospection pour les compagnies pétrolières. Une fois qu'ont été saisies les données essentielles sur la composition et les dimensions du terrain, l'ordinateur trace une carte détaillée des strates souterraines et des réserves de pétrole. Les entreprises de prospection pétrolière ont été les premières à utiliser un système d'aide expert spécialisé dans la prospection, système quasi essentiel pour elles, car les experts-géologues dans ce domaine sont peu nombreux et demandent une rémunération très élevée. Grâce à l'ordinateur, leur expertise peut être représentée sous forme de modèle. Un logiciel de système d'aide expert nommé «Prospector» prépare le travail des experts-géologues. Un géologue débutant n'a plus qu'à fournir les informations pertinentes à l'ordinateur, qui lui répondra par un diagnostic sur l'emplacement étudié. Un géologue-expert valide ensuite l'analyse de Prospector.

En outre, l'ordinateur est tout indiqué pour analyser la productivité des oléoducs et des gazoducs. Le procédé de raffinage est, lui aussi, supervisé et contrôlé par l'informatique. Par ailleurs, tout le monde aura remarqué que dans les stations libre-service, la pompe à essence est directement reliée à la caisse enregistreuse.

L'industrie minière

Les ordinateurs peuvent être très utiles à l'exploitation d'une mine. Dès la prospection, ensuite pour l'extraction et enfin pour le raffinage, on fait souvent appel à des logiciels de diagnostic et de géologie.

Les robots ne peuvent effectuer l'extraction. Comme celle-ci n'est pas une tâche répétitive, l'ordinateur est seulement en mesure, à cette étape, d'assister l'employé. En effet, il lui permet de visualiser les performances de la machine à extraction et de stocker toutes les données relatives à son fonctionnement et à son état, ce qui contribue à optimiser la production et à réduire l'entretien. On a aussi recours à l'ordinateur tout au long du procédé de raffinage et de traitement du métal pour contrôler la consistance du métal, les impuretés et les vapeurs toxiques.

Divers

D'autres industries du secteur primaire profitent également de l'informatique. C'est le cas des pêches, où l'ordinateur permet entre autres de déterminer les quotas.

6.4.2 Le secteur secondaire

On entend parler de plus en plus de conception et de fabrication assistées par ordinateur, de machines à contrôle numérique et de robots, mais de quoi s'agit-il exactement? Pour expliquer ces trois technologies, nous prendrons l'exemple de l'utilisation qu'en fait l'industrie automobile américaine, car elle est de loin celle qui dépense le plus d'argent dans des systèmes d'informations de gestion. Et pour cause, car la concurrence internationale, qui est de plus en plus vive, force cette industrie à rationaliser l'ensemble de ses opérations pour conserver une rentabilité élevée. Les entreprises essaient donc de réduire leurs stocks, ce qui demande un contrôle serré des opérations, depuis la commande jusqu'à la livraison du produit fini.

Nous expliquerons de façon détaillée chacune de ces technologies qui utilisent l'informatique de diverses façons.

La conception et la fabrication assistées par ordinateur

Les systèmes informatisés de conception ont permis d'augmenter de façon surprenante la productivité des ingénieurs industriels[5]. Les programmes de conception et de fabrication assistées par ordinateur (CAO/FAO) enregistrent les données et les transformations géométriques si vite que le concepteur n'est plus limité dans ses essais. On peut enregistrer l'image sur un support de mémoire quelconque, ou encore la faire tracer à l'aide d'une table à dessiner commandée par ordinateur.

Dans l'industrie automobile, la gamme des modèles tend à s'élargir. Il est alors important de mettre au point ces modèles à l'aide de la conception assistée par ordinateur, laquelle est reliée à la

---

5. T. Gunn, « La mécanisation de la conception et de la production », *Pour la science*, n° 61, p. 74-99.

chaîne de production. En fait, l'utilisation du système de conception par ordinateur permet de concevoir un modèle en 14 mois au lieu des 24 mois que cela prenait autrefois.

Plusieurs de ces systèmes permettent, d'une part, de construire les prototypes et d'effectuer des tests préliminaires d'endurance et d'aérodynamique, et, d'autre part, de créer les devis qui serviront lors de la production.

Les machines à contrôle numérique

Les machines à contrôle numérique sont des machines qui accomplissent les opérations qui étaient auparavant effectuées mécaniquement ou manuellement. Cependant, elles sont munies d'un programme qui dicte aux outils la séquence des opérations. Certaines machines sont même en mesure de se diagnostiquer elles-mêmes; par exemple, elles peuvent indiquer à l'opérateur qu'il faut changer ou affûter l'outil de coupe.

Les machines à contrôle numérique permettent de modifier rapidement la chaîne de production; il suffit de changer les outils et le programme intégré. Par contre, lorsqu'une pièce est terminée, il faut la déplacer dans la machine suivante.

On se sert beaucoup des machines à contrôle numérique pour usiner le métal. Comme la gamme de produits de l'industrie automobile s'élargit, une chaîne de production se doit d'être flexible et, par conséquent, d'être rapidement modifiable.

Les robots

On utilise de plus en plus les robots pour des emplois salissants, dangereux, pénibles ou monotones. Par contre, ils sont souvent plus lents que les machines à contrôle numérique et ils sont de loin plus coûteux, mais leur flexibilité est plus grande.

La principale différence entre une machine à contrôle numérique et un robot est que ce dernier possède un bras de manipulation qui permet de déplacer des objets sans une intervention humaine. L'industrie américaine utilise aujourd'hui entre 5 000 et 7 000 robots pour la réalisation de soudures par points, la pulvérisation de peinture, le chargement et le déchargement des machines et certaines opérations d'assemblage. C'est dans l'industrie automobile que les robots sont les plus utilisés.

L'utilisation de l'informatique à des fins de gestion

Une étude réalisée par Louis Raymond[6] a permis d'identifier les systèmes d'informations dont se servent généralement les PME du secteur manufacturier. Le tableau 6.3 indique le pourcentage de PME qui utilisent un système d'information dans les divers secteurs de l'entreprise.

6.4.3
Le secteur tertiaire

Le secteur tertiaire se divise en six domaines :
— les services financiers;
— le commerce;
— le transport;
— les services;
— les services public et parapublic;
— le secteur professionnel.

Chacun de ces domaines peut tirer d'immenses avantages de l'utilisation des systèmes d'informations de gestion. En effet, le bureau est le lieu privilégié pour le traitement de l'information. Le passage du papier à l'électronique augmente la productivité, améliore le service à la clientèle et rend le

---

6. L. Raymond, «MIS Success in Small Business», *MIS Quarterly*, mars 1985, p. 45-49.

▶ Tableau 6.3
La fréquence d'implantation
des applications informatisées
par les PME du secteur manufacturier (en %)

Comptes clients	85,5
Comptes fournisseurs	80,6
Tenue des livres	78,8
Paiement	72,6
Service de la paie	71,3
Analyse des ventes	68,5
Inventaire	56,4
Entrée de commandes	47,3
Comptabilité des coûts	43,0
Budget	35,4
Achats	31,5
Planification	31,3
Contrôle de la production	29,6
Gestion de la production	16,8
Traitement de texte	15,8
Gestion des ressources humaines	15,1
Autres	5,8

travail plus gratifiant. Pour les quatre premières catégories, nous présentons des exemples montrant comment l'utilisation de systèmes d'informations a permis d'accroître la productivité.

Les services financiers

Les services bancaires

Les industries bancaire et financière s'appuient fortement sur les télécommunications et le traitement par ordinateur. Les banques utilisent l'ordinateur pour enregistrer les transactions et consolider les opérations, de même que pour diversifier les services offerts – comme les guichets automatiques intégrés, intercaisses ou interbanques – tout en rationalisant les coûts. Les principaux avantages qui sont retirés du recours à l'ordinateur sont l'accélération du service à la clientèle, la réduction du vol

(avec un guichet central pour les caissiers) et la possibilité d'effectuer des retraits en tout temps.

Les assurances

Une compagnie d'assurances se doit de réagir vite aux diverses conditions du marché. Les dirigeants de ce type d'entreprise ont compris rapidement que les simulations par ordinateur leur permettraient d'examiner divers scénarios et de détecter les points critiques pour les opérations de leur compagnie. En outre, au moyen de la comptabilité de l'entreprise, les cadres peuvent obtenir de nombreuses informations agrégées.

Les compagnies d'assurances se servent aussi de l'informatique pour déterminer les primes, gérer la comptabilité des clients et maximiser les placements.

Le commerce

Le commerce de gros

Le principal apport de l'ordinateur pour les fournisseurs est la gestion de l'inventaire et des commandes. Plusieurs fournisseurs se dotent d'un système de commandes en direct par le biais de la télécommunication. Nous verrons un peu plus loin dans ce chapitre deux exemples de distributeurs qui utilisent l'informatique comme arme stratégique.

Le distributeur, qui utilise l'ordinateur pour gérer son inventaire et évaluer ses lignes de produits, voit en outre dans l'informatique un outil qui facilite le service à la clientèle. Son système informatisé lui permet de suivre l'évolution des achats pour chacun de ses clients et de vérifier leur marge de crédit. Grâce à ce système, le distributeur peut aussi aider le client à mieux choisir les produits dont il a besoin, évaluer et gérer la liste des fournisseurs, analyser le marché des produits et les tendances des acheteurs, etc.

Le commerce de détail

Un concessionnaire d'automobiles a adopté un système intégré composé de cinq programmes de base qui permettent de produire automatiquement des rapports hebdomadaires de contrôle de l'inventaire des véhicules, de la commercialisation du service et des pièces et de l'activité de la salle d'exposition. Ainsi, il peut évaluer facilement le rendement des vendeurs, celui de l'atelier et celui, par service, des techniciens et des mécaniciens, en plus de calculer automatiquement les commissions des vendeurs. Il peut aussi passer une commande automatiquement une fois que le niveau minimal de la commande a été déterminé.

L'ordinateur est indispensable dans un centre de vidéocassettes qui possède plus d'une centaine de points de vente. Pour s'en convaincre, il suffit de penser au roulement des stocks et à la rotation entre les différentes unités. L'ordinateur réduit les erreurs d'expédition grâce à un générateur de codes à barres. Les problèmes reliés à la mauvaise saisie des données sont alors réglés.

> La compilation hebdomadaire de statistiques informatisées indique avec justesse la cote de succès des films en circulation, non seulement quant au sujet dont ils traitent, mais aussi quant à leur format (VHS ou BETA). Nous suivons ainsi le goût fluctuant du public, de région en région; nous arrivons même à le prévoir[7]!

En somme, l'ordinateur permet d'évaluer les besoins de la clientèle, de gérer les achats et les ventes, d'analyser les ventes et d'effectuer des prévisions.

---

7. J. Lepage, «Quand l'informatique vient organiser la vidéo», *Informatique et bureautique*, avril 1985, p. 40-42.

Le transport

En ce qui concerne l'industrie du transport aérien, la principale application des systèmes d'informations demeure le système de réservation. Les compagnies de transport ferroviaire ont, pour leur part, décidé de diminuer les frais reliés au personnel et d'abaisser le nombre d'accidents en contrôlant la circulation des trains par ordinateur. Ainsi, l'ordinateur est en mesure de déterminer la situation de tous les trains qui circulent, de donner leur vitesse et, depuis le siège social, de réduire celle-ci ou d'effectuer des changements de voies. Comme la dépense la plus importante dans le transport par train consiste dans les frais de carburant, des simulations sur la disposition du chargement, effectuées rapidement par ordinateur, permettent de diminuer considérablement ceux-ci.

En ce qui a trait à l'industrie du camionnage, sa principale préoccupation réside dans la détermination du trajet que doit emprunter chacun des camions pour maximiser son rendement. Des simulations par ordinateur peuvent alors être effectuées. Plusieurs logiciels de recherche opérationnelle sont en mesure de fournir au gestionnaire en quelques minutes le meilleur trajet. D'autres logiciels permettent aussi d'analyser les coûts par camion, le calendrier des opérations, etc.

Les services

Le tourisme et les loisirs

Eh oui, même les loisirs sont souvent gérés par des ordinateurs. Pensons seulement aux réservations de billets pour des spectacles, qui sont centralisées dans des organismes comme Billets Plus ou Ticketron, ou encore à la multitude de statistiques mentionnées dans les pages sportives des journaux et qui sont compilées à l'ordinateur, aux calendriers d'activités sportives des centres de loisirs.

Les agences de voyages

Pour une agence de voyages, la comptabilité n'est pas une mince affaire. D'une part, l'agence de voyages doit effectuer la facturation aux clients; d'autre part, elle doit être en mesure de justifier en tout temps les comptes en fidéicommis devant les inspecteurs des gouvernements. L'informatisation facilite ce travail. En outre, en informatisant la comptabilité, il devient aisé d'élaborer des statistiques sur les destinations des voyageurs en fonction de la période de l'année et ainsi de mieux définir ses stratégies publicitaires.

De plus, les ordinateurs permettent de réaliser des tâches très ardues que les employés devaient auparavant effectuer la nuit.

Tous les lundis, avant la fermeture des bureaux de poste, les agences doivent expédier leur rapport PRB. Ce plan de règlement bancaire, véritable cauchemar des détaillants de voyages, est une liste de dernière minute qui fait état des billets d'avion émis au cours de la semaine. Un centre de traitement voit à la correspondance entre les sommes inscrites et les copies reçues et à la répartition des paiements dus aux transporteurs[8].

Un logiciel spécialisé exécute désormais ces tâches; il suffit de presser une touche.

L'hôtellerie

«Excusez-moi, notre service a commis une erreur, nous étions débordés...» Plusieurs voyageurs ont entendu cette phrase maintes et maintes fois après avoir demandé à la réception de les réveiller à une heure précise. Ce genre de contretemps mine la confiance du voyageur dans un hôtel, et avec raison. Avion manqué, retard à une réunion, voilà des conséquences possibles d'un réveil oublié. Un nouveau logiciel a été mis au point pour gérer les réveils si précieux des voyageurs. Ainsi, au moment de la demande du client, l'information est entrée dans l'ordinateur, et à moins d'un bris informatique, le téléphone sonnera à la bonne heure, à la bonne chambre et l'ordinateur indiquera l'heure au client.

8. J. Lepage, «Une agence de voyage précise son itinéraire informatique», *Informatique et bureautique*, décembre 1984, p. 38-40.

 CONCLUSION

Il n'est pas besoin de vouloir se spécialiser en système d'information de gestion pour reconnaître que l'ordinateur est un outil indispensable. Grâce à une utilisation originale et créatrice qu'il fera de l'ordinateur, le gestionnaire pourra se démarquer des autres gestionnaires. Il importe par-dessus tout que le gestionnaire soit en mesure de découvrir les possibilités des ordinateurs comme outils de travail et de déterminer les types d'applications dont il a besoin, qu'il s'agisse d'une base de données, d'un chiffrier électronique, d'un logiciel de gestion de projets, etc.

► CAS 6.1
LES SYSTÈMES DE RÉSERVATION
DE BILLETS D'AVION

L'importance de la gestion de l'information n'est probablement nulle part aussi évidente que dans le monde du transport aérien de passagers. Tout, ou presque, s'y joue au moment où le client procède à l'achat de son titre de transport. En effet, une grande partie des voyageurs n'expriment aucune préférence quant à la ligne aérienne sur laquelle ils désirent voyager; ce choix est donc laissé à l'agent de voyages, à l'intérieur de paramètres établis par le client. Il est donc dans l'intérêt de l'entreprise de transport de rendre facilement accessible aux agents de voyages l'information quant à ses vols et à ses destinations.

Les agents de voyages doivent connaître le plus rapidement possible tous les vols pour les différentes destinations; ils doivent disposer d'un système leur fournissant rapidement l'offre de toutes les entreprises. Comme ils cherchent naturellement à se simplifier la vie, ils préféreront n'utiliser qu'un système d'information touchant l'ensemble de l'information, et ce au coût le plus faible.

En ce sens, les grandes entreprises, comme American Airlines aux États-Unis ou Air Canada au Canada, ont mis sur pied des systèmes informatisés de réservation qu'ils fournissent aux agences de voyages gratuitement, ou presque. Ces systèmes donnent l'information pour toutes les entreprises œuvrant dans ce domaine, bien que la première information apparaissant à l'écran soit évidemment celle de l'entreprise qui offre le système.

Ces grandes entreprises se procurent donc un avantage concurrentiel important dont les principales composantes sont les suivantes :

- Les agents de voyages éprouvent une obligation morale de leur donner le premier choix de passagers puisqu'elles leur fournissent l'outil de travail de base dont ils ont besoin.

- Pour que leur information soit accessible sur le système d'information, toutes les entreprises doivent la fournir à l'entreprise qui contrôle le système; celle-ci dispose ainsi d'une information privilégiée sur les prix ou les promotions à venir (elle est en même temps le principal concurrent).

- L'entreprise fournissant le système d'information peut facturer des frais aux autres entreprises œuvrant dans le domaine; elle n'a pas elle-même à payer ces frais, ce qui lui permet de maintenir ses coûts plus bas que ceux de la concurrence.

Nous avons vu, en 1993, quels effets la remise en question d'une telle approche pouvaient comporter. Air Canada et Canadien ont toujours travaillé main dans la main sur le marché canadien, étant partenaires égaux dans la gestion du système de réservation connu sous le nom de GEMINI. Mais avec les difficultés financières que Canadien a connues, cette entreprise a évalué la possibilité de se lier avec American Airlines, avec la conséquence immédiate qu'elle laisserait tomber son «partenariat» avec Air Canada pour joindre le système de réservation de American Airlines, le système SABRE.

En vertu de ce nouvel aménagement, American Airlines pourrait offrir son système de réservation au Canada, ce qu'elle ne pouvait pas faire auparavant (n'étant pas une entreprise canadienne), créant ainsi une forte concurrence, chez les agences de voyages, au système offert par Air Canada. Et à plus long terme, comme SABRE constitue déjà le plus important système de réservation du monde, Air Canada risquerait de se voir supplanter par ce nouveau concurrent chez les agents de voyages, de perdre son avantage concurrentiel et de devenir l'une des entreprises qui doit fournir son information au détenteur du système de réservation. On imagine toutes les conséquences que ce changement de position peut entraîner.

Votre tâche

1. Comment le contrôle du système de réservation peut-il influencer le jeu de la concurrence dans le monde du transport aérien de passagers?

2. Cette situation est-elle avantageuse pour les consommateurs? pour les agences de voyages? pour les compagnies aériennes?

3. Comment pourrait-on améliorer cette situation?

▶ ## CAS 6.2
LA FIDUCIE

Les principaux gestionnaires de la société Fidelity Investment sont maintenant en mesure d'obtenir toute l'information dont ils ont besoin pour prendre leurs décisions en y accédant directement par le biais d'un micro-ordinateur et de l'environnement Windows. On a ainsi réussi à éliminer la préparation et l'impression de rapports hebdomadaires qui, en plus de demander le travail à temps plein de 10 employés, ne parvenaient à leurs destinataires qu'après un délai qui s'avérait souvent problématique.

Le développement de ce système d'aide à la direction (SAD) ne s'est évidemment pas fait sans difficulté : on ne met pas sur pied un tel projet, pour une entreprise qui gère quelque 165 milliards de dollars en fonds mutuels et en investissements de toutes sortes, sans faire face au moins à quelques points chauds. Emmagasinée dans Excel, toute l'information est maintenant accessible par le biais de l'environnement Windows. Le gestionnaire n'a qu'à cliquer sur l'icône représentant l'information dont il a besoin pour que celle-ci apparaisse immédiatement à l'écran ; il peut alors l'utiliser et la traiter selon ses besoins.

Tous les gestionnaires et analystes financiers se déclarent enchantés de cette innovation. Ils ont maintenant accès à une information de dernière minute et sont beaucoup mieux en mesure de prendre des décisions.

Votre tâche

1. Quels sont les avantages possibles d'un système d'aide à la direction ?

2. Quelles peuvent être les principales difficultés au moment de l'élaboration d'un SAD pour une entreprise de gestion financière comme Fidelity ?

3. Quel avantage concurrenciel un tel SAD peut-il procurer à une entreprise ?

▶ QUESTIONS

1. Quels facteurs ont incité les dirigeants d'entreprises à opter pour une utilisation intensive de l'ordinateur ?

2. Dans le contexte de la gestion informatisée, en quoi consiste le système d'information de gestion ?

3. Les gestionnaires préfèrent-ils donner eux-mêmes des cours sur les ordinateurs et sur les logiciels aux nouveaux employés à l'intérieur de leur entreprise ou s'attendent-ils à ce que ces derniers possèdent déjà ces connaissances ?

4. Quels sont les logiciels les plus utilisés dans le milieu de travail, selon une recherche de Laudon ?

5. À quels niveaux hiérarchiques d'une organisation utilise-t-on la micro-informatique ?

6. Dans la planification stratégique, les cadres supérieurs utilisent des logiciels d'aide à la décision, tels que Lotus, et le micro-ordinateur. Qu'apporte de

nouveau ces logiciels et le micro-ordinateur par rapport aux méthodes traditionnelles de travail?

7. Comment l'informatique peut-elle aider les gestionnaires sur le plan du contrôle de gestion?

8. Quels rôles peut jouer l'informatique par rapport à la comptabilité d'une entreprise?

9. Quels rôles peut jouer l'informatique dans la gestion des ressources humaines de l'entreprise?

10. En quoi consiste la technologie CAO/FAO?

7

Les principaux ordinateurs et leurs composantes

▷ OBJECTIFS

Après avoir lu ce chapitre et fait les cas à la fin de celui-ci, l'étudiant ou l'étudiante devrait être en mesure de :

1. Connaître les composantes d'un ordinateur : l'unité centrale de traitement (UCT), les unités d'entrée et les unités de sortie.

2. Connaître le rôle des éléments internes et externes du boîtier des micro-ordinateurs.

3. Comprendre le rôle des éléments de l'UCT : le microprocesseur, l'horloge, les bus internes et externes, le coprocesseur, etc.

4. Identifier les critères de comparaison des micro-ordinateurs et choisir ceux qui sauront répondre aux besoins exprimés.

▶ Introduction

Tout le monde a pu voir l'ordinateur à l'œuvre. Celui-ci a envahi notre vie quotidienne. La plupart des produits de consommation sont programmables et contiennent un microprocesseur, que ce soit le lecteur de vidéocassettes, le télécopieur, le guichet automatique, la calculatrice programmable, le téléphone cellulaire ou la balance électronique, et quoi d'autre encore. L'informatique nous assiste dans de multiples activités et fait maintenant partie intégrante de la société.

L'ordinateur possède plusieurs points forts :

1. Il est capable d'effectuer des tâches répétitives et aliénantes : l'ordinateur est en fait un spécialiste de la répétition.

2. Il est rapide. Certains ordinateurs peuvent en effet accomplir près d'un million de millions de multiplications par seconde, ce qui est infiniment supérieur à ce à quoi l'être humain pourrait prétendre.

3. Sa capacité de mémoire lui permet d'emmagasiner dans des banques de données l'information contenue dans des milliers de livres.

4. Il est capable d'organiser l'information, ce qui ajoute de la puissance à la caractéristique précédente par le fait que l'information est maintenant accessible de façon plus logique.

5. Il est objectif car il s'avère insensible à l'appât du gain et n'exerce aucune discrimination.

6. Il n'a pas besoin de repos et n'attend pas de reconnaissance pour le travail qu'il effectue.

7. Il est infaillible, contrairement à ses utilisateurs et surtout à ses programmeurs, qui commettent des erreurs.

Par contre, il a aussi des points faibles :

1. Il ne sait rien faire par lui-même, il faut tout lui dire, en décomposant la tâche qu'on désire qu'il effectue.

2. Il n'est pas conçu pour communiquer avec l'être humain, mais il est très à l'aise lorsqu'il s'agit de communiquer avec d'autres machines. Les interfaces être humain-machine sont tout au plus embryonnaires, si on les compare avec les sens que possèdent les êtres humains. Le clavier a encore peu de rapports avec l'ouïe, les dispositifs d'affichage sont relativement limités et le support de la parole est rudimentaire.

▶ 7.1
Les composantes essentielles d'un ordinateur

L'ordinateur est une machine automatique de traitement de l'information obéissant à des programmes formés par des suites d'opérations arithmétiques et logiques.

L'unité centrale de traitement effectue le lien entre les diverses unités d'entrée et de sortie. Elle accomplit de nombreuses opérations sur les données provenant des unités d'entrée pour déterminer les résultats à acheminer aux unités de sortie.

L'unité de mémoire constitue le support de l'information requis pour réaliser le procédé de traitement désiré. Elle contient les données (des tableaux, des fiches, etc.) nécessaires à cette fin, ainsi que la séquence de directives désirée. Chaque directive peut faire référence aux données tant à l'entrée de la mémoire qu'à l'intérieur de celle-ci.

L'unité d'entrée (ou périphérique d'entrée) permet de capter l'information externe que l'on désire traiter et de la modifier dans un format qui est compréhensible par l'unité de traitement (l'ordinateur). Chez l'humain, les unités d'entrée sont les sens de l'ouïe, de la vue, du toucher, de l'odorat et du goût.

L'unité de sortie (ou périphérique de sortie) permet de transmettre des résultats, selon le but visé, vers un récepteur, dans un format qu'il peut comprendre. Chez l'humain, la parole et le mouvement sont deux exemples d'unités de sortie.

▶ ## 7.2
L'unité centrale de traitement

7.2.1
Intel

Intel a introduit le premier microprocesseur, le **4004**, en 1971. Depuis, de nombreux produits se sont succédé. Nous porterons toutefois notre attention sur les microprocesseurs de la série 80X86, qui sont la pierre angulaire des systèmes compatibles avec la norme PC d'IBM. Notons ici qu'Intel appartient en partie à IBM.

Le 8088

Cette famille tire ses racines du **8080**, introduit en 1974. Ce processeur avait à l'époque connu une popularité phénoménale, étant le premier microprocesseur à multiples usages. On peut facilement « traduire » des programmes codés pour le 8080 afin qu'ils puissent fonctionner sur un membre de la famille 80X86.

Le **8086** est la première puce de cette famille qui a été présentée en 1978. Il constituait le premier microprocesseur 16 bits pour Intel. Dans le contexte de l'époque, dominé entièrement par les microprocesseurs 8 bits, cette nouvelle puce était une véritable révolution. On augmentait la capacité d'adresse d'un facteur de 16, de 64K à 1024K (1M). On doublait la largeur du bus de données, la portant de 8 à 16 bits. On augmentait en plus la fréquence d'opération d'un facteur de 2 à 4,77 MHz, par rapport aux processeurs les plus rapides de l'époque.

Le **8088** est un dérivé du 8086, Il possède toutes les caractéristiques internes de celui-ci, mais il a un bus de données externe de 8 bits plutôt que de 16 bits. À l'époque, les composantes nécessaires pour supporter un microprocesseur avec un bus de données externe de 16 bits étaient très coûteuses. Le 8088 constituait donc le moyen rêvé de créer un micro-ordinateur 16 bits à bon marché. De plus, on a introduit le support optionnel des opérations numériques à point flottant par l'ajout d'un coprocesseur numérique. En 1982, les microcontrôleurs 80186 et 80188 ont été introduits. Ces derniers n'augmentaient pas en soi le rendement du 8086 ou du 8088, mais ils offraient une puce intégrant de nombreuses fonctions qui requéraient auparavant de nombreuses puces de logique externes.

Le 80286

Aussi lancé en 1982, le **80286** était un nouveau processeur 16 bits qui représentait une grande amélioration par rapport au 8086 et au 8088, tout en possédant un mode « réel » d'opération qui lui permettait de rester compatible avec ceux-ci. De plus, dans un mode « protégé », non compatible avec le 8086 et le 8088, il offrait pour la première fois aux utilisateurs de microprocesseurs Intel des capacités primitives de multiprogrammation (multitâches) et de mémoire virtuelle (par segments), ainsi qu'une extension de la capacité d'adressage de la mémoire principale qui passait de 1 à 16 mégaoctets. Il avait par contre des failles : son incapacité de revenir facilement du mode protégé au mode réel, quelques erreurs de design dans ses premiers temps et surtout un mode d'opération protégé qui ne permettait pas de corriger parfaitement une erreur dans une tâche, laquelle entraînait plutôt l'arrêt de toutes les tâches en cours d'exécution. Ces problèmes ont bloqué le développement d'applications tirées du mode protégé, qui, en outre, était passablement compliqué à programmer. On peut donc dire que dans l'évolution de la technologie, le 80286 est en quelque sorte un 8086-8088 rapide qui permet de supporter plus d'un mégaoctet de mémoire principale.

Le 80386

En 1985, alors que certains autres fabricants s'amusaient à créer des microprocesseurs compatibles avec le 8088, le **80386** (ou 386DX) est apparu. Ce microprocesseur marque un tournant décisif dans la ligne des microprocesseurs Intel. Premièrement, la largeur du bus de données double de 16 à 32 bits. Deuxièmement, sa capacité d'adressage augmente d'un facteur de 256, passant à 4 gigaoctets (milliards d'octets). Troisièmement, la fréquence d'horloge supportée par ce microprocesseur est beaucoup plus élevée que celle du 80286. Mal-

gré tout, il est encore compatible avec le 8086 et le 8088, dans un mode « réel », et possède une compatibilité avec le 80286 dans un mode protégé appelé « standard » (dans le sens de médiocre !). Toutefois, il dispose d'un nouveau mode protégé « amélioré », qui supporte de façon élégante la mémoire virtuelle, par pagination, ajoute de nouvelles opérations avec des opérandes (mémoires ou registres) de 32 bits et de nouveaux modes d'adressage pour adresser le 64 Gb de mémoire virtuelle disponible. Mais il a surtout la capacité de créer plusieurs « processeurs virtuels » compatibles avec le 8086 et le 8088, qui pourront utiliser chacun une application qui sera pensée en mode réel, tout en continuant l'exécution de programmes dans des modes protégés standard et améliorés.

Le 80386SX

En 1988, le **80386SX** a été introduit dans le marché. Le 386SX est complètement compatible avec le 386DX, mais il dispose d'un bus de données vers la mémoire principale de 16 bits seulement tandis que le 386DX en a 32. Il conserve la capacité du 386DX d'adresser 64 Gb de mémoire virtuelle, mais il ne peut adresser que 16 Mb de mémoire physique. Il se vend cependant beaucoup moins cher que ce dernier. Peu de temps après l'introduction du 386SX, Intel a décidé, de sang-froid, de « tuer » son propre fils, en lançant une campagne de publicité destinée à renier le 80286 (dont certains de ses concurrents commençaient à fabriquer des clones !), en vantant non pas une augmentation de son rendement (ce qui aurait été faux), mais plutôt la supériorité de son architecture compatible avec le 80386 (ce qui est vrai). À partir de ce moment, les ventes de 80286 n'ont pas cessé de chuter. Par conséquent, le lien entre le 8086 et le 8088 s'est reproduit avec le couple 386DX et 386SX. Le 386SX, qui est un compromis entre la performance, le prix et la compatibilité, a donc bénéficié d'une part du marché très importante entre 1989 et 1992, et constitue aujourd'hui le microprocesseur le moins coûteux qui soit acceptable pour la construction d'un micro-ordinateur compatible avec la famille Intel. Il est à noter que l'introduction de ce produit par Intel a causé bien des remous, puisque nombre d'utilisateurs d'ordinateurs basés sur un microprocesseur Intel ont une vision de la micro-informatique qui se limite au commentaire «Mon PC roule beaucoup plus vite que le tien!» Qu'à cela ne tienne, les quelques centaines de dollars de plus qu'il fallait débourser à l'époque pour obtenir un 386SX en valaient le coup.

Le 80486DX

En 1989, l'introduction du **80486** (ou 486DX) a élargi la gamme des microprocesseurs compatibles avec le 386. En effet, le 486DX est à peine plus fonctionnel, au point de vue du logiciel, que le 386. Un peu comme le 80186 par rapport au 8086, il représente plutôt un exercice d'intégration et d'optimisation de la performance. Le 486DX inclut, dans une seule puce, une antémémoire interne de 8 Kb, l'équivalent du coprocesseur numérique 80387, et un support matériel amélioré pour qu'on puisse utiliser cette puce dans des systèmes à multiprocesseurs.

En 1990, le **386SL** a été lancé par Intel pour répondre aux besoins particuliers des fabricants d'ordinateurs portatifs. On désirait alors disposer de microprocesseurs compatibles avec le 386 qui utilisent des techniques d'intégration et de gestion de l'énergie avancées en vue d'augmenter encore son autonomie tout en réduisant sa dimension.

Le 80486SX

En 1991, le **486SX** a fait son apparition. Ce microprocesseur coûtait alors moins cher que le 486DX régulier, mais il n'était aucunement fonctionnel en ce qui a trait aux opérations sur les nombres flottants. En fait, son introduction serait attribuable à d'astucieux gestionnaires de la production qui auraient noté qu'un pourcentage élevé de puces qui ne marchaient pas correctement, lors du contrôle de la qualité précédant leur mise en boîtier, n'avaient en fait de défectueux que l'unité numérique à point flottant. Ils ont alors décidé de les commercialiser comme le 486SX, à prix d'aubaine. On doit toutefois noter que, contrairement au 386SX, le 486SX conserve toutes les autres capacités du 486DX, mais il n'est garanti qu'à des vitesses d'exploitation plus basses. Encore une fois, on a entendu des cris d'horreur dans les mêmes milieux que ceux qui ont dénoncé le 386SX. Pourtant, ce n'est pas tout le monde qui a besoin d'un coprocesseur numérique! Soit dit en passant, un coprocesseur numérique pour le 486SX a été introduit : le 487SX. En réalité, il s'agit d'un 486DX dont 2 broches ont été inversées lors de sa mise en boîtier. L'insertion du 487SX désactive le 486SX, ce qui le rend inutile. Certains manufacturiers d'ordinateurs tirent même avantage de cette particularité en recommandant aux usagers d'enlever le 486SX de son socle et d'y connecter à la place un 487SX ou un 486DX (ils espèrent, de cette manière, en obtenir quelques dollars).

En 1991, le **386SLC** a été mis sur le marché. Cette puce est un 386SX auquel on a ajouté une antémémoire interne de 8 K. Cette antémémoire se trouvant à l'intérieur du microprocesseur, les accès des unités internes à la mémoire sont faits sur un bus de données interne de 32 bits s'il y a succès de l'antémémoire. Il en résulte une performance nette qui est de 88 % supérieure à celle d'un 386SX fonctionnant à la même fréquence. Cette puce représente la première collaboration étroite d'IBM avec Intel dans le design interne d'une puce.

En 1992, une nouvelle gamme de microprocesseurs a été lancée avec les microprocesseurs d'augmentation de la performance OverDrive. Ces processeurs utilisent un principe de doublage de la fréquence : les composantes entourant le microprocesseur n'ont besoin que de supporter le niveau de rendement du microprocesseur 486SX ou 486DX initial, alors que le processeur OverDrive, lorsqu'il le remplace, effectue toutes ses opérations internes deux fois plus rapidement, mais respecte le design initial en ne parlant qu'à la vitesse initiale à l'extérieur. Cette astuce entraîne un rendement global accru de près d'un facteur de 2, en plus d'inclure toujours un coprocesseur numérique. Il existe deux grandes familles d'OverDrive : le 487SX2, qui s'enfiche dans tout socle supportant le 487SX, et le 486DX2, compatible avec le 486DX, qui seront vendus par des détaillants.

Le concept utilisé par la gamme OverDrive est à surveiller. Il ne serait pas surprenant qu'on voie apparaître tout un éventail de processeurs de remplacement pour diverses architectures. Rien n'exclut une multiplication par 4 de l'horloge externe non plus...

Le **486SLC** a également fait son apparition en 1992. Il dérive aussi du concept d'OverDrive, utilisant une horloge interne deux fois plus élevée que l'horloge externe du microprocesseur. Il dispose d'une antémémoire interne de 16 K. Comme dans le cas du 386SLC, IBM a collaboré avec Intel pour la réalisation de ce projet. La performance obtenue représente près du double de celle du 386SLC, soit 1,75 fois celle d'un 386SX à la même fréquence. Toute cette famille de processeurs à haut rendement compatibles avec le 386 mais qui disposent d'un bus de 16 bits permet aux manufacturiers de systèmes modulaires basés sur le 80386SX de respirer un peu, et aux propriétaires de tels systèmes d'envisager l'avenir avec optimisme.

Le 80586DX

Le **80586**, ou Pentium, représente le *nec plus ultra* d'Intel. Il dispose d'un bus de données de 64 bits. On sait qu'un processeur OverDrive pour les 486 basé sur l'architecture du Pentium sera réalisé. On sait aussi que, comme à l'époque de l'introduction du 80486, Intel prétend que le 80586 sera destiné exclusivement à des usages très spécialisés et qu'on ne devrait pas le trouver parmi les produits domestiques.

L'intégration d'un nombre de plus en plus élevé de composantes de support du microprocesseur dans la puce qui le contient est une tendance qui ira en s'amplifiant; elle nous mènera vers le concept de l'ordinateur complet en une seule puce, ce qui facilitera encore son intégration dans divers produits.

7.2.2
Motorola

La famille des microprocesseurs 680X0 de Motorola est considérée par plusieurs comme nettement supérieure, du point de vue architectural, à la famille des 80X86 d'Intel. Premièrement, l'adressage de la mémoire est direct, n'utilisant pas de segmentation. Deuxièmement, le jeu d'instructions est conçu de telle façon que n'importe quel registre peut être adressé. De plus, dès le départ, on a prévu un adressage potentiel jusqu'à 4 Gb, par le biais de registres d'adresse de 32 bits. Les premières versions ne tenaient tout simplement pas compte des bits d'adresse qui n'avaient pas encore de support. Dès le départ, cette famille comprenait aussi des instructions au sujet de la manipulation de données de 32 bits. Par conséquent, on peut dire que, contrairement aux 80X86 d'Intel, les 680X0 ont été construits avec une vision claire du futur et qu'ils constituaient dès le début des microprocesseurs à 32 bits.

Le 68000 est le premier microprocesseur de cette famille. Diverses versions du 68000 ont été produites, avec des bus de données de 8 ou de 16 bits. Sa capacité d'adressage est limitée à 16 Mb.

Un coprocesseur numérique, le 68881, permet d'augmenter le rendement des opérations sur des nombres à point flottant.

Le **68010** est un microprocesseur qui augmente légèrement la performance du 68000, et qui peut directement remplacer ce dernier, avec l'utilisation du même socle. Il permet par contre de gérer, de façon primitive, la mémoire virtuelle, jusqu'à 16 Mb. De plus, il ajoute quelques instructions.

Le **68020** apporte une amélioration substantielle au 68010, incluant une antémémoire d'instructions interne de 256 octets. Son bus de données est de 32 bits. Le support des mémoires principale et virtuelle passe à 4 Gb. Un nouveau coprocesseur numérique, le 68882, a permis d'augmenter les bus de données et d'adresse respectivement de 16 à 32 et de 24 à 32 bits. Cependant, ce dernier est l'équivalent fonctionnel du 68881 et il conserve avec celui-ci une compatibilité complète du point de vue des logiciels.

Le **68030** n'entraîne pas une augmentation significative du rendement par rapport au 68020. Il ajoute cependant une antémémoire de données de 256 octets, en plus d'intégrer une unité de gestion de mémoire évoluée, gérant la mémoire virtuelle de façon plus efficace et permettant le transfert de la mémoire en salves. Il contient le même coprocesseur numérique, le 68882.

Le **68040** combine de nombreuses technologies qui permettent d'accroître le rendement. Les antémémoires sont augmentées à 4K chacune et le coprocesseur numérique est intégré.

▶ ## 7.3
L'unité de mémoire

L'ordinateur dispose d'une mémoire morte (ROM) et d'une mémoire vive (RAM), dite mémoire principale, qui contient les informations requises pour effectuer certaines tâches. Ces informations contenues dans la mémoire principale s'effacent lors de la mise hors tension de l'ordinateur, ce qui n'est pas tellement pratique lorsqu'on veut garder une copie des données pour pouvoir s'y référer ultérieurement.

7.3.1
La définition

La mémoire d'un ordinateur pourrait être comparée à un espace de travail dans lequel l'ordinateur placerait des informations qui seraient à sa disposition en tout temps. Elle pourrait aussi être comparée à un tableau noir : c'est dans cet espace que l'ordinateur range ses instructions et ses données, qu'il «griffonne» ses opérations intermédiaires et qu'il range ses résultats avant de les afficher. La mémoire de travail d'un ordinateur est composée de puces qui peuvent contenir, selon les cas, entre 16 000 et 256 000 caractères d'information. Un micro-ordinateur du genre IBM ou Macintosh peut contenir des informations allant jusqu'à 16 millions de caractères.

7.3.2
Les fonctions

Les puces de la mémoire servent à emmagasiner deux types d'information : des programmes et des données. Mais la mémoire ne fait aucune distinction entre les programmes et les données à traiter; ces deux types d'information ont donc la même forme : des mots. Or, même si les instructions et les données prennent la même forme, elles sont distinguées par l'ordinateur (si ce n'était pas le cas, nous aurions de sérieux problèmes!). Si l'ordinateur fait la différence entre les deux, c'est grâce au concept d'«adresse». La mémoire peut être considérée comme une porte à laquelle correspond une adresse, un peu comme si chaque mégaoctet était assorti d'un numéro de casier postal. Les instructions sont logées à certaines adresses et contiennent l'emplacement des éléments sur lesquels elles effectuent les opérations.

La mémoire vive (en anglais, «*random access memory*», RAM) est la partie de la mémoire qui peut être modifiée par l'utilisateur. C'est dans la mémoire vive que seront emmagasinés les programmes et les données à traiter. Pour conserver les données dans le programme, il faut les copier sur une mémoire permanente, une unité de disque, par exemple. Le concept de «*random access*» (ou «accès au hasard») signifie que les cellules de mémoire, soit les mots, sont toutes accessibles directement, dans le même délai. On n'a qu'à spécifier l'adresse. Il existe différentes vitesses de puces de mémoire vive, qui varient de 100 à 150 nanosecondes; un ordinateur muni de puces 100 nanosecondes sera donc plus efficace qu'un ordinateur muni de puces 150 nanosecondes.

▶ ## 7.4
L'unité d'entreposage

L'unité d'entreposage (ou support de mémoire) permet de conserver les données à long terme; ainsi, l'utilisateur peut y accéder en tout temps. Il s'agit alors d'une mémoire auxiliaire parce qu'elle contient un nombre important de données, une quantité presque sans limite par opposition aux quelques mégaoctets de la mémoire principale. De plus, ce support de mémoire permet de conserver divers logiciels qui sont utilisés occasionnellement, par exemple les logiciels commerciaux tels que Lotus 1-2-3, dBase IV ou WordPerfect, qui sont vendus sur disquette, un des types de supports de mémoire.

Finalement, le support de mémoire permet de garder en un endroit sûr, à l'abri de tout danger (comme le feu, le vol et... les regards indiscrets), des copies de sécurité de tous les fichiers importants, ce qui réduit les risques d'une perte inestimable d'information.

7.4.1
L'évolution de la technologie

La technologie des supports de mémoire n'a cessé de s'améliorer au cours des années : ceux-ci, qui étaient peu performants, gros, lourds et lents sont devenus performants, petits, légers et rapides. De leur côté, les ingénieurs travaillaient à miniaturiser les disquettes pour les réduire d'un diamètre de 8 pouces à 3,5 pouces tout en faisant passer leur capacité de 160 000 caractères à près de 3 000 000 de caractères.

Le support de mémoire le plus populaire pour l'information est, de nos jours, basé sur un concept magnétique. Cependant, retenons qu'il n'y a pas si longtemps l'information était conservée sur un ruban ou sur des cartes perforées. Le support magnétique peut être disposé de deux façons : soit en ruban ou en disques. Le ruban a l'avantage d'être très économique et il permet d'emmagasiner de grandes quantités d'informations. Cependant, le temps de recherche peut être très élevé.

Les disques se subdivisent en disques souples (ou disquettes) et en disques rigides. Les disques souples utilisent généralement une base de mylar magnétisée par une couche ferreuse très mince. Si on les compare aux rubans, les disquettes ont une capacité limitée et le temps d'accès aux données est très court. Elles coûtent cependant plus cher que les rubans. Les disques rigides permettent d'obtenir une plus grande densité d'information que les disquettes. Leur coût est cependant très élevé.

Les disquettes 8 pouces ont pendant long-temps été le support par excellence, mais leur grande taille et leur capacité restreinte ne les ont pas servies. Les utilisateurs souhaitaient une capacité de travail supérieure et, en même temps, un support de plus petite dimension. À cette époque, les dis-ques rigides étaient très rares et les disquettes pou-vaient emmagasiner jusqu'à 160 000 caractères, ce qui était suffisant pour les ordinateurs de l'époque, qui comptaient des mémoires allant de 16 à 48 K.

Les fervents de la miniaturisation, qui n'étaient pas favorables à la disquette 8 pouces, se sont alors mis en quête d'un support plus petit et plus pratique. La disquette 5,25 pouces, initiale-ment d'une capacité de 160 000 octets, voyait le jour, suivie de la disquette 3,5 pouces d'une capaci-té initiale de 400 000 octets. La seconde étape dans cette quête d'espace a été d'utiliser les deux côtés d'une disquette plutôt qu'un seul. La capacité a ainsi été doublée. La disquette à double face était créée.

Afin de réussir le tour de force d'entrer encore plus d'informations dans un espace plus restreint, les ingénieurs ont exploré le concept de «densité». La densité d'un support de mémoire se définit par la quantité d'informations placée sur la surface du support de mémoire multipliée par la longueur nécessaire pour inscrire ces informations. En rédui-sant la largeur entre les sillons d'un disque, les ingé-nieurs en sont arrivés à concevoir des lecteurs de disquettes capables d'écrire deux fois plus (et même davantage) de données sur une disquette. C'est ainsi qu'ont été créées les disquettes haute densité (*high density*) 5,25 pouces qui peuvent contenir plus de 1 228 800 octets et les disquettes haute densité 3,5 pouces d'une capacité de 1 474 560 octets. Un nouveau standard à densité étendue permet d'emmagasiner jusqu'à 2 949 128 octets par disquette de 3,5 pouces. La figure 7.1 présente deux types de disquettes.

▶ Figure 7.1
Deux types de disquettes

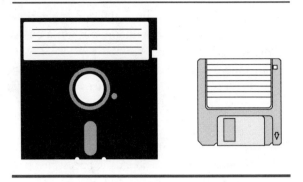

7.4.2
La terminologie

Avant d'entreprendre l'étude des différents supports de mémoire qu'on peut utiliser avec un micro-ordinateur, il serait utile d'examiner quel-ques instants certains termes qui faciliteront la compréhension de l'ensemble du chapitre.

Débit Le débit est la vitesse avec laquelle l'in-formation se transmet entre deux composantes du système. Par exemple, un débit de 960 bits par seconde entre deux composantes signifie qu'envi-ron 120 caractères (960/8 octets) par seconde sont transmis. Nous parlerons ici de débit entre les diffé-rents supports de mémoire et l'unité centrale de traitement (UCT).

Piste On subdivise les disques magnétiques en pistes circulaires concentriques. On sélectionne la piste qui nous intéresse en déplaçant les têtes de lecture au-dessus de la piste désirée.

Temps d'accès Le temps d'accès est le délai qui s'écoule entre le moment où la demande d'informa-tion est transmise au support de mémoire par l'uni-té centrale de traitement et le moment où le transfert d'information débute entre le support de mémoire et l'UCT.

Secteur   Un secteur est une division magnétique faite sur un support de mémoire, qui sert à en décomposer la surface pour permettre de classer plus efficacement les informations qui y sont écrites. Les secteurs sont comparables aux chemises que l'on trouve dans un classeur.

Densité   La densité représente le quotient du nombre de données placées sur la surface du support de mémoire par la longueur nécessaire pour inscrire ces données. Par exemple, la densité d'information sur une disquette pourrait être de 256 octets par secteur.

Amovibilité   Les supports de mémoire amovibles sont des supports de mémoire qui peuvent être enlevés de l'ordinateur en cours d'utilisation. Ainsi, certains disques rigides sont amovibles, ce qui permet aux utilisateurs de les débrancher pour les transporter à un autre endroit sans qu'ils aient besoin de s'y connaître en fils et en connexions.

7.4.3
Un inventaire du matériel

Il existe différents types de mémoire auxiliaire qui varient autant en qualité qu'en capacité et en prix. Nous verrons maintenant les principales caractéristiques des mémoires auxiliaires les plus courantes : la disquette, le disque rigide, le lecteur de ruban et le CD-ROM.

La disquette

La disquette est le support de mémoire qui, avec le disque rigide, est le plus répandu sur le marché. On distingue trois formats de disquettes (3,5 pouces, 5,25 pouces et 8 pouces), mais seules les disquettes 3,5 pouces et 5,25 pouces sont utilisées de nos jours.

La disquette 5,25 pouces

Ce disque souple (*floppy disk*) constitue un support flexible ressemblant à un mini 45 tours enveloppé dans une pochette de protection en vinyle doublée d'une protection en tissu. Trois composantes physiques caractérisent cette disquette : la surface magnétique du disque, la doublure de la disquette et la pochette de protection.

La surface magnétique est l'élément le plus important de la disquette puisqu'elle sert à enregistrer les données pour un usage ultérieur. C'est un petit disque en mylar recouvert d'une mince couche d'une substance magnétique qui sert à enregistrer les informations. Ce petit disque est muni d'un trou central qui permet au mécanisme du lecteur de faire tourner la disquette lors de la lecture ou de l'écriture des données.

La doublure de la disquette, qui est fabriquée en amiante, est collée à l'intérieur de la pochette. Cela permet de nettoyer la surface du disque magnétique, facilite la rotation du disque à l'intérieur de la pochette et diminue la friction et la chaleur dans l'environnement immédiat de la disquette, ce qui évite d'endommager la surface.

La pochette de protection (voir la figure 7.2) est une enveloppe comparable à celle d'un disque qui sert à protéger les disquettes contre les contacts inopportuns (la poussière, entre autres). Elle permet une manipulation plus facile de la disquette et garantit celle-ci contre toute déformation lors de la manipulation. Un premier regard sur une pochette nous permet d'en découvrir certaines particularités.

Une perforation de forme ovale appelée « fente pour tête de lecture-écriture » permet aux têtes de lecture du lecteur de se placer sur la surface magnétique du disque pour lire et écrire des données sur la disquette.

À la bordure de la disquette, près de la fente pour tête de lecture-écriture, se trouvent deux

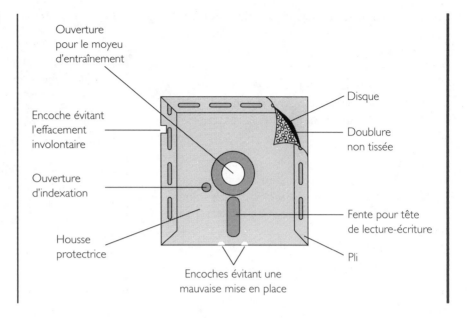

Figure 7.2 ◀
L'enveloppe
de la disquette

Ouverture
pour le moyeu
d'entraînement

Encoche évitant
l'effacement
involontaire

Ouverture
d'indexation

Housse
protectrice

Disque

Doublure
non tissée

Fente pour tête
de lecture-écriture

Pli

Encoches évitant une
mauvaise mise en place

encoches. Ces encoches servent à aligner correctement la disquette dans le lecteur, ce qui empêche l'utilisateur d'abîmer la disquette à la suite d'une mauvaise insertion dans le lecteur.

Près de ces deux encoches, il y a une encoche plus grande que les deux précédentes. Lorsqu'elle est obstruée, cette encoche constitue une protection contre tout effacement ou écriture; lorsqu'elle est découverte, il est possible d'effacer des données ou d'en écrire. Au centre de la disquette se trouve un trou d'environ un pouce de diamètre. Ce trou permet au moyeu d'entraînement de faire tourner la disquette.

La disquette 3,5 pouces

La disquette 3,5 pouces est en voie de devenir le standard de l'industrie. Elle est plus petite, plus résistante, plus fiable et contient plus d'informations que la disquette 5,25 pouces. Elle peut contenir jusqu'à 2,88 mégaoctets (2 949 120 caractères) d'informations lorsqu'elle est de très haute densité, 1,44 Mo lorsqu'elle est de haute densité et 720 kilooctets (737 280 caractères) lorsqu'elle est de double densité (une méthode d'encodage permet de doubler la capacité d'une disquette).

Cette disquette, de même que la disquette 5,25 pouces, est à sectorisation logique, c'est-à-dire que c'est l'ordinateur qui, à l'étape de l'initialisation nommée «formatage», délimite les secteurs utilisés lors de l'inscription des informations. Les ordinateurs de type IBM emploient les mêmes disquettes que les ordinateurs Macintosh, mais le formatage différent explique qu'un IBM alloue 720 K à une disquette 3,5 pouces de double densité alors que le Mac attribue 800 K à la même disquette.

Une disquette neuve est inutilisable tant et aussi longtemps qu'elle n'a pas été formatée. Le formatage se fait à l'aide d'une commande du système d'exploitation qui permet de créer des secteurs et des pistes sur la disquette. Grâce à ces secteurs et à ces pistes, le lecteur de disquettes retrouvera plus facilement les informations. Sur une disquette 5,25 pouces, le formatage place entre 40 et 80 pistes (selon la sorte de disquette) et entre 8 et 15 secteurs par piste sur les deux faces de la disquette.

Le formatage crée de plus sur la piste 0, située sur le contour de la disquette, un répertoire et une table d'affectation (*file allocation table*) qui permettent à l'ordinateur de savoir en tout temps à quel endroit sont situées les données sur la disquette. On peut comparer une disquette formatée à un tiroir de classeur où les chemises constitueraient les secteurs de la disquette créés lors du formatage. Enfin, l'étiquette indiquant ce que contient le tiroir correspondrait au répertoire.

En ce qui concerne le **mode lecture**, pour accéder à l'information d'une disquette, le lecteur de disquettes (comparable à un tourne-disque) se met à tourner. Lorsqu'il a atteint la vitesse de 360 tours par minute, les têtes de lecture du lecteur (une de chaque côté du disque) s'approchent de la surface du disque et consultent la table d'affectation afin de trouver dans quel secteur commencent les informations. Après cela, les têtes de lecture se placent sur le secteur où se situent les informations voulues et effectuent la lecture.

En ce qui concerne le **mode écriture**, le principe de fonctionnement est le même que pour le mode lecture, sauf que le lecteur consulte le répertoire afin de trouver à quel endroit il peut écrire des informations sur la disquette. Lorsqu'il l'a repéré, les têtes de lecture se placent sur le secteur où le lecteur peut écrire les informations voulues et elles commencent à écrire. Lorsque l'écriture est terminée, le répertoire de la disquette, situé sur la piste 0, est mis à jour et l'emplacement des informations qui viennent d'être enregistrées est noté.

Les capacités des disquettes

Il existe différentes catégories de disquettes, lesquelles varient en fonction de l'ordinateur. Le tableau 7.1 montre les différentes sortes de disquettes, leurs capacités ainsi que les fourchettes de prix.

Le rendement et le prix

Bien que son rendement soit acceptable, la disquette comporte trois inconvénients si on la compare aux autres supports de mémoire : sa capacité, sa vitesse et ses manipulations. La disquette d'une capacité de 360 000 octets était satisfaisante voilà quelques années, mais la sophistication des programmes en demande toujours plus aux lecteurs de disquettes de 1,2 Mo ainsi qu'aux disques rigides.

De plus, la disquette peut contenir une quantité d'informations limitée, et le temps requis pour la lecture peut parfois paraître long à l'utilisateur. La disquette, qui exige beaucoup de manipulations, empêche un ordinateur d'être autonome et rend l'utilisateur susceptible de faire de fausses

▶ Tableau 7.1
Les différents types de disquettes

	Diamètre (en pouces)	Capacité (en octets)	Fourchette de prix (1993)
IBM	5,25 (DD)	360 000	de 0,25 $ à 1,00 $
	5,25 (HD)	1 200 000	de 1,00 $ à 3,00 $
	3,5 (DD)	720 000	de 1,00 $ à 3,00 $
	3,5 (HD)	1 440 000	de 1,50 $ et plus
	3,5 (ED)	2 880 000	10,00 $ et plus
Macintosh	3,5 (DD)	400 000	0,80 $
	3,5 (HD)	800 000	1,00 $

manœuvres qui peuvent endommager l'appareil. Le prix des disquettes varie de 0,25 $ à 10,00 $. Ce prix est établi en fonction de la qualité et de la durabilité du mini-disque.

La fiabilité

La disquette 5,25 pouces est fiable, mais elle demeure vulnérable à la chaleur, au contact des doigts et au magnétisme; un choc de ce genre peut, en effet, faire disparaître les données qui sont inscrites sur une disquette. La disquette 3,5 pouces est plus fiable parce que sa pochette est rigide et que, lorsqu'elle n'est pas utilisée, une plaque en métal protège la fente de lecture de tout contact avec des objets qui pourraient l'endommager, mais elle est également sensible au champ magnétique.

Le disque rigide

Un disque rigide (aussi appelé «disque dur») consiste en un support de mémoire qui est maintenant presque aussi répandu que la disquette et qui fonctionne selon les mêmes principes, à quelques exceptions près : il est plus rapide (3 200 révolutions par minute) et peut contenir plus de données (jusqu'à quelques milliards de caractères). De plus, il n'est pas amovible. Le disque rigide est devenu indispensable puisque la plupart des logiciels sur le marché ne peuvent plus être contenus dans une seule disquette. La figure 7.3 montre l'intérieur d'un disque rigide.

Les composantes physiques

Le disque rigide possède non seulement une surface magnétique, mais aussi plusieurs disques qui portent le nom de «plateaux». Ces plateaux, qui sont rigides, supportent une densité d'enregistrement grandement supérieure à celle des disquettes. Il peut y avoir jusqu'à 14 plateaux. Tous les plateaux sont entraînés à la même vitesse de rotation par un axe commun (voir la figure 7.4). On subdivise la surface des plateaux en cylindres concentriques, lesquels contiennent un certain nombre de secteurs. On indique généralement le nombre de secteurs qu'on trouve par piste. La piste est l'application d'un cylindre sur une seule surface magnétique. La plupart des plateaux ont une tête de lecture à chacun de leur côté. Les têtes de lecture sont reliées les unes aux autres par un bras qui permet de les déplacer à n'importe quelle distance du centre des plateaux pour accéder à un cylindre. La dimension des disques rigides varie entre 1,8 et 12 pouces. La tendance actuelle est à la miniaturisation des disques rigides, ce qui entraîne la diminution du nombre de plateaux et la désuétude des disques rigides de plus de 3,5 pouces.

Les multiples têtes de lecture-écriture se déplacent de façon synchronisée au-dessus des

Figure 7.3 ◄
Une vue interne
du disque rigide

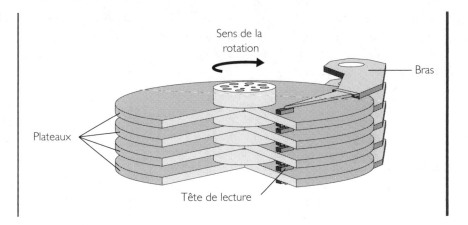

Figure 7.4 ◀
Les plateaux
du disque rigide

Sens de la rotation

Bras

Plateaux

Tête de lecture

cylindres (les pistes du disque rigide) pour effectuer la lecture ou l'écriture. La vitesse de rotation ainsi que le temps requis pour placer les têtes sur le disque ont un effet sur le temps de lecture de même que sur le débit; ce sont donc des facteurs à considérer lors de l'achat d'un disque rigide.

Le contrôleur du disque rigide est une carte qui contient les différentes composantes (les canaux, les condensateurs, etc.) et qui effectue le lien entre l'UCT et le disque rigide. Cette carte règle le débit et la façon dont les informations sont échangées entre ces deux composantes.

Les composantes logiques

Les composantes logiques du disque rigide sont les mêmes que celles des disquettes : le formatage, les secteurs, le répertoire, etc. Par contre, le disque rigide peut contenir jusqu'à 3,6 milliards de caractères. Il est généralement subdivisé en sous-répertoires, de la même manière qu'on subdivise le contenu d'un classeur en divers dossiers, ce qui permet une organisation plus logique et plus efficace des informations.

Le nombre de cylindres (les pistes d'un disque rigide) varie selon les capacités du disque rigide :

de 615 cylindres, pour un disque rigide d'une capacité de 20 Mo de caractères, à plusieurs milliers de cylindres, pour un disque rigide d'une capacité de 400 Mo de caractères. En ce qui concerne les ordinateurs de type IBM, il existe différents formats qui vont de 10 mégaoctets (IBM-XT) à 120 mégaoctets (PS/2). Quant aux ordinateurs Macintosh, les formats sont de 10, 20, 30, 40 et 80 mégaoctets et même de 600 mégaoctets.

Le terme « cylindre » désigne l'ensemble des pistes accessibles simultanément sur les divers plateaux constituant le disque rigide.

Le mode de fonctionnement

Le disque rigide fonctionne à peu près comme la disquette. En effet, lors d'une lecture ou d'une écriture, le lecteur exécute les opérations suivantes :

a) il trouve dans sa table d'affectation l'information recherchée ou l'endroit où il peut écrire l'information;

b) il place ses têtes au-dessus de l'endroit où est située cette information;

c) il commence la lecture ou l'écriture.

Les ordinateurs IBM comptent deux catégories de disques rigides : le disque rigide pleine hauteur (*full-height*) et le disque rigide demi-hauteur (*half-height*). Le disque pleine hauteur est plus gros et son installation requiert beaucoup d'espace dans le boîtier de l'ordinateur. Le disque demi-hauteur est la moitié moins gros et peut ainsi être installé dans des ordinateurs compacts.

Il existe trois types de disques rigides :

1. Le disque rigide composé d'une unité fixe et d'un contrôleur. C'est le plus courant.

2. Le disque rigide sur carte qui a un contrôleur intégré. Ses avantages sont son installation simple, sa faible consommation d'électricité, sa facilité à copier les données et son déplacement aisé. Par contre, son prix est légèrement supérieur, mais l'accès aux informations est plus rapide parce que le contrôleur est incorporé au disque.

3. Le disque rigide externe, que possède la majorité des anciens modèles d'ordinateurs Macintosh.

Le rendement et le prix

Le rendement des disques rigides est nettement supérieur à celui des disquettes en ce qui touche la capacité, la vitesse et la fiabilité. Bien qu'ils se brisent moins souvent, leur défectuosité peut toutefois être désastreuse vu la grande quantité d'informations qu'ils contiennent. Il est donc important de sauvegarder les données de façon régulière.

Le lecteur de ruban

Le lecteur de ruban (souvent appelé « dérouleur de bande ») est une unité de mémoire avec laquelle il est possible de faire des copies de sécurité sur une cassette magnétique (semblable aux cassettes de magnétocassette ou aux vidéocassettes).

Par exemple, une société de financement doit effectuer chaque jour des copies de sécurité de tous ses fichiers de clients. Trouvant fastidieuse la manipulation quotidienne de disquettes, cette société préférera peut-être utiliser un lecteur de ruban ayant une capacité beaucoup plus grande que les disquettes.

Les composantes physiques

Les composantes physiques du lecteur de ruban sont les mêmes que celles d'un magnétoscope. Par contre, un lecteur de ruban pour ordinateur est plus précis sur le plan de la duplication sonore et possède son propre contrôleur pour gérer le transfert de l'information avec la mémoire centrale.

Le contrôleur du lecteur de ruban est une carte qui contient les diverses composantes et qui relie l'UCT au lecteur de ruban. Cette carte règle le débit et la manière dont le lecteur de ruban et la mémoire centrale échangent les informations.

Le mode de fonctionnement

L'écriture et la lecture des fichiers sur un lecteur de ruban sont séquentielles, c'est-à-dire que les fichiers et les programmes sont inscrits sur le ruban les uns à la suite des autres dans l'ordre où ils ont été entrés. Pour recopier le contenu des informations d'un lecteur de ruban sur un disque rigide, il faut recopier la totalité des fichiers ou sélectionner certains noms de fichiers qui répondent à des critères précis.

Le rendement et le prix

Alors que la sauvegarde d'un disque rigide sur une disquette prend environ une heure et qu'elle requiert certains programmes faits pour ce type de tâche de même que la constante intervention d'un opérateur qui change les disquettes au besoin, le lecteur de ruban, lui, est plus rapide : la sauvegarde sur un ruban d'un disque rigide de 40 mégaoctets prend environ 20 minutes et ne nécessite pas d'intervention de la part de l'opérateur. Le prix d'achat est d'environ 750 $. Il faut s'assurer que le lecteur de ruban soit configuré en conformité avec le disque rigide auquel il sera associé.

CD-ROM

CD-ROM est le sigle de «*compact disk read only memory*». C'est donc une mémoire qui utilise comme support un disque compact. Pour quelles raisons parle-t-on du CD-ROM avec tant d'enthousiasme?

Cette mémoire est enregistrée sur un disque compact qui a la même apparence que les disques compacts utilisés pour les enregistrements musicaux. C'est un disque de 12 cm de diamètre et de 1,2 mm d'épaisseur, avec un trou de 15 mm au centre. Le disque est fait d'une fine couche métallique réfléchissante prise en étau entre deux couches protectrices de polycarbonate, une résine très résistante. La couche métallique est porteuse de l'information; elle est formée de microcuvettes qui indiquent les valeurs binaires. Un creux est interprété comme un 0 et un pic comme un 1. La capacité de stockage, qui est de 550 mégaoctets, rend ce disque intéressant.

Le disque est lu par un lecteur à laser. Une tête de lecture envoie un faisceau sur le disque et en capte la réflexion par l'intermédiaire d'une lentille optique. Le faisceau réfléchi est dévié par un prisme sur un photodétecteur. Celui-ci interprète alors sous forme binaire le rayon reçu. La vitesse de rotation du disque est variable afin que la vitesse à laquelle les données passent sous le faisceau soit toujours constante. Si ce n'était pas le cas, l'extérieur du disque serait lu plus rapidement que l'intérieur puisqu'en effectuant le même nombre de tours à la seconde la distance parcourue par la tête de lecture sur la partie extérieure serait plus grande.

Tout comme les plateaux de lecture, la tête est dotée d'un mécanisme très fin lui permettant de toujours rester à la même distance du disque.

Un lecteur CD-ROM permet une vitesse de transfert de l'information de 150 Ko par seconde. Ce chiffre le place loin derrière le disque rigide (625 Ko par seconde), mais nettement devant la disquette magnétique (30 Ko par seconde). Il n'y a malheureusement pas d'amélioration à prévoir dans un proche avenir. Le temps d'accès maximal, soit le temps nécessaire à la tête de lecture pour aller du premier au dernier secteur, est de 380 nanosecondes. C'est beaucoup plus long que pour un disque rigide (35 millièmes de seconde). Les avantages que procurent ce disque résident donc uniquement dans ses capacités de stockage. Mais il faut avouer qu'elles sont phénoménales.

Une telle mémoire offre des possibilités très intéressantes. L'encyclopédie électronique de Grolier est un exemple de logiciel qui utilise cette nouvelle technologie. L'usage d'une encyclopédie standard est assez lourd. On recherche un mot, on recueille à son sujet l'information présente et quelques références possibles, sans plus. L'encyclopédie électronique n'est pas simplement la compression d'une masse de données rigides, un support miniature; le microfilm remplit déjà cette tâche. Cette encyclopédie constitue une toute nouvelle approche de la recherche d'information. Une encyclopédie Grolier sur papier coûte 850 $ US. La version sur disque compact se vend actuellement 299 $ US. Il faut toutefois acheter le lecteur (entre 500 $ et 1 600 $).

On trouve d'autres applications sur disque compact. C'est le cas de Bookshelf, une base de données textuelles comprenant un dictionnaire, un annuaire, un correcteur orthographique, des synonymes, des citations, etc. Il existe aussi, au Japon, un annuaire des pages jaunes mis au point par Sony, de même qu'un annuaire téléphonique préparé par la société General Information, aux États-Unis. D'autres compagnies fournissent des bases de données financières complètes et envoient à leurs abonnés des mises à jour trimestrielles.

Une application graphique fonctionnelle a été créée par Delorme. Il s'agit d'un atlas mondial quelque peu spécial. Il peut être utilisé comme une caméra munie d'un téléobjectif très puissant. À l'échelle 1, on peut voir le monde entier; à l'échelle 16, le Pentagone est clairement visible, sur le bord du fleuve Potomac. De plus, il est possible, à l'aide des curseurs, de faire défiler l'écran dans n'importe quelle direction, ce qui donne une image correspondant à une vue aérienne. Cette application n'est pas encore en vente, car on n'a pu en établir un prix.

▶ 7.5
Les unités d'entrée

Une unité d'entrée est un appareil qui transmet à l'ordinateur les données à traiter. Ces données sont brutes puisqu'elles n'ont pas été modifiées par l'unité centrale de traitement (UCT). Les unités d'entrée les plus connues sont le clavier et la souris. Quant à l'unité de sortie, que nous verrons plus loin, il s'agit d'un appareil qui reçoit les données une fois qu'elles ont été traitées par l'UCT. Les unités de sortie les plus utilisées sont l'écran et les différentes imprimantes.

7.5.1
Le clavier

Le clavier est un moyen d'entrée de l'information que l'usager connaît bien. Il se compose, en général, de trois sections : la section centrale, la section des touches de fonction et la section numérique (voir la figure 7.5).

La section centrale d'un clavier d'ordinateur comporte les mêmes touches qu'une machine à écrire : les lettres de A à Z, les chiffres de 0 à 9 ainsi que divers symboles et signes de ponctuation (;:_.,?/!@#$%^&*()). On distingue plusieurs versions de claviers, adaptés spécialement aux symboles nécessaires à la langue du pays (les accents) ainsi qu'à la disposition des touches de machine à écrire traditionnellement utilisée dans le pays.

Par exemple, en France, le clavier est «AZERTY», c'est-à-dire que les premières lettres de la deuxième rangée supérieure gauche du clavier sont les lettres A, Z, E, R, T et Y. En Amérique, le clavier est «QWERTY». Il importe de

Figure 7.5 ◀
Un exemple
de clavier

noter que le clavier le plus convenable pour les Québécois est le clavier canadien-français. Ce dernier ne doit pas être confondu avec le clavier français, ou encore avec le clavier bilingue, qui n'adhère à aucun standard international.

La section des touches de fonction est composée des touches marquées [F1] à [F12] et n'existe que sur les ordinateurs : on ne trouve pas leur équivalent sur les machines à écrire. Ces touches ont une fonction spéciale selon le logiciel utilisé. Par exemple, dans presque tous les programmes, la touche [F1] représente la touche d'aide, celle sur laquelle l'utilisateur appuie lorsqu'il désire obtenir de l'aide. Il en est de même pour toutes les touches de fonction de [F1] à [F12] : elles ont un usage particulier suivant le programme utilisé. Par exemple, dans le logiciel dBase, la touche [F5] permet d'afficher la structure d'une base de données ; dans Lotus 1-2-3, cette touche [F5] permet d'aller directement à une cellule du chiffrier ; dans WordPerfect, elle donne accès au répertoire d'une disquette.

La section numérique est comparable au clavier d'une calculatrice puisqu'on y trouve les chiffres et les principaux opérateurs mathématiques (ceux de l'addition, de la soustraction, de la multiplication et de la division). On peut aussi se servir de ce clavier pour déplacer le curseur (en haut, en bas, à droite, à gauche) en appuyant sur la touche NumLock qui active, ou désactive selon le cas, le mode numérique (voyant NumLock allumé) ou pour déplacer le curseur à l'aide des touches de déplacement.

La section du contrôle du curseur, qui est situé entre la section centrale et la section numérique, est composée de deux zones :

— un groupe de flèches disposées en T inversé permettent le déplacement du curseur d'une unité, soit vers le haut, vers le bas, vers la gauche ou vers la droite ;

— un groupe de touches de contrôle du curseur permettent de sauter de page en page ou au début ou à la fin de la ligne, de commuter le mode d'insertion ou d'effacer le caractère sous le curseur.

Cette section constitue une duplication du clavier numérique dans le mode déplacement du curseur. En fait, initialement, les claviers des PC n'avaient pas de section du contrôle du curseur. C'est seulement avec l'apparition du clavier étendu, en 1985, que celle-ci a été créée.

Bien que le clavier d'un ordinateur semble comparable au clavier d'une machine à écrire, plusieurs éléments le distinguent de ce dernier. Contrairement à la machine à écrire qui fonctionne à l'aide d'un mécanisme reliant la touche du clavier à la marguerite, le clavier de l'ordinateur communique généralement avec ce dernier par un cordon constitué de fils électriques. Le clavier contient un petit ordinateur spécialisé qui transmet un code pour chaque touche enfoncée ou relâchée.

7.5.2
La souris

La souris est un périphérique d'entrée qui permet une communication avec l'ordinateur plus facile qu'avec le clavier (voir la figure 7.6). L'utilisateur n'a qu'à déplacer la souris sur une surface plane pour qu'un curseur se déplace à l'écran. Ce dernier lui permet de pointer des sélections. Certains logiciels ne supportent pas la souris. Par contre, en vue de simplifier la communication entre l'être humain et la machine, de plus en plus d'environnements de logiciels font appel à une interface-utilisateur qui essaie de recréer une table de travail,

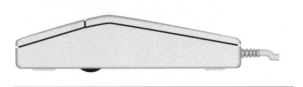

▶ Figure 7.6
Une souris

et qui est dirigée par la souris. Ces environnements sont nommés «GUI», pour «interface graphique avec l'usager».

Un des avantages de la souris est que l'utilisateur n'a pas à entrer des commandes compliquées; cela lui permet d'éviter de faire des erreurs de frappe et de mauvaise manipulation.

Il existe deux types de souris, dont le principe de fonctionnement est très différent: la souris mécanique et la souris optique. Le déplacement de la **souris mécanique** est déterminé par la rotation d'une bille de caoutchouc qui entraîne par friction deux rouleaux placés perpendiculairement, ce qui assure la détection des mouvements tant verticaux qu'horizontaux. Notons l'existence d'une variété de souris mécaniques qui ne nécessitent pas d'être déplacées; elles demandent plutôt qu'on déplace la main directement au-dessus de la bille, ce qui a pour effet de la faire tourner. Cette variété, appelée TrackBall, est particulièrement bien adaptée aux ordinateurs portatifs, qui ne disposent pas toujours d'une surface de travail adéquate pour une souris conventionnelle.

La **souris optique** est une souris dont le déplacement est dirigé par un système de diodes et par un quadrillage de lignes réfléchissantes imprimé sur le tapis de la souris. Lorsque celle-ci se déplace sur le tapis, deux sources lumineuses se réfléchissent et deux capteurs d'intensité lumineuse

détectent ainsi tous les mouvements horizontaux et verticaux qui sont effectués par la souris.

Par ailleurs, les souris possèdent diverses caractéristiques. Ainsi, il y a la résolution, qui est déterminée par le plus petit déplacement détectable par la souris. La norme actuelle est de 1/400 de pouce. En outre, il y a la compatibilité logicielle, soit la capacité d'un dispositif d'utiliser des ressources logicielles destinées à un autre dispositif, qui est généralement plus répandu. Dans le domaine des souris, la norme absolue est Microsoft. Si vous achetez une souris, assurez-vous qu'elle est compatible avec la souris Microsoft.

Une autre caractéristique est le nombre de boutons. Les souris ont généralement de un à trois boutons. Macintosh utilise des souris à un bouton. La norme Microsoft comporte deux boutons. La compagnie Logitech, qui est un autre manufacturier de souris très populaire, fabrique certaines souris à trois boutons. On recommande les souris à deux boutons, puisque dans la plupart des logiciels le troisième bouton n'a pas de fonction et parce que la norme Microsoft est limitée à deux boutons.

La sensation est une caractéristique qui ne s'explique pas facilement, mais cela ne la rend pas moins importante. Elle détermine en soi la qualité de l'interface. Des facteurs tels que la forme de la souris, son centre de gravité, sa résistance au frottement et sa tendance aux blocages font partie de cette caractéristique. Le meilleur moyen de s'assurer qu'une souris est satisfaisante consiste à en faire l'essai pendant une certaine période. On peut aussi demander à des utilisateurs leur opinion. En cas de doute, on peut adopter en toute sûreté la souris de Microsoft ou celle de Logitech (modèle C9).

Dans les ordinateurs portatifs, la «boule roulante», contrairement à la souris traditionnelle, doit être déplacée pour que le pointeur se déplace sur l'écran.

7.6
Les unités de sortie

7.6.1
L'écran

L'écran est l'unité de sortie la plus courante (voir la figure 7.7). Il permet à l'utilisateur de lire immédiatement ce qu'il tape sur le clavier ou ce qu'il demande à l'ordinateur. N'importe quelle portion de l'image affichée sur l'écran peut être modifiée rapidement, ce qui fait de lui un outil très souple.

Les contrôleurs vidéo

L'ordinateur dirige l'écran par le biais d'un dispositif d'interface appelé «contrôleur vidéo». Il existe plusieurs types de contrôleurs vidéo, lesquels ont tous pour but de traduire une représentation en mémoire de ce que l'on désire afficher en un signal que l'écran pourra comprendre pour obtenir l'image souhaitée.

Le tableau 7.2 présente les contrôleurs vidéo les plus répandus en ce qui concerne la famille des ordinateurs IBM .

▶ Figure 7.7
Un écran

▶ Tableau 7.2
La comparaison de divers contrôleurs vidéo

Les contrôleurs vidéo monochromes			
Nom	Type	X	Y
MDA	Texte	80	25
HGC	Graphique	720	348

Les contrôleurs vidéo couleurs			
Nom	Type	X	Y	Nombre de couleurs
CGA	Texte	80	25	16
	Texte	40	25	16
	Graphique	640	200	2
	Graphique	320	200	4
EGA	Texte	80	43	16
	Graphique	640	350	16
MCGA	Texte	80	50	16
	Graphique	640	480	2
	Graphique	320	200	256
VGA	Texte	640	400	16
	Graphique	320	200	256/262 144
	Graphique	640	480	16 /262 144
XGA	Texte	132	44	16
	Graphique	640	480	36
	Graphique	1 024	768	256
	Graphique	1 600	1 200	16
8514/A	Graphique	1 024	768	256

Voici une brève description de ces contrôleurs vidéo :

MDA : *Monochrome Display Adapter.* Cette carte, qui a été introduite avec les premiers IBM, peut contenir 25 lignes de 80 caractères. Elle ne peut être utilisée pour des applications graphiques. Ce contrôleur vidéo est désuet.

HGC : *Hercules Graphics Adapter.* Standard Hercules. Cette carte est très répandue et fonctionne avec de nombreux logiciels. Elle ajoute au MDA un mode graphique monochrome dont la résolution est très acceptable. Elle est encore populaire pour les usages de base, tels que la console des serveurs de réseau spécialisés.

CGA : *Color Graphics Adapter.* Standard IBM. Ce contrôleur vidéo couleurs est le premier à contenir des modes graphiques standardisés. Sur IBM PC. Il est désuet.

EGA : *Enhanced Graphics Adapter.* Standard IBM. Succédant au CGA, le EGA offre une meilleure résolution. Il s'adapte au CGA mais non au Hercules. Il est désuet.

PGA : *Professional Graphics Adapter.* Standard IBM. Ce contrôleur graphique représentait lors de son introduction le *nec plus ultra* en la matière. Maintenant, on le juge lent, limité, coûteux et peu fiable. De plus, une poignée de logiciels seulement (et qui sont tous désuets) peuvent accueillir ce standard. Il est désuet.

MCGA : *Multicolor Graphics Array.* Standard IBM. Intégré à la carte maîtresse des premiers modèles bas de gamme des PS/2, soit les modèles 25 et 30. Mémoire vidéo de 64 Ko. Il s'ajuste aux modes CGA, EGA. Il est désuet.

VGA : *Video Graphics Array.* Standard IBM. Ce contrôleur vidéo, qui a été introduit avec le PS/2 d'IBM, est encore considéré comme le standard le plus accessible, pour ce qui est du rapport qualité-prix. Le VGA peut afficher simultanément 256 couleurs d'une palette qui en contient 262 144. Encore populaire, surtout en des versions autres qu'IBM, il ajoute des modes étendus 800*600 et 1024*768. Il intègre un support complet des modes MCGA, EGA et CGA.

SVGA : *SuperVGA.* Ce type de contrôleur est dérivé du contrôleur VGA; il est 100 % compatible avec ce dernier, mais il ajoute des modes étendus non officiels. On associe souvent le terme SuperVGA à la capacité d'accéder à un mode vidéo 800*600. La Video Electronics Standard Association (VESA), qui regroupe plusieurs très gros manufacturiers de contrôleurs Super-VGA, a établi un standard permettant aux applications d'utiliser plus facilement les capacités étendues de ces contrôleurs. On trouve de nombreux contrôleurs Super-VGA à bas prix pouvant afficher 32 768 couleurs à l'écran simultanément (HiColor). Le support de 16 777 216 couleurs, aussi appelé TrueColor, est de plus en plus répandu.

XGA : Le standard XGA représente le nouveau standard d'IBM. Il offre une augmentation substantielle de vitesse par rapport au standard VGA et ajoute de nombreuses couleurs. Toutefois, il peut accueillir le mode vidéo TrueColor, ce qui en déçoit plusieurs.

Les types d'écrans

Il existe trois types d'écrans : l'écran cathodique, l'écran à cristaux liquides et l'écran à gas-plasma.

L'écran cathodique

L'écran cathodique est de loin le dispositif d'affichage le plus répandu en informatique. On trouve ce dernier dans une variété de formats, mais, actuellement, les modèles à affichage couleurs à diagonale d'écran de 14 pouces connaissent une grande popularité.

Il est conçu selon le même principe qu'un poste de télévision : sa technologie et son apparence sont identiques à celles du téléviseur. Il y a cependant une différence entre les deux appareils : l'écran cathodique ne peut pas capter les ondes puisqu'il est directement branché sur la carte sortie vidéo de l'ordinateur.

On peut présumer que la dimension des écrans cathodiques d'ordinateurs tendra à augmenter, jusqu'à ce qu'ils soient de la même grosseur que les nouveaux postes de télévision à haute définition.

L'écran à cristaux liquides

Cet écran contient des centaines de milliers de cellules indépendantes (pixels) à cristaux liquides. Généralement, la résolution de cet écran est plus faible que celle de l'écran cathodique, mais il est probable qu'elle augmentera à un rythme supérieur à celui de l'écran cathodique. Les avantages de cet écran sont les suivants :

1. Il consomme peu d'énergie. Il ne faut qu'une « promesse » d'énergie pour activer les cristaux liquides ; de plus, nul haut voltage n'est nécessaire.
2. Les dimensions sont réduites. L'écran à cristaux liquides ne requiert qu'un circuit logique minimal, il a une épaisseur de quelques millimètres seulement et ses surfaces sont variées.
3. Son poids est négligeable. Il pèse moins de 500 grammes.
4. Il n'y a pas d'émissions à basse fréquence. L'écran à cristaux liquides ne bombarde pas l'usager d'ondes à basse fréquence ; il peut donc être considéré comme plus sain.
5. Il est capable de représenter des teintes et des couleurs. Certains écrans à cristaux liquides peuvent afficher jusqu'à 4 096 couleurs différentes.

Voici maintenant les inconvénients de l'écran à cristaux liquides :

1. C'est une nouvelle technologie coûteuse. On fabrique un écran à cristaux liquides en tissant un réseau de films minces de cristaux liquides. La technologie nécessaire pour créer de façon précise ces films minces est encore coûteuse, et le taux de rejet est élevé.
2. L'écran à cristaux liquides est peu résistant. Étant donné qu'on l'utilise surtout dans des systèmes portatifs, sa fragilité devient problématique, d'autant plus qu'elle augmente à basse température.
3. Elle crée des « fantômes ». Il arrive que ceux-ci persistent longtemps.
4. Sa visibilité est réduite. On doit être situé en face de l'écran et on doit ajuster le niveau d'éclairage de l'arrière de l'écran ainsi que son niveau de contraste selon les conditions environnantes.

On distingue trois technologies de fabrication d'écrans à cristaux liquides : la technologie passive, la technologie active et la technologie bistable :

— La technologie passive est de loin la plus répandue. L'activation de chaque pixel est effectuée par un balayage continuel de l'écran, un peu comme dans le cas de l'écran cathodique. On trouve un quadrillage de fils verticaux et horizontaux, et on ne peut contrôler l'état que d'un pixel à la fois. Un effet « capacitif » dans chaque pixel est utilisé pour permettre l'affichage d'une image raisonnablement stable.

— La technologie active permet de contrôler tous les pixels simultanément; par conséquent, elle ne requiert pas de balayage. L'image qui en résulte est plus contrastée, plus stable, et les couleurs affichées s'avèrent plus vives. Toutefois, cette technologie est beaucoup plus compliquée que les deux autres, ayant un taux de rejet qui dépasse 70 %.

— La technologie bistable fait usage de cristaux liquides ferroélectriques qui mémorisent leur état de façon autonome, sans même nécessiter d'alimentation en énergie. Ce type d'écran, encore expérimental, risque bien de remplacer autant l'écran cathodique que le téléviseur à tube cathodique, en raison de la simplicité de sa fabrication et du rendement qu'il permet d'atteindre.

L'écran à plasma

L'écran à plasma utilise de minuscules néons indépendants en tant que pixels de l'écran. Cette technologie requiert une alimentation considérablement plus élevée que les cristaux liquides, et sa fabrication est assez coûteuse. Pour ces raisons, on trouve de moins en moins d'écrans à plasma parmi les nouveaux produits arrivant sur le marché.

Les modèles d'écrans

L'écran monochrome

L'écran monochrome, comme son nom l'indique, ne possède qu'une source de couleur pour l'affichage, un peu comme la télévision en noir et blanc. Certains écrans monochromes, qui utilisent

généralement un signal numérique, ne supportent que deux états pour chaque point : éteint ou allumé. Il existe aussi des écrans monochromes permettant de distinguer 16 ou même 64 teintes. La plupart de ces derniers emploient un signal analogique.

Ce type d'écran, qui permet d'utiliser des traitements de texte et d'autres logiciels de base, est bien adapté à des usages d'affaires. Cependant, la différence de prix entre un écran monochrome et un écran en couleurs va en s'amenuisant constamment. Il est indéniable que la quasi-totalité des usagers préfère disposer d'un écran en couleurs.

Si l'on songe à se servir d'un écran monochrome VGA, il est très important de s'assurer que le contrôleur vidéo sache convenablement communiquer avec ce dernier. Les champs utilisant des couleurs pures telles que le bleu ou le rouge doivent être lisibles lorsque celles-ci sont affichées sur un fond noir.

L'écran en couleurs

L'écran en couleurs permet d'afficher un certain nombre de couleurs simultanément. Le nombre de couleurs peut varier de 16 à l'infini, selon le modèle. La couleur vient ajouter une perspective aux données affichées et permet donc une communication plus complète entre l'usager et la machine.

Les premiers écrans en couleurs pour PC ne comportaient que quelques couleurs, généralement 16, et acceptaient un signal numérique en couleurs. Avec le standard VGA, IBM marque une nouvelle orientation : le remplacement du signal numérique par un signal analogique, lequel permet de faire appel à une infinité de couleurs. Pendant une période de transition, la coexistence des signaux analogiques et numériques sur le même écran était jugée très intéressante. Maintenant, seul le signal analogique est nécessaire.

L'écran multifréquence

Si on désire avoir une résolution dépassant les normes, on doit s'assurer que l'écran puisse la supporter. Il faut alors ajouter des capacités au format de communication supporté par l'écran. Ces capacités constituent de nouveaux formats de signaux vidéo fonctionnant à des fréquences plus élevées. Dans le cas de l'extension du standard VGA, on trouve deux résolutions supplémentaires qui peuvent actuellement être supportées. La première est souvent désignée par le terme «Super-VGA» et représente une résolution de 800*600. La seconde résolution, de 1024*768, est souvent appelée «8514/A». Un dispositif est intégré dans l'écran pour déterminer la fréquence et les signaux de synchronisation du signal acheminé, et l'électronique de balayage s'adapte en conséquence. Certains écrans peuvent s'adapter à toute une plage de résolutions, alors que d'autres ne supportent qu'un nombre limité de fréquences et de synchronisations. Les premiers sont de vrais écrans à multisynchronisation, alors que les deuxièmes sont à double ou à triple synchronisation. En soi, la multisynchronisation n'est pas une nécessité absolue pour la plupart des usagers de PC; elle peut en effet être avantageusement remplacée par la triple synchronisation formée par VGA, SuperVGA (800*600) et 8514/A (1024*768).

L'écran tactile

L'écran tactile intègre une tablette graphique à même la surface d'affichage, ce qui permet à l'utilisateur de se passer de souris, et même dans certains cas de clavier, en raison de la reconnaissance de l'écriture.

7.6.2 L'imprimante

Lorsque Gutenberg inventa l'imprimerie au XVe siècle, le monde a été bouleversé, et pour cause. L'imprimeur allemand venait d'ouvrir la porte à un moyen de communiquer efficacement des connaissances à une multitude de personnes. À l'aide de cette innovation, on a pu établir les bases de la société scientifique d'aujourd'hui. Cependant, la presse de Gutenberg avait des limites : il fallait monopoliser des typographes pour disposer les caractères mobiles dans la séquence voulue et pour faire la mise en pages. Néanmoins, cette technique a été utilisée pendant des siècles.

L'innovation qui suivit, dans le domaine de l'impression, a été la machine à écrire, qui a été commercialisée en 1873 par l'armurier Remington. Elle permettait de faire un nombre restreint de copies d'un document utilisant une typographie comparable à celle de l'imprimerie, mais bien plus rapidement et à une fraction du coût. Par la suite, l'invention de la carte perforée par Hollerith ainsi que du ruban perforé pour la télégraphie a permis de mettre au point des machines pouvant imprimer de façon autonome.

En ce qui concerne les imprimantes, nous en verrons de deux types, caractérisés par les méthodes employées pour imprimer des informations, soit l'imprimante à impact et l'imprimante à percussion.

L'imprimante à impact

Une imprimante à impact est constituée de pièces mobiles qui viennent frapper un ruban encré projeté sur un support, la plupart du temps du papier; cela laisse une marque d'encre qui prend la forme de la pièce mobile. Évidemment, qui dit impact dit bruit. En effet, le niveau sonore élevé de cette famille d'imprimantes est son plus grand handicap.

Il existe deux types d'imprimantes à impact, soit l'imprimante à caractères et l'imprimante matricielle.

L'imprimante à caractères

L'imprimantes à caractères compte un nombre fixe de pièces mobiles, prenant la forme des divers caractères que l'on désire représenter. On détermine l'endroit où l'on désire imprimer sur le support à l'aide d'un rouleau permettant de déplacer le papier verticalement ainsi que d'une glissière assurant le déplacement horizontal. Un ruban encré est placé dans la trajectoire des pièces mobiles, juste avant le support, et est avancé après chaque frappe. Un mécanisme permet de déterminer quelle pièce frappera le support et y laissera une marque encrée. Cependant, ce type d'imprimante est en perte de popularité. On distingue quatre moyens de disposer les pièces mobiles, soit en marteaux, en bande, en marguerite ou en boule.

Voici les caractéristiques de l'imprimante à caractères :

1. Elle comporte généralement 10 ou 12 caractères par pouce (Pica ou Elite).

2. Elle permet de placer 6 lignes par pouces, et parfois 8 lignes.

3. Elle comprend un ruban encré ou un ruban au carbone. Ce dernier donne un contraste plus élevé mais il n'est pas réutilisable. De plus, on trouve divers formats de rubans, soit en roulette ou en cartouche. La cartouche est plus facile à changer mais elle coûte plus cher.

L'imprimante matricielle

L'imprimante matricielle, ou imprimante par points, utilise une série d'aiguilles de métal comme pièces mobiles. On peut, par des motifs de points, en arriver à former à peu près n'importe quel style de caractères ainsi que des graphiques, dans la même page. L'interface parallèle Centronics est de loin l'interface la plus répandue dans ce type d'imprimante. La figure 7.8 présente un exemple d'imprimante matricielle.

▶ Figure 7.8
Une imprimante matricielle

Matsushita Électrique du Canada ltée

L'imprimante matricielle fonctionne à l'aide d'aiguilles qui se groupent pour former les caractères à imprimer et qui frappent le ruban. Ces matrices d'aiguilles peuvent être plus ou moins denses, généralement de 35 points (7×5) à 2 304 points (32×72) par caractère. Il va sans dire que la qualité de l'impression est directement proportionnelle au nombre d'aiguilles. Pour avoir une impression de meilleure qualité, ce système fait une double impression. L'imprimante matricielle est offerte en plusieurs modèles qui sont caractérisés par le nombre de leurs aiguilles. Ainsi, les modèles les plus courants possèdent 9 aiguilles et les modèles haut de gamme en possèdent 24 ou plus.

L'imprimante à 9 aiguilles représente actuellement l'imprimante bas de gamme. Sa tête d'impression est constituée de 9 aiguilles alignées verticalement. Elle convient bien aux usages de base et permet, par un second passage légèrement décalé, d'obtenir une qualité d'impression s'approchant de celle de l'imprimante à caractères, soit environ 180 points par pouce.

D'autre part, grâce à son plus grand nombre d'aiguilles alignées verticalement, l'imprimante à 24 aiguilles permet, en un seul passage, d'obtenir une qualité d'impression rivalisant parfaitement avec l'imprimante à caractères, tout en donnant un débit d'impression supérieur et un accès simultané à tout un éventail de styles de frappes.

Les caractéristiques de l'imprimante matricielle sont les suivantes :

1. Pourvu qu'elle soit compatible avec les normes d'IBM et d'Epson, l'imprimante matricielle peut communiquer avec tous les logiciels.

2. La police de caractères permet d'obtenir rapidement des textes imprimés et de diversifier leur présentation.

3. La vitesse d'impression en mode brouillon représente la vitesse maximale à laquelle l'imprimante peut imprimer du texte. Cette option est particulièrement utile aux personnes qui se servent de l'imprimante à des fins internes, tels les programmeurs.

4. La vitesse d'impression en mode qualité supérieure est importante pour les personnes qui prévoient utiliser fréquemment leur imprimante à des fins de traitement de texte.

5. La vitesse d'impression en graphique de qualité supérieure est importante pour les personnes qui désirent utiliser des applications graphiques ou des applications donnant accès à une police de caractères que l'imprimante ne contient pas. La migration des applications vers les environnements graphiques tels que Microsoft Windows signifie que cet indicateur de rendement devient de plus en plus important.

6. La résolution maximale en X et Y est en général de 180 et 360 points au pouce pour les imprimantes à 9 et à 24 aiguilles respectivement.

7. La grosseur des points fait souvent en sorte qu'on distingue nettement un chevauchement des points, ce qui réduit la résolution effective en produisant un certain flou.

8. Certains modèles d'imprimantes matricielles sont destinés à imprimer des volumes importants de documents et ont donc une durée de vie plus longue, alors que d'autres sont conçus pour des usages domestiques.

9. Certaines imprimantes domestiques disposent d'un détecteur de la chaleur excessive de la tête d'impression qui réduit significativement le rythme d'impression lorsqu'on leur achemine des documents comptant plus de 10 pages.

10. La capacité d'impression bidirectionnelle permet d'imprimer du texte plus rapidement, puisqu'on n'a pas besoin de ramener la tête à la gauche avant de commencer la ligne suivante de texte. À remarquer que l'imprimante à 9 aiguilles ne peut utiliser la bidirection sur la même ligne, ce qui la limite presque au mode brouillon.

11. Le support de la couleur est une caractéristique dont certains utilisateurs désirent disposer. Cependant, le coût élevé des rubans en couleurs et la qualité discutable obtenue lui confèrent un segment très restreint dans le bas de gamme de ce marché.

12. Le niveau sonore de l'impression peut paraître très élevé suivant l'environnement dans lequel l'imprimante est utilisée. Par exemple, l'étudiant qui imprime son travail de session en plein milieu de la nuit trouve généralement le niveau sonore de son imprimante matricielle trop élevé.

13. Presque toutes les imprimantes matricielles peuvent fonctionner avec du papier continu aux marges perforées. On doit vérifier si le chariot se trouve avant ou après la tête d'impression. S'il est après, on perd une feuille chaque fois qu'on désire détacher des pages imprimées. On doit aussi vérifier l'aisance avec laquelle le papier s'insère dans le chariot ainsi que la présence et le fonctionnement d'un chemin pour feuilles uniques.

L'imprimante à percussion

L'imprimante à percussion ne se sert pas de pièces mobiles pour déposer l'encre sur le papier. Cela permet généralement d'obtenir une réduction significative du niveau sonore. Toutefois, cette imprimante est aussi basée sur le principe de la matrice de points. Nous verrons deux types d'imprimantes à percussion, soit l'imprimante à jet d'encre et l'imprimante à laser.

L'imprimante à jet d'encre

Comme son nom l'indique, l'imprimante à jet d'encre utilise le jet d'encre; cette encre est déposée sur le papier grâce à des becs dirigés par des électrodes. Les jets prennent la forme de gouttelettes ou ils peuvent être continus. L'imprimante à jet continu est toutefois beaucoup plus coûteuse. Dans certains modèles, c'est le module d'impression qui est mobile; dans d'autres, c'est le papier qui se déplace sous le jet.

Cette technologie, qui est relativement récente, ne cesse de progresser. Résumons simplement celle-ci en disant qu'on remplace les aiguilles de l'imprimante à impact matricielle par de minuscules jets d'encre contrôlés. Ainsi, cette technologie permet d'atteindre une qualité d'impression remarquable tout en comportant un niveau sonore très acceptable. De plus, celle-ci ne coûte pas très cher.

L'imprimante à jet d'encre moderne peut même imprimer un graphique presque à la même vitesse qu'un texte, parce qu'elle dispose d'un contrôleur interne rapide.

Voici maintenant les caractéristiques de l'imprimante à jet d'encre :

1. Elle peut effectuer des mélanges de couleurs; elle permet ainsi d'obtenir une impression en couleurs assez intéressante, et ce à bon marché.

2. Une cartouche permet de recharger l'imprimante en encre, en plus de changer la tête d'impression par la même occasion. Cependant, le coût de la cartouche, qui est généralement jetable, est assez élevé et augmente les coûts d'exploitation par page.

3. Les premiers modèles d'imprimantes à jet d'encre utilisaient une encre très sensible à l'eau. Des mains moites pouvaient ainsi ruiner les pages imprimées. Cependant, on trouve depuis peu des cartouches d'encre non soluble, qui sont tout à fait recommandables.

4. On peut maintenant compter sur une résolution de 300 points par pouce. Les anciens modèles d'imprimantes à jet d'encre ne pouvaient dépasser 180 points par pouce.

5. Ce type d'imprimante permet d'imprimer sur du papier Bond sans problème. On trouve aussi du papier et des acétates spécialisés pour divers modèles d'imprimantes à jet d'encre. Toutefois, l'usage de papier glacé est impossible, puisque l'encre ne peut y adhérer.

6. La norme dans le domaine des imprimantes à jet d'encre est la compatibilité avec la gamme HP Deskjet. L'ancienne norme était la compatibilité avec la gamme HP Thinkjet. Cependant, une compatibilité avec les standards d'imprimantes matricielles IBM ou Epson est aussi acceptable.

L'imprimante à laser

L'imprimante à laser est en quelque sorte l'équivalent d'une photocopieuse qui n'a pas besoin d'un original. Un tambour électrostatique est sélectivement chargé par un rayon laser avant d'être mis en contact avec une poudre qui vient se déposer sur les zones ainsi chargées. Au passage d'une feuille de papier, la poudre se dépose sur celui-ci, et elle est stabilisée par chauffage. On peut obtenir une qualité d'impression assez élevée pour la photocomposition, qui dépasse même 1 200 points par pouce.

L'imprimante à laser fonctionne de la même manière qu'une photocopieuse. Le système d'impression est composé d'un tambour électrostatique et d'une cartouche de poudre. Un rayon laser (certains fabricants utilisent aussi des diodes électroluminescentes comme source de lumière) reproduit l'image à imprimer sur un cylindre de métal, sous la forme de petites charges électrostatiques. Ensuite, de la poudre de carbone est attirée sur les parties chargées. Le papier roule sur le tambour afin de faire l'impression.

Les caractéristiques de l'imprimante à laser sont les suivantes :

1. La résolution se mesure en points par pouce. On trouve des imprimantes à laser ayant de 300 à plus de 1 200 points par pouce. Des dispositifs tels que la technologie à rehaussement de résolution de HP permettent, en modulant la grosseur des points, d'obtenir l'impression d'une résolution plus élevée.

2. Le nombre de pages imprimée par minute détermine la vitesse du «moteur» laser intégré à l'imprimante. On obtient un tel rendement en régime permanent lorsqu'on transmet un fichier de texte simple.

3. On utilise généralement une interface parallèle Centronics pour relier l'imprimante à laser à l'ordinateur. On trouve aussi des interfaces sérielles RS-232-C et RS-422-A qui ne sont pas recommandables à cause de leur faible taux de transfert. Les imprimantes destinées à un usage en réseau disposent d'habitude d'un adaptateur de réseau (Ethernet ou Token Ring). On doit noter que la HP Laser IIP Plus dispose d'un port parallèle à haut débit.

4. Il existe deux normes dans le domaine de la compatibilité, soit la norme de Langage de contrôle de page de Hewlett-Packard (HP PCL) et la norme de description de page Postscript de Adobe. On trouve différents niveaux de PCL :

   a) le PCL 3 est supporté par les systèmes compatibles avec le modèle HP LaserJet II;

   b) le PCL 4 est supporté par les imprimantes compatibles avec les modèles LaserJet IIP et IID. Il ajoute au PCL 3 le support d'un nombre illimité de polices de caractères ainsi que la capacité d'utiliser une seule police de caractères dans les deux grandes orientations : portrait (debout) ou à l'italienne (couché, ou *landscape*);

   c) le HP PCL 5 est intégré dans la série des imprimantes HP LaserJet III (III, IIIP, IIID, IIISi) et ajoute au PCL 4 le support de polices à taille variable, la rotation des caractères à n'importe quel angle, des effets spéciaux ainsi que la compatibilité avec le langage HP-GL/2 utilisé par les tables traçantes. Le langage Postscript est plus évolué que le PCL de HP, composant à vrai dire un langage de programmation complet. Cependant, pour l'impression de pages dont la complexité est basse ou moyenne, ce langage est très lent comparativement au PCL. Le Postscript 2 est une version améliorée du Post-script, qui, entre autres, compresse les données à transmettre à l'imprimante.

5. En ce qui concerne la puissance du processeur interne, plus la page à imprimer est complexe, plus l'imprimante doit effectuer de traitements avant d'arriver à déterminer l'état des points constituant l'image. Ainsi, même si on dispose d'un moteur laser très rapide, cette imprimante peut être dépassée par une imprimante ayant un moteur laser plus lent, mais qui dispose d'un processeur interne plus rapide. Il n'est pas rare de trouver dans les imprimantes Postscript haut de gamme des microprocesseurs aussi puissants, sinon plus, que ceux qu'on trouve dans les ordinateurs de table contemporains.

6. La mémoire vive interne de l'imprimante est utilisée pour emmagasiner les données temporaires telles que les polices de caractères temporaires et les graphiques à imprimer. Une imprimante Postscript requiert un minimum de 2 mégabits de mémoire vive, alors qu'une imprimante PCL requiert autant de mémoire qu'il en faut pour conserver les graphiques et les polices de caractères.

7. Le temps nécessaire pour obtenir la première page est une donnée qui peut s'avérer très importante lorsqu'on imprime des pages sporadiquement.

8. Pour ce qui est des polices de caractères intégrées, il existe des milliers de styles typographiques. Mentionnons qu'on trouve des fontes avec ou sans sérif. Les sérifs sont les petites pattes stylisées qui dépassent des bouts des arêtes. On peut obtenir d'une fonte diverses variantes, telles que le gras, l'italique et l'italique gras. Par ailleurs, la police se mesure en points. Un pouce est égal à 72 points.

7.6.3
Les unités de communication

Le modem

Un modem (MOdulateur-DEModulateur) est un périphérique qui permet de transmettre des données à un autre ordinateur (voir la figure 7.9). Généralement, un modem se sert d'un lien téléphonique pour transmettre de telles informations. À l'aide d'un **protocole** établi entre les deux communicateurs, le modem traduit les informations numériques en informations analogiques avant de les transmettre. Par la suite, le modem hôte (celui qui reçoit les informations) retraduit le signal analogique reçu en un signal numérique avant de le traiter.

La modulation sert à protéger le signal à transmettre en le plaçant autour d'un signal qu'on nomme « onde porteuse ». Cela s'avère nécessaire lorsqu'on doit parcourir de grandes distances ou qu'on est dans un environnement où se trouvent de nombreuses sources d'interférence.

Voici quelques notions qui permettront de mieux comprendre le fonctionnement d'un modem.

▶ Figure 7.9
Un modem

Reproduit avec la permission de Hayes Microcomputer Products inc.

La **vitesse de transmission** d'un modem se mesure en bits par seconde (BPS). Il existe des modems qui fonctionnent sur des lignes téléphoniques domestiques et qui peuvent atteindre un taux de transfert de 38 400 bits par seconde.

Le **baud** a traditionnellement été considéré comme l'équivalent d'un bit par seconde. Cela n'est pas faux dans le cas des modems qui ont jusqu'à 2 400 BPS. Cependant, au-delà de 2 400 BPS, le baud et le bit sont très différents. Le baud est le nombre de changements d'état du signal modulation par seconde. Les lignes téléphoniques ont la particularité de ne pouvoir transmettre plus de 2 400 changements d'état par seconde de façon fiable. Comment alors peut-on obtenir des taux de transmission dépassant 2 400 BPS? On y arrive en ayant plus que deux états distincts représentables sur la ligne de communication à chaque changement d'état. On réussit à l'heure actuelle à obtenir jusqu'à 64 états distincts par baud, ce qui signifie qu'un baud devient l'équivalent de 6 BPS. Ainsi, on peut atteindre avec une ligne téléphonique domestique limitée à 2 400 bauds un taux de transmission de 14 400 BPS. Le standard de communication V.32bis est basé sur cette architecture.

Au sujet de la **compression**, les standards MNP5, V.42 et V.42bis visent tous à compresser les données à transmettre. Les modems intégrant ces standards peuvent transmettre de l'information non compressée, comme du texte, à des taux pouvant être plusieurs fois plus élevés, en plus d'intégrer un mécanisme permettant d'assurer une communication sans erreur. Les modems qui supportent les standards V.42bis et V.32bis peuvent donc atteindre des taux de transmission très élevés, tout en utilisant une ligne de transmission téléphonique limitée à 2 400 bauds.

La **parité** est une méthode de base permettant aux modems qui n'ont pas la capacité de créer des liens sans erreur de détecter certaines erreurs de transmission. Après avoir transmis sept bits d'information, le modem transmet un huitième bit (le bit de parité) qui permet de contrôler la réception des sept bits précédents.

Le **plex** est une composante du protocole qui détermine le type de corridor qui reliera les deux ordinateurs. Il existe trois types de plex : le simplex, le semi-duplex et le duplex intégral. Le simplex est une voie à sens unique entre l'ordinateur émetteur et le récepteur; un seul des deux ordinateurs peut transmettre de l'information à l'autre. Le semi-duplex permet aux deux ordinateurs d'émettre et de recevoir des informations en alternance : lorsqu'un ordinateur émet des informations, l'autre les reçoit, et vice-versa. Le duplex intégral, quant à lui, permet aux deux ordinateurs d'émettre et de recevoir des informations simultanément.

Le fonctionnement du modem

Le modem utilise un canal de communication sériel RS-232-C pour communiquer avec l'ordinateur. Comme nous l'avons vu précédemment, le connecteur sériel transmet les bits d'information un à la suite de l'autre.

Les types de modems

Il existe deux types de modems, soit le modem externe et le modem interne. Le modem interne se trouve sur une carte située à l'intérieur du boîtier de l'ordinateur. Le seul lien qu'il a avec l'extérieur consiste dans le connecteur téléphonique qui est apparent sur la face arrière du boîtier. En règle générale, le modem interne est moins coûteux que le modem externe. De plus, il fournit sa propre interface sérielle, ne monopolisant pas de connecteur sériel de l'ordinateur. Il ne prend pas d'espace de bureau non plus. Certains ordinateurs portatifs offrent aussi des fentes non standardisées pouvant accueillir un modem interne vendu habituellement à prix fort par la même compagnie.

Le modem externe est un appareil complètement indépendant du boîtier; il est rattaché à l'ordinateur par un port de communication sérielle RS-232-C. Un des plus grands avantages de ce type de modem est sa facilité à être transporté d'un ordinateur à l'autre. De plus, ce type de modem a souvent un panneau de diodes électroluminescentes indiquant son état courant.

Les critères de choix

Le modem à 2 400 BPS devrait être considéré comme le choix des personnes qui veulent établir une communication informatique à bon marché. Les modems à haute vitesse devraient se conformer au V.32bis (14 400 BPS) ou, à la rigueur, au V.32 (9 600 BPS). Les modems à très haute vitesse devraient ajouter au V.32bis le V.42bis.

Pour ce qui est de la compatibilité, le modem sélectionné devrait à tout prix suivre un jeu de commandes basé sur le Hayes SmartModem 2400.

Ce standard est le jeu de commandes AT (où AT signifie Attention !).

Par ailleurs, de plus en plus de modems jouent aussi le rôle de télécopieur (*fax*). Certains ne peuvent qu'envoyer des télécopies, alors que la plupart peuvent envoyer et recevoir des télécopies à une vitesse de 9 600 BPS. On doit s'assurer que le modem-télécopieur soit compatible avec le jeu de commandes AT étendu de classe 2 proposé pour les télécopies du groupe 3. Une extension, le V.17, permet même de transmettre des télécopies à 14 400 BPS.

Voici les caractéristiques du modem qui sert également de télécopieur :

1. Le modem fonctionne à des vitesses qui varient entre 300 et 9 600 bauds. À 300 bauds, la vitesse est dite faible; elle est moyenne entre 1 200 et 2 400 bauds et haute à plus de 4 800 bauds.

2. Les standards de communication correspondent à la configuration électronique du système. Une configuration conforme au Bell 212A ne devrait pas causer de problèmes.

Tableau 7.3 ◀
La fiche technique des ordinateurs

Processeur	80286	80386	80486	80586
Type	SX/DX	SX/DX	SX/DX	SX/DX
Vitesse	12-16 Mhz	25-33-40 Mhz	33-40-50 Mhz	
Mémoire vive	1 Meg	4 à 8 Meg	4 à 16 Meg	
Antémémoire	*nil*	64K	128	
Entreposage				
lecteur de disquettes	5,25 pouces et 3,5 pouces de haute densité			
disque rigide	40 à 400 Meg			
Écran	VGA	VGA+	VGA+	
Carte vidéo	768 × 640	1024 × 768	1024 × 768	
Clavier	de type allongé			
Souris	de type Logitech			

3. Le modem doit être compatible avec l'ordinateur utilisé.

4. Il doit être en mesure de fonctionner avec un logiciel de télécommunication standard.

5. Le modem doit être en mesure d'adopter divers protocoles de communication afin de pouvoir communiquer avec plusieurs ordinateurs dont les protocoles sont différents.

6. Le modem peut être externe ou interne.

7. En ce qui concerne la compatibilité Hayes, la reconnaissance de ce standard de l'industrie est essentielle pour que le modem soit fonctionnel.

8. La recomposition et la réponse automatiques permettent à l'utilisateur de recevoir des messages même en son absence ou alors de recomposer à l'infini un numéro jusqu'à ce qu'une réponse lui soit donnée.

La carte à télécopieur

Une carte à télécopieur permet la saisie, la transmission (analogique ou numérique) et la réception de l'image d'un document page par page. Elle vise à entrer de l'information graphique pour produire des données à distance. Sa vitesse permet de transmettre avec un débit de 64 kilobauds une page de format lettre (8,5 × 11 pouces) en moins d'une minute pour une transmission analogique et en 15 secondes pour une transmission numérique. Elle se présente donc comme une solution de remplacement ultrarapide des services postaux et se traduit, par conséquent, par une amélioration de l'image de l'organisation, du service à la clientèle et du temps de réaction des gestionnaires.

La carte modem-télécopieur

La carte modem-télécopieur peut être utilisée comme un télécopieur et aussi comme un modem. Elle peut donc faire ces deux opérations différentes avec le même équipement. Dans le cas du modem, elle envoie un document, tandis que dans le cas du télécopieur, elle envoie une image.

 ## CONCLUSION

Dans ce chapitre, nous avons vu que l'ordinateur interagit avec divers types de composantes. Ces composantes se divisent en trois catégories : les unités d'entrée, qui servent principalement à fournir des informations à l'ordinateur, les unités de sortie, par lesquelles l'ordinateur fait part de ses résultats à l'utilisateur et, enfin, les dispositifs d'entrée-sortie. Nous avons également vu les périphériques et la façon dont ces derniers fonctionnent.

Nous avons également examiné certains critères qu'il importe de prendre en considération lors de l'achat de matériel. Les différents appareils présentent des avantages et des inconvénients. C'est pourquoi une analyse préalable des besoins est essentielle dans le choix des périphériques, afin d'éviter toute déception.

► CAS 7.1
VOTRE AMI

Un de vos amis a un ordinateur 8088 avec 640 Ko de mémoire et deux lecteurs de disquettes reliés à un écran en couleurs de type CGA. Il voit que son appareil prend de l'âge, sans compter qu'il a entendu parler des nouvelles technologies que le marché des ordinateurs offre en ce moment. Or, il semble perplexe à l'idée de changer son appareil étant donné qu'il l'a payé, en 1983, 6 500 $. Mais vous êtes son ami et non pas un vendeur...

Votre tâche

Lui conseillerez-vous d'améliorer son équipement actuel ou d'en acheter un nouveau?

Amorce de solution

Vous devez considérer, dans votre recommandation, l'âge avancé de l'appareil en question. De plus, dans le choix d'un nouveau matériel, la sélection devrait tenir compte d'abord du budget de votre ami, puis de l'usage auquel il destine son micro-ordinateur. On ne recommande pas un avion supersonique comme moyen de transport au centre-ville.

► CAS 7.2
VOTRE CADEAU DE NOËL

Vos parents désirent vous offrir un micro-ordinateur pour Noël. Ils disposent d'un budget de 1 500 $ (taxes comprises).

Votre tâche

Que devez-vous recommander à vos parents comme un cadeau acceptable pour vous qui étudiez en administration? Apportez les justifications nécessaires, surtout si vous devez dépasser le budget.

► QUESTIONS

1. Décrivez les trois composantes d'un ordinateur.

2. Qu'est-ce qu'une mémoire?

3. Quels sont les deux types de mémoires?

4. Nommez deux périphériques d'entrée et décrivez leur rôle.

5. Quelles sont les trois sections d'un clavier?

6. Quels sont les deux types de souris?

7. Nommez deux périphériques de sortie et décrivez leur rôle.

8. Qu'est-ce qu'un pixel?

9. Énumérez les avantages et les inconvénients de l'imprimante à laser.

10. Qu'est-ce qu'un modem?

 8

Les logiciels

▷ OBJECTIFS

Après avoir lu ce chapitre et fait les cas à la fin de celui-ci, l'étudiant ou l'étudiante devrait être en mesure de :

1. Connaître les différentes catégories de logiciels et leurs caractéristiques respectives.

2. Définir le système d'exploitation, identifier différents systèmes et les décrire.

3. Définir un programme de service, en distinguer les catégories et connaître l'usage qu'on peut en faire.

4. Savoir ce qu'est un logiciel d'application et en connaître les différentes catégories.

5. Connaître certains critères permettant de choisir un logiciel.

▶ Introduction

Lorsqu'on parle de micro-ordinateur, il est essentiel de distinguer ses composantes fondamentales : le matériel et le logiciel. Le matériel est constitué des parties mécaniques et électroniques composant l'appareil; le logiciel est ce qui permet d'utiliser ces éléments physiques. Le logiciel est, en quelque sorte, l'intelligence de l'ordinateur, car il ne peut fonctionner sans lui.

L'utilisateur débutant éprouve la sensation d'avoir un contact direct avec l'ordinateur; il touche le clavier, voit ce que l'écran affiche, insère une disquette dans un lecteur de disquettes, lance un programme, etc.

Or, dans les faits, des éléments s'interposent entre l'utilisateur et la machine. L'ordinateur lui-même s'apparente à un meuble : il est sans vie, sans âme, sans intelligence. Pour être utile, il a besoin qu'on lui dise précisément ce qu'on veut qu'il fasse. Il a donc besoin d'indications. Toutefois, ces dernières doivent être organisées d'une façon particulière. L'ensemble de ces indications organisées s'appelle un **programme**. Divers langages (pascal, C, basic, etc.) servent à écrire les programmes. Un ensemble de programmes forme un **logiciel** (du mot «logique»). Par conséquent, l'ordinateur logique donne une intelligence à l'ordinateur physique.

Entre l'utilisateur et l'ordinateur physique, il existe généralement deux couches. La première est le système d'exploitation (ou logiciel de base) et l'autre, le logiciel particulier qui est utilisé; il peut s'agir, par exemple, d'un traitement de texte, d'un tableur, d'un système de gestion de base de données ou d'un logiciel de communication. Les logiciels sont formés de programmes qui emploient un langage particulier, habituellement le langage C.

Enfin, l'utilisateur dispose de divers logiciels de service qui complètent le système d'exploitation (des émulateurs de clavier, des logiciels de sécurité, des antivirus, etc.).

Le logiciel ne traite pas directement avec l'ordinateur physique; il passe par le système d'exploitation qui gère les composantes de l'ordinateur. Par exemple, l'utilisateur qui se sert du logiciel d'application WordPerfect doit savoir que, lorsqu'il appuie sur la touche de fonction [F5], le logiciel efface temporairement l'écran et affiche la liste des fichiers qui se trouvent dans le répertoire. En suivant une démarche complexe, c'est-à-dire quitter WordPerfect, retourner au système d'exploitation et utiliser les commandes CD et DIR, il aurait pu faire afficher les mêmes fichiers. WordPerfect lui simplifie la vie, néanmoins il a utilisé une commande du système d'exploitation pour parvenir au résultat attendu.

Les logiciels qui permettent de tirer profit de l'ordinateur (physique) se divisent en deux catégories : les logiciels d'exploitation et les logiciels d'applications (voir la figure 8.1).

▶ 8.1
Le système d'exploitation

Le système d'exploitation consiste dans l'ensemble des éléments de logiciels qui gèrent les ressources physiques de l'ordinateur pour que son utilisation soit plus efficace. Il facilite donc la tâche de l'utilisateur. Des logiciels de service l'accompagnent.

8.1.1
Le rôle du système d'exploitation

Le système d'exploitation est le premier intermédiaire entre l'utilisateur et l'ordinateur. C'est un logiciel composé d'un ensemble de programmes qui assurent le bon fonctionnement du système informatique : le clavier, l'écran, l'imprimante, la souris, etc. (voir la figure 8.2). Les programmes sont généralement écrits en langage d'assemblage ou en langage C, de façon qu'ils puissent être utilisés sur divers types d'équipement.

Le système d'exploitation gère l'activité et les ressources du système informatique. Tout comme un directeur général, il distribue le plus efficacement

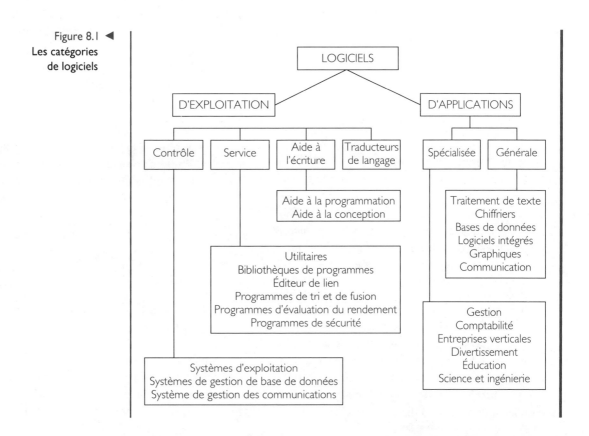

Figure 8.1 ◀
Les catégories
de logiciels

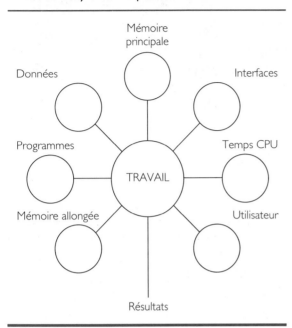

possible les traitements à effectuer aux différentes composantes tout en accomplissant lui-même certaines tâches.

Sans système d'exploitation, aucun ordinateur ou micro-ordinateur ne pourrait faire le travail qu'on attend de lui. C'est un contrôleur des divers mouvements de l'information qui détermine la séquence de toutes les opérations. Sans lui, le micro-ordinateur est paralysé; les indications des programmes d'applications ne peuvent être exécutées.

Les principales fonctions d'un système d'exploitation pour micro-ordinateur sont le transfert de données du clavier à la mémoire, puis de la mémoire à l'écran et à l'imprimante, l'échange des données entre la mémoire vive et le travail avec des lecteurs de disquettes. Il assure et dirige la communication entre ces différents périphériques. Par exemple, si on met un ordinateur en marche après

avoir débranché le clavier, un message est affiché, indiquant que quelque chose ne va pas avec le clavier.

Mais un système d'exploitation fait plus encore. Il sert à charger et à copier des programmes, à formater des disquettes vierges, à renommer, détruire, afficher, imprimer des fichiers, à afficher ou imprimer la liste des programmes, à s'enquérir de la mémoire disponible, etc. Certains systèmes d'exploitation (Unix, Novell, OS/2) créent et gèrent des files d'attente face aux ressources limitées qui sont demandées par plusieurs usagers simultanément ou dirigent les communications avec l'extérieur.

L'utilisateur qui travaille avec un micro-ordinateur qui n'est pas muni d'un disque rigide doit insérer la disquette contenant le système d'exploitation dans le lecteur A avant d'allumer l'appareil. Dans le cas d'un ordinateur pourvu d'un disque rigide, le système d'exploitation a préalablement été installé dans le disque rigide et il suffit d'allumer l'appareil pour qu'il soit chargé dans la mémoire vive de l'ordinateur et que commence son rôle de gestionnaire.

Le système d'exploitation sert aussi de lien entre les différents programmes d'applications. En effet, lorsque l'utilisateur demande à un programme d'application de lire un fichier sur disque ou sur disquette ou de sauvegarder un document, le programme envoie une commande au système d'exploitation qui exécute la tâche.

8.1.2
La diversité des systèmes d'exploitation

Chaque type de machine requiert un système d'exploitation qui lui est spécifiquement destiné, un système d'exploitation qui reconnaît son architecture et qui peut interagir avec elle. Par conséquent, chaque modèle de micro-ordinateur doit posséder son propre système d'exploitation.

Mais imaginons un marché où les constructeurs devraient concevoir des programmes qui fonctionneraient sur leurs propres machines; les ordinateurs ne pouvant communiquer entre eux, les utilisateurs deviendraient captifs des modèles qu'ils ont acquis parce qu'il n'existerait aucune compatibilité entre les divers appareils ni entre les logiciels. Quel inconvénient ce serait si, chaque fois qu'un utilisateur désire acquérir un ordinateur plus performant d'un autre fabricant de micro-ordinateurs, il devait renouveler tous les logiciels qui l'accompagnent!

C'est justement ce problème que pose la présence sur le marché des appareils de marque Apple qui sont incompatibles avec ceux de marque IBM. Ces appareils utilisent des systèmes d'exploitation différents et relativement incompatibles.

Pour remédier à ce problème, les concepteurs de systèmes d'exploitation, IBM en tête, et Microsoft, ont proposé des standards permettant aux fabricants de micro-ordinateurs de concevoir des appareils qui pourront utiliser le système d'exploitation DOS, ce qui permet d'harmoniser les efforts de développement en vue d'atteindre le même but: le rendement.

Cette normalisation a donc été un facteur important dans le développement technique des ordinateurs, et particulièrement des logiciels. En effet, l'utilisation d'un standard élimine tous les problèmes reliés à l'incompatibilité, ce qui permet aux concepteurs d'investir davantage dans la recherche, car ils peuvent espérer amortir leur investissement sur un plus grand nombre d'utilisateurs. De surcroît, ces derniers peuvent se servir des programmes qu'ils possèdent sur des marques différentes d'appareils.

L'utilisation de nombreux modèles de micro-ordinateurs favorise donc l'utilisateur. Par exemple, une personne qui travaille avec un ordinateur AT&T constatera que celui-ci fonctionne exactement comme un Mitsubishi. Bien que chaque modèle d'ordinateur se caractérise par une architecture qui lui est propre, il est conçu selon des données techniques standardisées qui, par l'intermédiaire du système d'exploitation, fournissent à l'utilisateur une interface commune, lui permettant de changer de machines et de logiciels.

Les systèmes d'exploitation les plus populaires sont, pour les ordinateurs IBM, MS-DOS, Unix et OS/2 et, pour les Macintosh, le logiciel système (version 7.0) et MultiFinder.

8.1.3
Le DOS

Le système d'exploitation MS-DOS (*Microsoft disc operating system*) est conçu exclusivement pour les micro-ordinateurs IBM et les compatibles (Microsoft est la firme qui commercialise MS-DOS). Ce système est créé pour s'adapter uniquement aux microprocesseurs de la série Intel (8088, 8086, 80286, 80386SX, 80386, 80486, 80486SX, 80586).

Le DOS est un système mono-usager et monotâche, c'est-à-dire qu'il ne fait qu'une chose à la fois. Il gère les fichiers; il peut en effet créer, copier ou renommer ceux-ci de même que les organiser en répertoires selon les besoins de l'utilisateur. Comme il est fait pour les micro-ordinateurs, il possède aussi des commandes pour la gestion des disquettes et des disques rigides: le formatage, la copie, le diagnostic de défectuosités, la comparaison, etc.

L'interface utilisateur

L'un des principaux défauts des premières versions du DOS (antérieures à la version 4.0) est qu'elles fournissaient une interface utilisateur très primaire. Elles n'affichaient que les caractères de sollicitation A> ou C> pour indiquer que le système était prêt à recevoir une commande et n'offraient aucun système d'aide à l'écran. L'utilisateur devait donc connaître les commandes permettant d'exécuter les fonctions du DOS, ce qui constituait un inconvénient majeur pour celui qui ne se servait que très irrégulièrement de son ordinateur. Ce problème a été corrigé, comme on le voit dans la figure 8.3.

Relevant le défi de la facilité d'utilisation, IBM a mis au point, en collaboration avec Microsoft, une interface utilisateur plus accessible avec la version 4.0 du DOS. Il suffit de sélectionner une option, à l'aide des touches du clavier, pour qu'elle soit exécutée par le système. D'autre part, Microsoft a conçu un programme de service qui vient combler cette lacune : Windows. Désormais, à l'aide du clavier ou d'une souris, l'utilisateur n'a qu'à indiquer, en les pointant, les opérations qu'il désire effectuer.

Bref, face à la popularité grandissante des produits Apple qui offrent une interface utilisateur très facile à utiliser, les fabricants de systèmes d'exploitation ont été contraints d'offrir aux utilisateurs les produits qu'ils réclamaient. On assiste donc à une « guerre » entre Microsoft et Apple ; cette dernière accuse Microsoft d'avoir plagié, avec Windows, l'interface du Macintosh. Des poursuites ont d'ailleurs été intentées à cet effet. D'autre part, IBM, en collaboration avec Microsoft, a fourni un effort avec la version 4.0 du DOS. Il en est de même pour Unix qui fait une tentative dans ce sens.

Les versions du DOS

Il existe plusieurs versions du DOS ; chacune améliore la précédente. Voici leurs principales caractéristiques :

— La **version 1.1** permet de gérer un système à 2 lecteurs de disquettes de 360 Ko.

Figure 8.3 ◄
L'écran du logiciel
Direct Access

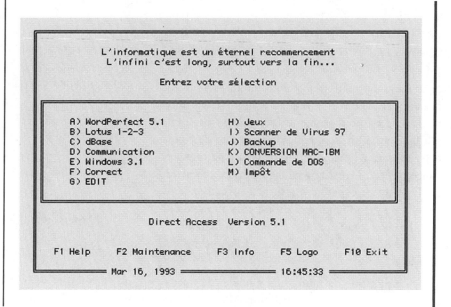

— La **version 2.11** permet de gérer un système muni d'un disque rigide et un lecteur de disquettes de 360 Ko; elle est conçue pour les PC-AT.

— La **version 3.0** permet de gérer un système à disquettes de 1,2 Mo; elle est conçue pour les PC-AT.

— La **version 3.1** permet au système de travailler en réseau.

— La **version 3.2** permet au système de travailler avec un réseau à jetons et avec des disquettes de 3,5 pouces de 720 Ko.

— La **version 3.3** permet au système de travailler avec des disquettes de 3,5 pouces de 1,44 Mo.

— La **version 4.0** simplifie l'utilisation du DOS à l'aide d'une interface utilisateur qui affiche des menus où il est possible de choisir une commande DOS et de l'exécuter.

— La **version 5.0** comble en grande partie les lacunes pour ce qui est de l'aide à l'utilisateur par rapport à chacune des commandes. Cette version du DOS accepte les disquettes 3,5 pouces de 2,88 Mo. L'apport le plus évident de cette version est la gestion de la mémoire. Le DOS 5.0 peut laisser presque inutilisés les 640 premiers octets de mémoire vive lorsqu'on installe certains programmes contenant entre 640 Ko et 1 Mo, ce qui permet de disposer de plus de mémoire pour les logiciels.

— La **version 6.0** permet de compresser le disque rigide de façon à pouvoir doubler sa capacité.

8.1.4
Le OS/2

En 1987, IBM lançait sa nouvelle génération de micro-ordinateurs personnels, les Personal Systems/2 ou PS/2, et le système d'exploitation conçu pour ces appareils, le Operating System/2 ou OS/2. La principale caractéristique de ce système d'exploitation est qu'il s'agit d'un système mono-usager multitâche. Il a été mis au point conjointement par IBM et Microsoft, IBM nommant sa version IBM OS/2 (version étendue) et Microsoft, MS OS/2 (version standard). La version standard peut être utilisée avec des appareils compatibles OS/2, tandis que seuls les ordinateurs IBM peuvent recevoir la version étendue. La dernière version a été conçue pour les microprocesseurs Intel 80286 et 80386.

OS/2 est un système modulaire pouvant travailler dans un environnement multitâche. Il est composé d'un ensemble de logiciels capables de gérer efficacement le fonctionnement d'un système; il peut prendre en charge différentes tâches micro-informatiques, telles que l'exploitation générale (avec le DOS, par exemple), la communication, la base de données et la présentation de fichiers.

Le cœur des deux versions OS/2, le module Gestionnaire de présentation (Presentation Manager), comporte une interface utilisateur facile à utiliser qui ressemble à Windows à cause de l'utilisation de la souris, des menus déroulants, des fenêtres superposées en cascade qui se réduisent en icônes, etc. Le module Database Manager est une base de données relationnelle, comparable à la base de données DB2 utilisée dans les gros ordinateurs IBM, compatible avec le langage SQL. Le module Lan Requestor contient des programmes de gestion d'un réseau local qui établit les liaisons entre différents appareils autonomes. Le module Communication Manager gère les communications avec les ordinateurs centraux et avec l'extérieur. De nombreux programmes de service sont également intégrés au OS/2.

Les capacités multitâches du OS/2 permettent de lancer plusieurs programmes d'applications à la fois. Par exemple, un traitement de texte peut effectuer la vérification orthographique d'un texte, un tableur exécuter une macrocommande, un programme de communication récupérer des données qui seront imprimées et l'utilisateur interroger une base de données, tout cela simultanément. Chaque programme qui a été préalablement mis en service à l'aide du démarreur de logiciels Start Program vient placer sa fenêtre sur la précédente. En cliquant sur la souris, l'utilisateur passe d'un programme à l'autre, sans autre manipulation. Finies les opérations de sauvegarde, de sortie et d'appel d'un nouveau programme pour changer d'application.

Seuls les programmes conçus sous OS/2 peuvent utiliser la puissance multitâche de OS/2. Les programmes conçus sous DOS ne peuvent être exécutés qu'un à la fois. Si un programme en mode OS/2 est lancé lorsqu'un programme en mode DOS est en mémoire, ce dernier est alors interrompu. Les programmes OS/2 ne peuvent fonctionner en mode DOS, et les programmes DOS ne peuvent fonctionner en mode OS/2.

8.1.5
Le logiciel système de Macintosh

Le système d'exploitation Macintosh est conçu pour fonctionner exclusivement avec les appareils Macintosh. Il découle des recherches effectuées par Xerox PARC et Apple's Lisa Computer, qui ont mis au point une interface utilisateur (le Bureau) qui s'articule sur un langage iconographique. Chaque icône représente une fonction, et, à l'aide d'une souris, l'utilisateur pointe et clique pour commander l'exécution d'une opération.

Le système d'exploitation comprend plusieurs modules : le QuickDraw, qui offre la possibilité de dessiner et d'écrire à l'écran ; le Switcher, qui permet de stocker dans la mémoire vive jusqu'à quatre programmes différents et de passer de l'un à l'autre en un simple « clic » de souris ; le Finder, qui permet à l'utilisateur de regrouper les fichiers de façon différente et de réorganiser les groupes.

Macintosh offre aussi le MultiFinder, un système d'exploitation multitâche.

8.1.6
L'environnement Windows

Windows, qui constitue une innovation dans l'environnement de travail offert aux utilisateurs d'un système IBM ou d'un système compatible avec lui, propose un environnement semblable à celui qui est offert aux utilisateurs de Macintosh. Cet environnement est visuel, à la différence de celui du système d'exploitation DOS, qui est textuel. Le logiciel Windows assure une gestion directe des fichiers, des disquettes, du disque rigide, bref de tout ce que l'on désire gérer sans passer par le MS-DOS.

L'efficacité du Windows est grande avec un équipement muni d'un microprocesseur 386 à 33 MHz minimum. Le logiciel Windows a apporté les améliorations suivantes aux logiciels :

- L'interface offre un meilleur dialogue grâce à la standardisation de la procédure et des manipulations.

- Les graphiques sont mieux affichés à l'écran ; il existe une possibilité de travailler en WYSIWYG (*what you see is what you get*) ; la gestion des jeux de caractères et des couleurs est meilleure.

- Sur le plan de l'exploitation, il y a une centralisation de certaines tâches qui sont faites à la place du logiciel d'application (par exemple, c'est Windows qui gère les commandes d'impression et non le logiciel de traitement de texte) ; il y a aussi le multifenêtrage et la multiapplication, c'est-à-dire l'utilisation en apparence simultanée de plusieurs logiciels en alternance.

Voici les 10 principales fonctions du logiciel Windows :

1. Il utilise le gestionnaire de programmes.

2. Il déclare une modification de la configuration du micro-ordinateur.

3. Il change un fichier associé à un programme.

4. Il passe d'une application à une autre.

5. Il dirige l'impression.

6. Il enregistre des macro-instructions.

7. Il personnalise les fichiers d'aide.

8. Il pose les paramètres du mode 386 étendu.

9. Il modifie les fichiers de paramètres.

10. Il adapte les fichiers PIF.

Le tableau 8.1 résume les avantages et les inconvénients des différents systèmes d'exploitation.

▶ 8.2
Les programmes de service

8.2.1
Rôle et description

Les programmes de service sont des programmes spécialisés qui exécutent des protocoles et des fonctions répétitives ou qui contiennent des données de toutes sortes pouvant être récupérées et insérées dans une application.

Les utilitaires sont des programmes qui viennent enrichir et automatiser les fonctions de base d'un système d'exploitation. Ainsi, ils peuvent

▶ Tableau 8.1
Les systèmes d'exploitation

	Avantages	Inconvénients
DOS	Standard Travail avec Intel Très grand nombre d'applications	Monotâche Apprentissage difficile Mauvaise gestion des réseaux Difficulté de relier les périphériques
UNIX	Multitâche Réseau très puissant Vitesse d'exécution Interface facile Sécurité (accès limité)	Non standard Non compatible
FINDER	Complète transparence Facilité d'utilisation Ouverture possible de plusieurs programmes à la fois Réseau Représentation comme un bureau	Conception pour le Macintosh Difficulté de le programmer car on doit connaître les particularités du Finder
OS/2	Multitâche Intel 286-386 Interface facile Réseau	Non standard Nouveau Logiciels peu nombreux

assurer la transformation du clavier (de l'anglais au français), le tri et la fusion, la récupération de fichiers effacés par erreur ou endommagés, la recherche dans les répertoires, la protection de fichiers, la sélection des couleurs d'affichage et l'exécution de nombreuses autres tâches impossibles à effectuer seulement avec le système d'exploitation et qui peuvent être très utiles. Les utilitaires permettent en outre de gérer les données sur disque et de faire le « ménage » dans un disque rigide.

D'autres logiciels assistent le système d'exploitation dans la gestion d'équipements spécifiques ajoutés au micro-ordinateur. C'est le cas de la carte d'expansion de mémoire qui a besoin d'un programme spécialisé pour que l'ordinateur puisse travailler efficacement avec son « greffon », ou encore du programme de communication qui permet d'utiliser un modem.

Certains utilitaires sont des programmes résidants. Un programme résidant est un programme qui demeure constamment chargé dans la mémoire vive de l'ordinateur et qui effectue des tâches sans que l'utilisateur ait à intervenir. On distingue deux types de programmes résidants : les résidants proprement dits et les « apparitions » (*pop-ups*). Les premiers peuvent effectuer des tâches particulières comme la reconfiguration du clavier. Quant aux seconds, ce sont des programmes auxquels l'utilisateur peut avoir recours en tout temps, comme un agenda électronique ou un bottin.

Voici certains utilitaires qui ont fait leur marque.

8.2.2
Norton Utilities

Norton Utilities est un ensemble de programmes mis au point par Peter Norton et son équipe. Norton est un nom à retenir en informatique puisque M. Norton et son équipe travaillent depuis quelques années à « démystifier » l'ordinateur personnel. Ils ont en outre créé près d'une centaine d'utilitaires d'entretien.

Norton Utilities est composé d'une trentaine d'utilitaires auxquels on peut accéder depuis le menu Norton Integrator. Comme l'indique la figure 8.4, ce menu donne la liste des options sur le côté gauche de l'écran et fournit pour chacune d'elles une description sur le côté droit de l'écran.

8.2.3
PCTools Deluxe

PCTools Deluxe se présente comme une imitation plus ou moins conforme du bureau d'un ordinateur Macintosh. Le programme se compose de différents modules, dont PCShell, qui permet de gérer les fichiers des disquettes ou du disque rigide, et Desktop, qui permet de choisir, à partir d'un menu, certaines options.

8.2.4
SideKick Plus

SideKick Plus est un programme résidant susceptible d'intéresser les personnes qui ont la fâcheuse habitude d'égarer certaines informations dont ils ont besoin. Par exemple, supposons qu'un utilisateur écrive une lettre à une personne dont il a oublié l'adresse. S'il se sert de SideKick Plus comme carnet d'adresses, il n'a qu'à appuyer simultanément sur les touches ALT et CTRL pour accéder au menu de SideKick et choisir l'option Phonebook. Lorsqu'il a trouvé l'information recherchée, il appuie sur ESC pour revenir au traitement de texte et y inscrire son information.

8.2.5
CopyWrite

CopyWrite est un logiciel utilitaire créé par Quaid Software Ltd. Il ne nécessite qu'un lecteur

Figure 8.4 ◀
Le logiciel
Norton Utilities

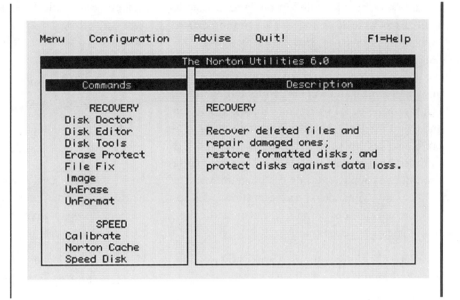

```
  Menu     Configuration    Advise    Quit!            F1=Help

                    The Norton Utilities 6.0

    Commands                          Description

          RECOVERY              RECOVERY
    Disk Doctor
    Disk Editor                 Recover deleted files and
    Disk Tools                  repair damaged ones;
    Erase Protect               restore formatted disks; and
    File Fix                    protect disks against data loss.
    Image
    UnErase
    UnFormat

          SPEED
    Calibrate
    Norton Cache
    Speed Disk
```

de disquettes et un ordinateur compatible de 360 Ko de mémoire vive (RAM). Ce logiciel permet de copier la plupart des logiciels qui fonctionnent dans un environnement MS-DOS. Son utilisation est des plus faciles; il suffit de sélectionner la fonction désirée et d'appuyer sur la touche de retour. De plus, un aide-mémoire est affiché dans la partie gauche de l'écran.

▶ ## 8.3
Les logiciels d'applications

Les logiciels d'applications sont des programmes destinés à effectuer des traitements non élémentaires en vue de procurer un résultat (*output*) propre à une application. Ils permettent d'utiliser les fonctions de l'ordinateur pour résoudre des problèmes ou pour accomplir des travaux déterminés. On les appelle ainsi parce qu'ils exécutent des traitements directement reliés à un domaine d'ap-

plication (la comptabilité ou le traitement de texte, par exemple).

Un logiciel d'application peut être acheté ou écrit par l'utilisateur. Des milliers de programmes d'applications sont susceptibles de répondre aux milliers de tâches différentes qu'un utilisateur peut demander à un ordinateur d'accomplir.

Les logiciels d'applications peuvent être classés selon la typologie proposée par O'Brien, soit les applications générales, les applications de gestion, les applications scientifiques et les applications diverses. Dans les prochaines pages, nous décrirons quelques logiciels parmi les plus populaires.

8.3.1
Les programmes d'applications générales

Les programmes d'applications générales (progiciels) ont été conçus pour accomplir un large éventail de tâches : la planification, la rédaction, le calcul, le stockage de données et la communication. L'une des principales caractéristiques des programmes d'applications générales est qu'à chaque type de tâche correspond un programme adapté dans un champ d'application donné. Par exemple, l'utilisateur peut, à l'aide d'un tableur, aussi bien concevoir un budget de caisse que produire un rapport d'analyse des ventes. Le logiciel répond aux multiples besoins des utilisateurs. C'est pour cette raison que les applications de ces programmes sont qualifiées de « générales », par opposition à des applications spécialisées dans un travail en particulier, tel un logiciel de statistiques.

Parmi les programmes d'applications générales, mentionnons :

- les logiciels de traitement de texte (comme WordPerfect);
- les logiciels d'édition;
- les tableurs (par exemple, Lotus);
- les systèmes de gestion de bases de données (comme dBase);
- les logiciels de graphisme (comme Harvard Graphics);
- les logiciels de communication (tels que Procom);
- les logiciels intégrés (comme Symphony).

Les logiciels de traitement de texte

Le traitement de texte permet d'automatiser la création, l'édition et l'impression de documents de toutes sortes, depuis la note de service jusqu'à l'ouvrage entier. Le texte stocké en mémoire peut être révisé à l'écran et réimprimé autant de fois qu'on le désire. Plusieurs logiciels de traitement de texte possèdent des fonctions de soutien de la conception, telles qu'un correcteur orthographique, un dictionnaire de synonymes et d'antonymes, un cor-

recteur grammatical ou un programme de conjugaison de verbes, ou encore des fonctions de fusion d'adresses. Parmi ces traitements de texte, on trouve les suivants :

- Word, de Microsoft;
- WordPerfect, de WordPerfect;
- Ami Professionnel, de Lotus;
- MacWrite II, de Claris.

Il existe également des programmes utilitaires qui viennent enrichir les programmes de traitement de texte auxquels il manque des fonctions. En voici quelques-uns :

- Hugo Plus, version 5, de Logidisque;
- Hugo Plus pour Windows, de Logidisque;
- Le Grammairien;
- Collins On-Line, version 2;
- Correct Grammar;
- Azertycil, version 4.

La mise en pages et l'édition

Les éditeurs électroniques sont des logiciels qui permettent de faire de l'édition électronique maison. Ils servent à la préparation de documents de facture professionnelle comportant différents types et grosseurs de caractères, à l'intégration d'illustrations, de graphiques et de texte, à l'insertion de motifs, de bordures et d'autres « fioritures ». Ils permettent la conception d'une simple affiche aussi bien que de la maquette finale d'un livre de 400 pages incluant des illustrations. Voici quelques noms :

- PageMaker;
- Ventura Publisher, version 3.0;
- DesignStudio;
- QuarkXpress.

8.3.2
Les tableurs

Les tableurs, souvent appelés «chiffriers électroniques», sont conçus pour l'analyse, la planification et la simulation. Le tableur représente un outil de remplacement du crayon, de la calculatrice et de la feuille de travail. Il produit une feuille de calcul électronique constituée de lignes et de colonnes, grâce à laquelle on peut construire et analyser des modèles financiers, des budgets, des rapports de vérification, effectuer des analyses de sensibilité et tout autre travail nécessitant des calculs. Le tableur permet de créer sans peine des graphiques et des rapports de qualité.

Les versions récentes des logiciels possèdent des caractéristiques de plus en plus intéressantes. Elles offrent en effet :

- la production de feuilles à trois dimensions ;
- l'accès à des bases de données externes, par Datalens ;
- la présentation graphique interactive ;
- la compression automatique.

Le logiciel permet d'imprimer dans tous les formats de styles selon la technologie de WYSIWYG. Mentionnons les logiciels suivants :

- Lotus 1-2-3 (versions 2.4 et 3.1 en DOS et en version Windows), de Lotus ;
- Quattro Pro, version 3.01, de Borland ;
- Excel (versions Mac et Windows), de Microsoft.

8.3.3
Les systèmes de gestion de bases de données

Les gestionnaires de bases de données permettent de créer, d'interroger, de manipuler des fichiers contenant des informations, par exemple des listes de clients et des inventaires. Parmi les divers produits, citons :

- dBase IV, d'Ashton-Tate ;
- Clipper, version 5.01, de Nantucket Corp. ;
- FoxPro, version 2.0, de Fox Software ;
- Paradox, de Borland ;
- Knowledgeman, version 3.0 ;
- Q & A, version 4.0, de Symantec ;
- R-Base 3.1, de Microrim ;
- Simage, version 3.0.
- Superbase 4 pour Windows ;
- FormBase 1.1, de Ventura Software ;
- dBz ;
- Ingres ;
- Oracle, de Oracle Corporation ;
- FileMaker Pro, de Claris.

8.3.4
Les logiciels de graphisme

Les logiciels de graphisme permettent de transformer des données numériques en graphiques XY, en graphiques sectoriels ou en histogrammes qui pourront être imprimés à l'aide d'une imprimante ou d'un traceur. Parmi les principaux logiciels de graphisme, citons :

- les logiciels de présentation tels que :
  — Harvard Graphics (IBM-DOS et Windows), de Software Publishing Corp. ;
  — Draw Partner (IBM-DOS), de Software Publishing Corp. ;
  — Powerpoint (Macintosh), de Microsoft ;
  — CorelDraw (IBM-DOS), de Corel Système ;
  — NewWave (IBM et Windows), de Hewlett ;
  — Freelance Graphics, de Lotus Development Corp. ;

- les logiciels de dessin technique tels que :
  — AutoCad (IBM et Macintosh), d'Autodesk ;
  — MacDraw ;
  — PC-Paint ;
  — MacPaint.

Les logiciels de dessin technique les plus connus de la catégorie précédente sont certainement AutoCad et toute la série de Cad que la compagnie Autodesk a mis au point pour des usages très particuliers.

AutoCad est le logiciel le plus universel, le plus populaire et l'un des plus puissants. Depuis la nouvelle version 11, il donne un rendement jusque-là réservé aux logiciels pour mini-ordinateurs. Logiciel d'application générale, il convient à tous les domaines. Il intègre un interpréteur de programmes (AutoLISP). Un nouveau module intégré, AMElite, permet la création d'entités en représentation solide. Sa base de données en double précision le rend très précis, mais elle le ralentit ; cela peut le désavantager par rapport à certains logiciels plus rapides mais qui n'offrent pas autant de précision. Il est plus performant lorsqu'on l'accompagne de modules spécialisés.

8.3.5
Les logiciels de communication

Les logiciels de communication permettent de relier deux ordinateurs personnels, par ligne téléphonique, et d'échanger des données ou de communiquer avec des banques de données publiques (comme The Source et CompuServe).

Parmi les nombreux logiciels de communication qu'on trouve, mentionnons les suivants :

- ProComm, de Datastorm Technologies ;
- Crosstalk, de Microstuf ;
- Smartcom II, de Hayes Microcomputer Product ;
- LanFax Redirector, d'Alcom Corp. ;

- Télix, d'Exis inc. ;
- Qmodem, de Mustang Software ;
- PC-Talk, de Headlands Communication ;
- Microsoft Access, de Microsoft.

Comme on le voit, le marché des logiciels de communication est vaste. Il reste néanmoins limité quant au contenu des logiciels qui l'occupent. Quatre principaux logiciels de communication se font concurrence, soit Télix, Crosstalk, Qmodem et ProComm. Ces logiciels se différencient surtout sur le plan des écrans. En effet, tandis que Crosstalk présente des écrans simples et sans finition, ProComm et Télix fonctionnent à l'aide de menus, et la qualité de leurs écrans en fait des logiciels plus ergonomiques que Crosstalk. La différence entre Télix et ProComm est que ce dernier ne possède pas les protocoles plus avancés et que ses possibilités de programmation sont très restreintes. Télix est distribué aux abonnés des principaux réseaux (par exemple, CompuServe) par voie Shareware pour essai.

8.3.6
Les logiciels intégrés

Les logiciels intégrés sont des logiciels multifonctions qui combinent au moins deux fonctions distinctes et qui sont capables de partager des données communes à ces fonctions. Certains programmes intégrés incluent les fonctions de tableur, de base de données, de traitement de texte, de graphisme et de communication, notamment les logiciels Framework et Symphony. Un logiciel intégré présente l'avantage de disposer d'une seule base de données pour chaque application. Il est possible d'utiliser les mêmes informations d'une application à une autre, ce qui n'est pas le cas lorsqu'on recourt aux logiciels d'applications distincts ; dans cette situation, les fichiers créés sous un programme d'application ne peuvent pas toujours être utilisés avec un autre logiciel, ou, s'ils peuvent l'être, ils exigent plus de manipulations.

Comment expliquer que les logiciels intégrés ne soient pas tellement répandus? C'est qu'aucun logiciel intégré n'a la puissance d'un logiciel doté d'une seule fonction. Par exemple, le traitement de texte de Framework n'a pas la puissance d'un bon logiciel de traitement de texte, bien qu'il puisse convenir à la mise en pages de documents très simples. Dès qu'une mise en pages plus sophistiquée s'avère nécessaire (lorsqu'on a besoin de l'aide d'un dictionnaire ou lorsqu'on veut créer des colonnes de texte, par exemple), il faut un autre logiciel spécialisé. Voici quelques produits:

- Symphony, de Lotus Development Corp.;
- Framework, d'Ashton-Tate;
- Work (versions DOS et Windows), de Lotus;
- The Smart System, d'Innovative Software;
- Ability, de Migent;
- Enable, de The Software Group.

8.3.7
Les programmes d'applications reliées à la gestion

Parmi les logiciels d'applications spécialisées, certains sont conçus pour accomplir des tâches particulières de gestion. Grâce à ces logiciels, de nombreuses tâches simples ou complexes peuvent être effectuées.

Les applications comptables

Les programmes d'applications comptables servent à traiter des informations et des données comptables. On trouve dans cette catégorie des logiciels de tenue des livres et de comptabilité générale. Les principales fonctions d'un logiciel comptable sont la tenue du grand livre et la production des états financiers, la gestion des comptes

clients et des comptes fournisseurs, la facturation, l'inventaire, la paie (voir la figure 8.5). Retenons comme exemples:

- Fortune 1000;
- Simple Comptable (Bedford);
- Quicken, de Microsoft;
- Accpac Plus, de Computer Associates;
- Avantage.

Le logiciel de fiscalité

Le printemps n'est pas seulement synonyme de renouveau et de verdure. C'est aussi la saison de l'impôt, ce qui signifie, pour plusieurs d'entre nous, quelques belles soirées à faire des calculs et à pester contre l'aridité des formulaires à remplir et la complexité des règles à comprendre. La capacité de calcul et de traitement de votre micro-ordinateur peut cependant être mise à profit pour vous adoucir la tâche.

Quelques fabricants de logiciels offrent des produits qui n'entraînent pas nécessairement des remboursements d'impôt plus importants, mais qui ont l'avantage de soulager des maux de tête. Parmi ces produits, nommons les suivants:

- IMPÔT LAZER;
- L'IMPÔT personnel;
- PC-IMPÔTS.

La gestion de projet

Par définition, un projet est un ensemble d'activités ayant pour but la réalisation d'un ou de plusieurs objectifs. Puisque ce type d'exercice est toujours soumis à certaines contraintes en ce qui touche le temps, les ressources matérielles et humaines ou le budget, il est impératif de définir les activités afin qu'elles soient accomplies selon un ordre rigoureux et avec les ressources adéquates.

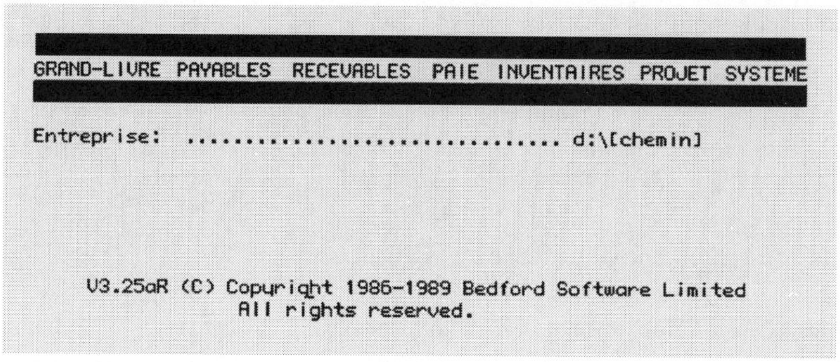

Figure 8.5 ◄
Le logiciel
Simple Comptable

```
GRAND-LIVRE PAYABLES RECEVABLES  PAIE  INVENTAIRES PROJET SYSTEME

Entreprise: ............................. d:\[chemin]




         V3.25aR (C) Copyright 1986-1989 Bedford Software Limited
                       All rights reserved.
```

Un logiciel de gestion de projet possède diverses fonctions :

Automatic Resource : résout les conflits de ressources pouvant se présenter entre les projets.

Histogramme : représente par des rectangles les différentes fluctuations.

Project and Resource Calendar : présente à l'écran les dates importantes.

Networking : permet de partager des données tout en tirant avantage des fichiers protégés.

Cost/Schedule : permet de comparer l'argent investi dans le projet jusqu'au moment présent au coût projeté total afin d'apporter, s'il y a lieu, certaines rectifications.

Analyse de probabilités : permet de déterminer la meilleure issue et la pire issue pour le projet et, finalement, la durée la plus probable.

Rapports : permet de produire des rapports sommaires ou détaillés sur les tâches, les ressources, les interruptions de travail, etc.

Un logiciel de gestion de projet permet de planifier les différentes étapes de la production d'un projet, d'établir un calendrier de production qui tient compte de plusieurs contraintes, de vérifier rigoureusement l'évolution des projets en matière de temps d'exécution et de coûts. Il permet également de comparer rapidement et périodiquement les coûts réels aux prévisions établies et d'apporter des corrections tout au long du déroulement du projet. Voici quelques logiciels de gestion de projet :

• SuperProject Expert, de Computer Associates ;

• Ontarget, de Symantec ;

• CA SuperProject, de Computer Associates ;

• Project Workbench, d'Applied Business Technology ;

• MS Project pour Windows, de Microsoft ;

• MS Project, de Microsoft ;

• Harvard Project Manager, de Software Publishing.

Les systèmes d'aide à la décision

Le groupe des systèmes d'aide à la décision comprend des logiciels capables d'effectuer diverses opérations, telles que le calcul hypothécaire, l'amortissement, l'analyse financière, la gestion de portefeuille et l'analyse boursière, la gestion prévisionnelle et la gestion des immobilisations. Voici quelques produits :

- Dow Jones Market Manager Plus, de Dow Jones & Co.;
- Dow Jones Market Analyser, de Dow Jones & Co.;
- Managing Your Money, d'Andrew Tobias.

Les systèmes experts

Les systèmes experts sont des programmes destinés à simuler le raisonnement humain des experts dans un domaine de connaissances donné. Ils permettent d'imiter la démarche d'un expert pour résoudre un problème relevant de sa compétence.

Le savoir spécialisé et l'expérience sont incorporés au système. L'utilisateur pose des questions et obtient des réponses suivant l'information stockée dans la base de connaissances qui compose le système expert. Voici quelques systèmes experts pour des applications de gestion :

- Ptrans, mis au point par Digital Equipment et l'université Carnegie-Mellon;
- Apex, d'Applied Expert Systems;
- Folio, de l'université Stanford;
- Expert Ease, d'Export Software International.

Les logiciels de statistiques

Les logiciels de statistiques peuvent traiter un important volume de données numériques et produire des analyses statistiques. Mentionnons les logiciels suivants :

- SPSS+, de SPSS Inc.;
- Statistix, de NH Analystical;
- Grapher, de Golden Software.

Les applications diverses

Les programmes d'applications diverses touchent de multiples domaines. Citons, à titre d'exemple, les finances personnelles, la formation, l'organisation d'idées et la gestion d'informations personnelles.

Les finances personnelles

Il existe différents produits sur le marché qui permettent à l'utilisateur inexpérimenté de gérer son budget personnel sans qu'il ait besoin d'un logiciel de comptabilité compliqué. Voici quelques produits :

- Dollars and Senses, de Monogram;
- PC Professional Finance Program II, de Best Programs Inc.;
- Traveling Sidekick, de Borland.

La formation

En ce qui concerne la formation des utilisateurs, on trouve des logiciels d'apprentissage portant sur des sujets variés. Signalons certains logiciels :

- TLS, de Total Learning Systems Inc.;
- Training Power Series, d'American Training International;
- Typing Tutor III, de Simon & Schuster;
- Cdex Corporation Serie, de Cdex Corp.;
- Professeur DOS, d'Individual Software.

L'organisation d'idées

Un logiciel d'organisation d'idées aide l'utilisateur dans les premières phases de l'élaboration d'un texte. Il permet de produire un plan et de le modifier au fur et à mesure que l'idée se précise. L'utilisateur peut ajouter progressivement des éléments au plan; les idées s'insèrent aux bons endroits lorsque ce dernier est modifié. Voici quelques produits :

- ThinkThank (IBM), de Living Videotext;

- Ready, de Living Videotext;

- MaxThink, de MaxThink Inc.

La gestion d'informations personnelles

Les logiciels Personal Information Manager (PIM) sont spécialisés dans l'organisation de l'information. La particularité de ces programmes est qu'ils permettent non seulement d'entrer des bribes d'informations, mais également de créer des liens ou des relations entre ces objets. Parmi ces logiciels, le plus connu est Lotus Agenda.

▶ 8.4
Les langages de programmation

Les logiciels d'applications, les utilitaires et même le système d'exploitation sont écrits en langage de programmation.

Les logiciels transmettent à l'ordinateur des instructions pour que celui-ci exécute une tâche quelconque; ils sont conçus dans un langage facilement compréhensible par l'humain; ce langage est dit évolué, car il se rapproche du langage courant. Par exemple, le pascal, le fortran, le basic et le langage C sont des langages évolués. Cependant, l'ordinateur est incapable de lire directement de tels langages, car seul le langage lui permet de comprendre un programme. Des programmes ont donc été mis au point pour traduire dans un langage adapté à l'être humain les programmes en langage machine.

▶ 8.5
Les virus

8.5.1
L'origine des virus informatiques

Les virus informatiques sont apparus en 1948. Au départ, il s'agissait d'une trouvaille algorithmique de John von Neumann. Il avait réussi, à l'époque, à amener les lignes de codes à se reproduire d'elles-mêmes. Puis, dans les années 70, des esprits malfaisants s'emparèrent de cette idée et conçurent les premiers virus informatiques.

8.5.2
Qu'est-ce qu'un virus informatique ?

Un virus informatique est un petit programme nuisible qui, à l'image d'un virus microbiologique, a malheureusement tendance à se reproduire dès qu'on lui en donne l'occasion. Le virus se loge généralement (temporairement ou non) dans la mémoire vive (RAM) dès que l'utilisateur lance un programme infecté ou dès qu'une disquette (ou un disque rigide) porteuse d'un virus est insérée dans le lecteur. Quoique le fait d'insérer une disquette système infectée soit la plus grande cause de contamination, une simple commande du genre DIR suffit souvent à propager le virus. Ce dernier a alors la possibilité d'introduire une copie exacte de lui-même dans un programme ou une disquette; il ne lui reste plus qu'à attendre la date, l'heure, la séquence ou l'opération qui déclenchera la catastrophe. Bref, un virus informatique est un programme doté d'une indication nocive qui attend la réalisation d'une condition déterminée à l'avance pour faire éclater une bombe logique.

Pour être considéré comme un germe pathogène, un virus informatique doit posséder les caractéristiques suivantes :

- être capable de modifier des logiciels extérieurs et d'y inscrire ses propres instructions; cette modification touche au moins un groupe de programmes;

- être capable de reconnaître un logiciel déjà modifié; il s'interdit alors de procéder à une nouvelle modification.

Un logiciel infecté présente les caractéristiques précédentes et commence à transmettre le virus aux autres programmes.

8.5.3
Les modes de propagation des virus

La propagation du virus s'effectue selon deux modes : l'ajout et la superposition.

Le virus d'ajout s'insère au début d'un programme et en augmente la taille. Le virus initial est alors lancé avant le programme et cherche généralement à contaminer d'autres programmes en y laissant une empreinte qu'il pourra par la suite reconnaître. Le programme peut fonctionner correctement, mais il est possible de repérer une modification dans la taille du fichier.

Le virus de superposition s'insère lui aussi au début du programme, mais il n'en augmente pas la taille; il se substitue à des instructions contenues dans le programme. Il agit comme le virus d'ajout. Cependant, le programme ne fonctionne plus très bien, car une partie des instructions est effacée. Le virus devient la première indication qui s'exécute lorsqu'on lance un programme infecté. Il contamine d'abord les logiciels qui ne contiennent pas sa signature, puis il vérifie la présence d'une condition déterminée à l'avance pour « décider » s'il commettra ou non son méfait.

8.5.4
La spécificité des virus

Les virus créés jusqu'à ce jour sont propres à une famille d'ordinateurs. En effet, un virus est habituellement stocké en langage machine, donc en un langage propre à une catégorie d'ordinateurs. Par exemple, le virus Israëli, découvert à l'Université de Jérusalem, n'est nocif que sur les ordinateurs de type IBM. Il est absolument inoffensif pour des appareils de marque Apple ou Commodore et pour des ordinateurs centraux. Il n'y a, d'autre part, aucune raison de craindre les transferts par modem lorsqu'il s'agit de types différents d'ordinateurs. Par contre, lorsque la communication met en présence des appareils du même type, il faut être très prudent.

Sur les Macintosh, les IBM et beaucoup d'autres appareils, les virus s'attaquent d'abord aux fichiers du système d'exploitation. Ils s'y installent confortablement et s'amusent ensuite à contaminer les logiciels au fur et à mesure qu'ils sont utilisés. Sur l'Amiga, la plupart font leur nid dans les sous-programmes de mise en marche. Quant aux autres machines, les virus qui leur sont propres semblent s'inspirer de leurs congénères du DOS.

Quel que soit le lieu de prolifération des virus ou leur degré d'agressivité, leur action habituelle est la destruction ou l'altération des logiciels qu'ils parasitent, des données qui en dépendent, de l'ordinateur où ils sont logés et des périphériques qui y sont raccordés.

Il existe deux sortes de virus :

- les virus gentils, qui se contentent d'afficher des messages de paix universelle ou des avertissements anodins;

- les virus nuisibles, qui causent beaucoup de dégâts.

8.5.5
Les conséquences d'un virus

En juin 1987, un mordu d'informatique de l'ex-Allemagne de l'Ouest a réussi à pénétrer les réseaux informatiques de l'armée américaine et à extraire des données contenues dans 30 systèmes informatiques sur le programme de défense stratégique (programme de la «guerre des étoiles») ainsi que sur les armes chimiques. Il semble que cet individu ait commencé par accéder au réseau Tyme Net X25 depuis une université. De là, il aurait réussi à entrer en contact avec le système d'un fournisseur de l'armée en Virginie, puis à accéder au réseau Milneté ARPA, lequel contient toute l'information connexe. Il a sans doute fallu beaucoup d'efforts et des connaissances approfondies pour réussir un pareil coup, mais il a ainsi été prouvé que la chose était possible. Par conséquent, il est effrayant de penser à ce qui pourrait arriver si quelqu'un réussissait à inoculer un virus dans de tels réseaux.

En fait, les conséquences des virus sont ahurissantes. Qu'il s'agisse du sabotage perpétré par un employé mécontent ou de terrorisme international, l'effet est le même. D'innombrables systèmes sont infectés et peuvent devenir peu fiables, voire inutilisables.

Étant donné que les systèmes actuels sont très faciles à utiliser, les premiers symptômes d'infection sont généralement considérés comme des excentricités du programme ou sont attribués à des circonstances inhabituelles. Le virus passe alors inaperçu. Parmi les irrégularités qu'on attribue à l'action des virus, citons les suivantes :

- l'interruption de l'exécution du programme;
- l'apparition de messages à des moments déterminés à l'avance;
- la modification de fichiers COMMAND.COM;
- la destruction ou la corruption de données.

Mais les effets possibles des virus sont encore plus terribles. Par des modifications mineures, les virus peuvent synthétiser les données existantes ou même les remplacer par de nouvelles informations. On peut les programmer de façon qu'ils modifient des renvois à l'intérieur des programmes afin que les mouvements ne concordent plus avec l'information permanente appropriée. Quelques-uns des virus les plus sophistiqués, c'est-à-dire ceux qui sont fondés sur une combinaison, sont déjà capables de détruire sélectivement des données ou de changer subtilement les instructions de lecture ou d'écriture. Plus la modification est subtile, moins il y a de chances pour que le virus soit dépisté.

Il fut un temps où une simple indication en langage machine pouvait faire sauter un écran cathodique ou griller un microprocesseur. Heureusement, les constructeurs ont corrigé ces défauts. Néanmoins, un virus peut être occasionnellement dommageable pour l'équipement, par exemple en positionnant une tête de lecture sur une piste interne inexistante (ce qui bloque le lecteur et nécessite un démontage de l'appareil), en commandant un retour arrière du papier dans l'imprimante (ce qui la bloque avec des tonnes de papier) ou en provoquant une usure accélérée du système (par la réduction de la taille de la mémoire et, conséquemment, par l'augmentation du nombre d'accès au disque rigide).

8.5.6
Comment se protéger contre les virus

Que peut-on faire contre les virus? Voici une série de conseils :

- Boucher l'encoche de la disquette. Chaque disquette possède une encoche qui, une fois bouchée, empêche toute écriture non désirée sur la surface magnétique. Comme le système de détection d'encochage du lecteur est mécanique, il est impossible de tromper la vigilance du système par quelque tour magique de programmation. Il importe donc de protéger particulièrement les logiciels originaux en les copiant avant de les installer.

- Copier régulièrement les disquettes de données. Outre le fait que les copies de sécurité permettent de parer une éventuelle attaque virale, elles protègent l'utilisateur des autres catastrophes courantes.

- Adopter des pratiques sûres. Il faut tester les nouvelles disquettes sur des systèmes sans disque rigide avant de les insérer dans l'ordinateur; éteindre l'ordinateur après avoir utilisé une application; s'abstenir de copier des programmes qui ont manifestement été piratés; faire particulièrement attention aux jeux; vérifier régulièrement la taille des fichiers.

- Se procurer des logiciels de détection de virus, tels que FluShot+, Unvirus, Scan ou McAfee (voir la figure 8.6).

- Vacciner le système d'exploitation du disque rigide et des disquettes. Éviter l'essai de disquettes inconnues.

- S'assurer de la provenance d'un programme avant de l'essayer ou, en cas de doute, s'assurer qu'une autorité quelconque (un club d'utilisateurs, un bloc-notes, un fabricant, etc.) en ait certifié la qualité.

- Tester préalablement les nouvelles disquettes sur des appareils qui ne sont pas reliés entre eux, dans le cas de réseaux locaux.

- Débrancher du réseau les systèmes infectés et les placer en quarantaine. S'assurer qu'ils soient parfaitement nettoyés avant de les réutiliser.

- Faire régulièrement la mise à jour des logiciels antivirus spécialisés en détection, en nettoyage, en réparation et en immunisation, et les garder sous clé avec la documentation appropriée.

- Garder sous clé les copies originales des logiciels.

- Établir un procédé d'accès sécuritaire au réseau local afin d'éviter les tours des plaisantins.

- Limiter aux seules personnes autorisées l'accès physique au serveur de réseau.

8.5.7
Comment guérir d'un virus

Quel que soit le système d'exploitation, il existe de nombreux logiciels conçus pour résister à toutes les attaques infectieuses connues. Certains de ces vaccins sont commerciaux, d'autres publics, mais la plupart sont gratuits. Une fois le système immunisé contre les maux de l'heure, il n'y a

▶ Figure 8.6
L'écran du logiciel McAfee

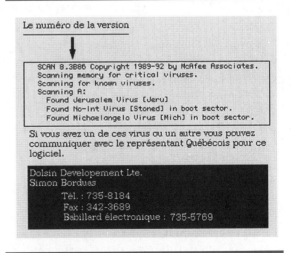

Le numéro de la version

SCAN 8.3B86 Copyright 1989-92 by McAfee Associates.
Scanning memory for critical viruses.
Scanning for known viruses.
Scanning A:
    Found Jerusalem Virus [Jeru]
    Found No-Int Virus [Stoned] in boot sector.
    Found Michaelangelo Virus [Mich] in boot sector.

Si vous avez un de ces virus ou un autre vous pouvez communiquer avec le représentant Québécois pour ce logiciel.

Dolsin Developement Lte.
Simon Borduas
    Tél. : 735-8184
    Fax : 342-3689
    Babillard électronique : 735-5769

théoriquement plus de problèmes. Malheureusement, de nombreux utilisateurs attendent d'être aux prises avec une infection avant de s'en préoccuper.

Ainsi sont nés les logiciels guérisseurs. Avec plus ou moins de succès, ces guérisseurs passent à la loupe tous les octets d'un disque rigide ou d'une disquette. Aussitôt qu'ils décèlent la présence d'une séquence maligne, ils en informent l'utilisateur et lui demandent l'autorisation de la détruire. Selon le virus auquel le guérisseur s'attaque, il est possible que tout le système redevienne propre et en bonne santé une fois l'opération terminée. Il ne reste alors plus qu'à détruire le vieux système d'exploitation et à en installer un nouveau parfaitement aseptisé. Dans les pires cas de virulence, les experts recommandent fortement d'agir de la même façon avec les copies de logiciels qui risquent d'avoir été infectées.

Il est relativement simple de se procurer ces programmes guérisseurs. Il existe maintenant sur le marché une cinquantaine de détecteurs de virus et de vaccins. On peut se les procurer en s'adressant à des clubs d'utilisateurs; la plupart d'entre eux ont rassemblé sur des disquettes des brigades antivirus complètes. On peut aussi s'informer auprès de son vendeur.

Enfin, les virus informatiques ne sont pas des gadgets ni des curiosités dont on peut se débarrasser facilement, et ils ne doivent jamais être sousestimés. Les dégâts qu'ils peuvent causer sont souvent irréversibles. Bien que la plupart des virus s'attaquent principalement aux applications (programmes) et aux disques, il n'est pas exclu qu'ils puissent détruire également les fichiers. Des mesures de sécurité et des outils efficaces peuvent venir à bout de ce fléau.

En somme, il faut se protéger contre les virus en vaccinant son système, en évitant les fréquentations par télécommunication douteuses et en sauvegardant ses disquettes de façon systématique.

▶ 8.6 Acheter ou concevoir ses logiciels?

8.6.1 Les avantages et les inconvénients de l'achat

En micro-informatique, la question de savoir s'il faut acheter ou concevoir ses logiciels est moins pressante que dans la «grande» informatique, compte tenu de l'éventail de programmes qui peuvent répondre à la plupart des besoins de gestion, et ce à des coûts parfois minimes. Examinons quelques-uns des avantages reliés à l'achat de logiciels :

- L'économie : les fabricants de logiciels peuvent amortir les coûts de conception sur un plus grand nombre d'utilisateurs, ce qui réduit le coût d'acquisition d'un progiciel. L'achat permet aussi d'épargner le temps consacré à l'élaboration et donc les coûts associés à la gestion du personnel.

- La facilité d'entretien : généralement, la firme vendeuse assure l'entretien et la mise à jour des logiciels; des versions améliorées sont offertes à un faible coût.

- L'indépendance : l'achat de logiciels élimine la dépendance envers les concepteurs d'un programme fait sur mesure.

- Le soutien : un logiciel est accompagné d'une documentation complète et donne souvent accès à un système d'aide téléphonique.

Voici maintenant quelques inconvénients reliés à l'achat de logiciels :

- La généralité : aucun logiciel ne correspond parfaitement aux opérations et aux procédés d'une entreprise. Les logiciels sont conçus pour re-joindre le plus grand nombre d'utilisateurs; ils sont donc produits dans une perspective très gé-nérale d'application et ne tiennent pas compte des cas particuliers. Bref, la généralité des pro-grammes ne peut satisfaire tous les besoins.

- La qualité incertaine : certains logiciels peuvent être d'une qualité incertaine quand leur concep-tion n'est pas arrivée à maturité. En règle géné-rale, plusieurs versions seront élaborées avant que le concepteur parvienne à un produit exempt d'erreurs de conception (bogues) im-portantes.

Compte tenu du fait que les logiciels ne sont pas parfaitement adéquats, quelques options peu-vent être envisagées :

1. Diminuer ses exigences et adopter un logiciel ré-pondant à 80 % ou à 85 % des besoins. C'est sou-vent la meilleure solution.

2. Faire appel à une firme qui conçoit des logiciels, car certaines vendent des logiciels comportant diverses options qui permettent de satisfaire les besoins tels qu'ils sont exprimés ou ayant des fonctions qui permettent de les adapter à des be-soins plus particuliers.

3. Modifier le logiciel acheté. C'est souvent une so-lution hasardeuse, car il arrive qu'elle soit aussi coûteuse que le fait de mettre au point soi-même un nouveau logiciel. Cette option oblige l'utilisateur à faire appel aux services d'un pro-grammeur professionnel qui manipulera les ins-tructions du programme pour arriver à adapter celui-ci aux besoins de l'organisation.

Enfin, il vaut mieux ne pas acheter de logi-ciels avec l'intention de créer soi-même les logiciels d'applications. Cette solution coûteuse n'est en outre possible que lorsque l'entreprise possède les ressources (l'expertise, le personnel, l'équipe-ment) informatiques nécessaires.

8.6.2
Le marché du logiciel

Supposons qu'un gestionnaire fasse face à problème de gestion et qu'il en vienne à la conclu-sion que l'utilisation d'un micro-ordinateur saurait résoudre efficacement ce problème. Une question se pose alors : existe-t-il un logiciel qui sache exé-cuter le travail de façon adéquate ?

Comme nous l'avons vu précédemment, un logiciel « préfabriqué » ou conçu par une firme spé-cialisée en la matière est appelé un « progiciel ». Un progiciel est généralement composé d'un ensemble de programmes reliés entre eux qui constituent la matière et les caractéristiques du logiciel. On peut y trouver, en plus du programme principal, des pro-grammes d'installation, de gestion de l'imprimante, de conversion, de communication, etc.

Acheter un mauvais progiciel peut entraîner des frais inutiles et des frustrations incroyables. Il peut être difficile de travailler avec un progiciel qui ne répond ni aux besoins de l'utilisateur ni à ses ha-bitudes de travail. Alors, comment peut-on déni-cher celui qui exécutera la bonne tâche ? La question n'est pas simple, mais nous tenterons d'y répondre en fournissant quelques indications sus-ceptibles d'aider un utilisateur à effectuer une re-cherche intelligente.

8.6.3
La sélection d'un progiciel

Le nombre de progiciels pour micro-ordina-teurs, leur variété et leurs domaines d'applications sont impressionnants. Plusieurs milliers de logiciels produits aux États-Unis nous sont accessibles, cer-tains étant même traduits en français. Comment pouvons-nous nous y retrouver ?

La publicité dans les revues spécialisées (*In-formatique et Bureautique*, *PC Magazine*, *PC World* et bien d'autres) et les catalogues des fabricants de progiciels fournissent des descriptions sommaires des progiciels qui sont créés. Des évaluations de produits publiées par les magazines spécialisés informent davantage que la publicité parce qu'elles donnent des détails sur les fonctions et sur les caractéristiques générales des progiciels. Les vendeurs des boutiques spécialisées doivent être en mesure de fournir des renseignements sur le produit, de répondre aux questions des clients et d'effectuer une démonstration.

Les concepteurs de progiciels offrent souvent une disquette de démonstration de leurs produits et des documents d'information. Les disquettes de démonstration, si elles ne sont pas données, ne coûtent généralement que quelques dollars. D'autres firmes ou des consultants qui ont déjà fait face à un problème semblable peuvent également prodiguer de précieux conseils. Il est aussi possible de consulter des répertoires électroniques qui contiennent une liste de la plupart des logiciels existants. Au Québec, La Source, de Logibase, comprend près de 4 000 entrées et, aux États-Unis, Softsearch International compte au-delà de 30 000 entrées. Ces librairies électroniques sont accessibles moyennant quelques dollars.

 ## CONCLUSION

D'un chapitre à l'autre, les notions prennent un sens plus concret. On sait mieux à présent pourquoi nous avons besoin d'un ordinateur. On connaît aussi un peu plus le langage des micro-ordinateurs et de leurs composantes. Nous avons vu dans ce chapitre les principales familles de logiciels et les domaines où ils sont utilisés. Il ne nous reste maintenant qu'à mettre en pratique ces différentes notions, ce que nous ferons dans les prochains chapitres.

Nous avons parlé, dans ce chapitre, de quelques logiciels utilitaires; il en existe beaucoup d'autres. Il est donc préférable de se renseigner sur ceux-ci afin de découvrir lequel conviendra le mieux à des applications particulières.

Il faut également veiller à ne jamais oublier la sécurité informatique et à se protéger contre les virus. La sécurité informatique constitue une dimension importante de la gestion d'une entreprise; celle-ci doit adopter alors certaines mesures en ce sens.

 ## CAS 8.1
LE BON LOGICIEL

Vous devez conseiller votre copain qui vient de s'acheter un micro-ordinateur possédant les caractéristiques suivantes:
— un microprocesseur 386DX/33 MHz;
— un écran en couleurs VGA;

— 8 Meg de mémoire;

— un disque rigide de 200 Meg;

— deux lecteurs haute densité de différents formats;

— un clavier étendu;

— une imprimante à 9 aiguilles.

Malheureusement, il n'a pas encore acheté de logiciels, ne sachant lesquels choisir. Par contre, il vous a dit qu'il doit imprimer ses travaux, lesquels comportent souvent des illustrations. Il doit de plus faire le budget de l'entreprise familiale. Par ailleurs, son père veut être capable de faire sa comptabilité et, si possible, d'envoyer des télécopies.

Votre tâche

Selon vous qui étudiez en administration, quels logiciels votre ami devrait-il acheter? Le cas échéant, nommez les pièces d'équipement qu'il doit acheter avec ses logiciels. Justifiez vos suggestions.

Amorce de solution

Vous devez tenir compte de ses besoins en tant que:

— étudiant: le système d'exploitation;
                  le traitement de texte;
                  le chiffrier électronique;
                  le graphisme;

— comptable: la comptabilité;
                  la télécommunication (télécopieur).

Malgré le nombre considérable de logiciels qui sont sur le marché, les besoins de votre ami sont très précis. Vous pouvez donc baser vos recommandations sur ceux-ci. Compte tenu du fait que son père veut pouvoir envoyer des télécopies, il se peut que son micro-ordinateur nécessite une autre pièce. Vous devrez alors revoir le chapitre précédent pour connaître la pièce en question.

▶ CAS 8.2
ACHETER OU CONCEVOIR UN LOGICIEL?

Lors de votre stage dans une entreprise (que vous aurez à faire un jour), votre employeur vous demande de le conseiller sur le choix d'un logiciel qui lui permettrait de bien gérer son stock de marchandise. Il vous dit que le coût n'est pas une contrainte, car sa gestion actuelle étant déficiente, il perd beaucoup d'argent et il veut corriger la situation. Après plusieurs journées de recherche, vous découvrez qu'il n'existe au Québec que deux progiciels sur la gestion des stocks et leurs prix sont raisonnables. Une idée vous passe par la tête : pourquoi ne pas inventer de toutes pièces une application propre aux besoins de l'entreprise ? Cela aurait un double effet : l'application serait faite sur mesure pour l'entreprise et vous vous créeriez un emploi !

Votre tâche

Que devez-vous recommander à votre employeur ?

▶ QUESTIONS

1. À quoi sert un système d'exploitation ?

2. Quels sont les systèmes d'exploitation dotés d'une interface utilisateur faciles à utiliser ?

3. À quoi servent principalement les programmes informatiques dits « utilitaires » ?

4. Expliquez dans vos propres mots la différence entre un traitement de texte et un logiciel de mise en pages.

5. Quelle est l'utilité d'un tableur ?

6. Que peut-on faire avec un logiciel de gestion de base de données ?

7. Quelle est l'utilité d'un logiciel de communication ?

8. Nommez quelques logiciels de comptabilité.

9. Qu'est-ce qu'un virus informatique et à quelle partie de l'ordinateur en particulier s'attaque-t-il ?

10. Donnez deux exemples où la conception d'un logiciel est préférable à l'achat d'un progiciel.

 9

Le traitement de texte et la gestion

▷ OBJECTIFS

Après avoir lu ce chapitre et fait les cas à la fin de celui-ci, l'étudiant ou l'étudiante devrait être en mesure de :

1. Définir le traitement de texte.

2. Résumer le processus de traitement de texte et les moyens mis à la disposition des auteurs pour produire leurs documents.

3. Connaître les applications du traitement de texte dans les organisations, les facteurs motivant l'usage de tels systèmes et les avantages de ceux-ci.

4. Déterminer les principaux facteurs qui permettent d'effectuer un choix éclairé d'un système de traitement de texte.

▶ Introduction

Des progrès gigantesques ont été réalisés dans le domaine de la saisie mécanique de texte, depuis la machine à écrire mécanique du XIXe siècle jusqu'à la machine de traitement de texte conçue autour de microprocesseurs. C'est une transformation radicale de tout le travail de bureau qui s'est amorcée.

Le traitement de texte permet de manipuler efficacement des documents et ainsi de mieux communiquer avec ses pairs. Le monde des affaires est intransigeant : il réclame des communications claires et précises et souvent dans des délais très courts. Il est donc essentiel d'apporter le plus grand soin à la rédaction de tout document; dans plusieurs cas, il sera nécessaire de faire plusieurs ver-

sions d'un document avant d'approuver son impression et sa diffusion. Le traitement de texte facilite toutes ces opérations qui autrement seraient fastidieuses et comporteraient le risque de commettre des erreurs à chaque transcription.

▶ 9.1 Qu'est-ce que le traitement de texte ?

L'expression « traitement de texte » vient de l'anglais « *word processing* », expression qui tire elle-même son origine du mot allemand « *Texverarbeitung* » forgé par IBM-Allemagne en 1964 pour décrire l'automatisation des activités de traitement de documents, soit la composition, la révision et l'archivage.

Le traitement de texte concerne toutes les opérations de saisie, de correction, de manipulation, de mise en forme, de mémorisation, d'édition et de transmission de toutes sortes de documents, qu'il s'agisse de lettres, de notes de service, de contrats, de rapports, de devis, de notices et manuels techniques, de tableaux, d'articles, de livres, etc.[1].

Lorsqu'on parle de traitement de texte, on confond souvent le processus et les moyens. On dira : « Quel traitement de texte as-tu acheté ? » en parlant du logiciel, et on dira : « Tapez ce rapport sur le traitement de texte » en parlant des opérations exécutées sur une machine de saisie, de mise en forme et d'impression d'un document. Pour nous éclairer sur ce concept, retenons la définition proposée par le SCOM (Service central d'organisation et méthodes) :

> Le traitement de texte peut se définir comme la technique qui permet, à partir de

---

1. Jean-Paul De Blasis, *Les Enjeux clés de la bureautique*, Paris, Éditions d'Organisation, 1983.

l'expression de textes conçus et transcrits en plusieurs reprises, et d'informations séparées, de produire des documents dans leur présentation définitive voulue par l'auteur, en évitant toute nouvelle transcription manuelle des éléments déjà saisis.

Il permet, à l'aide de machines à mémoires amovibles, la saisie, la conservation, la consultation, l'assemblage, la mise à jour, l'impression et éventuellement la transmission à distance de textes. Il peut s'étendre aussi au traitement de fichiers et de données numériques.

Certes, il est intéressant de s'attarder au système de traitement de texte qui se concrétise par un appareil et un logiciel permettant de faire les opérations de traitement de texte.

9.1.1
Les caractéristiques

Le traitement de texte provient de la dactylographie, mais il en perfectionne et en multiplie les usages par l'addition de la capacité de mémorisation et de l'automatisation de fonctions facilitant les opérations suivantes :

— La manipulation simple : la révision, l'insertion et la correction avec la mémorisation du texte qui peut être récupéré et révisé à volonté.

— La manipulation sophistiquée : les ajouts, les suppressions ou les déplacements de lignes, de paragraphes, de pages, de colonnes; les recherches avec ou sans remplacement et la remise en forme.

— La mémorisation : le stockage et la récupération à volonté de documents grâce aux supports magnétiques.

— L'impression indépendante de la saisie : l'impression d'un texte et la saisie simultanée d'un autre texte.

— L'impression différée : la récupération et la manipulation de documents en plusieurs séances avant l'impression; l'envoi de documents mémorisés à un service d'impression pouvant effectuer l'impression sur des imprimantes hautement performantes.

Limité au traitement des documents, le traitement de texte ne représente que la pointe de l'iceberg bureautique. Traitant les textes tels qu'ils sont, il n'opère pas une transformation réelle des données comme en informatique, bien que les nouveaux logiciels tendent à confondre ces deux outils, notamment à cause de leurs capacités de calcul, de saisie d'images et de graphiques, de tri, de programmation des formulaires et à cause de l'ajout des cartes de communication qui permettent le transfert des données.

9.1.2
Un historique

L'histoire des systèmes de traitement de texte débute en 1873 avec l'invention de la machine à écrire; celle-ci vise à accélérer et à uniformiser l'écriture des textes et sert surtout à la communication. Puis, dès 1930, on voit se populariser la machine à écrire électrique, qui est plus rapide que la machine à écrire manuelle. Quelque vingt ans plus tard apparaissent les machines à frapper répétitives qui allègent le courrier type grâce à l'utilisation de cylindres avec du papier troué. On compte aujourd'hui plus de 20 millions de machines à écrire dans le seul monde des affaires. De légères améliorations, tel le ruban correcteur, permettent d'économiser du temps dans la mesure où, à raison d'une minute par correction, une personne y consacre environ 15 jours par année.

Les premiers appareils pouvant être qualifiés de machines de traitement de texte sont les machines électriques à enregistrement magnétique, appelées M.T./S.T. (pour « *magnetic tape selectric typewriter* »), mises en marché par IBM en 1964 et comprenant une mémoire interne à cassette à accès séquentiel.

La compagnie IBM introduit par la suite des versions plus perfectionnées de machines à écrire à mémoire magnétique, entre autres la IBM Mag Card II (1969), qui utilise une carte magnétique comme support de stockage amovible et pouvant stocker une page de texte à la fois. En 1965, Xerox lance la 800 ETS (*electronic typing system*) qui diffère de la IBM par son imprimante deux fois plus rapide et son support d'enregistrement constitué de cassettes magnétiques. La nature de ces appareils reste cependant la même; il s'agit de machines à mémoire dite mécanique, par opposition à la mémoire informatique-électronique, et la saisie est effectuée directement sur le papier.

Au cours des années 70, Lexitron et 3M introduisent les écrans cathodiques, qui présentent l'avantage d'être modulaires et programmables et qui permettent une plus grande souplesse dans le traitement. En 1973, Vydec met au point un système de traitement de texte qui utilise des disquettes donnant un accès direct plutôt que séquentiel aux données. Le traitement de texte profite donc de la convergence des progrès technologiques de la machine à écrire et de l'informatique.

Plusieurs compagnies (dont AES Data) conçoivent un équipement autonome de traitement de texte (système spécialisé) utilisant un micro-ordinateur spécialisé; cela permet de stocker sur disquettes jusqu'à 130 pages de texte. De plus, grâce à ce système, les possibilités d'impression augmentent en association avec les imprimantes courantes : Selectric (IBM), Diablo (Xerox), etc.

À partir de 1977, ces derniers appareils autonomes deviennent très populaires; leur prix descend au-dessous de 10 000 $ et leurs logiciels s'améliorent, offrant la capacité de communiquer.

L'informatique des années 80 est marquée par des changements importants conséquemment aux progrès majeurs de la micro-informatique et des ordinateurs personnels, qui facilitent l'entrée du traitement de texte dans les bureaux. Contrairement aux systèmes spécialisés, relativement coûteux, qui ne peuvent effectuer qu'un type de traitement, les micro-ordinateurs (moins coûteux) et les nombreux logiciels d'applications offerts peuvent effectuer plusieurs types de traitement, ce qui justifie l'acquisition de l'appareil. Les premiers logiciels de traitement de texte pour les ordinateurs personnels sont conçus par MicroPro (avec Word-Star) et par Digital Research (avec Editor Program). Depuis, un éventail de produits sont mis au point, présentant toute une gamme de rendements.

Quoique le rendement des premiers logiciels de traitement de texte soit relatif, tant sur le plan de la création de texte et de l'assistance à l'édition que sur le plan de l'utilisation même des logiciels, le traitement de texte gagne de plus en plus d'adeptes. La «démocratisation» de l'informatique se traduit par la naissance de nombreuses entreprises spécialisées dans le traitement de texte. La concurrence farouche à laquelle elles se livrent entraîne une progression spectaculaire des rendements des logiciels, par exemple l'ajout de fonctions de calcul, de traitement d'image et de graphique, de dictionnaires ou de systèmes de gestion de bases de données et de télécommunication.

La tendance des années 90 est à la conception de logiciels qui, sans avoir la complexité des programmes d'édition électronique, n'en permettent pas moins d'effectuer des travaux d'édition assez impressionnants, notamment grâce aux possibilités quasi illimitées des imprimantes à laser. Word-Perfect, dans sa version 5.1, est un bel exemple de cette évolution.

► **9.2**
Les étapes du processus de traitement de texte

On distingue plusieurs étapes dans la séquence des opérations de traitement de texte qui mènent à la production d'un document final répondant aux exigences de l'auteur. Ces étapes sont les suivantes :

a) la création d'un texte ;

b) la saisie ;

c) la mise en forme ;

d) la sauvegarde ;

e) l'édition et la révision ;

f) l'impression et la diffusion.

Nous examinerons maintenant chacune de ces étapes afin de bien comprendre le processus de traitement de texte.

9.2.1
La création d'un texte

La création d'un document commence par la conception d'un message destiné à être communiqué par écrit. Les moyens dont dispose un auteur pour produire un texte sont ceux-ci :

— le papier et le crayon ;

— la dictée sténographique ;

— la machine à dicter ;

— le lecteur optique ;

— le décodeur vocal ;

— la saisie au clavier.

Les trois premiers moyens relèvent des méthodes traditionnelles tandis que les trois autres appartiennent aux nouvelles technologies. Plusieurs voies s'ouvrent entre la conception d'un texte et sa production finale imprimée. Ces voies sont intimement liées aux technologies offertes, aux habiletés des utilisateurs et à la disponibilité du personnel spécialisé.

Les méthodes traditionnelles

La dictée sténographique et l'utilisation de la machine à dicter contraignent les auteurs à recourir aux services de commis pour la saisie de leur message. Cette étape du traitement place le message original devant la possibilité d'erreurs de transcription ou d'omissions qui obligent les auteurs à faire preuve d'une plus grande vigilance au moment de la révision. Il arrive que les auteurs ne soient pas très habiles à dicter leur pensée, à traduire celle-ci verbalement dans des phrases cohérentes et complètes ou à transmettre l'intégralité du message. Une révision majeure du texte est alors nécessaire, et plusieurs versions du même document doivent être produites avant qu'on en arrive à une version définitive.

Un problème similaire se pose lorsque les auteurs, incapables de maîtriser l'art de la dictée, se voient obligés de prendre un crayon pour concevoir sur papier leur message. Le manuscrit ainsi produit sera remis à un commis qui en assurera la saisie. La copie présentée devra être claire et complète, à plus forte raison si elle est dirigée vers un centre spécialisé de saisie plutôt que vers une personne qui connaît le sujet, le style de l'auteur, ses abréviations, sa calligraphie, etc.

9.2.2
La saisie

La saisie au clavier

Grâce à la « démocratisation » de l'informatique, on voit de plus en plus d'auteurs faire usage d'une machine de traitement de texte. La saisie directe est encouragée par des logiciels de plus en plus faciles à utiliser qui permettent à un auteur de saisir, au clavier, le message au fur et à mesure de sa création. Cette méthode met l'auteur à l'abri de toute mauvaise interprétation pouvant découler de l'intervention d'un intermédiaire dans le processus de production. De fait, les logiciels de traitement de texte figurent parmi les logiciels les plus utilisés par les gestionnaires[2].

La création et la saisie directe à l'aide du traitement de texte se trouvent facilitées par des fonctions connexes du système telles que des dictionnaires orthographique et grammatical, des dictionnaires de synonymes, des traducteurs, par l'accès possible à des modèles ou à des paragraphes standardisés (par exemple, des actes authentiques), à des sources bibliographiques et à des bases de données personnelles, organisationnelles et commerciales pouvant enrichir le texte de statistiques, de tableaux, de références, etc. Il est à noter que toutes ces fonctions qui facilitent le travail ne peuvent pour autant remplacer l'étape de la révision et de la correction.

La saisie d'un texte au clavier transfère ce texte dans la mémoire du micro-ordinateur, où il devient facile de le manipuler soit à l'aide de commandes simples ou de fonctions du logiciel. La saisie est la première étape du traitement de texte proprement dit. Quiconque sait utiliser une machine à écrire peut apprendre rapidement les rudiments du traitement de texte.

Une fois les notions de base apprises, la saisie au clavier se révèle plus facile que l'utilisation d'une machine à écrire. Dès que l'utilisateur appuie sur une touche, un caractère se forme à l'écran et le curseur se déplace d'une espace vers la droite. Lorsque le curseur atteint la fin de la ligne, le mot suivant et le curseur se déplacent automatiquement vers la ligne suivante. C'est ce qu'on appelle la

« frappe au kilomètre », caractéristique qui différencie un système de traitement de texte d'une machine à écrire. De plus, l'utilisateur peut corriger les erreurs de frappe sans avoir à retaper le texte ni à se servir du papier ou du liquide correcteurs.

Lorsque l'écran est plein, la saisie se poursuit de la même façon et le texte se déplace automatiquement vers le haut au fur et à mesure de l'affichage de nouvelles lignes de texte. Il s'agit du défilement ou du déroulement. Il est également possible de saisir les caractères à rebours. Dans ce cas, à l'aide d'une touche, le curseur est placé sur la marge de droite et la saisie s'effectue à rebours. Cette fonction est utile pour aligner une ligne de texte sur la marge de droite (par exemple, la date).

La plupart des touches du clavier ont une fonction particulière en traitement de texte. C'est le cas de la touche [INS] qui permet d'alterner entre le mode insertion et le mode écrasement. Le mode écrasement facilite la correction en superposant les nouveaux caractères à ceux qui sont déjà affichés à l'écran. La saisie du texte s'effectue « par-dessus » le texte existant et détruit ce dernier.

Certains logiciels sont, par défaut, en mode insertion, tandis que d'autres sont, par défaut, en mode écrasement. Il suffit d'enclencher la touche [INS] pour changer de mode.

La saisie automatique du texte

Le lecteur optique permet la saisie d'un texte préalablement dactylographié. Ce texte est alors stocké sur un support magnétique et est ensuite récupéré par un programme de traitement de texte à l'aide duquel on pourra apporter des modifications au document. Cette technologie est surtout utile lorsque l'on veut saisir un texte déjà imprimé (l'extrait d'un livre, un article de revue ou de journal, un journal, des notes, un exposé, un document d'archives, etc.) que l'on désire intégrer à un document de base. Selon De Blasis, ce système a pour

2. R. Rhodes et J. Krupsh, « Do Top Level Executives Use Computers to Make Their Decisions? », *Office Systems Research – Journal*, vol. 6, n° 2.

objectif d'améliorer la productivité en évitant de monopoliser une machine d'un coût relativement élevé uniquement pour la saisie de textes.

La saisie vocale directe consiste à transmettre vocalement à une machine un message qui est automatiquement traité pour être ensuite imprimé dans un format (des marges, un interligne, etc.) défini à l'avance et stocké sur un support magnétique. Cette méthode, quoique très séduisante, se heurte à de nombreuses contraintes assujetties aux nuances de la voix, aux homonymes, aux règles grammaticales, à la sonorité des mots qui rendent les recherches dans ce domaine fort difficiles. Bien que cette technique soit utilisée dans des domaines très spécialisés, on est encore loin du lien direct entre la voix et l'imprimé. Il n'est toutefois pas exclu qu'un jour la recherche technologique sera en mesure de fournir cet instrument qui révolutionnera, nous le croyons, le travail de bureau.

9.2.3
La mise en forme

La mise en forme d'un document consiste à lui donner un format, c'est-à-dire à définir les marges, l'interligne, le type de caractères, la tabulation, etc. On fait également la mise en forme lors de la saisie du texte en utilisant des fonctions spéciales d'édition telles que le soulignement, le gras, le centrage, les renfoncements, la justification ou la césure.

9.2.4
La sauvegarde

Dès qu'un document est créé, il est nécessaire de le sauvegarder sur un support magnétique afin de pouvoir le récupérer et le manipuler de nouveau. La mémorisation sur un support magnétique est une innovation technologique majeure en traitement de texte. C'est grâce à cette technologie que se sont développées les applications de traitement de texte. Tous les documents créés sont sauvegardés sur un disque rigide ou une disquette. Le nombre de documents pouvant être stockés sur ces supports dépend des caractéristiques du système micro-informatique. Sur un disque rigide, il est possible de stocker des milliers de pages de texte; quant à la disquette, elle peut contenir quelques centaines de pages.

Une page standard peut contenir environ 2 000 caractères. Ainsi, une disquette de 360 Ko a une capacité de 180 pages et un disque rigide de 20 Mo, de 10 000 pages.

Un document sauvegardé sur un disque rigide ou une disquette est appelé un « fichier ». À l'aide d'un index nommé « répertoire », il est facile de repérer un fichier, de le récupérer et de manipuler le document ainsi édité autant de fois que cela s'avère nécessaire. Certains logiciels de traitement de texte permettent d'effectuer des sauvegardes automatiques et des copies de sécurité des différents documents à intervalles réguliers, ce qui met l'utilisateur à l'abri de pertes causées par des pannes soudaines du système. Bien que la copie de sécurité d'un document ne contienne que les données sauvegardées lors de la dernière opération de sauvegarde et que le texte saisi après cette sauvegarde soit à tout jamais détruit lors d'une défaillance du système ou d'une panne de courant, il reste que l'utilisateur n'a pas tout perdu. Il lui suffit de récupérer le fichier identifié « copie de sécurité » (*back-up*) et de saisir une nouvelle fois la partie du document qui a été détruite; c'est moins long que de taper le texte au complet.

9.2.5
L'édition et la révision

L'édition d'un document permet de modifier la mise en forme de ce document, c'est-à-dire les marges, l'interligne, la justification, la numérotation des pages, les en-têtes, les caractères, etc., en fait tout ce qui touche la présentation d'un texte.

Pour être efficace, un programme de traitement de texte doit aussi fournir des moyens de réviser et de modifier le document à l'écran. On peut vouloir modifier un document parce qu'il s'y est glissé des erreurs, mais également parce qu'il est possible de concevoir de nombreux documents à l'aide d'un document de base auquel il ne reste qu'à apporter des modifications mineures. En partant d'une simple note de service transmise à un collègue, le gestionnaire peut concevoir un rapport de plusieurs pages destiné au directeur du service et produire un sommaire de quelques pages sur la base de ce rapport.

Un bon programme de traitement de texte doit permettre d'effectuer la plupart des modifications imaginables dans un document, dont l'insertion, la suppression, le déplacement, la copie, la recherche-remplacement et la remise en forme.

L'insertion

La fonction d'insertion permet d'insérer, dans tout document affiché à l'écran, de nouveaux mots, des symboles, des phrases ou des paragraphes entiers, et ce n'importe où dans le texte. Il suffit de placer le curseur à l'endroit voulu et de taper le texte à ajouter au clavier, ou encore de récupérer un fichier stocké sur un disque rigide ou une disquette, lequel s'insérera dans le texte à la position du curseur.

La suppression

La fonction de suppression permet d'effacer des caractères, des phrases et même des paragraphes entiers. La plupart des programmes de traitement de texte possèdent des fonctions qui optimisent les opérations de suppression en permettant la suppression entière de mots, de phrases, de paragraphes, de pages, de blocs de texte en quelques opérations seulement.

Le déplacement et la copie

Les fonctions de déplacement et de copie d'un bloc de texte permettent le déplacement ou la copie d'une portion du texte d'un endroit du document à un autre sans qu'on ait à saisir de nouveau le texte. À l'aide de la fonction de blocage, l'utilisateur détermine le texte qui sera soit déplacé, soit copié, déplace le curseur à l'endroit voulu et récupère le bloc de texte. Le bloc de texte sélectionné est généralement mis en évidence et apparaît alors en inverse vidéo à l'écran.

Le déplacement d'une portion de texte s'effectue comme suit :

a) le texte à déplacer est d'abord délimité ;

b) il est ensuite mis temporairement dans la mémoire tampon et effacé de l'écran ;

c) il est récupéré à la position du curseur, ce qui complète l'opération.

La copie d'une portion de texte suit le même processus, à cette différence près que le texte n'est pas effacé de l'écran, puisqu'il s'agit d'effectuer la copie de celui-ci.

La recherche et le remplacement

Les fonctions de recherche avec ou sans remplacement permettent de déplacer le curseur à un endroit précis du texte en déterminant simplement le mot ou les mots qui font l'objet de la recherche. Ces fonctions permettent également d'effectuer la recherche d'un mot qui, par exemple, serait mal orthographié et de le remplacer par le mot correct, et ce pour toutes les occurrences de ce mot dans le document.

9.2.6
L'impression et la diffusion

La reproduction d'un document est généralement accomplie à l'aide d'une imprimante, bien qu'il soit possible de diffuser ou de transmettre des documents par des techniques de transfert de données. Imprimer signifie transférer sur papier tout le travail de saisie qui a été effectué à l'écran. Certains logiciels permettent d'imprimer le document tel qu'il apparaît à l'écran; d'autres demandent qu'on spécifie le format avant d'imprimer le document.

Bien que l'utilisation optimale d'une imprimante exige des connaissances approfondies sur le fonctionnement technique et les caractéristiques de celle-ci, un débutant peut imprimer facilement un document dont la mise en forme n'est pas trop sophistiquée.

La plupart des logiciels de traitement de texte possèdent des fonctions permettant de gérer l'impression des documents de façon extrêmement satisfaisante. Il est possible d'imprimer rapidement seulement la page où se trouve le curseur ou d'imprimer une sélection de pages; par exemple, imprimer les pages 4 à 12, ou la page 2 et la page 8. Les commandes d'impression d'un texte enregistré se font généralement à l'aide de touches de fonction ou de commandes. Dans la plupart des cas, on peut travailler à un document à l'écran et, en même temps, en imprimer un autre, ce qui représente une économie de temps.

Pour modifier la grosseur et le style des caractères, certaines imprimantes nécessitent le remplacement de leur cartouche ou le chargement d'une nouvelle police. Que ce soit pour imprimer une page de texte ou pour reproduire un rapport annuel en trois couleurs comportant des tableaux et des graphiques, la qualité de la présentation dépendra des caractéristiques de l'imprimante avec laquelle le travail sera effectué.

L'imprimante à laser est, sans conteste, le *nec plus ultra* pour qui désire une impression impeccable du texte, des graphiques et des images. Il existe cependant des imprimantes matricielles (en noir ou en couleurs) ou à jet d'encre tout aussi performantes que les imprimantes à laser. Pour une impression d'une qualité suffisante, il peut être préférable d'utiliser une imprimante matricielle à 24 aiguilles, qui est beaucoup moins coûteuse que l'imprimante à laser.

▶ 9.3
Les applications

Toutes les organisations, quelle que soit leur taille, ont des besoins de dactylographie et devraient donc s'intéresser au traitement de texte. L'implantation d'un système de traitement de texte peut être l'occasion d'évaluer non seulement les besoins en dactylographie, mais également l'ensemble des travaux administratifs et les procédés qui les sous-tendent. Un tel examen permet :

— de préciser les faiblesses de l'élaboration des documents et d'améliorer ce processus de la création à l'archivage;

— de fournir des moyens concrets d'améliorer le processus de création des documents;

— d'enrichir la présentation et le contenu des documents, car ceux-ci peuvent être remaniés aisément pour concourir à un résultat qui donne au message toute sa portée;

— de définir de nouveaux procédés et normes dans le traitement des documents.

Il y a quelques années, on pouvait déterminer clairement les domaines d'application du traitement de texte, car le matériel et les logiciels qu'on trouvait alors n'offraient pas la souplesse qu'ils ont acquise par la suite. Le traitement de texte était généralement réservé à des travaux répétitifs, longs, demandant de nombreuses révisions et une mise en forme particulière. L'utilisation de la machine à écrire était recommandée pour la saisie des lettres personnalisées.

Mais les choses ont bien changé. Aujourd'hui, un système de traitement de texte est utilisé en permanence comme support de saisie, quels que soient les travaux à exécuter. Le responsable d'un service y recourra pour élaborer le brouillon d'une note de service ou d'un document important, la secrétaire pour saisir tant une lettre d'une page qu'un rapport volumineux. Verra-t-on bientôt le crayon disparaître?

Néanmoins, les besoins en traitement de texte varient suivant les organisations et même les unités administratives. S'agit-il de la correspondance, comme les lettres personnelles, les circulaires personnalisées, les textes publicitaires ou promotionnels ou l'enregistrement du courrier, s'agit-il de la création de listes, comme les annuaires, les inventaires ou les listes de prix, il reste que le traitement de texte est devenu un instrument de travail indispensable. Les domaines d'application du traitement de texte sont vastes. Citons encore les glossaires, les catalogues, les spécifications professionnelles, les manuels techniques, les guides, les dictionnaires spécialisés, les documents et rapports volumineux tels que les documents juridiques, les polices d'assurance, les rapports financiers, les statistiques, les soumissions ou les appels d'offres. Là où il y a la création d'un document, il y a de la place pour le traitement de texte.

Bien qu'il soit essentiel de considérer le traitement de texte sous l'angle de ses caractéristiques, il ne faut pas négliger son utilisation en rapport avec d'autres éléments, notamment un centre de dictée, un ordinateur pour accéder à ses fichiers et utiliser ses possibilités de traitement et d'édition supé-rieures, d'autres systèmes de traitement de texte, principalement dans le but de transmettre du courrier, les imprimantes et les microfiches qui permettent une sortie automatique des textes ou enfin des photocopieuses intelligentes qui reproduisent automatiquement des documents.

▶ 9.4
Les gains qualitatifs

Même si les gains de productivité sont un facteur permettant d'apprécier l'utilisation du traitement de texte, les effets de celui-ci ne se limitent pas à ces gains. En effet, la qualité prend plus d'importance que les coûts d'acquisition, d'ailleurs de moins en moins élevés, d'un système. On constate que l'acquisition d'une machine est plus que jamais liée à des considérations telles que la souplesse du processus de production, l'amélioration de la qualité des documents et la satisfaction des employés.

9.4.1
Les avantages pour les secrétaires

Voici les avantages du traitement de texte pour les secrétaires :

1. Il facilite la production des documents grâce aux facteurs suivants :

   a) la correction des erreurs;

   b) les applications mécanisées;

   c) la préparation de sommaires;

   d) l'extraction et la fusion de passages;

   e) la mise en pages automatique.

2. Il permet d'augmenter la vitesse de frappe :

   a) jusqu'à 100 mots par minute;

   b) à cause de l'entrée des seules informations pertinentes;

c) à cause de l'absence de mise en forme, de cadrage ou de présentation;

d) à cause de l'impression différée, indépendante.

3. Il accroît la satisfaction et la motivation grâce à :

a) l'allégement de la tâche et la réduction du travail répétitif;

b) de meilleures conditions de travail;

c) une réduction du stress et du bruit;

d) une conception ergonomique.

9.4.2
Les avantages pour les gestionnaires

Le traitement de texte comporte les avantages suivants pour les gestionnaires :

1. L'économie de temps.

2. La révision des reprises uniquement.

3. La réduction du temps d'écriture grâce à la fusion et à l'extraction de passages.

4. L'aide à la conception et à la révision.

5. Une plus grande autonomie.

6. Une meilleure relation avec la secrétaire.

7. L'amélioration de la qualité de la présentation.

8. Une plus grande facilité de stockage et de recherche.

9.4.3
Les avantages pour les organisations

Pour leur part, les organisations peuvent retirer les avantages suivants d'un système de traitement de texte :

1. La productivité accrue des employés et l'efficience :

a) l'accroissement de la vitesse de la communication;

b) l'accélération du processus administratif;

c) la réduction des coûts et des délais;

d) le respect des échéances.

2. Une gestion améliorée du personnel :

a) une diminution des heures supplémentaires;

b) l'arrêt de l'embauche d'employés occasionnels;

c) une meilleure utilisation des ressources humaines;

d) la régulation du travail de dactylographie.

3. Une meilleure image de l'organisation :

a) une qualité d'impression uniforme.

b) des lettres personnalisées.

4. L'utilisation accrue du matériel grâce à l'augmentation du temps de frappe utile.

5. Une meilleure gestion des stocks :

a) une économie d'espace de rangement;

b) une moins grande obsolescence.

Les véritables répercussions des systèmes de traitement de texte ne concernent pas que la productivité du personnel de secrétariat, elles touchent surtout celle des cadres en leur permettant de déléguer certaines de leurs responsabilités. Du même coup, cela enrichit les tâches des secrétaires. Une enquête menée auprès de 25 organisations françaises parmi les plus grosses révèle que les opposants farouches aux systèmes de traitement de texte sont ceux qui ne les utilisent pas.

9.4.4
Les inconvénients
du traitement de texte

Voici maintenant les divers inconvénients du traitement de texte :

1. Il y a une réticence initiale chez le personnel administratif et chez les futurs utilisateurs.

2. Le traitement de texte cause des maux de tête et une fatigue visuelle en raison de la luminosité des premiers écrans; il entraîne aussi des maux de dos.

3. Il implique des travaux répétitifs.

4. Il entraîne une réduction du personnel.

5. Il peut constituer une invitation au laxisme.

6. Il provoque un encombrement des disquettes.

7. Le système de traitement de texte peut remplacer la reprographie.

8. Il y a souvent un désalignement du papier dans l'imprimante.

9. Le traitement de texte maintient l'utilisation du papier.

10. Il existe une incompatibilité entre les appareils.

11. Les gestionnaires risquent de n'être pas formés.

12. Le personnel qualifié est insuffisant et il existe un roulement chez celui-ci.

13. Les documents peuvent être détruits accidentellement.

14. Les disquettes sont fragiles.

15. Les contacts personnels sont moins fréquents.

▶ 9.5
Les critères pour le choix
d'un traitement de texte

Une personne qui doit choisir un logiciel de traitement de texte pour la première fois aura l'impression que chaque logiciel examiné améliore considérablement le travail de saisie et de traitement des documents. Cependant, ce n'est souvent qu'après avoir travaillé avec celui-ci qu'elle en décèlera les forces et les faiblesses réelles et qu'elle en arrivera à la conclusion qu'il ne peut effectuer les opérations voulues ou qu'il n'offre pas le rendement attendu. Seule une analyse exhaustive des besoins en traitement des documents peut empêcher le futur utilisateur d'investir dans un logiciel qui ne répondra que partiellement à ses exigences.

9.5.1
Les besoins

Les besoins d'un écrivain ne sont bien sûr pas les mêmes que ceux d'une petite entreprise de fabrication de meubles. Le premier aura besoin de fonctions permettant de gérer les tables des matières, les index, les notes de bas de page, les tables de référence, etc. Le second, qui n'envoie que quelques lettres par semaine et qui ne produit que des rapports très simples, aura donc besoin de fonctions d'édition de base. Chacun devra trouver le logiciel qui lui convient le mieux. Le premier exercice consiste à dresser une grille d'évaluation afin d'examiner l'ensemble des fonctions d'un ou de plusieurs logiciels et de déterminer celles qui paraissent essentielles, souhaitables et inutiles selon les divers types de documents à traiter.

9.5.2
La facilité d'utilisation

Un autre critère à considérer est la facilité d'utilisation du logiciel. Cet aspect peut s'avérer important si l'implantation d'un système de traitement de texte se heurte à une certaine résistance dans l'entreprise. Plusieurs logiciels s'utilisent aisément parce qu'ils sont très simples, n'offrant que quelques fonctions de base faciles à comprendre et à mémoriser. D'autres, plus complexes, sont également aisés parce que la documentation proposée est très bien conçue, contrairement à certains logiciels dont l'apprentissage serait facilité si la documentation était appropriée. La consultation de la documentation qui accompagne le logiciel permet de se faire une excellente idée sur la gamme de fonctions offertes par le logiciel et d'évaluer la facilité à exécuter des opérations élémentaires.

9.5.3
L'apprentissage et l'aide

Certains logiciels de traitement de texte ont également des programmes de formation informatisés qui guident pas à pas l'utilisateur dans son apprentissage. De plus, des fonctions d'aide peuvent s'ajouter; celles-ci assistent en tout temps l'utilisateur. La fonction d'aide fournit généralement une brève définition d'une fonction particulière avec un exemple explicite. Des menus bien conçus et des messages d'aide très clairs pour guider l'utilisateur lors de l'édition constituent d'autres facteurs qu'il faut considérer lors du choix d'un logiciel de traitement de texte.

Quelles sont les fonctions qui conviennent? Quel est le degré de difficulté d'utilisation acceptable? Quel prix faut-il payer? Voilà autant de questions auxquelles on doit répondre.

Comme on le voit, l'évaluation d'un logiciel de traitement de texte est une tâche très difficile, étant donné les nombreuses caractéristiques dont il importe de tenir compte. Certains recommanderont un produit simple pour des tâches simples et un produit plus complexe pour des travaux sophistiqués. Sans mettre en doute ce conseil, il faut tout de même garder à l'esprit la planification des besoins futurs en traitement de documents. Il arrive que l'usage d'un logiciel permette de découvrir des besoins qui, au départ, étaient inconnus ou même

de créer des besoins de traitement plus sophistiqué parce qu'on sait ce que peut faire un logiciel.

Il est cependant plus sage de s'informer auprès des utilisateurs qui ont pu éprouver le logiciel. Même si les besoins de l'un ne sont pas nécessairement ceux de l'autre, ils représentent un bon point de départ. Les revues spécialisées, la publicité, les articles, les évaluations fournissent également des éléments d'information fort pertinents. Mais la chose la plus importante consiste à déterminer si le logiciel possède les caractéristiques recherchées et s'il est facile à apprendre et à utiliser.

Retenons, parmi les logiciels les plus populaires, WordPerfect et Word. La section suivante présente quelques-unes des caractéristiques de ces logiciels.

▶ ## 9.6
Une analyse de logiciels
de traitement de texte

9.6.1
WordPerfect

WordPerfect fonctionne sur des micro-ordinateurs IBM PC, AT, PS/2 et compatibles, Apple, Macintosh, Amiga, Atari et requiert 384 Ko de mémoire. Il supporte les cartes graphiques VGA, EGA, CGA et Hercules et on le trouve en version réseau. Il permet l'utilisation d'imprimantes à marguerite, matricielles ou à laser.

En plus des fonctions de base propres à un traitement de texte, WordPerfect possède des fonctions plus évoluées. Citons, par exemple, des fonctions qui permettent de jumeler le texte et les graphiques, de créer des feuilles de style, de prévisualiser le document, de sélectionner de nombreuses polices de caractères et de nombreuses couleurs, selon les possibilités des imprimantes, de créer des documents maîtres et des sous-documents, de gérer les références, de comparer le document original avec le document à l'écran, d'éditer et de programmer des macro-instructions. À cela s'ajoute la possibilité de travailler à deux documents en même temps, d'obtenir une aide téléphonique sur n'importe quelle fonction et de récupérer des graphiques de nombreux programmes graphiques.

9.6.2
Microsoft Word

Conçu pour les micro-ordinateurs IBM PC, AT, PS/2 et compatibles, Microsoft Word 5.0 requiert 320 Ko de mémoire et supporte les cartes graphiques VGA, EGA, Hercules, Genius et CGA. Il fonctionne dans l'environnement Microsoft Windows, ce qui rend possible l'utilisation de la souris. Il est également offert en version réseau.

Microsoft Word possède sensiblement les mêmes fonctions que WordPerfect et ajoute la possibilité d'ouvrir jusqu'à huit fenêtres différentes et de déplacer ou de copier du texte d'une fenêtre à une autre, de créer un glossaire permettant d'utiliser des abréviations dans le texte qui seront rempla-

cées par l'expression ou le mot entier, de créer un schéma (*outline*) du contenu du document facilitant l'organisation de longs documents. L'importation de graphiques est toutefois limitée à Lotus, à Multiplan et à Excel.

9.6.3
MacWrite

Uniquement conçu pour les micro-ordinateurs Macintosh, le traitement de texte MacWrite se compare à Microsoft Word. À ces fonctions s'ajoute l'utilisation de la souris pour sélectionner les fonctions de base et pour faciliter l'identification et le déplacement de blocs de texte. La principale caractéristique de ce traitement de texte est sa fonction WYSIWYG (*what you see is what you get*) qui permet de voir, au moment même de la saisie, exactement ce qui sera imprimé, contrairement à WordPerfect ou à Microsoft où il faut activer un écran de visualisation. La grosseur et le style des caractères de même que les graphiques sont visibles à l'écran au fur et à mesure de leur saisie. De plus, MacWrite offre un très vaste choix de polices de caractères; celles-ci sont intégrées au système, contrairement aux PC où le choix des polices dépend des possibilités de l'imprimante utilisée.

 CONCLUSION

L'expression «traitement de texte», dans son sens le plus large, désigne une technique qui, à l'aide d'un appareil et d'un logiciel appropriés, permet de saisir un message qui sera mémorisé sur un support magnétique; le document ainsi produit peut être récupéré et manipulé à volonté, ce qui évite de retranscrire les éléments déjà saisis. Le traitement de texte se caractérise par la manipulation simple ou sophistiquée de textes, la mémorisation de ceux-ci sur un support magnétique et l'impression différée ou indépendante de la saisie.

Le processus de traitement de texte se décompose en plusieurs opérations : la création, la saisie, la mise en forme, la sauvegarde, l'édition et la révision, l'impression et la diffusion.

La création d'un message peut passer par l'enregistrement vocal, le manuscrit, l'imprimé ou se faire directement sur un appareil. Lorsque le message est transmis de vive voix, un support intermédiaire de transcription s'avère nécessaire, notamment le dictaphone ou la sténographie, qui servent de supports de base à la saisie. Bien qu'ils soient techniquement possibles, les décodeurs vocaux ne permettent pas encore au message d'être saisi et imprimé au fur et à mesure de sa création. Quant au manuscrit, il doit être confié au personnel spécialisé dans la saisie. Pour sa part, l'imprimé a l'avantage de pouvoir être traité par un lecteur optique sans aucune intervention intermédiaire ou de saisie.

La création d'un message à l'aide du traitement de texte est facilitée par des ressources connexes du système, telles que le dictionnaire, la grammaire, le traducteur, l'accès à des bases de données ou à des bibliothèques de paragraphes. La saisie d'un texte supporté par un clavier et un écran consiste à transférer ce texte dans la mémoire de l'ordinateur où il devient facile de la manipuler à l'aide des commandes du logiciel.

En ce qui concerne la saisie, deux caractéristiques différencient le traitement de texte de la machine à écrire. D'une part, il y a la frappe au kilomètre; dans ce cas, lorsque le curseur atteint la marge de droite, il est automatiquement déplacé sur la ligne suivante sans qu'il soit nécessaire d'insérer des retours de chariot. D'autre part, il y a le défilement ou le déroulement, où l'écran est un parchemin infini, le texte défilant de façon continue page après page.

La mise en forme d'un document consiste à donner un format à celui-ci, soit des marges, un interligne, des caractères, une tabulation, un style, un renfoncement, une justification, etc.

Un document sauvegardé sur un disque rigide ou une disquette est un fichier. Le répertoire permet de repérer facilement un fichier, de le récupérer et de le retravailler.

Lors de l'édition et de la révision d'un texte, le traitement de texte permet d'insérer ou de supprimer des mots, des phrases ou des paragraphes sans changer le format, de déplacer et de copier des blocs de texte, d'effectuer des recherches et de modifier la mise en forme initiale.

Une imprimante matricielle à 24 aiguilles constitue le minimum nécessaire pour une impression de qualité. Les imprimantes à laser ou à jet d'encre, plus coûteuses, permettent une impression de haute qualité se rapprochant de l'impression professionnelle. Les fonctions d'un traitement de texte peuvent se présenter sous forme de commandes ou de menus en un jumelage des deux formes, tel WordPerfect. Lorsqu'on sélectionne une fonction, un menu s'affiche; il faut ensuite choisir parmi les options proposées.

Les fonctions d'un traitement de texte peuvent différer d'un logiciel à un autre, mais l'on doit s'attendre à un minimum de fonctions, telles que les marges, l'interligne, la justification, la pagination, la tabulation, le gras, le soulignement, le renfoncement et les notes de bas de page. Il est également important que ces fonctions puissent être utilisées n'importe où dans le texte.

Les applications du traitement de texte dans l'organisation sont multiples, mais elles sont généralement limitées par des contraintes technologiques ou par un manque d'imagination. Il peut s'agir de la correspondance (de la simple lettre aux envois massifs de circulaires personnalisées), des documents volumineux tels que des annuaires, des actes authentiques ou des rapports financiers.

À l'heure où les prix des systèmes de traitement de texte sont de plus en plus abordables, il faut considérer non seulement les gains de productivité qu'ils entraînent, mais également leur souplesse par rapport au processus de production, l'amélioration de la qualité des documents et l'accroissement de la satisfaction des employés.

Il existe différentes catégories de systèmes de traitement de texte, bien qu'ils se présentent comme une gamme presque continue : les machines à écrire électroniques, les machines à écrire à mémoire, les appareils autonomes, les systèmes à logique partagée et les systèmes à temps partagé. Le choix d'un logiciel de traitement de texte est difficile parce qu'il nécessite qu'on tienne compte de plusieurs facteurs. Il faut définir ses propres besoins et évaluer la facilité d'apprentissage et d'utilisation du traitement de texte en s'informant auprès d'utilisateurs ou de vendeurs ou en consultant des revues spécialisées.

Contrairement à la croyance générale, un traitement de texte n'est pas aussi simple qu'il en a l'air. En somme, l'ensemble des utilisateurs ne se servent que d'une fraction des possibilités que leur offre le traitement de texte. Et là où le traitement de texte finit, l'édition commence. Mais le jour n'est pas loin où les logiciels de traitement de texte pourront concurrencer les logiciels d'édition.

▶ ## CAS 9.1
UNE OFFRE D'EMPLOI
(CAS PARTIELLEMENT AUTOGUIDÉ)

Pour vous familiariser avec le traitement de texte, reproduisez la lettre qui suit :

Lundi 23 septembre 19...

Objet : **_Offre d'emploi_**

Madame, Monsieur,

Par la présente, je désire poser ma candidature comme technicien en administration, selon l'offre d'emploi qui est parue dans le journal _La Presse_ le samedi 21 septembre 19... Mon choix s'est arrêté sur votre entreprise parce que j'y vois l'occasion de bénéficier d'une expérience enrichissante. De plus, vous œuvrez dans un domaine dans lequel j'ai l'intention de faire carrière.

Ma formation, à laquelle s'ajoutent mes années d'expérience, saura sans doute constituer un apport pour votre entreprise. Je tiens à vous signaler, au sujet de mon expérience, que :

_a_) les emplois de fin de semaine m'ont permis de me familiariser avec le public;

_b_) les emplois d'été m'ont amené à mieux comprendre les exigences du monde du travail.

Je vous remercie à l'avance de l'attention particulière que vous porterez à ma demande. Veuillez agréer, Madame, Monsieur, l'expression de mes sentiments distingués.

Votre tout dévoué,

Éric Morin

Note : Il se peut que ce texte ne soit pas disposé exactement comme l'encadré ci-dessus, à votre écran.

1. Insérez le code de pagination pour que le numéro de page apparaisse dans le coin supérieur droit.

2. L'interlignage doit être à un interligne et demi.

3. Le titre «Offre d'emploi» doit être souligné et gras.

4. La date doit être alignée à droite.

5. La dernière ligne doit être en italique.

6. Sauvegarder sous le nom de **CIE**.

   Voici le modèle à suivre pour réaliser la lettre :

▶ Figure 9.1
Un modèle de lettre de demande d'emploi

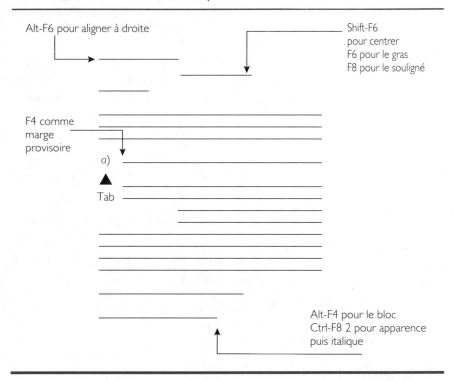

Alt-F6 pour aligner à droite

Shift-F6
pour centrer
F6 pour le gras
F8 pour le souligné

F4 comme
marge
provisoire

a)

Tab

Alt-F4 pour le bloc
Ctrl-F8 2 pour apparence
puis italique

▶ CAS 9.2
UN *CURRICULUM VITÆ*

Voici un cas à faire. Vous devez produire votre *curriculum vitæ*.

▶ CAS 9.3
UNE DEMANDE D'EMPLOI ASSORTIE
D'UN *CURRICULUM VITÆ* (CAS AUTOGUIDÉ)

Vous désirez expédier une lettre de demande d'emploi à plusieurs entreprises, accompagnée de votre *curriculum vitæ*. Pour ce faire, vous devez vous servir de la fusion de WordPerfect.

Une fusion est l'association, contrôlée par des codes de fusion, d'un fichier primaire et d'un fichier secondaire, chacun apportant une partie de l'information, afin de fournir un document qui intègre l'ensemble des données, soit à l'écran, soit directement à l'imprimante.

Les codes de fusion servent à définir une donnée variable ou un champ dans un fichier secondaire ou un fichier primaire. Les codes de fusion déterminent le déroulement de la fusion et sont présents dans les deux fichiers.

Menu de la fusion

Afin de bien comprendre la fusion, vous parcourrez maintenant les différentes options offertes. Vous devez appuyer sur les touches

[Shift] et **[F9]**   pour le menu Fusion

Création d'un fichier secondaire

Un fichier secondaire est constitué de données saisies par champ ; l'ensemble des champs constitue un enregistrement. Tapez ce qui suit :

Gaz Métropolitain   et appuyez sur [F9]
5215, rue Beaubien   et appuyez sur [F9]
Montréal   et appuyez sur [F9]
H3W 2Z5   et appuyez sur [F9]
[CTRL] et **E**   pour fin d'enregistrement

La commande [F9] place un code de fin de champ et un retour, alors que la commande [Ctrl] et E placent un code de fin d'enregistrement. Continuez à taper le nom et l'adresse de plusieurs compagnies ; n'oubliez pas de faire le code de fin d'enregistrement après chacun d'eux.

Sauvegardez ce texte sous le nom de **LISTE** ; tapez

[F7]   pour Sortir
O   pour Sauvegarder
LISTE   et appuyez sur [Enter]
N   pour rester dans WordPerfect

À présent, vous allez créer le fichier primaire.

Création d'un fichier primaire

Au lieu de créer un nouveau document, récupérez un texte déjà sauvegardé, où il est fait mention d'une offre d'emploi. Comme vous ne vous rappelez plus le nom de ce fichier, vous pouvez consulter chaque document, mais vous pouvez aussi utiliser la fonction de recherche de mots, du menu Gestion de fichiers. Faites

[F5]   et appuyez sur [Enter]

déplacez-vous sur le fichier CIE et appuyez sur

1   pour Récupérer

Pour adresser cette lettre à plusieurs personnes, vous devez indiquer les endroits où vous voulez placer des données. Votre seul point de repère est l'ordre des champs dans le fichier secondaire. Vous n'avez pas besoin de placer des codes dans l'ordre d'entrée des données, et vous pouvez utiliser celles-ci plus d'une fois. Appuyez sur les flèches pour vous déplacer entre la date et le titre centré OBJET. Une fois rendu, appuyez sur la touche

[Enter]   pour créer une ligne vide
[Shift] et **[F9]**   pour le menu Fusion
1   pour Champ

La ligne d'état vous indique «Champ :», c'est-à-dire «quel numéro de champ désirez-vous placer à cet endroit du texte ?» Optez pour le nom du destinataire, qui est contenu dans le champ numéro 1 de chaque enregistrement. Appuyez sur

1   pour le champ numéro 1
[Enter]   pour accepter ce numéro

Le code ^F1^ apparaît à la position du curseur. Appuyez sur

[Enter]   pour faire un saut de ligne

Continuez à entrer l'adresse, c'est-à-dire les champs 2 et 3, en appuyant sur

[Shift] et **[F9]**	pour Codes Fusion
1	pour Champ
2	pour le champ numéro 2
[Enter] **[Enter]**	pour accepter et changer de ligne
[Shift] et **[F9]**	pour Codes Fusion
1	pour Champ
3	pour le champ numéro 3
[Enter] **[Enter]**	pour accepter et changer de ligne
[Shift] et **[F9]**	pour Codes Fusion
1	pour Champ
4	pour le champ numéro 4
[Enter] **[Enter]**	pour accepter et changer de ligne

Votre document est prêt à être sauvegardé pour la fusion. Tapez

[F7]	pour Sortir
O	pour Sauvegarder
FUSION	et appuyez sur [Enter]
N	pour rester dans WordPerfect

Vous êtes prêt à fusionner vos fichiers FUSION et CIE.

Activation de la fusion

Pour activer la fusion, appuyez sur les touches

[Ctrl] et **[F9]**	pour Fusion/Tri
1	pour Fusion

WordPerfect vous demande alors d'inscrire le nom du fichier primaire, soit

FUSION	et appuyez sur [Enter]

puis le nom du fichier secondaire, soit

LISTE	et appuyez sur [Enter]

Le message « Fusion » apparaît à la ligne d'état, vous indiquant que le travail s'accomplit. Au bout d'un certain temps, le fichier résultant de la fusion s'affiche à l'écran et vous êtes automatiquement positionné en fin de fichier. Tout semble parfait, sauvegardez le fichier en tapant

[F10]	pour Sauvegarder
FUSION1	et appuyez sur [Enter]

Imprimez alors votre document.

▶ QUESTIONS

1. Définissez, dans vos propres termes, un traitement de texte.

2. Quelles sont les différences entre le traitement de texte et la dactylographie ?

3. Nommez les six étapes qui mènent à la production d'un document final.

4. Qu'arrive-t-il à votre document lorsque vous travaillez avec un traitement de texte et qu'il y a une panne de courant ?

5. Nommez deux fonctions qui permettent de faire ressortir un mot ou un groupe de mots à l'intérieur d'un texte.

6. L'implantation d'un système de traitement de texte peut être l'occasion d'évaluer non seulement les besoins en dactylographie, mais également l'ensemble des travaux administratifs et les procédés qui les sous-tendent. Commentez.

7. Est-il plus avantageux de sauvegarder des documents sur des disquettes ou sur un disque rigide?

8. Bien que le traitement de texte possède beaucoup d'avantages, il présente également des inconvénients. Nommez-en quelques-uns.

9. Quels critères peuvent être utilisés pour le choix d'un logiciel de traitement de texte?

10. Si vous aviez à recommander un traitement de texte, lequel choisiriez-vous? Pourquoi?

▶▶▶ 10

Les chiffriers électroniques

▷ OBJECTIFS

Après avoir lu ce chapitre et fait les cas à la fin de celui-ci, l'étudiant ou l'étudiante devrait être en mesure de :

1. Définir le concept de « tableur ».

2. Décrire quelques usages d'un tableur.

3. Déterminer les modules d'un tableur.

4. Préciser les principales fonctions et les modes d'un tableur.

▶ Introduction

Visicalc, le premier tableur, a été mis au point par Daniel Bricklin en 1979. Les entreprises découvraient alors un avantage important lié à l'utilisation de la micro-informatique. Visicalc a donc révolutionné le domaine des micro-ordinateurs jusqu'alors dominé par les jeux et les programmes créés en basic. Visicalc avait été élaboré pour un micro-ordinateur de marque Apple et est à l'origine de l'immense succès de cette compagnie : on achetait un Apple pour utiliser Visicalc.

La deuxième génération de tableurs n'a rien apporté de bien nouveau, sinon des améliorations à la première génération. Ces améliorations touchaient le nombre de fonctions mathématiques permises, les programmes connexes, la compatibilité des données avec les programmes de la même série et avec les programmes concurrents.

En 1982, la troisième génération de tableurs a de nouveau révolutionné le monde de la micro-informatique, avec la version 1.0 du logiciel Lotus 1-2-3 pour IBM PC, conçu par Mitch Kapor et Jonathan Sacks. Bien sûr, les capacités de traitement du chiffrier ont été améliorées par rapport à la première génération (de 654 colonnes sur

64 rangées à 8 192 rangées sur 256 colonnes); mais ce qui a vraiment démarqué ce logiciel de ceux de la première génération, ce sont les capacités graphiques et la base de données intégrées au logiciel, la puissance des commandes et un mini-langage de programmation permettant de créer des macro-instructions ainsi que des fonctions de diverses natures. En effet, grâce au dispositif graphique de Lotus 1-2-3, il était possible d'afficher à l'écran et d'imprimer une variété de graphiques. Ce dispositif permettait aussi de visualiser les entrées au tableur sur l'écran monochrome et d'examiner simultanément les graphiques correspondants sur un écran en couleurs. L'utilisateur pouvait changer une ou plusieurs entrées et voir instantanément les changements sur les graphiques. De plus, Lotus 1-2-3 traitait les colonnes de cellules sous forme de champs. Il permettait, entre autres, de classer les données dans l'ordre alphabétique ou numérique et d'effectuer des recherches et des tris. Lotus 1-2-3 amenait le concept de « chiffrier intégré » (chiffrier, graphisme, base de données).

Une quatrième génération vient d'être mise sur le marché : Framework, Symphony et Excel, en 1987, et Lotus 1-2-3 version 2.4 ou 3.1, en 1993. Les capacités de traitement, les possibilités graphiques et de bases de données sont encore améliorées. On y a intégré des possibilités de télécommunication et de traitement de texte, ce qui permet une meilleure présentation. De plus, l'intégration des données y est plus complète, c'est-à-dire que ces logiciels peuvent relier une cellule d'un chiffrier X à une cellule d'un chiffrier Y. Ils sont aussi plus compatibles avec les logiciels concurrents.

▶ 10.1
Définition du tableur

Le tableur, appelé aussi « chiffrier électronique » ou « feuille de calcul électronique » (*spread-*

sheet), est la version électronique ou informatique de la feuille comptable, du crayon et de la calculatrice. À première vue, c'est un tableau simple constitué de lignes (8 192 en Lotus 1-2-3) et de colonnes (256 en Lotus 1-2-3). L'intersection d'une colonne et d'une ligne forme une cellule. L'utilisateur n'a qu'à entrer les données à l'endroit voulu et à indiquer les relations qu'il souhaite établir entre les nombres.

Les commandes sont organisées en menu et obéissent à une syntaxe simple et uniforme qui minimise les besoins de mémorisation. Les tableurs sont des logiciels faciles à utiliser, c'est-à-dire qu'ils permettent de choisir des commandes et complètent celles-ci en posant des questions.

▶ ## 10.2
Les applications du tableur

10.2.1
Les domaines d'utilisation du tableur

On utilise beaucoup les tableurs pour effectuer des rapports mettant en relation des nombres. Grâce à la fonction de calcul automatique, l'utilisateur peut facilement essayer de multiples scénarios en peu de temps. Un tableur ne peut dire à un gestionnaire comment réagir ni prendre de décisions. Par contre, il est un outil indispensable pour aider celui-ci à prendre des décisions. C'est pourquoi nous le considérons comme un outil valable pour élaborer un système interactif d'aide à la décision. Un chiffrier électronique se prête à de nombreux usages :

1. En gestion des ventes :

   a) la combinaison prix-produit;

   b) l'analyse des ventes par région;

   c) l'analyse des ventes par produit;

   d) l'analyse des ventes par vendeur;

   e) l'analyse des prix;

   f) l'analyse des tendances;

   g) l'analyse démographique.

2. Dans le domaine des biens fonciers :

   a) le calendrier d'amortissement;

   b) les frais d'entretien;

   c) les taxes foncières;

   d) le calcul de la rentabilité.

3. Dans la planification et la facturation :

   a) l'horaire des rendez-vous;

   b) l'estimation des honoraires;

   c) l'horaire du personnel.

4. En sciences et en ingénierie :

   a) la création de modèles;

   b) l'analyse des charges;

   c) la résistance des matériaux.

5. Dans le contrôle de l'inventaire :

   a) l'estimation de fin d'année;

   b) les projections de liquidités.

6. Dans l'analyse des investissements :

   a) l'effet des taux d'intérêt;

   b) la variation des taux de change;

   c) le calcul des marges de profit;

   d) l'estimation des coûts de production.

7. En ce qui concerne la valeur actuelle nette :

   a) la valeur future;

   b) le calcul des mensualités.

8. En comptabilité :

   a) le tableau d'amortissement;

   b) le budget;

   c) les états financiers simples.

10.2.2
Les usages du tableur dans les organisations

De nos jours, les tableurs sont considérés comme faisant partie intégrante de la technologie de bureau. Ils peuvent servir à réduire les coûts d'exploitation et à augmenter la productivité. Avec les tableurs, les gestionnaires sont en mesure de prendre de meilleures décisions, et plus rapidement, puisqu'ils possèdent un outil très puissant leur permettant d'analyser divers scénarios.

Le tableau 10.1 présente les diverses utilisations du chiffrier électronique dans les organisations.

▶ Tableau 10.1
Les principales utilisations du chiffrier électronique

Comptabilité	89,3 %
Budget	77,7 %
Prévisions (graphiques)	77,7 %
Rapports internes	65,1 %
Prise de décision	63,3 %
Planification	62,8 %
Allocation de coûts	59,1 %
Moyennes et sommations	58,1 %
Vérification de budgets	55,3 %
Calendrier d'amortissement	54,4 %

Source : Lomo-David Chaney, « Spreadsheet Usage in U.S. Firms », *Office Systems Research Journal*, vol. 7, n° 2.

10.2.3
Des exemples

Que ferait de nos jours un analyste financier sans tableurs ? L'intuition ne suffit plus. Chaque décision doit reposer sur un nombre suffisant de prévisions, d'études des diverses possibilités et d'analyses du type : « Que se passera-t-il si...? » De plus, les clients veulent toujours avoir une réponse dans les délais les plus courts. D'une part, le tableur protège l'analyste en lui permettant de justifier quantitativement plusieurs choix selon différentes hypothèses ; d'autre part, il augmente l'efficacité et le rendement de l'analyste, car il peut étudier beaucoup plus de scénarios et de projets différents en un temps moindre.

Pour une entreprise, les usages du tableur sont multiples. Il peut servir à l'analyse des investissements pour ce qui est des mouvements de caisse et de la rentabilité ou encore à l'établissement d'états *pro forma* lors de la mise en marché d'un nouveau produit.

10.2.4
Qui a besoin d'un tableur ?

L'utilisation d'un tableur est avantageuse pour le gestionnaire dans les situations suivantes :

— Il passe plusieurs heures par semaine à manipuler un crayon, du papier et une calculatrice.

— Il prépare régulièrement des budgets, des offres d'emploi ou des évaluations.

— Il doit réviser fréquemment ses rapports.

— Il est responsable de décisions financières.

— Il doit souvent présenter des rapports chiffrés à ses clients et à ses supérieurs.

— Il a déjà accès à un micro-ordinateur pouvant utiliser un tableur.

Le tableur n'est pas indiqué pour le gestionnaire dans les cas suivants :

— s'il doit informatiser sa comptabilité ;

— s'il veut garder un gros stock ;

— s'il veut écrire de longs rapports.

10.2.5
Les avantages du tableur

Le premier avantage du tableur est sa capacité d'effectuer ce qu'on appelle le « calcul automatique ». Par exemple, si le montant des ventes dans un état financier est modifié, les frais variables, les bénéfices bruts et les bénéfices nets seront modifiés automatiquement. Nous reviendrons sur le calcul automatique plus loin dans ce chapitre. Le second avantage du tableur est qu'il permet d'épargner du temps et de produire rapidement des versions impeccables.

Ce logiciel réduit donc les complications causées par les changements de données de dernière minute. Il offre la possibilité d'enregistrer les nouvelles données au fur et à mesure du déroulement des transactions, d'élaborer un rapport présentant dans l'ordre désiré chacun des éléments et de les modifier, le cas échéant, avec le recalcul automatique. L'utilisation d'un tableur permet au gestionnaire de consacrer plus de temps à l'évaluation de diverses stratégies de gestion, d'étudier des possibilités et des solutions. En produisant les états financiers sur un tableur, le gestionnaire se facilite la tâche ; il peut alors fournir régulièrement à ses supérieurs hiérarchiques des rapports financiers aisément modifiables et évaluer diverses solutions possibles en ne changeant que quelques données.

Le tableur possède différentes fonctions :

— le recalcul automatique lors de la modification de données ;

— la possibilité d'insertion ou de suppression de lignes ou de colonnes ;

— la redisposition automatique des données lors d'une insertion ou d'une suppression ;

— l'affichage des données sous divers formats ;

— la copie de formules avec des rectifications.

▶ 10.3
Les capacités du tableur

Étant donné que Lotus 1-2-3 version 2.4 est le tableur le plus répandu, nous nous en servirons pour expliquer le fonctionnement d'un tableur. Toutefois, ce chapitre n'est pas un guide d'utilisation de Lotus ; d'excellents livres ont déjà été écrits sur le sujet. Notre but, dans cette section, est de montrer les capacités du tableur.

10.3.1
L'apparition à l'écran

On doit voir le tableur comme une très grande feuille divisée en colonnes et en rangées. Il s'agit d'une fenêtre. La figure 10.1 représente une fenêtre à 8 colonnes (A à H) et 20 lignes (1 à 20), qui comprend les éléments suivants :

1 L'adresse où se trouve le pointeur de cellule.

2 Le contenu de la cellule pointée.

3 L'indicateur de mode.

4 La ligne d'édition sur laquelle apparaît le menu en mode Menu ou le contenu d'une cellule active en mode Ready ou en mode Edit.

5 La ligne d'explication des commandes en mode Menu.

6 L'identificateur des colonnes.

7 L'identificateur des lignes.

8 Le pointeur de cellule.

9 Les fenêtres qui apparaissent lorsque certaines touches sont activées.

10.3.2
Le déplacement

Puisqu'un tableur peut être composé de 8 192 rangées sur 256 colonnes et qu'on ne peut visualiser qu'une fenêtre à la fois, il faut donc

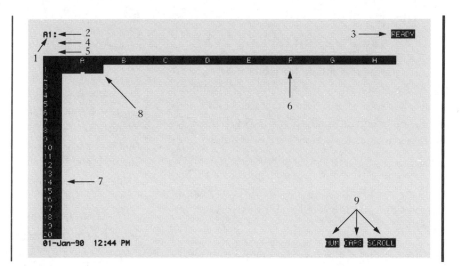

Figure 10.1 ◄
Une fenêtre

déplacer le pointeur. Pour changer la cellule active, il existe diverses façons, que nous expliquerons plus loin. Il est possible d'utiliser la touche de fonction [F5] [GOTO] lorsqu'on connaît l'emplacement exact de la cellule. Toutefois, à l'intérieur d'une fenêtre, c'est-à-dire dans le contenu d'un écran, la façon la plus simple consiste à utiliser les flèches de déplacement :

[→]   Permet de se déplacer d'une cellule ou d'un caractère vers la droite.

[←]   Permet de se déplacer d'une cellule ou d'un caractère vers la gauche.

[↑]   Permet de se déplacer d'une cellule vers le haut.

[↓]   Permet de se déplacer d'une cellule vers le bas.

Immédiatement au-dessus du pavé des touches de déplacement se trouvent les touches suivantes :

[Home]   Ramène le pointeur de cellule à la cellule A1 ou le curseur au début de la ligne d'édition.

[PgUp]   Fait monter le pointeur de cellule de 20 lignes.

[PgDn]   Fait descendre le pointeur de cellule de 20 lignes.

[Ins]   En mode édition (Edit), permet de passer au mode écrasement (efface et remplace).

[Del]   En mode édition (Edit), efface le caractère qui se trouve au-dessus du curseur.

[End] et [↓]   Fait descendre le pointeur soit jusqu'à la prochaine cellule contenant une donnée, soit à l'extrémité inférieure du chiffrier.

[End] et [→]   Déplace le pointeur soit jusqu'à la prochaine cellule contenant une donnée, soit à l'extrémité droite du chiffrier.

[Scroll Lock] Bloque le pointeur de cellule et déplace l'écran; un signe apparaît à l'écran lorsque cette touche est en fonction.

[End] En mode édition (Edit), amène le curseur à la fin de la ligne d'édition.

[Home] En mode édition (Edit), amène le curseur au début de la ligne d'édition.

10.3.3
La plage de fonctions

L'utilisateur dispose de 10 touches de fonction qui simplifient l'interaction. Il faut savoir que chacune de ces touches est associée à une commande propre à Lotus 1-2-3.

Les différentes touches de fonction ont un rôle primordial, comme l'indique la liste suivante :

F1 HELP Demande la fonction d'aide.

F2 EDIT Modifie le contenu d'une cellule.

F3 NAME Donne un nom.

F4 ABSOLUE Donne l'adresse en valeur absolue.

F5 GOTO Déplace le pointeur à l'adresse voulue.

F6 WINDOW Déplace le pointeur d'une fenêtre à l'autre.

F7 QUERY Recherche dans une base de données.

F8 TABLE Fait le calcul de la table programmée.

F9 CALC Recalcule le chiffrier.

F10 GRAPH Montre le graphique.

[Alt] F1 COMPOSE Permet de créer des caractères.

[Alt] F2 STEP Permet d'exécuter les macro-instructions pas à pas.

[Alt] F3 RUN Dans le mode READY, illustre le nom des zones à utiliser dans les macro-instructions.

[Alt] F4 UNDO Annule l'opération précédente.

[Alt] F5 LEARN Est le tuteur de Lotus.

[Alt] F7 ADD-IN Permet d'activer un logiciel complémentaire.

[Alt] F8 ADD-IN Permet d'activer un logiciel complémentaire.

[Alt] F9 ADD-IN Permet d'activer un logiciel complémentaire.

[Alt] F10 Permet d'ajouter à Lotus d'autres programmes, comme le logiciel Allways.

10.3.4
La cellule active et le rôle du pointeur

La cellule active est la cellule dans laquelle se trouve le pointeur de cellule. Il est important de comprendre que cette cellule représente l'unité de base du chiffrier. On entre l'information en y plaçant le pointeur et en tapant l'information désirée.

Le contenu d'une cellule

Chaque cellule peut contenir un des quatre types d'information suivants :

— une valeur;

— un libellé;

— une formule de calcul;

— une fonction spéciale.

Une valeur est un chiffre qui, en plus d'être présent dans le tableur, peut être utilisé dans des équations ultérieures.

Un libellé est une chaîne de caractères qui débute par une lettre ou un préfixe de libellé (',",^,\). Le titre d'une colonne, le titre du chiffrier, un numéro de téléphone sont des libellés. Comme ils n'ont aucune valeur arithmétique significative, ils ne peuvent être utilisés dans des opérations mathématiques.

Une formule de calcul est une expression mathématique. Voici deux formules de calcul : 4 + 8 et 32*329/8. Une formule peut contenir plusieurs termes : la formule 4 + 8 contient deux termes et la formule 32*329/8 en contient 3.

Une fonction spéciale est une formule programmée à l'avance. Parmi les fonctions les plus couramment utilisées, on trouve @SUM, qui représente l'addition d'une série de valeurs, et @AVG, fonction qui calcule la moyenne.

10.3.5
Le calcul automatique

Comme nous l'avons déjà mentionné, le calcul automatique est une opération par laquelle un tableur effectue les modifications, après un changement dans les données. Mais comment ces logiciels peuvent-ils savoir où doivent s'effectuer les changements? Les relations de dépendance entre les cellules prennent ici toute leur importance.

Prenons le cas d'un budget de caisse. L'encaisse, à la fin du mois de janvier, détermine l'encaisse au début du mois de février, et ainsi de suite. Supposons que les encaissements du mois de janvier soient de 12 000 $ plutôt que de 11 000 $; cela aura une incidence sur l'encaisse de tous les mois suivants. Avec un chiffrier électronique, il n'y a qu'à modifier la cellule représentant les encaissements du mois de janvier, et toutes les autres cellules qui dépendent de cette cellule seront modifiées automatiquement.

Supposons qu'il faille additionner les cellules D4, D5 et D6 et insérer le total à la cellule D8. Deux méthodes s'offrent à l'utilisateur : soit inscrire la formule + D4 + D5 + D6, ou encore se servir de la fonction mathématique @SUM (D4..D6). Si le contenu de la cellule D5 est modifié, le contenu de la cellule D8 changera automatiquement, car, pour un tableur, la valeur à additionner n'est pas une constante mais le contenu des cellules, peu importe qu'elles aient un 3 ou un 6.

Pour profiter des avantages du recalcul, il faut inscrire non pas le total de chacune des cellules, mais plutôt la formule engendrant le total. Par exemple, si l'utilisateur inscrit, à la cellule D8, + 2 + 5 + 8, soit le contenu des cellules D4 à D6, qu'arrive-t-il alors au total si un des trois éléments à additionner est modifié? Il ne change pas, à moins qu'on ne modifie l'équation complète, ce qui oblige l'utilisateur à effectuer deux corrections plutôt qu'une seule.

10.3.6
Les formules avec un tableur

Les opérateurs

Avec Lotus 1-2-3 ainsi qu'avec les autres chiffriers, on se sert des opérateurs habituels, soit :

+	addition	+ A1 + A2	
−	soustraction	+ A1 − A2	
*	multiplication	+ A1*A2	
/	division	+ A1/A2	

Les fonctions intégrées

En plus des opérateurs habituels, les chiffriers offrent une série de fonctions déjà établies, ce qui nous évite d'avoir à taper une série répétitive de coordonnées. Ces fonctions portent sur des domaines tels que la finance, la gestion d'une base de données, le calcul des intervalles de dates, les calculs statistiques, les fonctions spéciales de recherche et autres, les fonctions logiques et même des fonctions mathématiques très complexes. Les noms de ces fonctions se composent de quelques lettres; souvent, une abréviation définit le sujet. Dans Lotus 1-2-3, chaque fonction commence par le symbole @, pour qu'on ne puisse confondre une fonction avec un libellé.

Les listes suivantes résument quelques fonctions intégrées pouvant être utiles à des gestionnaires.

Les fonctions mathématiques

@ROUND	Arrondit la valeur au nombre de décimales désiré.
@INT	Retranscrit la valeur entière uniquement.
@SQRT	Calcule le carré d'une valeur.
@ABS	Retranscrit la valeur en valeur absolue.

Les fonctions statistiques

@AVG	Calcule la moyenne d'une étendue.
@COUNT	Calcule le nombre de cellules d'une étendue.

@MAX	Indique la plus grande valeur d'une étendue.
@MIN	Indique la plus petite valeur d'une étendue.
@STD	Calcule l'écart type d'une étendue.
@SUM	Additionne les valeurs d'une étendue.
@VAR	Calcule la variance d'une étendue.

Les fonctions financières

@IRR	Calcule une estimation du rendement des investissements.
@NPV	Calcule la valeur actuelle nette.
@FV	Calcule la valeur future d'une annuité.
@PV	Calcule la valeur actuelle d'une annuité.
@PMT	Indique les paiements mensuels.

Les fonctions spéciales

@CHOOSE	Permet de donner deux valeurs si la condition est fausse ou vraie.
@VLOOKUP	Réécrit une valeur à l'aide d'une table de valeurs.
@HLOOKUP	Repère dans une table la valeur désirée, sur une étendue verticale.
@FALSE	Donne la valeur 0.
@TRUE	Donne la valeur 1.
@NA	Donne la valeur *not available*.
@ERR	Donne la valeur Err pour erreur.

LOOKUP

Cette fonction recherche toutes les valeurs plus grandes qu'une valeur x et insère à la place une nouvelle valeur ou un nouveau libellé, ou encore une fonction ou une formule.

IF

Cette fonction permet d'obtenir des résultats différents selon les valeurs vraies ou fausses d'une comparaison. C'est une fonction simplifiée du IF-Then-Else, que l'on trouve souvent en programmation. La syntaxe est la suivante : If (condition, opération à effectuer si condition est vraie, opération à effectuer si condition est fausse).

10.3.7
Les principaux modes

Le mode est une indication de l'état du tableur donnée par le logiciel; au fur et à mesure de l'entrée des commandes ou des données, il renseigne sur le mode d'opération utilisé. Il existe sept principaux modes dans Lotus 1-2-3 : READY, VALUE, LABEL, EDIT, MENU, ERROR et WAIT. Ces modes s'affichent dans le coin supérieur droit de l'écran, soit par l'entrée d'une donnée (READY, VALUE, LABEL), soit par une touche de fonction (EDIT, MENU, WAIT).

Le mode READY

Ce mode représente l'état normal d'attente. Lotus est alors prêt à recevoir des libellés, des valeurs numériques, des formules mathématiques ou encore des fonctions dans la cellule active, là où se trouve le pointeur.

Le mode VALUE

Il est affiché quand le tableur a reçu des valeurs numériques, des fonctions @ ou des formules.

Le mode LABEL

Il signale qu'un libellé vient d'être entré dans une cellule.

Le mode EDIT

Ce mode indique que Lotus 1-2-3 est en mode de corrections ou de modifications. Lotus se met automatiquement en mode EDIT lorsque le contenu d'une cellule va à l'encontre de la logique du programme (par exemple, lorsqu'on tente d'additionner deux libellés). Lotus active donc automatiquement le mode EDIT. Pour corriger une partie du contenu d'une cellule, il est toujours possible d'appeler ce mode à l'aide de la touche [F2], après avoir placé le pointeur sur la cellule erronée.

Le mode MENU

Il signale l'accès aux commandes offertes par Lotus 1-2-3. On peut accéder en tout temps au mode MENU en pressant sur la touche [/]. Nous reviendrons sur ce mode plus loin.

Le mode ERROR

Ce mode indique qu'une erreur a été commise lors de l'entrée de données ou au cours de la séquence de sélection des commandes. Le mot Error clignotera tant que les touches [Esc] ou [Enter] ne seront pas enfoncées.

Le mode WAIT

Ce mode est activé lorsque l'ordinateur est en cours de traitement. Lotus n'est donc pas prêt à recevoir des informations.

10.3.8
La notion de «par défaut»

L'expression «par défaut» renvoie à tout ce qui se trouve d'emblée dans le programme, sans qu'il y ait à spécifier quoi que ce soit. «Par défaut» veut donc dire que le logiciel fait certaines choses automatiquement, sans intervention. Il est toutefois possible de modifier la décision que le concepteur du logiciel a déjà prise.

▶ 10.4
Les principales commandes du tableur

10.4.1
L'organisation des commandes en menu

C'est par le biais du menu qu'on utilise les capacités du tableur. Le menu représente l'ensemble des commandes du tableur. Il est possible d'accéder en tout temps au menu des commandes en pressant la clé [/], en Lotus 1-2-3.

10.4.2
La structure arborescente du menu

Le menu d'un chiffrier est généralement organisé de façon arborescente. Chaque embranchement regroupe toutes les commandes qui ont un lien logique. L'accès aux commandes se fait de manière hiérarchique. D'abord, l'embranchement supérieur, puis le deuxième niveau, puis le troisième. Si l'utilisateur a accédé au mauvais embranchement, il n'a qu'à presser la touche [Esc], qui le fera reculer d'un niveau.

Lors de l'accès au menu de Lotus 1-2-3, deux lignes de menu apparaissent. La première ligne contient les neuf embranchements supérieurs de Lotus 1-2-3, qu'on appelle le menu.

Il est important de comprendre la signification de chaque commande du premier niveau, puisqu'elle chapeaute un ensemble de commandes qui s'y apparentent logiquement. Supposons que l'on veuille retrouver un fichier et qu'on ne connaisse pas l'emplacement de la commande activant la recherche ; on commencera par choisir la commande du premier niveau qui correspond le mieux à la commande recherchée. Prenons, par exemple, la commande File : une fois le curseur placé sur File, les sous-commandes de File seront affichées à la ligne inférieure.

Quand on entre dans Lotus, le curseur est placé automatiquement sur la commande du premier niveau Worksheet. La deuxième ligne indique toutes les sous-commandes possibles de la commande sur laquelle se trouve le pointeur, c'est-à-dire toutes les commandes qu'il est possible de choisir.

Si on place le curseur sur une autre commande du premier niveau, par exemple la commande File, la deuxième ligne se modifie.

10.4.3
La facilité d'utilisation du logiciel

Lotus 1-2-3 est un logiciel facile à utiliser parce qu'il ne réclame aucune programmation. Le logiciel permet de choisir des commandes et complète celles-ci en posant des questions.

10.4.4
Le menu principal

Il est important de connaître la structure et la logique d'un logiciel avant de commencer à l'utiliser. Voici une brève définition des commandes du premier niveau de la structure du menu de Lotus.

Worksheet

Cette commande indique au logiciel qu'on désire travailler avec l'ensemble de la feuille de travail. Elle regroupe des sous-commandes qui auront une incidence sur l'ensemble de la feuille de travail uniquement. On y trouve donc toutes les commandes d'édition (telles que fixer la largeur des colonnes, insérer ou supprimer des colonnes ou des rangées, formater) qui se rapportent à l'ensemble de la feuille de calcul électronique.

Range

Cette commande renferme sensiblement les mêmes sous-commandes que celles de l'embranchement Worksheet. Par contre, l'effet des commandes touche non plus le chiffrier en entier, mais uniquement un champ d'une ou de plusieurs cellules, appelé étendue (*range*).

Copy

La commande Copy sert à reproduire le contenu d'une cellule ou d'une étendue de cellules à un ou à plusieurs endroits à l'intérieur du tableur, sans effacer le contenu de la cellule à copier.

Move

Cette commande efface d'un seul coup le contenu d'une cellule ou d'une étendue de cellules et le transfère dans une autre cellule ou étendue de cellules.

File

La commande File donne accès aux sous-commandes qui dirigent les échanges entre la mémoire centrale de l'ordinateur et les disquettes ou le disque rigide où sont enregistrés les programmes et les travaux.

Print

Cette commande donne accès aux commandes d'impression.

Graph

Cette commande est la clé des sous-commandes qui permettent de convertir les données en graphique.

Data

Cette commande donne accès à une petite base de données. Cet ensemble de sous-commandes permet de créer et d'analyser des données, de classer des mots par ordre alphabétique ou des nombres par ordre croissant ou décroissant.

System

Cette commande suspend le fonctionnement de Lotus 1-2-3 et renvoie l'utilisateur au système d'exploitation DOS, pour qu'il formate une disquette par exemple, ou encore pour qu'il utilise temporairement un autre logiciel.

Add-in

Cette commande permet d'ajouter à Lotus d'autres programmes tel le programme Allways.

Quit

La commande Quit permet de sortir de Lotus 1-2-3.

10.4.5
La possibilité de modifier la présentation d'un tableur

L'opération de formatage est le processus par lequel on modifie la présentation du tableur. On peut changer l'allure du tableur en insérant ou en détruisant des lignes ou des colonnes, en modifiant la largeur des colonnes, etc. Lotus 1-2-3 permet d'apporter de nombreuses modifications au tableur.

Insérer une colonne ou une rangée

Il est facile d'insérer une rangée ou une colonne vide. Par exemple, après avoir effectué des projections pour les mois de janvier à juillet, soit huit colonnes comprenant une colonne Total, l'analyste veut étendre ces projections jusqu'au mois de novembre. Il lui faut alors sélectionner la commande Insert et préciser son choix, soit insérer une ligne ou une colonne. Attention! dans le cas des colonnes, l'insertion se fait de la première à la dernière ligne du tableur et non seulement dans quelques cellules.

Supprimer une colonne, une rangée ou le contenu d'une cellule

Dans Lotus 1-2-3, la commande Delete permet de supprimer une colonne ou une rangée. La commande Erase, quant à elle, efface le contenu d'une étendue ou d'une seule cellule.

Modifier la largeur des colonnes

Il est impossible de modifier la largeur d'une ou de deux cellules seulement dans une colonne; lorsqu'on décide de modifier la largeur, c'est pour toute la colonne. On peut le faire avec les commandes successives Worksheet, Column et Set-Width; Lotus 1-2-3 demande alors la largeur désirée. Le chiffre inscrit représente le nombre de caractères dans une cellule. On peut alors visualiser à côté de l'adresse de la cellule, dans le panneau de contrôle, la largeur de la colonne.

Aligner les chaînes de caractères

Comme nous l'avons indiqué précédemment, l'unité de base du tableur est la cellule. Par défaut, l'ordinateur aligne les libellés à gauche dans la cellule. Toutefois, il est possible de modifier l'alignement en changeant le préfixe du libellé. Dans le logiciel Lotus 1-2-3, l'apostrophe (') signifie un ali-gnement à gauche, les guillemets (") alignent le libellé à droite et l'accent circonflexe (^) centre le libellé. Il ne faut pas oublier qu'un nombre précédé d'un de ces préfixes sera considéré par l'ordinateur comme un libellé : il ne sera donc plus possible d'effectuer d'opérations mathématiques sur ce nombre.

Formater les valeurs

On peut modifier la présentation visuelle des valeurs en utilisant les commandes Range et Format. La commande Global agit sur le chiffrier au complet; la commande Range agit sur un certain nombre de cellules. Lotus 1-2-3 ne permet pas qu'on mette les caractères en gras, de souligner les mots ni de changer les polices de caractères. Par contre, la plupart des autres chiffriers le permettent.

Déplacer une étendue

Pour déplacer le contenu d'une certaine étendue, on doit utiliser la commande Move. La commande Move de Lotus 1-2-3 prend le contenu d'une cellule ou d'une étendue et le réécrit à l'endroit indiqué, dans le même chiffrier, en l'ajustant à son nouvel emplacement.

Copier une étendue

Il est souvent nécessaire d'utiliser une formule à plusieurs endroits du chiffrier. La commande Copy de Lotus 1-2-3 permet non seulement de recopier la formule, mais aussi de l'ajuster au nouvel emplacement. Par exemple, pour copier la formule située en A3, qui est le résultat de A1 + A2, à la cellule G3, il faut placer le pointeur en A3 et demander la commande Copy from A3 to G3. En déplaçant le pointeur en G3, on remarque que la formule s'est ajustée à son nouvel emplacement pour devenir maintenant G1 + G2. Cet ajustement se nomme l'« adressage relatif ».

On peut aussi copier plusieurs formules en même temps. L'exemple suivant permettra de mieux comprendre les possibilités de la commande Copy.

Une compagnie emploie peu de personnel. Elle a donc décidé d'informatiser la paie sur un tableur. Elle doit calculer les diverses retenues pour les avantages sociaux, qui équivalent à 15 % du salaire brut, et l'impôt à payer qui est de 25 % du salaire brut. Il suffit alors d'écrire la première formule et de la copier pour le reste des employés. Il est également possible de recopier exactement la même formule à plusieurs endroits, sans que tous les éléments s'ajustent. Ce procédé se nomme l'« adressage absolu ».

10.4.6
L'impression d'un tableur

Une fois terminé le travail sur une feuille de calcul, il est toujours possible de l'imprimer. Pour ce faire, il faut indiquer à l'ordinateur l'étendue à imprimer. On utilise alors la commande Print du menu principal.

10.4.7
La sauvegarde, la récupération et la suppression des fichiers

Les tableurs comportent des commandes permettant de manipuler des fichiers d'une disquette ou du disque rigide. Les trois opérations les plus usuelles sont les suivantes : sauvegarder un fichier avec la commande Save de Lotus 1-2-3; récupérer un fichier avec la commande Retrieve de Lotus 1-2-3; et supprimer un fichier avec la commande Erase de Lotus 1-2-3.

La sauvegarde de fichiers

Chacun sait que l'ordinateur n'emmagasine les informations que si on le lui demande. C'est précisément la fonction de la commande Save. Il faut d'abord indiquer sur quel lecteur de disques les données doivent être sauvegardées, puis donner un nom au fichier. Il est important de sauvegarder **souvent** un tableur, surtout s'il est préparé directement à l'écran. L'opération de sauvegarde ne prend que quelques secondes, alors que le travail qu'il contient représente dans bien des cas plusieurs heures de travail.

Lorsqu'un fichier a déjà été sauvegardé sous le nom qu'il porte, Lotus 1-2-3 demande s'il faut le mettre à jour ou annuler l'opération (Cancel, Replace ou Backup). Cette opération, qui s'avère la plus délicate, est souvent mal comprise. Lotus 1-2-3 demande en effet à l'utilisateur s'il désire remplacer l'ancienne version par la nouvelle version. Si c'est le but recherché, celui-ci doit obligatoirement répondre Replace, sans quoi il perdra tout le travail effectué depuis la dernière sauvegarde.

La récupération de fichiers

La commande Retrieve permet de retrouver un fichier Lotus 1-2-3 déjà réalisé et sauvegardé sur un support de mémoire. Quand la commande Retrieve est activée, tous les noms de fichiers Lotus 1-2-3 déjà sauvegardés sur ce support de mémoire s'inscrivent sur la deuxième ligne. Il faut alors déplacer le pointeur, en utilisant les flèches de déplacement, jusqu'au fichier désiré. Tant que Lotus 1-2-3 emmagasine le programme, il est en mode WAIT. Lorsque le fichier apparaîtra à l'écran, le mode changera pour READY et il sera alors possible de travailler avec ce chiffrier.

La suppression des fichiers

Pour « faire le ménage » dans les fichiers, il n'est pas nécessaire d'aller au DOS. Une fois demandée la commande Erase, tous les noms de fichiers Lotus 1-2-3 situés sur le même support de mémoire apparaîtront à la deuxième ligne. Il faut ensuite déplacer le curseur sur le fichier à effacer. Le nom du fichier disparaîtra de la liste et de la disquette.

10.4.8
L'utilisation de la mini-base de données

Chaque colonne peut être traitée comme un champ, ce qui permet de faire des opérations simples de base de données (par exemple, le tri, la recherche, le classement alphabétique, le classement par ordre croissant ou décroissant).

Lotus 1-2-3 n'offre toutefois pas de très grandes possibilités. Par exemple, avec la version 2.0, on ne peut relier une cellule à plusieurs chiffriers du même support de mémoire, tandis qu'on peut le faire avec les logiciels de la quatrième génération. Les principales commandes utilisées dans la base de données sont des sous-commandes de la commande Query, soit Find et Xtract. La commande Find sert à trouver ou à repérer un enregistrement dans une base de données. Lotus 1-2-3 indique les enregistrements qui répondent aux critères en s'y arrêtant et en les affichant en inverse vidéo. Il ignore les enregistrements qui ne répondent pas aux critères. La commande Xtract affiche les résultats de la recherche dans une étendue qui a été préalablement définie avec la commande Output. La commande Sort permet de sélectionner une colonne et de la trier par ordre alphabétique ou numérique et par ordre descendant ou ascendant. Il importe de noter que cette commande effectue le tri uniquement dans l'étendue indiquée.

10.4.9
Les graphiques

Avec la commande Graph, il est possible de représenter graphiquement les données d'un tableur.

Le logiciel PrintGraph, intégré au logiciel Lotus 1-2-3, permet de réaliser des graphiques au moyen de données contenues dans un des tableurs. Les possibilités graphiques sont encore sommaires, comparativement à d'autres logiciels; malgré cela, on peut produire un beau rapport sans trop d'efforts.

10.4.10
Les macro-instructions

Une macro est une suite d'instructions permettant d'exécuter une série de commandes. Il est donc possible d'écrire un programme à l'intérieur d'un chiffrier, programme qui pourra être appelé au besoin. Les macro-instructions ont deux fonctions :

a) faciliter l'usage d'une série de commandes très fréquemment utilisées;

b) créer un lien (une interface) plus personnalisé entre l'utilisateur et la machine.

Supposons qu'un utilisateur ait à imprimer la même étendue d'un tableur en caractères condensés. Chaque fois, il doit accéder au menu et activer les commandes. S'il programme une macro qu'il nommera Q, il n'aura qu'à l'appeler en pressant sur les touches [Alt] et Q. La série de commandes s'exécutera.

Il est aussi possible de créer un nouveau menu, ce qui permettra à n'importe qui d'utiliser le chiffrier plus facilement. L'élaboration d'une application sur Lotus 1-2-3 qui devra être manipulée par plusieurs utilisateurs, peu habitués au chiffrier, permet de gagner beaucoup de temps en formation et en correction d'erreurs et d'éviter que les utilisateurs ne modifient l'aspect du tableur, en activant des commandes de formatage, par exemple.

10.5
Le marché des tableurs

L'utilisateur d'un IBM a un choix important à faire : sera-t-il prudent en choisissant le logiciel Lotus 1-2-3 ou sera-t-il plus innovateur en achetant un logiciel concurrent, quoique compatible avec le fameux Lotus 1-2-3 ? *PC Magazine* a analysé les quatre chiffriers concurrents les plus sérieux. Il s'agit de Quattro, Microsoft Excel, Surpass et VP-Planner Plus. Bien que la publicité présente certains d'entre eux comme compatibles avec Lotus 1-2-3, aucun n'est une copie parfaite de ce dernier; on peut donc s'attendre à éprouver des problèmes de compatibilité.

L'achat des logiciels VP-Planner Plus et Quattro représente un investissement d'environ 200 $ de moins que l'achat du Lotus 1-2-3. Cette économie est très importante, puisqu'on sait que chaque poste de travail, dans une compagnie, doit être muni d'un logiciel. Cependant, comme la plupart des compagnies utilisent déjà Lotus 1-2-3, il n'est pas économique de changer de logiciel pour les postes de travail à venir. De plus, la majorité des cégeps et des universités donnent des cours sur Lotus 1-2-3, et non sur les autres tableurs. L'achat d'un logiciel autre que Lotus 1-2-3 pourrait donc entraîner des coûts de formation beaucoup plus élevés que le coût du logiciel lui-même.

10.6
L'évaluation des logiciels concurrents

10.6.1
Excel

Avec Excel PC, il faut se munir d'un microprocesseur 386 ou, à la limite, d'un rapide AT, car l'interface Windows ralentit considérablement les opérations. Les possibilités de traitement de texte, d'édition et de graphisme de ce logiciel sont de loin les plus intéressantes. Par contre, les possibilités de relier des chiffriers entre eux sont limitées. Excel possède 42 fonctions intégrées de plus que Lotus 1-2-3, et il est possible d'en incorporer de nouvelles.

Excel permet d'écrire des références pour chaque cellule, en plus de produire un tableau de toutes les valeurs affectées à une cellule en particulier. Il est donc plus facile de corriger les chiffriers. Par ailleurs, Excel possède sept messages d'erreur différents.

On peut également nommer un emplacement. Il est en effet plus facile de se remémorer le mot VENTES que l'emplacement AA44. Les capacités graphiques d'Excel sont de loin les plus performantes : 44 types de tableaux définis à l'avance. En outre, on peut utiliser plusieurs polices de caractères, ce qui permet une meilleure présentation des rapports. Les possibilités de ce logiciel de créer des macros sont parmi les plus grandes sur le marché.

10.6.2
Quattro

Quattro est offert à un prix bas et il a une interface flexible. Ses possibilités graphiques très élevées sont comparables à celles d'Excel. La séquence de menu est la même que celle de Lotus 1-2-3, mais il est possible d'obtenir une autre structure de menu qui paraît plus logique, de même qu'on peut bâtir son propre choix de menu. Par contre, Quattro est un logiciel très lent.

La compagnie Borland a reconnu que la programmation de macro est un langage de programmation comme les autres. Quattro fournit donc d'excellents outils de correction des erreurs logiques, syntaxiques et autres. Si la compatibilité avec Lotus 1-2-3 n'est pas recherchée, ce logiciel s'avère satisfaisant. Il représente un investissement de base raisonnable et il offre de nombreuses possibilités.

▶ 10.7
La documentation

L'élaboration de la documentation est un processus important lors de la mise au point du système. Certains outils d'analyse et de conception peuvent alors être utilisés. Par exemple, le contenu du rapport de faisabilité, les exigences techniques et les particularités du système sont d'excellentes sources de documentation. Les manuels de procédés de même que les écrans de saisie ou les formulaires d'entrée de données constituent d'autres sources de documentation.

Une bonne documentation permet à l'entreprise de suivre (et de contrôler) les progrès lors de la mise au point du système. La documentation sert aussi de base de communication entre les différents usagers du système. Souvent, il est plus facile de faire comprendre à l'utilisateur inexpérimenté ce que l'informaticien dit si on peut l'illustrer, car le langage n'est pas toujours le même d'un informaticien à l'autre.

La documentation est extrêmement importante dans le contrôle des erreurs du système et surtout du suivi des changements dans le système. Cela est encore plus vrai dans le cas où l'employé qui a conçu le système ne travaille plus dans l'entreprise. Comment imaginer qu'on puisse travailler avec un système qui n'a aucune documentation, aucune indication quant à son fonctionnement? Il faut donc exiger de l'entreprise qui vend un système ou de l'employé qui conçoit celui-ci :

a) la description détaillée du contenu des différents programmes (entrées, sorties, traitements, messages d'erreur, etc.);

b) la description de la mise en fonction du logiciel, de la réaction souhaitable en cas d'incidents;

c) la description de la solution, des remèdes;

d) la description des mesures de sécurité nécessaires.

Une documentation complète et à jour est un élément primordial pour la suite de l'implantation d'un système; c'est elle qui rendra son entretien plus facile. L'entreprise doit se montrer exigeante quant à la qualité de cette documentation.

 CONCLUSION

Dans ce chapitre, nous avons donné une vue d'ensemble du tableur, et plus spécialement du logiciel Lotus 1-2-3. Le fait de savoir ce qu'est un tableur et de connaître ses diverses possibilités s'avère particulièrement important pour les gestionnaires, puisque, comme nous l'avons mentionné, 94 % d'entre eux utilisent à l'heure actuelle un tableur.

► CAS 10.1

L'ENTRÉE DE DONNÉES (CAS AUTOGUIDÉ)

Entrez les données ci-dessous, et utilisez les flèches pour vous déplacer. Si vous faites une erreur d'écriture, vous n'avez qu'à réécrire la donnée manquante à la cellule en question et à faire [Enter]. Cela aura pour résultat de remplacer l'ancienne écriture par la nouvelle :

► Figure 10.2

	A	B	C	D	E
1	TRANSACTION		DEBIT	CREDIT	SOLDE
2	RETRAIT GA		1200		139000
3	CHEQUE		9000		130000
4	DI			5000	135000
5	RETRAIT		20000		115000
6	FRAIS		240		114760
7	DI			3500	118260
8	TOTAL				
9					

Vous procéderez maintenant à quelques calculs simples sur ce chiffrier, soit :

— la somme des CREDITS;

— la somme des DEBITS.

Lorsque vous effectuez des calculs avec Lotus 1-2-3, n'utilisez **jamais** la valeur à l'intérieur d'une cellule; utilisez **toujours** l'adresse de cette cellule. Par exemple :

— soit le contenu de A1 qui est 100;

— soit le contenu de A2 qui est 200.

Pour obtenir la somme de A1 et de A2 dans A3, n'écrivez pas 100 + 200 dans A3, mais +A1+A2[1]. Ainsi, si la valeur de A1 ou A2 devait changer, A3 serait automatiquement recalculé.

Pour les rubriques CREDIT et DEBIT, trouvez le TOTAL (sous forme d'une équation simple). Inscrivez vos équations dans les cellules C8 et D8.

---

1. Il est important d'écrire le signe « + » devant A1 pour que Lotus sache que ce qui suit est une formule et non une chaîne de caractères.

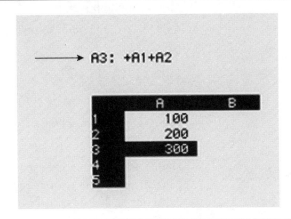

Note : Lorsque plusieurs cellules doivent être additionnées, utilisez la fonction @SUM(Étendue). Par exemple, à la cellule C8, écrivez @SUM(C2..C7) pour obtenir la somme des cellules allant de C2 à C7.

Trouvez l'équation qui affichera le résultat de la différence entre les CREDITS et les DEBITS (inscrivez cette équation dans E8).

Vous devez obtenir ceci :

► Figure 10.4

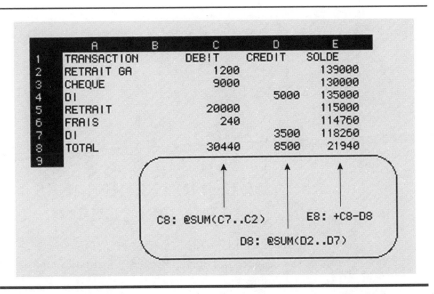

Avant de quitter Lotus, SAUVEGARDEZ votre chiffrier (ou fichier).

— Allez au menu principal avec **/**.

— Appelez le menu qui manipule les fichiers **F**ile.

— Faites **S**ave.

— Entrez **TRANSAC** (soit le nom du fichier, sans mettre d'extension).

Afin de matérialiser ce chiffrier, procédez à l'impression.

— Allez à la première cellule de votre chiffrier (A1).

— Faites **/ P**rint **P**rinter **R**ange.

— Définissez l'étendue (Range) à imprimer. Appuyez d'abord sur le point (•) pour ancrer le pointeur, et rendez-vous à la dernière cellule à imprimer à l'aide des flèches de déplacement. Puis appuyez sur [**Enter**].

— Alignez l'impression au début de la page (**A**lign).

— Exécutez (**G**o).

— Faites avancer la feuille de papier avec la commande **P**age.

— Quittez la commande d'impression avec **Q**uit.

Avant de commencer un nouveau chiffrier, vous devez nettoyer l'écran (indirectement, vous libérez la mémoire de travail). Cette commande efface le chiffrier non pas du disque, mais de la mémoire de travail seulement.

Faites **/ W**orksheet **E**rase **Y**es.

▶ CAS 10.2
UNE ANALYSE
DE RATIOS FINANCIERS
(CAS PARTIELLEMENT AUTOGUIDÉ)

Maintenant, vous ferez une analyse de ratios financiers en utilisant les consignes qui suivent et des équations simples. Reproduisez d'abord la liste ci-après.

	A	B	C
1		1991	1992
2	encaisse	722	776
3	comptes a recevoir	1082	546
4	stocks	3573	1389
5	frais payes avance	69	93
6		------------------	
7	DISPONIBILITES		
8			
9	PLACEMENTS	97	3193
10	IMMOBILISATION	2992	1678
11	AUTRES ACTIFS	2581	50
12		------------------	
13	TOTAL ACTIFS		
14			
15	EXIGIBILITES	3349	1326
16			
17	DETTE LONG TERME	281	11
18	AUTRES A PAYER	274	5
19		------------------	
20	TOTAL PASSIF I		
21			
22	capital actions	1804	1804
23	benefices NR	5409	4021
24		------------------	
25	avoir des actionnaires		
26	TOTAL PASSIF II		
27			
28	rembours/an dette LT		
29	nbre actions ordinaires	1590	
30	valeur marchande actions	12	
31	dividende	0.6	
32			
33	ventes nettes	16492	14178
34	cout des ventes	9300	8525
35		------------------	
36	rev net ventes		
37			
38	frais (ventes & adm)	2391	1534
39	amortissement	698	383
40	interets	315	310
41	autres depenses	264	79
42		------------------	
43	total des depenses		
44			
45	benefice avant impot		
46			
47	impot 40%		
48		------------------	
49	B net avant postes ext		
50	divers extraor	-12	-5
51		------------------	
52	benefice net		
53		==================	

Utilisez les consignes suivantes pour remplir le tableau pour 1991 et 1992.

À l'aide des différents intrants et extrants figurant plus loin et des équations simples qui vous sont fournies, déterminez quel sera le bénéfice net pour cet exercice.

Lorsque vous trouvez une formule pour 1991, copiez celle-ci pour 1992.

RAPPEL :

Les opérateurs (+, −, ×, ÷) sont représentés par (+, −, *, /) sur votre clavier. Les calculs, lorsqu'ils supposent plusieurs opérateurs, doivent être inscrits de manière à respecter la priorité arithmétique. Les opérateurs * et / ont priorité sur les opérateurs + et −.

Exemple :

Vous recevez votre salaire toutes les deux semaines. Vous gagnez 20 $ l'heure. Vous avez travaillé 35 heures la première semaine et 25 heures la deuxième semaine. Votre salaire brut sera :

(35 + 25)*20, soit 1 200 $, et non 35+25*20, ce qui, en réalité, équivaut à calculer 35 + (25*20), soit 535 $.

Voici les formules de ce chiffrier :

1. DISPONIBILITES   encaisse + comptes a recevoir + frais payes d'avance + stocks

2. TOTAL ACTIFS   DISPONIBILITES + Placements + Immobilisation + Autres Actifs

3. TOTAL PASSIF I   EXIGIBILITES + DETTE LONG TERME + AUTRES A PAYER

4. avoir des actionnaires   capital actions + benefices NR

5. TOTAL PASSIF II   TOTAL PASSIF I + avoir des actionnaires

6. rembours/an dette LT   DETTE LONG TERME ÷ 15

7. rev net ventes   ventes nettes − cout des ventes

8. total des depenses   frais + amortissement + interets + autres depenses

9. benefice avant impot   rev net ventes − total des depenses

10. impot 40 %   40 % du benefice avant impot

11. B net avant postes ext   benefices avant impot − impot 40 %

12. benefice net   B net avant postes ext + divers extraor

Vous obtiendrez alors :

A	B	C
	1991	1992
encaisse	722	776
Comptes a recevoir	1082	546
stocks	3573	1389
frais payes avance	69	93

DIPONIBILITES	5446	2804
PLACEMENTS	97	3193
IMMOBILISATION	2992	1678
AUTRES ACTIFS	2581	50

TOTAL ACTIFS	11116	7725
EXIGIBILITES	3349	1326
DETTE LONG TERME	281	11
AUTRES A PAYER	274	5

TOTAL PASSIF I	3904	1342
capital actions	1804	1804
benefices NR	5409	4021
	-----------------------	
avoir des actionnaires	7213	5825
TOTAL PASSIF II	11117	7167
rembours/an dette LT	18.73333	0.733333
nbre actions ordinaires	1590	
valeur marchande actions	12	
dividende	0.6	
ventes nettes	16492	14178
cout des ventes	9300	8525
	-----------------------	
rev net ventes	7192	5653
frais (ventes & adm)	2391	1534
amortissement	698	383
interets	315	310
autres depenses	264	79
	-----------------------	
total des depenses	3668	2306
benefice avant impot	3524	3347
impot 40%	1409.6	1338.8

B net avant postes ext	2114.4	2008.2
divers extraor	-12	-5
	-----------------------	
benefice net	2102.4	2003.2
	=======================	

Maintenant, passons à l'analyse des ratios; notez que la colonne D a une largeur de 30.

▶ Figure 10.7

	D	E
1	rapport du fond roulement	1.626157
2	rapport de liquidite	0.538668
3	rapport val net/TOTAL ACTIFS	0.648884
4	rapport val net/dette LT	0.928553
5	levier 1: (Det/ACTIF)	0.351205
6	levier 2: (Det/val net)	0.541244
7	couvert inter (dette LT)	12.18730
8	fardeau dette	10.89181
9	rotation des actifs	1.750650
10	rotation des ventes	7.062955
11	rotation des stocks	3.748488
12	rotation stock (jours)	97.37258
13	taux de rotation CAR	20.26044
14	rotation CAR (jour)	18.01540
15	rend sur Avoir des act	0.322503
16	Benefice Net/action	1.322264
17	ROI	0.223172
18	gain/val marchande action	9.075342
19	rendement effectif (YIELD)	0.05
20		

Où les formules sont :

1. rapport du fonds de roulement — DISPONIBILITES ÷ EXIGIBILITES
2. rapport de liquidite — (DISPONIBILITES − (stocks + frais payes d'avance)) ÷ EXIGIBILITES
3. rapport val net/TOTAL ACTIFS — avoir des actionnaires ÷ TOTAL DES ACTIFS
4. rapport val net/dette LT — avoir des actionnaires ÷ (avoir des actionnaires + DETTE LONG TERME + AUTRES A PAYER)

5. levier 1 : (Det/ACTIF) TOTAL PASSIF I ÷ TOTAL ACTIFS

6. levier 2 : (det/val net) TOTAL PASSIF I ÷ avoir des actionnaires

7. couvert inter (dette LT) (ben. avant impot + interets) ÷ interets

8. fardeau dette (ben. avant impot + interets) ÷ (interets + 2*rembours/an dette)

9. rotation des actifs ventes nettes ÷ ((TOTAL ACTIFS (91) + TOTAL ACTIFS (92)) ÷ 2)

10. rotation des ventes ventes nettes ÷ ((IMMOBILISATIONS (91) + IMMOBILISATIONS (92)) ÷ 2)

11. rotation des stocks cout des ventes ÷ ((stocks (91) + stocks (92)) ÷ 2))

12. rotation des stocks (jours) 365 ÷ rotation des stocks

13. taux de rotation CAR ventes nettes ÷ ((comptes a recevoir (91) + comptes clients (92)) ÷ 2))

14. rotation CAR (jours) 365 ÷ taux de rotation CAR

15. rend de l'avoir des act benefice net ÷ ((avoir des actionnaires (91) + avoir des actionnaires (92)) ÷ 2)

16. benefice net/action benefice net ÷ nombre d'actions ordinaires

17. ROI benefice net ÷ ventes nettes/rotation des actifs

18. gain/val marchande action valeur marchande des actions ÷ benefice net/action

19. rendement effectif (YIELD) dividende ÷ valeur marchande des actions

Sauvegardez votre travail sous le nom **RATIO**.

Finalement, procédez à l'analyse des ventes. Créez une nouvelle section dans votre fichier (dans RATIO) puisque ces libellés n'existent pas jusqu'ici. La colonne G a une largeur de 25 caractères.

```
                        G                 H
       cout des ventes            0.563909
       profit brut               0.436090
       depenses nettes totales   0.307882
       benefice net              0.127479
       variation ventes          0.163210
       variation profit brut     0.272244
       variation profit net      0.049520
```

Où les formules sont :

1. cout des ventes   cout des ventes ÷ ventes nettes

2. profit brut   (ventes nettes − cout des ventes) ÷ ventes nettes

3. depenses nettes totales   (Total des depenses + impot 40 %) ÷ ventes nettes

4. benefice net   benefice net ÷ ventes nettes

5. variation ventes   (ventes nettes (91) − ventes nettes (92)) ÷ ventes nettes (92)

6. variation profit brut   (rev net ventes (91) − rev net ventes (92)) ÷ rev net ventes (92)

7. variation profit net   (benefice net (91) − benefice net (92)) ÷ benefice net (90)

Sauvegardez votre travail sous le même nom.

► CAS 10.3
UN PROBLÈME DE TAUX DE CHANGE (CAS AUTONOME)

Vous désirez connaître la valeur de certains montants en dollars canadiens relativement à certaines devises. Vous connaissez le taux de change pour chaque montant, mais il devient de plus en plus compliqué de le calculer. Vous décidez alors d'automatiser ce problème avec Lotus 1-2-3.

Utilisez les facteurs de conversion ci-dessous, l'adressage absolu ainsi que la commande Copy pour produire le tableau suivant :

FACTEURS DE CONVERSION

Dollar US	0,85
Livre sterling (£)	0,45
Lire (L)	1 000
Franc français (FF)	4,24

1. Mettez les facteurs de conversion en format fixe à deux décimales, sauf en ce qui concerne la lire (Ø décimale).
2. Mettez les résultats en format fixe avec aucune décimale.
3. Une seule formule en B3 est nécessaire; copiez-la dans B3 à E10.

▶ Figure 10.9

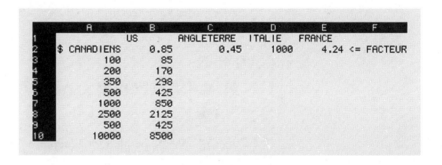

Sauvegardez votre travail sous CONVERT.

 ## CAS 10.4
UN TABLEAU DE CONVERSION
(CAS AUTONOME)

Créez un petit tableau qui servira à calculer la conversion des dollars US en dollars canadiens ainsi que les frais engagés.

Trouvez le montant TOTAL retourné à un client si :

— le taux (B2) équivaut à 0,85;

— le service équivaut à 1,15 % du montant en B1;

— la taxe CAN équivaut aussi à 1,15 %, mais du montant en B3;

— la valeur de 1,15 % doit se retrouver à la cellule C1;

— le taux 1,15 % est dans une case «hidden» en A6, par exemple.

▶ Figure 10.10

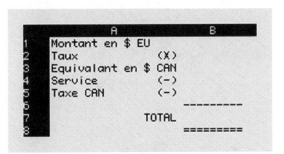

Sauvegardez votre travail sous CONVER2.

▶ CAS 10.5
UN MODÈLE POUR L'AMORTISSEMENT D'UN PRÊT (CAS AUTONOME)

Créez un modèle permettant de représenter l'amortissement d'un prêt:

▶ Figure 10.11

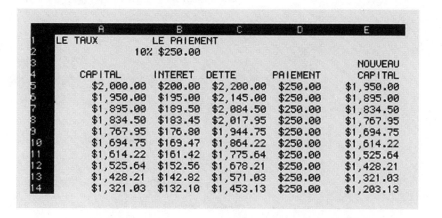

Calculs de la ligne 5 :

1. L'emprunt de base, CAPITAL (A5) = $ 2000.

2. Le taux d'intérêt est de 10 % et il est situé à la cellule A2.

3. L'intérêt est calculé annuellement sous la colonne INTERET selon le CAPITAL qui le précède.

4. La DETTE équivaut au CAPITAL + INTERET.

5. Le PAIEMENT est fixe à $ 250. Inscrivez-le à la cellule B2.

6. Le NOUVEAU CAPITAL équivaut à la DETTE − le PAIEMENT et, à la fin, vous devez le reporter à la cellule A6 afin que recommence le calcul.

7. Reprenez ces calculs pour les lignes suivantes en utilisant la commande Copy et l'adressage absolu.

Sauvegardez votre travail sous PRET2.

▶ QUESTIONS

1. Que signifie le 1-2-3 du nom du logiciel Lotus 1-2-3 ?

2. Quels avantages y a-t-il à utiliser un tableur plutôt qu'une feuille comptable ?

3. Une cellule peut contenir quatre types d'information. Quels sont-ils ? Donnez un exemple pour chaque type.

4. Quelle est l'utilité des fonctions intégrées ?

5. Décrivez brièvement quatre modes de Lotus 1-2-3.

6. Expliquez le fonctionnement d'un menu arborescent.

7. Avec Lotus 1-2-3, on peut donner des formats différents aux informations contenues dans une cellule. Nommez quatre formats et décrivez l'effet de chacun sur les informations.

8. Quel est le principal inconvénient du tri dans Lotus 1-2-3 ?

9. Qu'est-ce qu'une macro-instruction ?

10. Quels sont les avantages des macro-instructions ?

11

La gestion des bases de données

▷ OBJECTIFS

Après avoir lu ce chapitre et fait les cas à la fin de celui-ci, l'étudiant ou l'étudiante devrait être en mesure de :

1. Savoir ce qu'est une base de données.

2. Connaître le langage de la gestion des bases de données.

3. Comprendre le fonctionnement d'un logiciel gestionnaire de base de données relationnelles, hiérarchiques et en réseau.

4. Comprendre le fonctionnement d'un logiciel gestionnaire de base de données.

► Introduction

Pour survivre, toute organisation a besoin de données. Mais celles-ci n'ont de valeur que si elles servent aux activités de l'entreprise. Pour qu'elles soient utiles, il faut alors :

— les stocker;

— pouvoir y avoir accès;

— les traiter;

— les présenter aux utilisateurs au moment de la prise de décision.

Lorsque les données sont réunies dans un système unique et cohérent, on parle de bases de données; ce sont celles-ci qui permettent aux entreprises de se servir des données de façon efficace. Il s'agit alors d'un système de gestion de base de données (SGBD). Les exemples de bases de données abondent autour de nous :

— les documents d'une bibliothèque;

— les abonnés au service téléphonique d'une compagnie;

— la population étudiante d'une maison d'enseignement;

— les cassettes vidéo d'un centre de location.

La base de données peut être une simple liste, une série de fiches ou un catalogue. Quel que soit le support des données, la base de données nécessite un système. Ce dernier peut être manuel ou informatique.

L'apparition de l'informatique et de ses capacités de traitement et de stockage a révolutionné la science des systèmes d'informations; ce sont d'ailleurs les avantages des systèmes informatiques par rapport aux systèmes manuels qui rendent la présence des premiers de plus en plus commune. Nous verrons, au cours de ce chapitre, l'historique des bases de données, leur typologie, leur fonctionnement et les concepts qui s'y rattachent.

► 11.1 Un historique

Depuis les débuts de l'informatique, l'évolution de la technologie a influencé les approches de la structuration des données. Dans le domaine des systèmes de gestion de bases de données, l'on distingue trois étapes majeures. L'historique suivant se propose de montrer l'importance du développement technologique de l'utilisation des données et des systèmes qui y sont reliés.

11.1.1 Le traitement séquentiel et les gestionnaires de fichiers

L'informatique des années 60 servait surtout à accélérer le traitement des données comptables et financières et à en diminuer le coût de traitement. Même dans l'aviation commerciale, alors que le but principal de l'introduction des systèmes de réservation informatisés était de réduire les coûts administratifs, on s'est vite rendu compte de la valeur stratégique de ce type de traitement de l'information[1]. Les données financières et comptables sont par leur nature hautement structurées; elles étaient donc reliées à des applications spécifiques programmées en cobol (*common business oriented language*), un langage de programmation puissant mais complexe. On se servait donc d'un gestionnaire de fichiers, qui est un logiciel traitant des données enregistrées de façon séquentielle seulement. (En anglais, les termes «*file manager*», c'est-à-dire «gestion de fichiers», et «*flat file*», c'est-à-dire «fichier à une seule dimension», sont utilisés. Nous emploierons ici le terme «fichier traditionnel» pour signifier «*flat file*»).

Les tableaux que l'on trie à l'aide des logiciels de traitement de texte sont habituellement des fichiers traditionnels, de même que les fichiers traités dans Lotus 1-2-3[2]. Dans un tel fichier, le programmeur ou l'utilisateur doit spécifier le format physique des données et leur format de sortie. Le support de mémoire sur lequel on enregistre les données est la bande magnétique. C'est un ruban sur lequel les données sont inscrites les unes après les autres, c'est-à-dire de façon séquentielle, à la manière des morceaux sur une cassette audio. La nature de ce support exige un traitement séquentiel : le lecteur de bande doit lire toutes les données qui se trouvent avant celles dont l'utilisateur a

besoin. L'accès à ces dernières est donc relativement lent.

Comparons le mode d'accès au dernier morceau de musique sur un disque avec le mode d'accès au dernier morceau sur une bande ou une cassette. Supposons qu'il y ait 50 morceaux de musique sur une bande, qu'un enfant veuille entendre *Frère Jacques* et que sa tante ne se souvienne pas de l'endroit où le morceau débute sur la bande. Elle fera avancer la bande par longueurs de quelques mètres à la fois, elle écoutera après chaque longueur, etc. Étant donné qu'il y a 50 morceaux sur la bande, elle peut s'attendre à faire 25 essais en moyenne avant de trouver *Frère Jacques*. Supposons que ce cher petit neveu veuille entendre trois morceaux sur cette bande. Pour chaque morceau, la tante devra faire 25 essais en moyenne et, pour les 3, trois fois plus, soit 75 essais. Vive les disques, surtout les disques compacts[3]!

Il est possible de diminuer le travail en enregistrant les morceaux dans l'ordre alphabétique des titres. Il ne faudra alors fouiller la bande qu'une seule fois et, de plus, il devient plus facile de détecter l'absence d'un morceau.

C'est ce que l'on fait dans le traitement séquentiel; on traite les données sur bande en lots, en groupes de même nature (les comptes clients ensemble, les comptes fournisseurs ensemble) et en ordre alphabétique ou numérique. De plus, on traite les comptes fournisseurs à un moment, les comptes clients à un autre. On regroupe donc les données en lots ou groupes et on les traite en différé, et non immédiatement. On fera la paie de tous les employés toutes les deux semaines, les comptes

1. Duncan G. Copeland et James L. McKenney, «Airline Reservations Systems : Lessons from History», *MIS Quarterly*, septembre 1988, p. 353-370.
2. Il se vend des progiciels qui sont des gestionnaires de fichiers conventionnels, tels que PC File, Professional File, Rapid-File, Reflex, Superbase 2 et Q&A. Voir *PC Magazine*, 26 juin 1990, p. 245-268.

3. Pourquoi les disques compacts? Parce que le lecteur à laser lit l'adresse du début de chaque morceau inscrite sur le disque de sorte que, pour entendre *Frère Jacques*, qui se trouve être le huitième, il n'y a qu'à demander le huitième et le lecteur se placera au début du huitième morceau.

fournisseurs une fois par jour, etc. Il est à remarquer que ce genre de traitement n'est pas rapide[4]. L'accès aux données n'est pas facile, et les applications sont souvent sauvegardées sur la même bande magnétique que les données.

Les premiers informaticiens ont longtemps considéré les données comme complémentaires à une application. Ils portaient leur attention surtout sur le programme, et les données n'étaient que l'intrant ou l'extrant d'une seule application spécifique ou, occasionnellement, de deux applications lorsque l'extrant d'une application devenait l'intrant de l'autre.

En somme, cette période est caractérisée par :

— l'enregistrement sur bande;

— le traitement séquentiel;

— le traitement en lots et en différé;

— les programmes rédigés pour des données particulières et l'interdépendance des données et des programmes;

— la lenteur du traitement.

11.1.2
Les bases de données de l'entreprise

L'utilisation du terme juste est souvent difficile, mais elle est toujours importante. Il y a une autre raison pour laquelle on sépare les données des applications et on réunit les données sans tenir compte de leur lien physique. C'est le besoin de bases de données communes et accessibles à l'ensemble des membres d'une organisation, c'est-à-dire des bases de données corporatives.

Vers 1965, la façon de considérer les données a commencé à changer. Les données n'étaient plus uniquement des intrants ou des extrants d'applications, elles devenaient le centre même de la base de données; on devait penser en fonction de données plutôt qu'en fonction de processus ou d'application. Les données devenaient le pôle d'attraction d'une nouvelle ressource informationnelle autour de laquelle devaient graviter les applications. Par cette façon de voir les choses, l'on voulait rendre les programmes et les machines le plus possible indépendants des données, ce qui facilitait les modifications faites aux premiers. À partir de cette époque, il y a eu des essais de stockage de toutes les données dans une seule base qui serait utilisée et partagée par l'ensemble de l'organisation au moyen d'applications différentes. Le logiciel qui permettait de s'en servir est un système de gestion de bases de données (SGBD)[5]. Par exemple, avec le SGBD, une entreprise peut sauvegarder sur le même support les données concernant ses clients, ses fournisseurs, ses ventes et sa production. Le SGBD permet aux différentes applications (gestion des comptes clients, des comptes fournisseurs, de la facturation, etc.) d'utiliser les mêmes données.

En structurant plus rigoureusement les données et en se fixant comme objectif de faire de la base un bassin unique de données (un ensemble de données sur le même sujet), on élimine la redondance (ou duplication) et les incohérences.

Parallèlement à cette mise en commun, la schématisation des données et l'élaboration de langages de manipulation plus faciles à utiliser ont simplifié la consultation des données.

---

4. Ce traitement serait-il approprié pour les comptes clients d'une banque qui offre les services des guichets automatiques?

5. On utilise souvent le sigle anglais DBMS qui signifie «*database management system*».

11.1.3
La popularité du modèle relationnel

Les années 80 ont été marquées par la révolution micro-informatique. À cause de la simplicité de son concept, le modèle relationnel de traitement des données domine actuellement le marché des SGBD pour les micro-ordinateurs. La croissance de la popularité de la micro-informatique et de son utilisation a un double effet : les bases de données corporatives permettent de plus en plus à tous les membres d'une organisation de partager les mêmes données (fichiers des clients, des produits, etc.), alors que, simultanément, les usagers disposent de bases locales pour leurs données propres de plus en plus nombreuses (les annuaires, les listes de la correspondance, etc.).

À l'aube des années 90 et grâce à l'implantation de réseaux, la micro-informatique définit maintenant un concept mixte de « données corporatives sur ordinateur central contre données locales sur micro ». Désormais, la saisie et la sauvegarde des données sur différents systèmes (« *download* », « *upload* ») permettent l'échange de données d'un type à l'autre de bases.

▶ 11.2
Les données vues comme une ressource de l'organisation

L'information dans les organisations a toujours été une ressource, mais les gestionnaires n'ont pas toujours été aussi conscients qu'aujourd'hui de son importance stratégique. Pourtant, elle est essentielle à toute prise de décision. Le processus de décision dans une organisation a, en effet, comme point de départ un processus d'information sous une forme ou une autre. Ce n'est que depuis peu que l'information est considérée comme un actif, au même titre que la matière première, l'argent ou les ressources humaines.

La coordination efficace de l'ensemble des activités au sein d'une entreprise plaide en soi pour le partage de l'information. Cette dernière est donc devenue une ressource de l'organisation qu'il faut partager, protéger et garder exacte.

Il est essentiel de comprendre que les gestionnaires ne désirent pas avoir plus d'information ; ils veulent plutôt obtenir une information de qualité, une information précise, analysée, filtrée et condensée. C'est là un désir normal, car le cerveau humain est limité sur le plan du traitement de l'information ; par conséquent, les gestionnaires veulent pouvoir comparer facilement une information à une autre. Le traitement de l'information brute, qu'elle soit interne ou externe, produit une information analytique qui prend une valeur stratégique de plus en plus grande au fur et à mesure qu'on s'élève dans la hiérarchie de l'entreprise. Les données doivent donc être bien définies et organisées de façon cohérente, ce que seul un SGBD peut offrir.

Comme nous l'avons vu au chapitre 2, les données et l'information ont des sens différents. Cette distinction étant très importante, nous la rappelons :

— Une donnée est la plus petite unité de connaissance sur un objet, un événement. Au sens informatique, une donnée n'est pas un texte.

— L'information provient de données traitées et ayant un sens ; elle contribue au processus de décision.

En d'autres mots, on peut dire qu'une donnée est ce que la base contient tandis qu'une information est ce que l'utilisateur désire, c'est-à-dire une donnée structurée ayant un sens utile.

11.3
Les problèmes occasionnés par les systèmes de gestion de bases de données

11.3.1
Les plaintes

Comme nous l'avons vu, la technologie a eu un effet considérable sur la conception des SGBD. Des notions qui apparaissent aujourd'hui évidentes ne l'étaient pas voici quelques années. Le développement des SGBD est le résultat d'une évolution longue et logique, souvent guidée par les besoins et les commentaires des utilisateurs. De fait, ces derniers ont eu une telle influence qu'il nous semble important de revenir un peu dans le passé et de jeter un regard sur leurs plaintes, afin de mieux comprendre le présent.

Il y a quelques années seulement, l'organisation séquentielle, rigide et spécialisée des fichiers de données amenait les utilisateurs à exprimer de nombreuses réactions négatives. Leur difficulté d'utilisation, leur grande dépendance face aux applications, le traitement en lots qui les caractérisait, sans compter l'inexactitude et l'incohérence qu'ils présentaient fréquemment, engendraient de nombreuses plaintes. Les utilisateurs déploraient entre autres les faits suivants :

— Ils ne pouvaient obtenir facilement (sinon pas du tout) des tableaux croisés de données[6] qu'ils savaient possibles et qui auraient pu apporter des informations tactiques ou stratégiques importantes.

— Les interrogations et le dialogue avec l'ordinateur (par le biais d'interfaces) demandaient une connaissance technique approfondie en informatique et il n'existait pas en fait de véritable interface pour l'usager.

— La plupart des interrogations qui n'étaient pas prévues par la base de données devaient passer par une phase longue et fastidieuse de programmation par l'équipe technique.

— Même avec une programmation sérieuse, certaines opérations, pourtant simples en théorie, devenaient complexes, voire impossibles à exécuter.

— En raison du traitement par lot, les bases de données n'étaient presque jamais à jour.

— L'élaboration de nouvelles applications était très coûteuse et passablement longue.

— Ces nouvelles applications pouvaient utiliser très rarement l'information déjà stockée.

— De toute façon, le contenu des fichiers de données rattachés à chaque application ne correspondait jamais aux besoins.

Ces plaintes avaient souvent pour effet de limiter l'utilisation des fichiers de données à des opérations comptables et financières bien déterminées et aux traitements en lots de transactions alliés aux opérations. Nous verrons dans ce chapitre comment la nouvelle approche des bases de données a révolutionné le domaine de l'information et comment le concept des bases de données de l'entreprise a résolu les problèmes rapportés précédemment.

11.3.2
La source des plaintes

L'évolution rapide des ordinateurs et les besoins en information croissants des entreprises ont amené les informaticiens à concevoir de nombreuses applications totalement indépendantes les

---

6. Un tableau croisé de données est un tableau qui met en relation deux types ou plus de données. Par exemple, un tableau qui met en relation l'âge d'un citoyen, sa participation aux activités de la ville et son revenu annuel est un tableau croisé.

unes des autres. Elles possédaient donc leur propre ensemble de données, qui ne concordaient pas nécessairement avec les données des autres applications, même s'il s'agissait de décrire la même chose. Une fois sauvegardées, les données restaient rattachées au programme et n'avaient aucune valeur en dehors de celui-ci. L'information exclusive, la valorisation de l'application aux dépens des données et le traitement en lots (différé dans le temps) de ces dernières entraînaient des problèmes de coordination, de flexibilité et de duplication.

L'éparpillement

Les données étaient séparées, éparpillées en plusieurs fichiers différents. Leur structure en fichier traditionnel ne traduisait donc pas un modèle adéquat de la réalité.

Par exemple, les données sur les clients pouvaient fort bien se trouver dans le fichier 1, rattaché à l'application 1 (la liste alphabétique des clients); les données sur les produits étaient dans le fichier 2, rattaché à l'application 2 (la liste d'inventaire); tandis que les données sur la facturation (la vente d'un produit à un client) se trouvaient dans le fichier 3 (la production des factures), rattaché à l'application 3. Pour avoir un rapport détaillé des factures avec toutes les informations sur les acheteurs et les produits, il fallait donc fusionner trois fichiers.

La redondance

Pour éviter des fusions de fichiers inutiles et coûteuses (tant sur le plan du temps que sur le plan de l'argent), les entreprises maintenaient plusieurs fichiers différents contenant en partie les mêmes données, par exemple le nom et l'adresse des clients (redondance), ce qui ajoute au coût d'entretien, au nombre de fichiers de données et au risque d'incohérence de ces dernières.

L'incohérence

Les données pouvaient différer d'un fichier de données à un autre, spécialement si les mises à jour ne se faisaient pas sur l'ensemble des fichiers pouvant contenir la même donnée.

Par exemple, l'adresse d'un client dans la base de données de l'application «facturation» pouvait être différente de l'adresse du même client dans la base de données de l'application «promotion et marketing» si un oubli se produisait lors du changement de l'adresse, qui n'aurait été acheminé qu'à un fichier. Conséquemment, la mauvaise qualité des bases de données en ressources partagées ne poussait pas les utilisateurs à s'en servir, ce qui augmentait d'autant leur désuétude.

La difficulté de la mise à jour

Les données ne reflétaient que rarement la réalité en raison du traitement par lot différé qui caractérisait souvent les applications. Un simple changement d'adresse pouvait prendre plusieurs semaines, car il était difficile d'accéder aux données, et la charge de travail s'avérait énorme. On attendait généralement d'avoir assez de modifications à faire dans un fichier pour procéder à la mise à jour, qui, de plus, était une opération longue et compliquée.

La dépendance des données à l'endroit des fichiers d'applications

Chaque application possédait ses propres données avec ses structures particulières. Il était rare, sinon impossible, qu'on puisse utiliser les fichiers de données d'une application avec une autre application. On ne pouvait, par exemple, utiliser les adresses des clients du fichier «comptes clients» avec les adresses des fournisseurs du fichier «comptes fournisseurs».

La dépendance des données à l'endroit du système

Les données étant étroitement reliées aux applications, il devenait presque catastrophique de changer de système informatique. Les applications étaient en effet écrites selon les spécifications techniques de l'ordinateur, et un changement d'appareil signifiait la réécriture complète du programme.

L'interactivité inexistante

Il était impossible d'obtenir des réponses rapides à des interrogations ponctuelles. Le système traditionnel des données n'avait aucune structure permettant de répondre à des demandes de rapports qui n'étaient pas prévues. Il fallait en fait écrire un programme long et complexe pour chaque nouvelle interrogation; chaque demande entraînait donc des délais considérables et des coûts de développement importants pour la mise au point d'une application, l'essentiel de ces coûts étant absorbé par les ressources humaines. Nous verrons plus loin que c'est surtout ce motif qui favorisera l'élaboration de langages d'interrogation plus faciles.

La résistance au changement

La rigidité des applications et les liens étroits que chacune d'elles entretenait avec son propre fichier de données ne favorisaient pas les modifications des programmes, même quand les changements étaient nécessaires (par exemple, à la suite de nouvelles politiques de l'entreprise ou de l'adoption d'une loi par le Gouvernement). Un changement dans la structure d'une donnée (comme le fait d'ajouter l'indicatif régional au numéro de téléphone) impliquait alors la modification de tous les programmes utilisant ce type de programmation, et la conversion nécessaire des anciennes données au nouveau format expliquait la résistance au changement. Cette situation avait pour conséquence que le système informatique devenait de plus en plus désynchronisé face à l'environnement.

Ce sont les problèmes précédents qui ont motivé l'élaboration de nouveaux concepts dès le milieu des années 60.

▶ 11.4 La dépendance et l'indépendance des données

Imaginons une agence théâtrale, l'agence ABC, qui sert d'intermédiaire entre les artistes et les diffuseurs de spectacles. Elle négocie les contrats entre les parties et recherche des engagements pour ses artistes-clients. Finalement, l'agence ABC organise le transport des groupes d'artistes aux lieux des spectacles et négocie les droits d'utilisation des noms et des photos des artistes sur des objets divers, tels que des T-shirts, des tasses ou des bracelets.

11.4.1 L'organisation des données

Pour gérer ses données, l'agence ABC a créé quatre fichiers informatisés ainsi que les programmes ou applications appropriés. Le premier fichier, qui porte le nom d'«artiste», contient les renseignements suivants sur les artistes; ces renseignements sont répartis en six champs, un champ pouvant contenir plusieurs valeurs ou données:

— le nom de l'artiste;

— son adresse;

— son numéro de téléphone à la maison;

— son lieu de séjour (la résidence, le lieu du spectacle actuel);

— le genre d'artiste (musique rock ou de jazz, danse, théâtre, etc.);

— le nom de l'agent responsable de l'artiste.

Il y a un artiste par enregistrement; l'agence ABC compte 200 artistes, donc 200 enregistrements ou dossiers. Dans cette structure, l'ordre des champs est fixe, car le programme ou l'application doit retrouver les données toujours au même endroit. Ce programme stocke, modifie, repère et imprime toutes les données par artiste.

Le deuxième fichier, qui porte le nom d'«agent», contient les informations pertinentes concernant les agents qui travaillent pour ABC :

— le nom de l'agent;

— son adresse et son numéro de téléphone à la maison;

— son numéro d'assurance sociale;

— son numéro de bureau;

— le nom et le numéro de téléphone de chacun de ses clients; le code de plusieurs clients se trouve dans le même champ.

Le troisième fichier porte le nom de «réservations». Il contient les champs suivants :

— le nom du client;

— la date ou les dates de réservation;

— le nom de l'artiste ou du groupe;

— le lieu du spectacle;

— le nom et le numéro de l'agent responsable;

— la commission à payer à l'agent;

— la somme du contrat.

Finalement, il y a le fichier nommé «contrats», qui est semblable au fichier «Réservations». On y trouve :

— le nom de l'artiste;

— son numéro de téléphone;

— le nom du client;

— la date de la signature du contrat;

— la date ou les dates du spectacle;

— le nom de l'agent;

— son numéro de téléphone;

— la valeur du contrat et autres détails.

Ce fichier permet d'ajouter des enregistrements, de modifier les enregistrements déjà inscrits et d'effacer les contrats annulés.

11.4.2
Les inconvénients d'un système séquentiel

Les fichiers de l'agence ABC sont des fichiers séquentiels, à accès séquentiel, traités en différé. Y chercher un enregistrement est comme chercher un livre dans sa bibliothèque personnelle; on le trouve en fouillant les rayons (fouille séquentielle).

De plus, dans le cas de l'agence ABC, les applications et les données sont interdépendantes, indissociables. Cette situation a pour effet de créer beaucoup de duplication, c'est-à-dire que l'on doit inscrire les mêmes données à plusieurs endroits. Par exemple, le nom et le numéro de téléphone de l'artiste apparaissent dans chaque fichier, le nom de l'agent apparaît dans trois fichiers. La duplication, qui consiste dans la répétition inutile des données, comporte plusieurs inconvénients : elle augmente le travail, elle accapare de l'espace de mémoire et elle entraîne des risques d'erreurs. Ainsi, lorsqu'un artiste change d'adresse ou de numéro de téléphone, il faut faire les modifications dans quatre fichiers. Si on oublie d'apporter les modifications dans un fichier, on se retrouve avec des données incohérentes : plusieurs numéros différents, dont un seul est correct. La redondance engendre donc une situation où des données qui devraient avoir les mêmes valeurs ne les ont pas.

Le système de traitement de fichiers de l'agence ABC est constitué de quatre fichiers physiquement séparés. Quelqu'un pourrait donc y inscrire un artiste sous le nom fictif d'un agent sans que le système le détecte. Pourtant, un système devrait vérifier la pertinence des données en prévoyant des renvois croisés. Si un artiste est inscrit à l'agent Marion, le système devrait vérifier si celui-ci existe. On vise l'exactitude, la cohérence et la mise à jour de l'information à travers la pertinence des données.

Un autre inconvénient du système de l'agence ABC est l'impossibilité de produire des rapports imprévus. Supposons qu'un rapport faisant appel à des données qui se trouvent dans deux fichiers soit demandé, par exemple toutes les réservations et tous les contrats d'un artiste. On ne pourra pas produire ce rapport ponctuel, fait sur mesure, sauf si l'on écrit un nouveau programme qui puisera dans les deux fichiers. Une telle demande s'avérera coûteuse.

Il y avait donc de nombreuses raisons favorisant la séparation des fichiers de données des fichiers de programmes.

Le stockage des données

C'est au milieu des années 60 que les unités de stockage à accès direct (USAD) (*direct access storage devices*) ont fait leur apparition. Il s'agit de disques magnétiques sur lesquels les données sont stockées le long de pistes concentriques. De même qu'on peut écouter la quatrième chanson sur un disque en déplaçant la tête de lecture du tourne-disque, de même l'ordinateur peut avoir accès à une donnée particulière directement, sans avoir à lire l'ensemble du disque. Il s'agissait là d'un progrès remarquable dans le développement de mémoires secondaires. Cette innovation technologique a permis l'accès direct aux données et leur traitement en direct. Notons qu'il est toujours possible d'enregistrer des données de façon séquentielle sur un disque. L'accès direct aux données a

ainsi permis aux informaticiens de trouver une réponse aux plaintes des usagers. Cette réponse, la dissociation des données et des programmes, constituait une véritable révolution dans la gestion des données, car elle permettait de produire des rapports ponctuels et d'effectuer des changements dans les relations entre les données sans qu'on doive consacrer énormément de temps à la modification des fichiers de données. La solution a été la création de systèmes de gestion de bases de données (SGBD), les disques ainsi introduits sont devenus l'unité de stockage la plus courante; les bandes magnétiques servent maintenant surtout à conserver les copies de sécurité.

L'exemple de l'agence ABC illustre la dépendance des données et des programmes. Nous disons qu'il y a dépendance parce qu'il est à peu près impossible de modifier la structure physique de stockage des données ou la méthode d'accès sans modifier de fond en comble le programme ou l'application[7].

▶ 11.5
Les éléments de l'approche base de données

Un système de base de données ou un système d'information (informatisée) se compose de trois éléments[8]:

a) la base de données;

b) le personnel;

c) le système de gestion de bases de données (SGBD).

---

7. C. F. Date, *An Introduction to Database Systems*, volume 1, 4ᵉ édition, Don Mills, Addisson-Wesley Publishing Co., 1985, p. 15.
8. Ces catégories sont conformes à celles qui sont décrites par C. F. Date, *op. cit.*

11.5.1
Le concept et ses définitions

Les publications que contient une bibliothèque, les dossiers des abonnés à un réseau de câblodistribution ou à un service téléphonique, les dossiers des étudiants inscrits à une université sont autant de bases de données. Vu le nombre croissant de bases informatisées — ce sont ces bases qui nous intéressent —, on peut aussi dire qu'une base de données est un ensemble de fichiers de données informatiques.

Chaque auteur propose sa définition d'une base de données, ce qui rend d'autant plus problématique l'étude de celle-ci. De plus, comme nous le verrons plus loin, on confond souvent la base de données et le système de gestion de bases de données.

C. F. Date donne la définition suivante :

> Une base de données est un ensemble de données opérationnelles emmagasinées pour l'usager.

Gordon C. Everest propose une définition plus riche :

> Une base de données est un ensemble mécanisé, partagé, formellement et centralement défini, de données visant à servir l'organisation.

Stanley Aleong, quant à lui, inclut dans sa définition l'objectif principal des bases de données :

> Ensemble organisé et structuré de données sur ordinateur destiné à être manipulé et interrogé par différentes catégories d'usagers ou d'applications.

En somme, une base de données est un ensemble unique d'informations par lequel les différentes catégories d'utilisateurs accèdent aux données servant à leurs applications. La définition que nous retiendrons est celle-ci :

> Une base de données est un ensemble d'informations structuré et centralisé, de manière physique et logique, auquel un ou plusieurs utilisateurs autorisés peuvent, directement ou indirectement, avoir accès en permanence pour y effectuer des traitements qui ne sont pas nécessairement prévus, dans de parfaites conditions de facilité d'utilisation, de sécurité et de confidentialité.

11.5.2
Un lexique

Le domaine des bases de données, comme tous les domaines reliés au monde de l'informatique, possède son propre vocabulaire. Voici quelques définitions essentielles à la poursuite de notre incursion dans le monde des bases de données.

Supposons une entreprise de câblodistribution comme Vidéotron qui a besoin de plusieurs fichiers de données, notamment le fichier « clients », le fichier « services offerts », le fichier « comptes clients », le fichier « représentants » (qui vendent les services et font la collecte des données), le fichier « paie ». Pour chaque paie, par exemple, il faut calculer la somme des commissions à verser aux représentants. Les informations requises se trouvent dans le fichier « clients » (qui contient le nom du client, son adresse, son numéro de téléphone, son numéro de compte, les services auxquels il est abonné, la date d'abonnement à chaque service, le nom et le numéro du représentant) et dans le fichier « représentants » (qui contient le nom du représentant, son adresse, son numéro d'assurance sociale, son numéro de téléphone, sa date d'entrée en fonction, son salaire et son taux de commission, la formule pour calculer les déductions à faire sur chaque paie et le cumul des déductions, le lieu de travail, le nom de ses clients et d'autres informations sur ces derniers, etc.). Un programme spécifique pour calculer la paie de chaque représentant a donc été écrit. C'est ce qu'on entend par «application». Ce programme est différent de celui qui a été conçu pour les autres employés, car leurs salaires ne sont pas établis selon les services vendus; ils ne travaillent pas à commission; une application différente est donc nécessaire. De même, il y aura une autre application pour la facturation aux clients, même si ce programme utilise certaines données existantes. C'est ce qu'on entend par «dépendance des données et des programmes».

Durant ses premières années d'activités, la compagnie avait bâti un fichier sur un support de papier pour ses comptes clients. À travers l'analogie d'une base de données gérée manuellement, nous identifierons le vocabulaire de l'informatique.

Le fichier «comptes clients» contient des données relatives aux clients. Le client ou l'abonné est l'**entité**. C'est l'objet sur lequel la compagnie recueille et stocke des données. La compagnie possède un dossier, ou une chemise, pour chaque abonné indiquant son nom, son prénom, son adresse (numéro, rue, municipalité, code postal), son numéro de téléphone (résidence, travail), la date de son abonnement, etc. L'ensemble des informations (champ) relatif à un sujet constitue un **enregistrement**. Chaque dossier est identifié par un nom sur une étiquette. Afin de contourner les difficultés que causerait la présence de plusieurs abonnés du même nom, on a donné à chaque dossier (enregistrement) un code unique. C'est l'**identifiant**.

Tous les dossiers contiennent les mêmes catégories de données sur chaque abonné, disposées de façon identique dans chaque dossier. Il s'agit d'une **structure d'enregistrement**. Une petite fiche standard a été imprimée et les champs sont identiques pour tous les abonnés, mais ils diffèrent quant à leurs valeurs. Chaque catégorie de données est un **champ**. Les données proprement dites s'appellent des **valeurs**. L'ensemble des valeurs des champs de l'entité décrit l'occurrence de l'entité. La valeur est le caractère mesurable d'une entité. C'est une donnée. Par exemple, le numéro d'une maison d'un abonné est une valeur, une donnée du champ «adresse». De même, son numéro de téléphone est une donnée du champ «numéro de téléphone».

L'ensemble des dossiers est classé dans un tiroir de bureau ordonné d'une certaine façon pour faciliter le repérage. Le contenu du tiroir compose le **fichier**. Le champ servant à ordonner les fiches (généralement l'identifiant) s'appelle la **clé de tri**.

Le champ

Le champ est constitué de chacune des caractéristiques d'une entité, par exemple le numéro, la couleur, le prix. Ce terme a plusieurs synonymes : propriété, colonne, zone, rubrique, caractère, variable. Il y a différents types de champs alphanumériques, numériques, de date, logiques.

L'enregistrement

L'enregistrement, ou fiche, est un ou plusieurs champs décrivant une entité logique (une personne, un objet ou un événement) qu'on doit conserver comme un tout. Il s'agit d'une unité logique à laquelle se rattachent les données. C'est le cas du dossier d'un élève, d'un livre à la bibliothèque ou d'un article en stock. Dans une table, un enregistrement correspond à une ligne.

L'entité

Il s'agit d'une personne, d'un objet, d'un concept ou d'un événement décrit par les données. Par exemple un abonné, un camion, un abonnement, une personne, une entreprise, une vente. Une entité est un élément quelconque du monde réel que nous voulons enregistrer. Comment savoir si c'est bien une entité ? Il suffit de poser quatre questions :

1. L'élément est-il doté d'un identifiant?

2. A-t-il des champs?

3. A-t-il des relations?

4. Est-ce un objet de préoccupation pour le système?

Le fichier

C'est un ensemble de données représentant toutes les occurrences d'une entité. À chaque occurrence correspond un enregistrement. Un fichier est donc une succession d'enregistrements. Chaque enregistrement contient les différentes valeurs des champs de l'entité. Un fichier constitue un ensemble d'enregistrements semblables (le fichier des étudiants, celui des autos, etc.).

Une application peut utiliser un ou plusieurs fichiers. Par exemple, dans le système SIGA de l'UQAM, l'application qui prépare l'affectation des locaux utilise le fichier «étudiant» et le fichier «horaire-maître». Dans un SGBD, les données sont généralement réparties en plusieurs fichiers (les abonnés, le mobilier, le matériel roulant, etc.).

L'identifiant

Deux abonnés peuvent porter le même nom et le même prénom. Pour les distinguer, on donne à chaque enregistrement un champ unique qu'on appelle «identifiant», «clé primaire de tri» ou «clé de tri». Le code permanent et le numéro d'assurance sociale sont uniques. Un identifiant est un champ simple ou la réunion de plusieurs champs, de sorte qu'à chaque identifiant correspond un entregistrement, et un seul. Un nom n'est donc pas un identifiant.

L'occurrence

Chacune des apparitions de la même entité constitue une occurrence. Une entité peut apparaître plusieurs fois; c'est le cas d'un client qui a deux comptes.

La valeur

Chaque occurrence de l'entité possède un champ dans une certaine mesure; c'est la valeur. L'ensemble des valeurs des champs de l'entité décrit l'occurrence de l'entité. La valeur est le caractère mesurable d'une entité; c'est une donnée. (Par exemple, 422 comme valeur du champ «numéro»; 7,22 $ comme valeur du champ «prix».)

11.5.3
Le système de gestion de bases de données

Il existe une distinction entre une base de données et un système de gestion de bases de données. De fait, voici une définition complète d'un SGBD:

> Un système de gestion de bases de données est un logiciel spécialisé contenant un langage de définition de données et un langage de manipulation de données particuliers. Il s'agit de l'interface entre l'usager ou le logiciel d'application et les données de la base.

C'est en fait le programme qui gère la base de données et la rend opérationnelle. Il existe une certaine confusion quant à l'emploi du terme «système de gestion de bases de données» parce que certains auteurs font référence au SGBD comme le logiciel de la base de données et les humains qui l'opèrent. Un SGBD est plutôt:

> [...] un ensemble de programmes et de méthodes qui permettent de créer et de manipuler efficacement une ou plusieurs bases de données.

Les objectifs du système de gestion de bases de données

Que peut-on attendre d'un système de gestion de bases de données? Essentiellement, un SGBD devrait permettre :

— d'ajouter de nouveaux enregistrements à la base ;

— d'insérer de nouvelles données dans les fichiers établis ;

— de récupérer des données dans les fichiers établis ;

— de mettre à jour les données des fichiers établis ;

— d'effacer des données des fichiers établis ;

— de détruire des fichiers.

M. J. Freiling a défini les horizons et les limites d'un SGBD en posant deux règles d'or :

1. Un SGBD doit être orienté vers les applications.

2. Un SGBD doit intégrer le plus possible les informations nécessaires aux diverses applications afin d'éviter la fragmentation et la redondance des données.

Plus précisément, un SGBD devrait posséder les caractéristiques suivantes :

— le partage de données précieuses au sein de l'organisation ;

— le maintien de l'intégrité de la base de données ;

— la réduction de la redondance et des incohérences ;

— l'adaptabilité aux changements conceptuels et technologiques ;

— l'accessibilité pour les différentes catégories d'usagers ;

— la désignation d'un responsable de la base de données afin d'en assurer le contrôle ;

— un fonctionnement rapide, économique et efficace ;

— la facilité d'utilisation et la flexibilité face aux demandes ;

— la limitation des menaces à la sécurité ;

— l'harmonisation des besoins conflictuels des usagers ;

— la modification facile et économique des applications.

Le SGBD devrait pouvoir régler la majorité des problèmes que les usagers relevaient dans le passé.

11.5.4
La typologie des bases de données

Le concept de «base de données» recouvre une large réalité. Les bases de données peuvent être regroupées en différentes catégories, selon leur niveau d'appartenance dans l'entreprise ou selon la nature des données.

Selon le niveau d'appartenance dans l'entreprise

Il existe une **base de données transactionnelles,** laquelle contient toutes les données engendrées par l'ensemble des opérations informatisées de l'organisation.

Par ailleurs, la **base de données personnelles des usagers** regroupe l'ensemble des fichiers de données établis par les usagers sur leurs micro-ordinateurs pour un usage personnel. Les fichiers créés dans un chiffrier électronique ou dans de petits SGBD (par exemple, dBase III Plus) appartiennent à cette catégorie.

La **base de données distribuées,** qu'on trouve sur les différents lieux de travail, comprend les bases de données transactionnelles et les bases de données informationnelles de l'ensemble ou d'une partie de l'organisation, en plus de contenir des données engendrées et utilisées uniquement sur le lieu de travail. Cette base de données peut être soit centralisée et reproduite en région, soit divisée en segments régionaux avec une partie centralisée; dans les deux cas, le traitement se fait en région.

Selon la nature des données

Il existe une autre typologie des bases de données fondée exclusivement sur la nature du contenu. Il s'agit de bases de données factuelles, bibliographiques et textuelles. Le premier type de base de données est de loin le plus répandu.

La **base de données factuelles** est constituée de données alphanumériques et quantitatives utilisées par les applications. On s'intéresse à une série de faits ou de données. La liste d'inventaire et la liste de clients sont des bases de données factuelles.

En ce qui concerne la **base de données bibliographiques**, celle-ci est composée de références bibliographiques comprenant les informations nécessaires à la localisation du document, un résumé de son contenu ainsi que des mots clés permettant son repérage lors de la recherche par sujet. La bibliothèque et la jurisprudence sont des bases de données bibliographiques.

Enfin, la **base de données textuelles** est constituée de documents dont le texte même intéresse l'utilisateur. Ces textes sont destinés à être lus; ils ne font pas l'objet de calculs. Le manuel de protocoles informatisés est une base de données textuelles.

Ces trois types de bases de données ont été établis selon la nature du contenu. Les logiciels de gestion de bases de données factuelles sont nombreux; ceux de gestion de bases de données bibliographiques sont moins nombreux. Quant aux logiciels de gestion de bases de données textuelles, ils sont encore moins répandus. Ils seraient pourtant très utiles, surtout aux étudiants et aux chercheurs dans leurs fouilles dans des dictionnaires et des encyclopédies, dans des catalogues de produits, dans des répertoires de musées, mais surtout dans des manuels scolaires sur disques.

L'hypertexte

On définit l'hypertexte comme l'examen non linéaire de l'information. Par non linéaire, on entend la possibilité d'examiner l'information, le texte, dans n'importe quel ordre tout simplement en choisissant le prochain sujet qu'on désire examiner dans la base de données. Habituellement, on lit un livre du début à la fin. Il y a des exceptions à cela, comme les livres pour jeunes du type « le roman dont vous êtes le héros ». L'utilisation d'un document en hypertexte peut être considérée comme une visite au musée; on fait la visite en suivant l'ordre suggéré ou en passant d'une salle à une autre, selon nos intérêts. Ce genre de base de données qu'est l'hypertexte est doté de renvois qui permettent de passer à d'autres parties de la base. Pour enseigner les concepts de l'hypertexte, Shneiderman[9] a publié un livre conçu comme une base hypertexte. Dans l'introduction de l'ouvrage, on lit : « L'hypertexte est habituellement défini{3}». Le chiffre 3 indique qu'une plus longue définition se trouve à la page 3. Le lecteur s'y rend et y trouve aussi les renvois à d'autres concepts pertinents : « *database*{7}», « *notes*{5}», « *hierarchies*{6}», « *CD-ROM*{15}». Ce système permet une lecture non linéaire.

Le logiciel hypertexte accélère la lecture d'un texte. On peut concevoir une base de données en mode hypertexte comme un réseau de nœuds et de liens. Les documents sont les nœuds et les renvois,

---

9. Ben Shneiderman et Greg Kearley, *Hypertext Hand-on! An Introduction to a New Way of Organizing and Accessing Information*, Don Mills, Addisson-Wesley Publishing Co., 1989.

les liens. Les réseaux d'une base hypertexte peuvent prendre la forme d'une hiérarchie, mais les associations entre les documents sont souvent plus complexes. Les documents en réseau peuvent être des textes, mais aussi des graphiques, des photos, un dessin animé, une bande vidéo ou un document sonore. Les liens peuvent être unidirectionnels ou bidirectionnels. À la page 49 du livre de Shneiderman, au nœud intitulé «*Navigation*», le lecteur trouve «*link*{3}». C'est donc un document doté de renvois bidirectionnels, et le lecteur passe d'un concept à un autre qui se situe vers la fin ou vers le début de l'ouvrage.

Pourquoi a-t-on conçu des bases de données en mode hypertexte? Les bases de données factuelles sont très structurées; elles comportent des champs (en mode hypertexte, on indiquerait l'endroit où «champ» est défini), des enregistrements, etc. Dans le modèle relationnel, on inscrit les données en rangées et en colonnes. Les bases de données factuelles ou structurées, ainsi que les bases bibliographiques, sont très utiles mais ne conviennent pas à une base plus complexe. Les logiciels de gestion de bases de données du modèle relationnel, tels que dBase, R-Base, Paradox, Oracle ou Ingres, permettent de gérer le stock d'un entrepôt, mais ils sont impropres à exploiter une encyclopédie. Dans ce dernier cas, le modèle hypertexte, grâce auquel on peut utiliser des liens structurés et arbitraires parmi les idées que contient un nœud, est nécessaire. Dans une encyclopédie en mode hypertexte, il est possible de passer instantanément à une référence trouvée dans l'article et, de là, à une autre référence, et ce simplement en appuyant sur une touche. Le nœud ayant une taille variable, il peut contenir une image, un discours, une chanson, un jugement et même une biographie. À partir du nom Mackenzie King, on pourrait trouver quelques photos de lui, ses principaux discours, une biographie, les décisions politiques qu'il a prises, sa généalogie et bien d'autres renseignements encore. Il

ne faut que des fractions de seconde pour accéder à toute l'information[10].

Il existe quelques logiciels hypertextes pour micro-ordinateurs : HyperCard sur Macintosh et, sur IBM, NaviText, Black Magic, AskSam, KnowledgePro, NoteCards, GUIDE et Hyperties.

11.5.5
Les bases et les banques de données

Une base de données et une banque de données «peuvent être définies comme des ensembles cohérents d'informations, organisés pour être offerts aux consultations d'utilisateurs[11]». Il est certes utile de distinguer une base de données d'une banque de données. Une base de données se trouve généralement à l'intérieur d'une entreprise. Celle-ci l'a établie en vue d'atteindre ses objectifs; la base de données n'est pas accessible aux personnes qui ne font pas partie de l'entreprise. Par contre, une banque de données est une base offerte à titre de service de consultation à des abonnés externes (par exemple, Compu Serve). Mais quelle est l'utilité d'une banque de données?

Prenons, par exemple, le cas de George Webster, qui est le président de Accurate Custom Manufacturers of Ontario, une entreprise qui conçoit et fabrique de l'équipement de manutention de matériaux de construction. George Webster voulait s'adresser directement à tous les clients possibles lors de l'expansion de son entreprise. Il désirait donc joindre tous les entrepreneurs généraux de l'Ontario et tous les manufacturiers canadiens de

---

10. Pour en savoir plus long sur le sujet, voir Yves Leclerc, «La vraie révolution des hypermédias».
11. P. Pelon et A. Vuillemin, *Les Nouvelles Technologies de la documentation et de l'information*, Guide d'équipement et d'organisation des administrations publiques et des collectivités territoriales, Paris, La documentation française, 1985, p. 324.

matériaux de toiture, de chauffage, de portes et fenêtres et de ventilation. Il décida d'utiliser Business Opportunities Sourcing System (BOSS), une banque de données gérée par le gouvernement fédéral. Dans un délai de deux jours et au coût de 40 $, BOSS lui a fourni les étiquettes d'adresses et une liste de 1 150 entreprises des secteurs industriels qui l'intéressaient. Une autre solution aurait été d'avoir recours à des entreprises de publipostage pour un prix allant de 120 $ à 150 $ par 1 000 adresses.

11.5.6
La création d'une base de données

Dans notre environnement quotidien, nous utilisons sans le savoir des bases de données. Ainsi, nous employons des annuaires du téléphone, des carnets d'adresses et des dictionnaires. Vous remarquerez sans peine que toutes ces bases de données manuelles ont des points communs : les données sont disposées physiquement selon des rubriques, par exemple dans un carnet d'adresses, où une colonne porte l'en-tête NOM, une autre porte l'en-tête ADRESSE et une troisième porte l'en-tête NUMÉRO de téléphone.

Les données sont rangées dans un ordre préétabli. Dans votre carnet d'adresses, vous décidez vous-même de l'ordre dans lequel vous inscrirez vos données. Tout au moins au début, car à partir d'un certain moment, vu le manque d'espace, vous serez obligés d'entrer vos données n'importe où.

Dès l'instant où vous entrez des données, il devient possible d'aller faire des recherches, c'est-à-dire de lire de façon sélective le contenu de la colonne sous la rubrique NUMÉRO de téléphone lorsque le contenu de la rubrique NOM est, par exemple, égal à SIMON.

Par conséquent, rappelez-vous qu'une base de données peut être représentée par un espace divisé en rubriques, sous lesquelles vous entrez des données. Ces données peuvent être disposées d'une manière différente selon vos besoins, mais également sorties de nouveau selon certains critères de sélection.

Avant de commencer cette création, revenez à l'explication précédente concernant un fichier. Nous avons précédemment défini un **fichier** comme un classeur qui contient des **fiches** sur lesquelles vous inscrivez des données; on inscrit dans des **champs** des données appelées **enregistrements**. Si vous avez besoin d'un classeur ou **fichier**, vous devez faire les opérations indiquées au tableau 11.1.

La figure 11.1 illustre un fichier.

▶ Figure 11.1
Un fichier

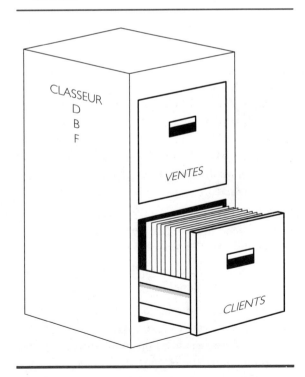

L'établissement d'une base de données

Manuel	Informatique
1. Acheter un classeur.	1. Créer la base de données.
2. Coller une étiquette sur ce classeur pour pouvoir le reconnaître.	2. Donner un nom spécifique à chaque base de données.
3. Inscrire sur des fiches les rubriques que vous désirez utiliser.	3. Créer la structure de la base de données.
4. Préparer des fiches d'une dimension adaptée au travail prévu.	4. Créer un format d'écran propre à l'inscription des données.
5. Écrire les données que vous désirez dans ces rubriques.	5. Inscrire dans chaque enregistrement les informations.

► 11.6
Une base de données selon dBASE

Une base de données dBASE est une représentation informatique de ce que vous avez vu précédemment :

— Un carnet d'adresses, dont les rubriques sont appelées des NOMS de CHAMPS et les colonnes, des CHAMPS.

— Un carnet d'adresses où l'on peut changer la disposition des données à tout moment.

— Un carnet d'adresses où l'on peut faire des recherches selon les critères qu'on désire, comme une adresse à l'aide d'un nom ou un nom à l'aide d'un numéro de téléphone.

11.6.1
Les avantages de dBASE

Un des avantages du logiciel dBASE est sa capacité de travail. Voici quelques exemples de ce qu'il peut faire :

— Il peut contenir 128 champs par fiche.

— Il peut ouvrir 15 fichiers simultanément, dont un maximum de 7 fichiers index.

— Il comprend 254 caractères par champ.

— Il peut y avoir un milliard d'enregistrements par fichier.

— Il peut y avoir 4 000 caractères par enregistrement.

— Il comporte un fichier mémo qui correspond à un mini-traitement de texte rattaché au fichier principal.

— Il a des fonctions mathématiques et statistiques intégrées.

— Il offre la possibilité d'utiliser jusqu'à 256 variables de mémoires.

— Il a une longueur de commande maximale de 254 caractères.

— Il a des clés d'index de 100 caractères tout au plus.

— Il a une précision mathématique de 15,9 chiffres.

— Il a 10^{+308} comme plus grand chiffre.

— Il a 10^{-308} comme plus petit chiffre.

11.6.2
La représentation de dBASE

Vous pouvez vous représenter dBASE comme un gigantesque classeur contenant des milliers de fiches qui comportent elles-mêmes des données (voir la figure 11.2). Comme dans un classement manuel, chaque entrée de données doit se faire dans un CLASSEUR ou FICHIER portant un nom, contenant des FICHES numérotées, elles-mêmes divisées en CHAMPS, ordonnées et nommées selon votre choix.

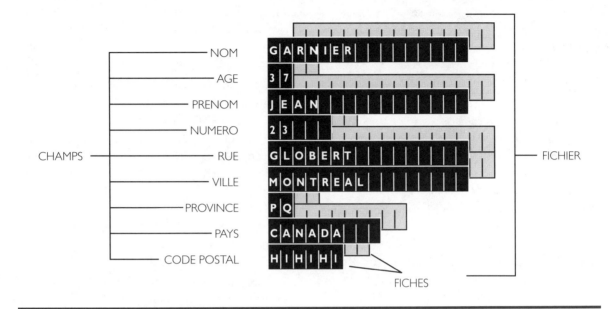

CHAMPS
NOM
AGE
PRENOM
NUMERO
RUE
VILLE
PROVINCE
PAYS
CODE POSTAL

GARNIER
3 7
JEAN
2 3
GLOBERT
MONTREAL
P Q
CANADA
HI HI HI

FICHIER

FICHES

Un exemple permettra de mieux comprendre la manipulation de fichiers, de fiches et de champs. Avec le logiciel dBASE, il est question d'un classeur appelé «fichier», auquel vous donnez le nom EMPLOYÉS (c'est comme si vous colliez une étiquette sur le devant du tiroir de votre classeur). Ce fichier contient une certaine quantité de fiches (les dossiers qui sont à l'intérieur du tiroir), qui sont à leur tour subdivisées en champs portant des noms tels que :

NOM   SALAIRE   ADRESSE

La figure 11.3 représente une des fiches d'un système manuel.

Ainsi, vous pourrez connaître l'adresse de différentes personnes lorsque vous chercherez leurs

Figure 11.3 ◄
Une fiche

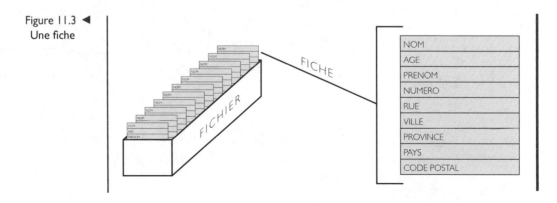

FICHE

FICHIER

NOM
AGE
PRENOM
NUMERO
RUE
VILLE
PROVINCE
PAYS
CODE POSTAL

noms. Vous pourrez aussi lire de bas en haut les mêmes fiches et trouver le nom de l'individu ou des individus habitant la même rue au moyen d'une recherche dans le champ «adresse». Le logiciel dBASE vous fournira la présentation indiquée à la figure 11.4.

Remarques

1. Avec dBASE, chaque champ a une dimension spécifique que vous choisissez, et non plus la dimension physique de la fiche, car dBASE économise l'espace. Il vous permet de créer une fiche modèle selon vos besoins. Par contre, toutes les fiches de votre fichier ont la même forme.

2. De plus, vous pouvez définir le type du champ pour éviter les erreurs d'entrée. Par exemple, sur une fiche traditionnelle, rien ne vous empêche d'entrer une adresse dans un champ appelé date. Avec dBASE, cela s'avère impossible dès l'instant où vous avez défini le type du champ.

Le fait de définir le **nom** d'un champ n'empêche pas l'entrée de données erronées. Par contre, le fait de définir le **type** du champ permet d'éviter des erreurs grossières, telles que celle d'entrer un

nom à la place d'une date. Les données que vous avez à inscrire se font dans les champs correspondants. Avant d'aller plus loin, soyez sûr de bien comprendre les notions de «fichier», de «fiche» et de «champ». Un fichier contient des fiches, qui elles-mêmes comportent des champs. Ce sont dans les champs que sont entrées les données.

Le grand avantage de ce logiciel est qu'on peut l'utiliser à trois niveaux différents, soit:

1. En mode ASSIST, c'est-à-dire que l'on fait appel à un assistant qui écrit à la place de l'utilisateur les commandes nécessaires. Le but à atteindre est le seul critère dont doit tenir compte l'usager pour déterminer ses choix. Il n'est pas nécessaire de se rappeler la syntaxe propre à dBASE.

2. En mode interactif, qui est réservé aux utilisateurs connaissant le moyen, c'est-à-dire la syntaxe, pour atteindre leur but.

3. En mode programmation, qui est l'ultime niveau permettant de créer en langage dBASE un programme adapté aux besoins de l'utilisateur. Dans ce cas-là, les commandes usuelles de dBASE seront masquées par celles qui sont écrites dans un programme.

Figure 11.4 ◀
Une fiche manuelle et une fiche dBASE III Plus

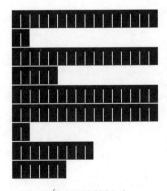

FICHE MANUELLE

| NOM |
| AGE |
| PRENOM |
| NUMERO |
| RUE |
| VILLE |
| PROVINCE |
| PAYS |
| CODE POSTAL |

LONGUEUR STANDARD

FICHE dBASE III PLUS

ADAPTÉE AUX BESOINS

CONCLUSION

Le survol que nous venons de faire a permis de constater qu'un système de gestion de bases de données (SGBD) réduit considérablement les efforts d'élaboration et d'entretien d'un système.

Les problèmes de l'éparpillement des données, de leur redondance et de leur incohérence ont été résolus par la création d'une base de données unique et centralisée, tandis que l'utilisation des niveaux schématiques aide de nombreux usagers à accéder à l'information, ce qui facilite d'autant sa circulation.

▶ CAS 11.1
LA CRÉATION D'UN FICHIER

On vous demande de créer un fichier qui permettra la bonne gestion des dossiers des élèves de votre classe. Pour ce faire, vous devez d'abord créer la structure :

▶ Figure 11.5

```
Field   Field Name   Type        Width   Dec
    1   NOETUDIANT   Numeric         4
    2   NOM          Character      15
    3   PRENOM       Character      15
    4   NAISSANCE    Date            8
    5   ADRESSE      Character      15
    6   VILLE        Character      15
    7   DIPLOME      Logical         1
    8   MOYENNE      Numeric         5       2
    9   COMMENTAIR   Memo           10
** Total **                        89
```

Une fois la structure créée, vous devez y inscrire au moins 25 élèves qui seront répartis comme suit :

— Il doit y avoir au moins 5 NOM de famille pareils et tout au plus 10 NOM différents.

— Les dates de naissance doivent indiquer un âge entre 15 et 30 ans.

— Vous devez avoir tout au plus 5 VILLE différentes; n'oubliez pas que Mtl, Montréal et MONTRÉAL sont trois villes différentes pour une base de données.

— Il doit y avoir des élèves qui ont obtenu leur diplôme et d'autres qui ne l'ont pas obtenu.

— La moyenne des résultats doit refléter ce que vous pensez qu'une moyenne devrait être avec un écart de plus ou moins 20 %.

— Il doit y avoir dans au moins 20 % des enregistrements des informations dans le champ COMMENTAIR.

Votre tâche

On vous demande de faire les opérations suivantes :

1. Imprimer la liste de tous les élèves.

2. Imprimer la liste de tous les élèves, mais seulement avec les champs NOM, PRENOM, VILLE et MOYENNE.

3. Imprimer la liste des élèves dont la moyenne est supérieure à 75 %.

4. Imprimer la liste des élèves qui ont plus de 75 % et qui demeurent à Québec.

5. Imprimer seulement la liste des élèves qui habitent Montréal et qui ont leur DIPLOME.

6. Imprimer la liste des élèves qui ont entre 18 et 20 ans.

7. Ajouter un champ à votre base de données, dont voici les détails :

NBR_CREDIT   Numérique   3   0

8. Ajouter à tous vos enregistrements l'information manquante.

9. Créer l'écran représenté à la figure 11.6 parce que vous avez constaté, en tapant ces données, qu'il aurait été préférable de créer un écran de saisie pour vous faciliter la tâche lors de l'inscription.

▶ Figure 11.6

10. À l'aide de cet écran de saisie, ajouter cinq nouveaux élèves à ceux qui sont déjà dans votre classe.

11. À l'aide de la commande INDEX, imprimer la liste des élèves selon le nom et le prénom tout en mentionnant leur adresse et leur moyenne.

12. À l'aide de la commande INDEX, imprimer la liste des élèves de la classe en fonction de leur moyenne, en mentionnant leur nom, leur prénom, leur âge et leur moyenne.

13. Toujours avec INDEX, donner la liste des élèves en fonction des villes, en tenant compte du fait qu'à l'intérieur de chaque ville les noms de famille doivent eux-mêmes être en ordre. Fournir le nom de la ville, le nom de famille de l'élève, son prénom et son âge.

14. Donner la liste de tous les élèves en fonction de leur date de naissance.

15. Fermer tous les fichiers.

Amorce de solution

Voici la liste des commandes qui vous permettront d'obtenir le résultat demandé :

1. List

2. List nom,prenom,ville,moyenne

3. List nom,prenom,ville,moyenne for moyenne>75

4. List nom,prenom,ville,moyenne for moyenne>75 .and. ville="montreal"

5. List nom,prenom,ville,moyenne for ville="montreal" .and. diplome

6. List nom,prenom,ville,moyenne for year(naissance)>1974 .and. year(naissance)<1972

7. modi stru sert à modifier la structure

8. [F9] sert à ajouter de nouveaux enregistrements

9. creat screen permet de créer un écran de saisie

10. [F9] sert à ajouter de nouveaux enregistrements à l'aide de l'écran de saisie compte tenu du fait que nous venons de le créer

11. index on nom+prenom to nom   et appuyez sur [Enter]
    list nom,prenom,adresse,moyenne to print

12. index on -moyenne to moyenne   et appuyez sur [Enter]
    list nom,prenom,age,moyenne to print

13. close index
    index on ville+nom+prenom to ville   et appuyez sur [Enter]
    list ville,nom,prenom,age to print

14. close index
    index on naissance to age   et appuyez sur [Enter]
    list nom,prenom,adresse,age to print
15. close all

 ## CAS 11.2
LA CRÉATION D'UNE BASE DE DONNÉES

Vous désirez informatiser la méthode d'inventaire de votre maison. Un professionnel dans le domaine vous a fortement recommandé d'utiliser un logiciel de base de données. Votre application informatique doit être capable de réaliser les applications que nous décrirons.

La base de données doit avoir au moins 11 champs, et au moins un champ de chaque type. Les noms et les types seront faits selon vos spécifications propres. Vous devez entrer au moins 25 éléments. Ils doivent répondre à certaines conditions très précises. Il est important de mentionner que chaque enregistrement doit répondre à plus d'un critère. Les critères sont les suivants :

— Le nom de votre fichier doit être maison.

— Vous devez avoir au moins 5 pièces différentes.

— Vous devez avoir une table, une chaise et une lampe dans chaque pièce.

— Il doit y avoir tout au plus 5 fournisseurs qui vous ont vendu vos biens, dont La Baie, Eaton et Mobilia.

— Vous devez avoir au moins 10 objets portant une garantie.

— Vous devez avoir au moins 10 objets qui ont été achetés avant 1990.

— Vous devez avoir des objets qui ont coûté entre 500 $ et 1 000 $.

Une fois votre base créée, faites les opérations suivantes :

1. Imprimez votre structure.

2. Imprimez en mode condensé l'ensemble de votre fichier.

3. Modifiez votre base de données afin qu'elle réponde aux critères suivants :

   a) changez le nom du troisième champ ;

   b) portez la longueur du champ « fournisseurs » à 23 caractères ;

   c) ajoutez un champ de votre choix, mais celui-ci doit être placé au septième rang.

4. Imprimez votre nouvelle structure.

5. Ajoutez les informations manquantes à tous vos enregistrements.

6. Imprimez la liste des enregistrements, mais seulement les champs objets, prix, pièce, prix et la date d'achat.

7. Créez un écran de saisie permettant d'ajouter des achats d'objets dans la base de données. Votre écran doit répondre aux conditions suivantes :

   a) le nom de l'écran doit être ajout;

   b) l'écran doit se diviser en deux pages;

   c) il doit y avoir des cadres simples et doubles;

   d) l'écran doit être assez explicatif pour quelqu'un qui ne s'y connaît pas du tout en base de données.

8. Imprimez votre écran de saisie.

   En ce qui concerne les prochaines listes, imprimez les champs que vous jugez utiles, mais il doit y avoir au moins 5 champs.

9. Imprimez tous les enregistrements d'objets dont le prix est supérieur à 575 $ mais inférieur à 700 $.

10. Imprimez tous les enregistrements d'objets qui ont été achetés chez La Baie et chez Eaton.

11. Imprimez tous les enregistrements d'objets qui sont dans le salon et qui ont coûté plus de 700 $.

12. Imprimez tous les enregistrements d'objets qui à la fois sont dans la chambre, ont été achetés chez Eaton et ont coûté plus de 750 $.

13. Imprimez tous les enregistrements d'objets qui, d'une part, sont dans le salon et la chambre et qui, d'autre part, n'ont pas de garantie.

14. Imprimez tous les enregistrements d'objets qui sont dans le salon et la chambre ou qui ont une valeur de plus de 750 $.

15. Imprimez tous les enregistrements d'objets qui ont été achetés avant 1990.

16. Imprimez tous les enregistrements d'objets qui ont été achetés entre 1989 et 1991.

17. Imprimez tous les enregistrements d'objets qui ont été achetés en 1993 à La Baie.

18. Avec la commande INDEX, créez et imprimez une liste donnant la date d'achat des objets.

19. Avec la commande INDEX, créez et imprimez une liste donnant le prix payé, si deux objets ont le même prix, ils doivent alors être classés selon le nom de l'objet.

20. Avec la commande INDEX, créez et imprimez une liste donnant l'endroit où les objets ont été achetés; cette double liste doit évidemment respecter l'ordre alphabétique.

P.-S. Chaque copie d'impression doit porter votre nom de même que la commande qui a permis de produire cette liste.

▶ QUESTIONS

1. Qu'est-ce que le traitement séquentiel?

2. Qu'est-ce qu'un système de gestion de bases de données?

3. Quels sont les objectifs des systèmes de gestion de bases de données?

4. Quels sont les problèmes occasionnés par les systèmes de gestion de bases de données?

5. Qu'entend-on par «dépendance» et «indépendance» des données?

6. Quelle différence y a-t-il entre un champ et un enregistrement?

7. Connaissez-vous un système de gestion d'une base de données bibliographiques? Si oui, nommez-le.

8. Qu'est-ce qu'un hypertexte?

9. Quelle différence y a-t-il entre une base de données et une banque de données?

10. Quelles sont les cinq étapes à suivre pour créer une base de données?

12

Les systèmes d'informations comptables

▷ OBJECTIFS

Après avoir lu ce chapitre et fait les cas à la fin de celui-ci, l'étudiant ou l'étudiante devrait être en mesure de :

1. Connaître les principales caractéristiques d'un système d'information comptable.

2. Décrire la méthode de traitement manuel d'une vente.

3. Décrire la méthode de traitement informatisé d'une vente.

4. Définir les critères de base pour choisir un logiciel comptable.

5. Identifier quelques progiciels.

▶ Introduction

De plus en plus de petites et moyennes entreprises ont recours aux logiciels de comptabilité sur micro-ordinateur pour l'enregistrement de leurs opérations. Cette technique simplifie le travail de tenue des livres. Le temps des logiciels comptables sur mesure ou élaborés à l'intérieur de l'entreprise est révolu. De nombreux fournisseurs offrent maintenant des progiciels, parmi lesquels on peut toujours trouver celui qui convient aux besoins de l'entreprise.

On ne le répétera jamais assez : ici comme ailleurs, tout commence par une analyse des besoins. Si cette analyse comporte un certain nombre de caractéristiques purement techniques, telles que la quantité et le type de transactions ou la présence ou non d'un inventaire, elle ne peut cependant pas se limiter à ces éléments de base ; elle doit aller plus loin. L'analyse des besoins doit permettre de trou-

ver plus facilement le produit qui dérange le moins les habitudes acquises (si elles sont bonnes, évidemment) tout en assurant à l'entreprise le plus haut niveau d'efficacité possible, et ce au moindre coût.

▶ 12.1
La comptabilité et le système d'information comptable

Un système d'information comptable (SIC) est un sous-système du système d'information de l'entreprise qui permet de classer, d'inscrire, d'analyser et d'interpréter des données financières en vue de déterminer la situation financière de l'entreprise et ses résultats d'exploitation.

Traditionnellement, un système d'information comptable traitait des données financières et produisait des rapports. Il y avait très peu d'information engendrée pour des activités de planification et de contrôle. L'implantation d'un système comptable informatisé ouvre la voie à un ensemble intégré de traitement qui fournit aux gestionnaires des informations de toutes sortes sur les activités économiques de l'entreprise.

La comptabilité s'occupe de l'enregistrement des transactions financières et de la production d'états financiers, de budgets et d'analyses de coûts. Les chiffres budgétaires et les coûts constituent des données d'entrée nécessaires pour la préparation de rapports de contrôle de gestion, contribuant ainsi au développement d'applications de contrôle de gestion de toutes les fonctions. On enregistre les ventes, la facturation, les divers reçus, les pièces justificatives du grand livre et les transferts de titres, c'est-à-dire tous les transferts monétaires avec l'extérieur[1].

---

1. Gordon B. Davis *et al.*, *Système d'information pour le management*, Paris, Economica, 1986.

Un système d'information comptable est composé de deux volets : la comptabilité financière et la comptabilité de gestion.

12.1.1
La comptabilité financière

La comptabilité financière s'applique à exposer le plus fidèlement possible la situation financière et les résultats d'exploitation d'une organisation à des utilisateurs situés à l'extérieur de l'entreprise, par exemple à des investisseurs ou à des banques. Plus particulièrement, la comptabilité financière est l'ensemble des activités qui visent à enregistrer, classer et présenter de façon significative, sur le plan monétaire, les transactions et les faits financiers de l'organisation. Bref, la comptabilité financière « est concernée par la mesure des états de pertes et profits pour des périodes données et par la préparation des rapports bilans de fin de période[2] ».

La comptabilité financière est un système qui permet d'évaluer les activités de l'organisation. Lorsqu'une transaction est réalisée, elle peut se traduire, d'un côté, par une sortie d'argent et, de l'autre, par un gain quant aux actifs. Ou encore, lorsqu'une vente est effectuée, un gain monétaire est réalisé mais également une réduction de la valeur des stocks.

Voici les caractéristiques de la comptabilité financière :

— Elle enregistre et interprète les faits monétaires à caractère financier utiles à la préparation périodique des états financiers traditionnels, tels que le bilan, l'état des résultats, l'état des bénéfices non répartis et l'état de l'évolution de la situation financière.

— Elle s'adresse surtout à des personnes qui sont à l'extérieur de l'entreprise et sert principalement les investisseurs, les actionnaires et les créanciers.

— Elle permet de préparer et de présenter des états financiers en conformité avec les principes comptables généralement reconnus. Soulignons que la production des états financiers est exigée par différents organismes dotés de pouvoirs réglementaires. La comptabilité se rattachant aux états financiers est généralement soumise à un travail de vérification effectué par un expert-comptable indépendant.

— Elle répond à des besoins généraux, et non à des besoins particuliers.

12.1.2
La comptabilité de gestion

La comptabilité de gestion « est plus concernée par la détermination et la préparation d'analyse pour le contrôle de gestion et la prise de décision. Elle est souvent liée au processus budgétaire et à l'analyse de la performance grâce aux budgets[3] ». Elle vise à fournir aux gestionnaires des données qui leur permettront de faire de la planification, de prendre des décisions et de contrôler les résultats atteints.

Les caractéristiques de la comptabilité de gestion sont les suivantes[4] :

— Elle enregistre et interprète les informations financières utiles à la planification, au contrôle et à la coordination des activités économiques de l'entreprise et répond principalement aux besoins particuliers définis par les gestionnaires.

---

2. *Ibid.*, p. 8.

3. *Ibid.*, p. 11.
4. Léo-Paul Lauzon *et al.*, *Contrôle de gestion*, 2ᵉ édition, Chicoutimi, Gaëtan Morin Éditeur, 1985.

— Elle est surtout destinée aux gens qui font partie de l'entreprise et s'adresse essentiellement aux administrateurs qui ont un accès privilégié à l'information financière.

— Elle vise d'abord à préparer et à présenter des rapports comptables qui ne sont pas gouvernés par les principes comptables généralement reconnus. Conséquemment, le volume et la forme des états de gestion pourront varier d'une entreprise à l'autre, selon les besoins.

— Elle examine toutes les composantes de l'entreprise : les secteurs, les services, les divisions, les produits, les responsables, etc.

— Elle n'est pas soumise à une vérification indépendante effectuée par un expert-comptable.

12.1.3
Le cycle comptable

Les données recueillies au cours des transactions financières réalisées dans l'entreprise sont la matière première qui alimente un système d'information comptable.

Une transaction est une activité élémentaire de l'organisation qui peut être mesurée en des termes financiers et qu'il est nécessaire d'enregistrer. Par exemple, la vente d'un produit, l'achat de matières premières, les recettes de caisse ou les débours pour payer un fournisseur sont traités pour produire des documents et des rapports permettant de suivre les progrès de l'organisation. Le processus de traitement des transactions constitue le cycle comptable, lequel comprend les étapes suivantes :

1. La saisie et l'enregistrement des données (transactions) à l'aide de documents sources : les factures, les bons de commande, les fiches de paie, etc. Il s'agit de l'intrant.

2. Le classement et le codage des données, soit l'entrée des données dans les journaux généraux et le report de celles-ci dans les grands livres auxiliaires et le grand livre général. Il s'agit du traitement.

3. La préparation de rapports et d'états financiers. Il s'agit de l'extrant.

Qu'il soit manuel ou informatisé, le processus de traitement des données financières suit rigoureusement ce modèle.

12.1.4
Les livres comptables

Les livres comptables sont des registres dans lesquels sont consignées les transactions de l'entreprise. Ils offrent la possibilité de suivre chronologiquement les transactions individuelles et d'accumuler leurs effets pour pouvoir présenter la situation financière à une date donnée. On répertorie plusieurs livres comptables :

— le grand livre général ;

— le journal général ;

— le grand livre auxiliaire des clients ;

— le journal des ventes ;

— le journal des rentrées de fonds ;

— le grand livre auxiliaire des fournisseurs ;

— le journal des achats ;

— le journal des décaissements ;

— le journal des inventaires ;

— le journal de paie ; etc.

Le nombre de journaux utilisés par une entreprise dépend de l'envergure de ses activités. Certaines se contenteront du journal général et du grand livre général tandis que d'autres, qui ont à traiter quotidiennement de nombreuses factures et qui font des affaires avec plusieurs fournisseurs, opteront pour un système plus complexe de journaux (voir la figure 12.1).

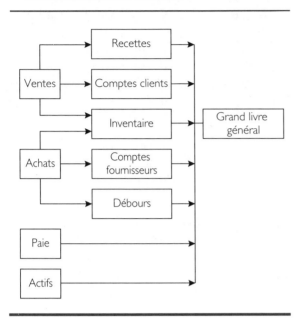

La facturation

— La vérification de la marge de crédit du client dans le grand livre auxiliaire des clients.

— La recherche dans les documents appropriés de l'adresse du client.

— L'inscription du code du produit, de sa description, de son prix unitaire.

— La consultation de la liste des produits pour vérifier ou obtenir certaines informations.

— Le calcul du total par article, des taxes, des rabais et des escomptes; le calcul du total de la facture.

Le report de chaque facture sur le journal des ventes

Le montant total de chaque facture est consigné chronologiquement dans le journal des ventes.

Exemple :

Date	Comptes à débiter	N° de facture	Montant
01 janv	Simard et Simard	0001	12,95 $
01 janv	Entreprise Lubec	0002	5,00
06 janv	Simard et Simard	0003	6,00
28 janv	Entreprise Lubec	0004	15,60

Le report sur le grand livre des clients

Le report sur la fiche individuelle du client, qui se trouve dans le grand livre auxiliaire des clients, du montant de la facture qui correspond au montant que ce client doit.

Plusieurs registres comptables sont liés à des transactions de base. C'est le cas notamment des ventes de marchandises ou de matériel dont les données peuvent, selon la complexité du système, être consignées dans le journal des ventes, dans le grand livre auxiliaire des clients et dans le journal des inventaires.

► 12.2
Le traitement manuel des transactions

Dans un système comptable traditionnel, toutes les transactions sont enregistrées et traitées une à une manuellement. Examinons les différentes étapes du traitement manuel d'une vente à crédit :

Exemple :

Simard et Simard

Date	Débit	Crédit	Solde
01 janv	12,95 $	12,95 $	0,00 $
06 janv	6,00	18,95	12,95

Entreprise Lubec

Date	Débit	Crédit	Solde
01 janv	5,00 $	5,00 $	0,00 $
28 janv	15,60	20,60	5,00

Le report sur le grand livre général

Le report mensuel du total du journal des ventes à chacun des postes affectés par les transactions du mois.

Exemple :

Comptes clients

Date	Débit	Crédit	Solde
31 janv	39,55 $	39,55 $	0,00 $

Ventes

Date	Débit	Crédit	Solde
31 janv	39,55 $	39,55 $	0,00 $

Les rapports de fin de période

— Le report sur les différents journaux de toutes les transactions effectuées au cours d'une période donnée.

— La production de rapports.

Au cours d'une période d'un mois, par exemple, de nombreuses transactions de ventes peuvent être effectuées dans une organisation. Plusieurs données comptables doivent être saisies et reportées sur les différents journaux. Si le volume des transactions quotidiennes est très grand, la transcription des transactions dans les différents journaux comptables devient une tâche très accaparante qui entraîne souvent des retards incroyables dans la production des états et des rapports de fin de période.

Il devient alors impossible d'évaluer périodiquement les progrès de l'entreprise. Cette situation laisse toute la place à une gestion improvisée et affaiblit la position financière de l'organisation.

Il est donc très avantageux pour une entreprise qui doit traiter quotidiennement un grand nombre de factures d'acquérir un système de comptabilité informatisé. Les avantages d'un tel système compensent largement les coûts d'acquisition de celui-ci.

▶ 12.3
Le traitement informatisé des transactions

Un système de comptabilité informatisé est constitué d'un ensemble de programmes qui permet de concevoir les différents livres comptables nécessaires au suivi des activités financières de l'entreprise, d'effectuer tous les reports nécessaires sur les journaux qui sont en cause dans chacune des transactions et de produire des états financiers et des rapports, tout cela dans une seule opération.

La conception d'un système débute par l'initialisation d'un fichier de plan comptable qui permet de dresser la liste de tous les comptes pouvant être employés par l'organisation. Ce plan correspond aux besoins particuliers de gestion et de contrôle de chaque entreprise et il peut être modifié pour s'adapter aux nouvelles réalités de celle-ci. C'est ce qu'on appelle le «tableau des comptes».

Généralement, un logiciel de comptabilité propose son propre plan comptable qui peut être ajusté aux besoins de l'entreprise lorsque cela s'avère nécessaire.

Un système de comptabilité informatisé est composé des différents journaux utilisés pour la compilation des transactions financières. Ces journaux sont regroupés sous les dénominations de base suivantes :
— Grand livre ;
— Comptes clients (ou Clients) ;
— Comptes fournisseurs (ou Fournisseurs) ;
— Inventaire (ou Stock) ;
— Paie.

Selon sa complexité, le progiciel utilisé pourra offrir d'autres éléments d'un système comptable. Certains systèmes présenteront en un seul programme l'ensemble de ces journaux. Ces systèmes sont dits «systèmes de comptabilité intégrée». D'autres systèmes exigeront l'achat de programmes individuels pour chaque module de la comptabilité ; par exemple, un programme pour traiter la facturation, un programme pour traiter les inventaires, etc. La configuration d'un système dépend donc de la complexité du système lui-même et du nombre plus ou moins grand de fonctions offertes.

Les systèmes de comptabilité bas de gamme sont généralement intégrés et s'adressent à de petites entreprises où le lot de transactions quotidiennes est relativement faible.

12.3.1
Le système de comptabilité Simple Comptable

Examinons le système de comptabilité informatisé de Simple Comptable (Bedford)[5]. Ce produit est un logiciel qui intègre les différents journaux comptables nécessaires au suivi des activités financières de l'entreprise et met à jour le grand livre pour chaque transaction réalisée. Il faut remarquer que ce ne sont pas tous les programmes de comptabilité qui possèdent cette particularité. Plusieurs programmes de comptabilité requièrent, à la fin d'une période, l'exécution d'un processus de report des données sur les différents journaux et la mise à jour du bilan.

La figure 12.2 montre l'affichage de l'écran de base de Simple Comptable (Bedford).

---

5. Simple Comptable (anciennement appelé « Bedford ») est un produit conçu par Computer Associate.

Figure 12.2 ◄
L'écran
de Simple Comptable

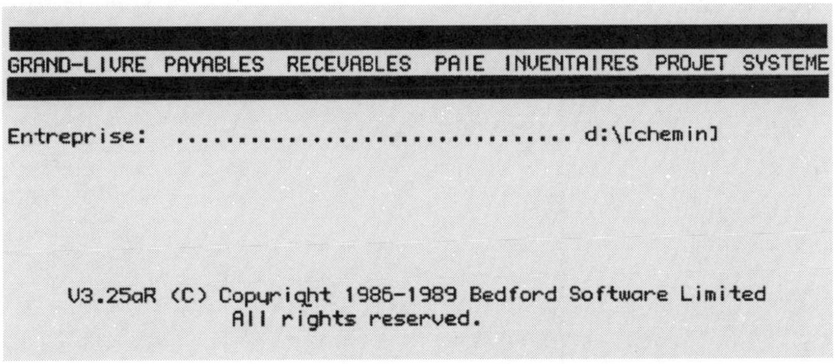

```
GRAND-LIVRE  PAYABLES  RECEVABLES  PAIE  INVENTAIRES  PROJET  SYSTEME


Entreprise:  ............................. d:\[chemin]




        V3.25aR (C) Copyright 1986-1989 Bedford Software Limited
                      All rights reserved.
```

À l'aide des touches de déplacement, l'utilisateur doit amener le pointeur sur l'une des dénominations affichées, là où il veut enregistrer une transaction.

Le module « Grand livre » permet l'enregistrement de toutes les transactions ou d'une partie seulement des transactions qui ne sont pas traitées aux modules « Payables », « Recevables », « Paie » ou « Inventaire » (voir la figure 12.3). Certaines entreprises n'utiliseront que le grand livre pour consigner l'ensemble de leurs transactions, si celles-ci ont un faible volume. Par contre, si le volume des transactions est relativement élevé, l'usage — en tout ou en partie — des modules « Payables », « Recevables », « Paie » et « Inventaire » offrira les avantages d'un contrôle beaucoup plus efficace et adapté aux activités de l'entreprise.

Le module « Payables » permet d'effectuer la facturation des clients et la mise à jour des journaux reliés à la transaction. Examinons la façon de traiter une vente avec un système de comptabilité informatisé.

Lorsqu'une vente, à crédit ou au comptant, est réalisée, une facture est produite et remise au client. Pour produire une facture avec Simple Comptable, il faut sélectionner le module « Recevables » à l'écran de base. Un menu est alors affiché. À l'option « Journal », il faut sélectionner l'option « Ventes », puis l'option « Inventaire » si la vente est reliée à des produits enregistrés dans le module « Inventaire ». Un écran permettant d'entrer les données de la vente est ensuite affiché, comme celui de la figure 12.4.

À partir de maintenant, il n'est plus nécessaire d'intervenir pour le report des données de la vente sur les différents journaux. Le système s'en charge. Il est facile de comprendre qu'un système de comptabilité informatisé est un outil très performant si on le compare à un préposé à la tenue des livres. Vu le simple fait qu'une facture est produite de façon informatisée, les journaux (ou livres comptables)

Figure 12.3 ◄
Le module
« Grand livre »

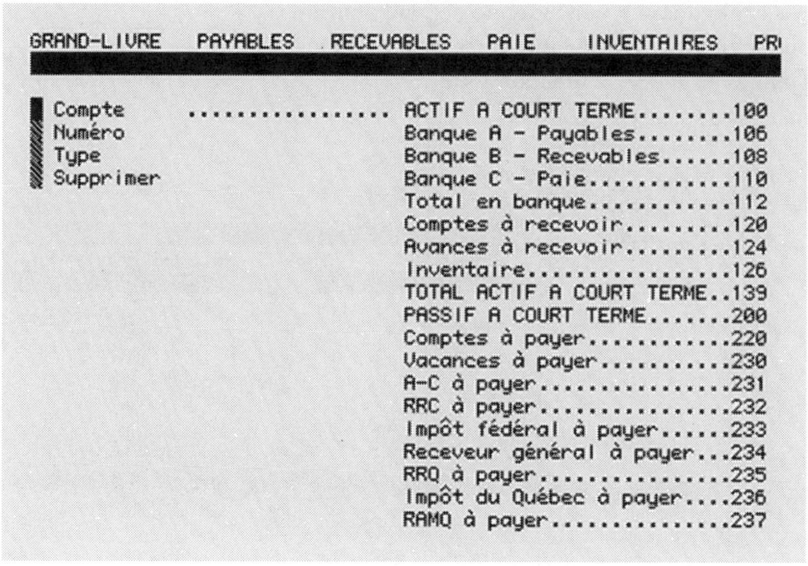

```
GRAND-LIVRE   PAYABLES   RECEVABLES   PAIE   INVENTAIRES   PRI

 Compte      ...............  ACTIF A COURT TERME........100
 Numéro                       Banque A - Payables........106
 Type                         Banque B - Recevables......108
 Supprimer                    Banque C - Paie............110
                              Total en banque............112
                              Comptes à recevoir.........120
                              Avances à recevoir.........124
                              Inventaire.................126
                              TOTAL ACTIF A COURT TERME..139
                              PASSIF A COURT TERME.......200
                              Comptes à payer............220
                              Vacances à payer...........230
                              A-C à payer................231
                              RRC à payer................232
                              Impôt fédéral à payer......233
                              Receveur général à payer...234
                              RRQ à payer................235
                              Impôt du Québec à payer....236
                              RAMQ à payer...............237
```

Figure 12.4 ◄
Une vente à crédit

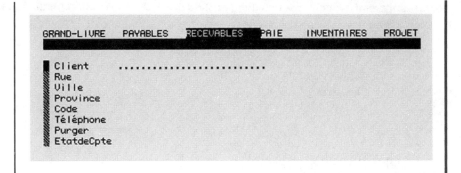

touchés par la transaction sont automatiquement mis à jour. De plus, le système informatisé réduit au minimum les erreurs. En outre, les livres étant constamment à jour, plus aucun délai n'est exigé pour la production des états financiers périodiques.

Pour montrer le fonctionnement de ce système, supposons que trois transactions de vente aient été réalisées au cours du mois :

1. Les ventes sont reportées, au fur et à mesure de leur saisie, au compte de chacun des clients, et un rapport tel que celui de la figure 12.5 peut être produit.

2. L'inventaire est mis à jour de façon à tenir compte de la réduction des stocks à la suite de la vente.

3. Chaque compte du grand livre général influencé par la transaction est mis à jour.

Pour chaque transaction, il est possible de consulter le bilan et les autres états financiers, ceux-ci étant constamment actualisés. De nombreux rapports de gestion et des états financiers peuvent être produits rapidement, notamment les états de comptes mensuels des clients, les rapports d'inventaire, les bilans, les états de résultats et la balance de vérification.

Le traitement des transactions s'effectue donc en trois temps : l'entrée des données, le traitement proprement dit et la production d'états ou de rapports. Le traitement des transactions peut engendrer deux types de documents :

— des documents informatisés tels que les états financiers de fin de période, des factures ou des états de compte ;

Figure 12.5 ◄
Le report
des transactions
selon Bedford

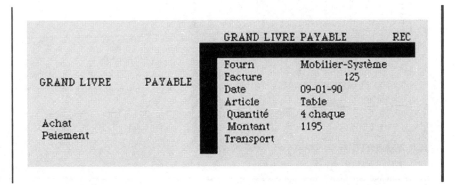

— des rapports d'événements tels que la liste des clients qui n'ont pas encore payé leurs factures.

Chaque progiciel offre la possibilité de produire un nombre plus ou moins important de rapports et d'états financiers.

12.3.2
Le système de comptabilité Fortune 1000

Nous verrons maintenant le système de comptabilité informatisé Fortune 1000. Ce produit est un logiciel qui intègre les différents journaux comptables nécessaires dans le suivi des activités financières de l'entreprise et met à jour le grand livre pour chaque transaction réalisée.

La figure 12.6 présente l'affichage de l'écran de base de Fortune 1000.

▶ Figure 12.6
L'écran de Fortune 1000

À l'intérieur du menu Comptabilité, on trouve le menu de la figure 12.7 qui offre à son tour les options suivantes.

▶ Figure 12.7
Le menu Comptabilité

```
                  COMPTABILITE

   [ ]  MAINTENANCE G/L

   [ ]  LISTE DES COMPTES

   [ ]  INSCRIPTION DES TRANSACTIONS

   [ ]  TRAITEMENT EN LOT

   [ ]  CONCILIATION BANCAIRE

   [ ]  RETOUR AU MENU PRECEDENT
```

Le premier choix qui est ENTRETIEN G/L nous permet, contrairement à ce qui était le cas avec Simple Comptable, de créer manuellement le tableau des comptes (voir la figure 12.8). Dans Simple Comptable, on doit d'abord accepter le tableau des comptes puis, par la suite, éliminer les comptes dont on n'a plus besoin.

▶ Figure 12.8
La création du tableau des comptes

```
DESIREZ-VOUS UTILISER LA CREATION AUTOMATIQUE
   DE LA CHARTE DES COMPTES ( O / N ) : .
```

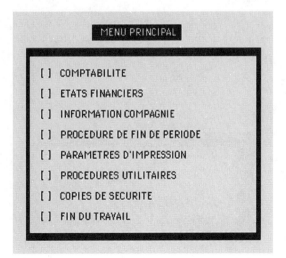

```
               MENU PRINCIPAL

   [ ]  COMPTABILITE

   [ ]  ETATS FINANCIERS

   [ ]  INFORMATION COMPAGNIE

   [ ]  PROCEDURE DE FIN DE PERIODE

   [ ]  PARAMETRES D'IMPRESSION

   [ ]  PROCEDURES UTILITAIRES

   [ ]  COPIES DE SECURITE

   [ ]  FIN DU TRAVAIL
```

L'inscription des comptes est relativement facile à faire, si l'on en juge par l'écran de la figure 12.9, lequel ressemble à une feuille comptable d'un compte du grand livre.

Pour inscrire des opérations de l'exercice, le choix INSCRIPTION DES TRANSACTIONS donne l'écran de la figure 12.10.

La figure 12.11 indique quelle sorte d'écran nous donne le deuxième choix du menu, soit INSCRIPTION DE DEPOTS DE BANQUE. Appa-

raît alors une forme de journal général qui servira à l'inscription des différentes transactions.

Comme vous pouvez le constater, l'écran ressemble à une feuille comptable dont on se sert dans un système de comptabilité manuelle. Cela constitue un grand avantage pour Forture 1000 par rapport à Simple Comptable. De plus, comme le montre la figure 12.12, on a la possibilité d'effectuer des corrections dans les entrées qui ont été faites (ce qui est impossible dans le système Simple Comptable).

▶ Figure 12.9
L'inscription dans le tableau des comptes

▶ Figure 12.10
L'inscription des opérations

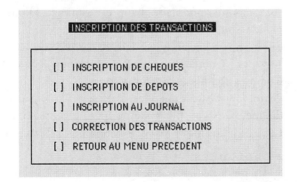

▶ Figure 12.11
L'inscription des dépôts

▶ Figure 12.12
La correction des transactions

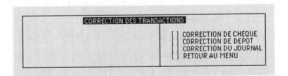

Le choix d'un progiciel de comptabilité

12.4.1
Les critères de choix

La décision de remplacer sa comptabilité manuelle par un système informatisé est facile à prendre. Par contre, il en est tout autrement lorsqu'il s'agit de faire un choix judicieux parmi la quantité impressionnante de progiciels de comptabilité qu'on trouve sur le marché.

Il existe aujourd'hui plusieurs logiciels de comptabilité pour les utilisateurs de micro-ordinateurs. Cela va des progiciels complets et peu complexes, destinés aux petites et moyennes entreprises dont les besoins en matière d'information comptable sont relativement simples, aux systèmes souples et puissants qui peuvent être exploités en réseau et répondre aux besoins de la grande entreprise.

Le choix d'un progiciel de comptabilité se fonde sur plusieurs critères, dont le secteur d'activité, les besoins d'information de la direction ainsi que le volume actuel et prévu de documents traités, par exemple le nombre de factures par mois. L'on ne se trompe pas en disant que plus les besoins de l'utilisateur sont complexes, plus il lui en coûtera pour mettre sur pied un système informatisé de comptabilité. Un système bas de gamme pourra être installé en peu de temps, et la période d'apprentissage sera relativement courte. Par contre, dans le cas d'un système haut de gamme, les coûts d'installation et de formation pourront facilement dépasser le coût du logiciel. L'utilisateur qui veut s'assurer une information pertinente et exacte a d'ailleurs intérêt à ne pas lésiner sur ces coûts. Bien que l'investissement initial affecté à un petit système soit raisonnable, il n'est pas avantageux si le système choisi répond mal aux besoins et qu'il faille recommencer l'opération de mise en œuvre d'un système.

Enfin, tous les critères de choix d'un logiciel, que nous avons exposés au chapitre 8, doivent être considérés lors du choix d'un logiciel de comptabilité.

12.4.2
Quelques logiciels parmi les plus populaires

Dans une analyse comparative de plusieurs logiciels de comptabilité bien connus, Maurice Marette[6] a brossé un tableau des principales caractéristiques des logiciels suivants :

— Accpac Plus;

— Simple Comptable (Bedford);

— Fortune 1000;

— Dac-Easy;

— Dream;

— Avantage.

Nous verrons les caractéristiques des trois premiers logiciels.

Accpac Plus

Accpac Plus est un puissant progiciel de comptabilité modulaire haut de gamme. D'une grande souplesse, il est exploitable en réseau et offert en version bilingue dans le cas des modules suivants : Grand livre général, Comptes clients, Comptes fournisseurs, Contrôle des stocks, Enregistrement des commandes, Paie selon la loi canadienne, Gestion du système par découpage et Lanpak. Plus de 100 autres modules offerts en

---

6. Maurice Marette, «Analyse comparative de sept logiciels bien connus».

anglais seulement peuvent être utilisés avec les logiciels Accpac Plus, dans des domaines comme la facturation de services, la gestion immobilière, le commerce de détail et la construction. Le contrat d'entretien (195 $ par module par année) donne droit au service de soutien par téléphone et aux mises à jour gratuites.

Le progiciel Accpac Plus est modulaire, ce qui veut dire que chaque fonction est exécutée par un programme distinct et autonome établissant un lien avec d'autres programmes lorsqu'il existe un lien logique entre les fonctions. À titre d'exemple, les fonctions du grand livre général, des comptes clients et de l'enregistrement des commandes sont exécutées au moyen de programmes autonomes; ainsi, le programme d'enregistrement des commandes achemine aux comptes clients l'information sur les achats portés au compte des clients. De même, le programme des comptes clients et celui de l'enregistrement des commandes acheminent le détail des opérations au grand livre général afin que les comptes y soient mis à jour. C'est là un des avantages du système modulaire : l'utilisateur peut choisir et assortir les modules en fonction des besoins de l'entreprise.

La structure des menus est la même pour tous les modules, ce qui facilite l'apprentissage des fonctions de chaque module additionnel. L'utilisateur peut obtenir une assistance adaptée au contexte en appuyant sur la touche {F1}. De plus, la fonction de recherche permet d'afficher une table pour tout enregistrement comportant une série de codes d'accès (par exemple, le numéro de compte, le numéro d'article). Si l'utilisateur possède le module de gestion du système par découpage (199 $), il peut même trouver un enregistrement en entrant sa description. Le contrôle de la validité empêche que des codes non valides ne soient introduits dans le système ou que les écritures d'un lot en déséquilibre ne soient passées. L'utilisateur peut choisir

lui-même la couleur de l'écran. Chaque programme est accompagné de données d'essai et de travaux pratiques.

Le guide d'utilisation est très bien conçu; bien que celui-ci soit assez volumineux, le lecteur s'y retrouve facilement. Séparé en plusieurs sections clairement identifiées, il contient des exemples et des explications pour presque tous les rapports. Le programme est bilingue, ce qui permet son utilisation simultanée par des francophones et des anglophones. Par contre, et c'est là un gros inconvénient, l'on doit d'abord acheter la version anglaise du module et ensuite verser un supplément de 295 $ par module pour en obtenir la version française.

Accpac Plus possède plusieurs caractéristiques intéressantes. L'utilisateur peut définir lui-même la présentation de ses états financiers et de tous ses formulaires, comme les factures, les chèques et les états. Pour les états standard, il existe des options permettant de définir ce qu'on veut imprimer, de même que plusieurs générateurs d'états permettant de choisir une présentation non standard. Le nombre de comptes, de produits, de clients, etc., n'est limité que par l'espace de mémoire du disque. Le contrôle interne et la vérification à rebours sont très efficaces : ils empêchent que les données ne soient égarées dans le système et ils rendent la fraude très difficile, car tous les états obligatoires doivent être imprimés avant que l'information pertinente ne puisse être supprimée. Il est même possible de définir des mots de passe pour régir l'accès aux menus. Accpac Plus peut être exploité en réseau à l'aide du module Lanpak (300 $), conçu pour quatre utilisateurs.

Les programmes de contrôle des stocks et d'enregistrement des commandes d'Accpac Plus conviennent davantage aux commerces de vente en gros et de distribution qu'aux entreprises de fabrication (quoiqu'il existe un module pour le sec-teur de la fabrication, soit Misys). Accpac Plus convient aussi très bien aux entreprises de services, aux commerces de détail et aux spécialistes. Il est conçu pour l'utilisateur exigeant qui désire pos-séder un logiciel qui offre une grande puissance, beaucoup de souplesse et des fonctions pouvant répondre à des besoins particuliers tels que la production de rapports d'analyse sur les inventaires ou sur les ventes. Le diffuseur d'Accpac Plus est Computer Associates et le prix du logiciel est de 895 $ par module.

Simple Comptable

Le logiciel Simple Comptable renferme un système de comptabilité complet comportant les modules suivants : Grand livre général, Comptes clients, Comptes fournisseurs, Stock, Paie et Prix de revient. Il est offert en français et en anglais (mais non en version bilingue) et ne peut être ex-ploité en réseau. Les utilisateurs inscrits reçoivent des avis de mises à jour et ont accès à un service de soutien technique par téléphone, à Montréal. On répond aux demandes en moins de 24 heures.

Ce logiciel est très facile à installer et à utili-ser; même une personne ayant peu de notions de comptabilité peut s'en servir. Il comporte des tables de consultation, mais pas de fonctions d'assistance. Il est accompagné de deux manuels : le premier ex-plique les caractéristiques et le fonctionnement du programme, tandis que le second expose les prin-cipes de la comptabilité ainsi que des exemples d'opérations et la manière dont elles devraient être traitées. Le tout est accompagné de données d'es-sais fictives, afin de permettre à l'utilisateur d'effec-tuer des travaux pratiques. Dans le guide, plusieurs illustrations des menus facilitent la compréhension des explications. La section didactique guide l'uti-lisateur à travers les étapes à suivre lors de l'entrée de données.

Chaque donnée insérée dans le système Simple Comptable entraîne la mise à jour immé-diate de tous les fichiers. Par exemple, la saisie d'une facture provoquera la mise à jour du fichier du client ainsi que des comptes du grand livre gé-néral. Le contrôle interne et la vérification à rebours sont également excellents. Le programme de la paie comprend les cinq retenues à la source obliga-toires (assurance-chômage, régime de rentes du Québec, régime de pensions du Canada, impôt pro-vincial et impôt fédéral) et trois retenues facultati-ves. Il se charge aussi de calculer la part de l'em-ployeur dans les retenues à la source.

Par contre, le système a des limites : la capa-cité du grand livre général est de 500 comptes, 999 fournisseurs, 999 clients, 999 articles d'inven-taire, et la valeur totale de l'actif ne peut dépasser 20 millions de dollars. Il est impossible de modifier la présentation du bilan, de l'état des résultats, des factures et des chèques. Des modèles de formu-laires sont fournis avec le progiciel et la plupart des fournisseurs d'imprimés pour ordinateur au Québec vendent des formulaires qui peuvent être utilisés par le logiciel Simple Comptable.

Ce logiciel est conçu pour les besoins des petites et moyennes entreprises qui ont un faible volume de documents et dont les besoins d'infor-mation sont relativement simples. Il convient par-faitement aux entreprises de services et de vente en gros. Le module Prix de revient est utile aux entre-prises qui désirent faire des analyses de la rentabili-té par commande ou par contrat. Même si le logiciel Simple Comptable a peu de souplesse, c'est un ex-cellent outil qui permet aux personnes qui ne sont pas comptables d'obtenir de l'information comp-table; il offre une excellent rapport qualité-prix. Il est également offert en version Macintosh. Le dif-fuseur de Simple Comptable est Computer Asso-ciates et son prix est de 99 $.

Fortune 1000

Fortune 1000 est un progiciel de comptabilité élaboré au Québec; il est offert en français ou en anglais, mais non en version bilingue. Il comporte les modules Grand livre général, Comptes clients et facturation, Comptes fournisseurs, Stock et Paie. Depuis septembre 1989, on trouve sur le marché une version réseau.

Chaque module est accompagné de deux guides : le premier est un cahier d'exercices exposant les principales caractéristiques du module; le second est un guide de référence dans lequel sont expliquées toutes les caractéristiques et fonctions du module. Ces guides sont assez bien conçus et ils sont faciles à utiliser, mais le français y est de qualité moyenne, truffé d'anglicismes. Les états peuvent être affichés à l'écran, transférés dans un fichier ou sortis sur imprimante.

Fortune 1000 est doté d'un mécanisme de protection par mot de passe. Chaque opération introduite dans le système entraîne la mise à jour de tous les modules touchés. Il est possible d'acheter (69 $) une application de traitement par lot. L'écran de saisie ressemble à une feuille d'écriture de journal. Les données budgétaires peuvent être insérées dans le système. Il existe également un module appelé « Fortune Calc », présenté sous forme de tableaux financiers, qui permet d'extraire directement des données comptables. Le contrôle interne et la vérification à rebours sont excellents.

L'utilisateur aurait intérêt à se procurer les services de mise à jour du module Paie au coût de 99 $ par année; il recevrait ainsi des mises à jour ayant trait à l'impôt et aurait accès à un service de soutien par téléphone. Le soutien technique est assuré au Québec. Le temps de réponse aux demandes de soutien technique est excellent. Le concepteur offre gracieusement les améliorations sous forme de corrections de programmes.

Fortune 1000 est un bon système qui possède de nombreux avantages. Il convient aux entreprises de services et aux commerces de gros et de détail. Il ne peut cependant être utilisé comme système de points de vente. Fortune est offert en version Macintosh. Son diffuseur est Les Logiciels Fortune 1000 ltée et son prix est de 495 $ par module.

 CONCLUSION

La revue *Informatique et Bureautique* publie chaque année un répertoire des logiciels fabriqués au Québec. Il reste que l'usager trouverait son profit à essayer les divers progiciels de comptabilité offerts sur le marché; ainsi, il pourrait choisir celui qui conviendrait à ses opérations comptables.

 ## CAS 12.1
UNE ENTREPRISE FAMILIALE

M. Dubois a une petite entreprise familiale. Avec les années et grâce à une bonne réputation, les opérations ont crû. La progression, quoiqu'elle soit maintenant évidente, ne s'est pas fait sentir au point de bouleverser la gestion. Cependant, il lui arrive de plus en plus souvent de s'occuper de facturation, de surveiller les inventaires ou de téléphoner à des clients pour réclamer le paiement de leurs comptes.

Votre tâche

Vous qui êtes conseiller ou conseillère en gestion informatisée, quelle solution proposeriez-vous à M. Dubois pour régler son problème de comptabilité?

Amorce de solution

Lors de l'élaboration de la solution, vous devez tenir compte du fait que le client n'a aucune connaissance en micro-informatique, mais qu'il connaît bien la comptabilité. N'oubliez pas que vous devez justifier votre recommandation afin que le client puisse bien comprendre votre langage (n'employez pas trop d'explications techniques).

▶ CAS 12.2
LE CHOIX ULTIME

Depuis plusieurs années, vous faites votre tenue des livres de façon manuelle. Mais voilà que votre vérificateur vous suggère d'informatiser votre comptabilité. Pour justifier cette nouvelle approche, il vous dit que vous économiserez les frais de vérification, puisqu'il ne peut se glisser d'erreurs dans la comptabilité informatisée et que les opérations s'équilibrent toujours. Le coût du système informatique que le vérificateur vous propose est de 2 000 $, mais il vous assure que cet investissement s'autofinancera dans un délai raisonnable.

Votre tâche

1. Quels éléments devrez-vous considérer dans votre décision?

2. Devez-vous accepter la proposition de votre vérificateur? Pourquoi?

3. Si vous refusez cette proposition, que devrez-vous faire : informatiser vous-même le système de comptabilité ou continuer à faire manuellement votre comptabilité?

▶ QUESTIONS

1. Qu'est-ce qui différencie la comptabilité financière de la comptabilité de gestion ?

2. Nommez quelques livres comptables.

3. Qu'est-ce qui distingue le traitement comptable manuel du traitement informatisé ?

4. Comment accède-t-on aux menus et sous-menus de Simple Comptable ?

5. Dans le logiciel Simple Comptable, combien y a-t-il d'étapes dans le traitement des transactions ? Nommez-les.

6. Nommez les deux types de documents que peut produire Simple Comptable.

7. Quelle est la principale différence entre Simple Comptable et Fortune 1000 sur le plan de la création des comptes ?

8. Est-il possible de modifier une écriture comptable avec Simple Comptable et Fortune 1000 ? Expliquez votre réponse.

9. Nommez les logiciels comptables les plus importants en ce moment au Québec.

10. Où peut-on se procurer un guide des principaux logiciels comptables ?

13

Vers quoi nous dirigeons-nous ?

Après avoir lu ce chapitre et fait le cas à la fin de celui-ci, l'étudiant ou l'étudiante devrait être en mesure de :

1. Connaître la place de l'usager par rapport à l'environnement informatique.

2. Déterminer les trois grandes catégories d'applications informatisées.

3. Situer l'évolution de la mise en œuvre de la micro-informatique.

4. Préciser le principal obstacle à l'implantation de la micro-informatique.

5. Prévoir les avenues qu'empruntera la micro-informatique dans le futur.

▶ Introduction

L'informatique se répand dans les entreprises. Déjà, l'automatisation des travaux de bureau est facilement observable. L'exercice des pratiques de gestion, tel qu'il existe aujourd'hui, risque de se voir modifié profondément, sans que l'on puisse dire avec certitude dans quel sens. En effet, il n'y a pas de « fatalité informatique ». La technologie crée des possibilités; tout dépend ensuite des intentions et des actions des personnes qui les mettent en œuvre.

L'informatisation est une bonne occasion de revitaliser la gestion en déchargeant ses spécialistes des travaux routiniers pour qu'ils se consacrent à l'essentiel. Elle permet aussi parfois d'améliorer la communication entre les spécialistes d'un domaine et les utilisateurs. Mais encore faut-il savoir la maitriser !

▶ 13.1
Vers l'intégration
et la facilité d'utilisation

Pour mieux comprendre l'avenir que nous réservent les nouvelles technologies reliées au traitement de l'information, regardons d'abord où nous en étions il y a quelques années encore. En étudiant l'évolution récente de ces technologies, nous pourrons mieux prévoir de quoi demain sera fait.

Nous avons maintenant une certaine idée de ce que sont l'équipement, les logiciels et les systèmes qui utilisent les uns et les autres. Revoyons le contenu de ces différentes composantes sous l'angle de leur évolution et de leur relation dans un système de traitement de l'information.

13.1.1
Les logiciels

Tous les progrès réalisés pour le perfectionnement technique des ordinateurs auraient peu de valeur s'il n'y avait pas eu aussi des progrès du côté de logiciels qui dictent à la machine les tâches qu'elle devra accomplir. Au fil des années, les entreprises ont élaboré leurs propres logiciels qui ont été utilisés sur de gros ordinateurs pour faire fonctionner d'imposants systèmes de traitement de l'information. Récemment, cependant, la tendance a été d'acheter des systèmes intégrés de logiciels, à la fois pour des micro-ordinateurs et des ordinateurs centraux. Les systèmes intégrés de logiciels comprennent des traitements de texte, des chiffriers, des bases de données ainsi que des logiciels de graphisme et de communication. De tels ensembles sont capables de créer des bases de données, de les mettre à jour et d'en retirer des informations reliées à des problèmes précis.

Les concepts de programmation structurée ont grandement amélioré l'efficacité de la programmation tant pour l'usager que pour le programmeur. De plus, les langages de programmation qui sont actuellement mis au point sont plus sophistiqués tout en étant plus faciles à utiliser pour les non-initiés. Les mots clés dont on se sert aujourd'hui sont « intégration » et « facilité d'utilisation ».

Il est encore plus frappant de constater que la recherche en intelligence artificielle est de plus en plus courante. On doit s'attendre à trouver des systèmes experts non seulement pour des applications précises, tels que des systèmes de base de connaissances, mais aussi pour des applications à grande échelle, aux trois niveaux des systèmes d'information, soit le TPIS, le MIS et le DSS.

13.1.2
L'équipement

La technologie constitue la force motrice dans la révolution de l'information, et cette technologie est centrée sur l'amélioration de l'équipement. Nous verrons maintenant quelques-uns des développements récents.

En ce qui concerne les **dispositifs d'entrée**, ceux-ci sont maintenant pensés en fonction de la suppression d'étapes lors de la saisie des données, de façon à permettre une saisie directe à l'aide du document source, ce qui réduira les erreurs humaines et éliminera le besoin d'effectuer la saisie de données par lot. Un autre progrès remarquable qui a été constaté consiste dans le développement de l'utilisation de la voix et sa compréhension directe par l'ordinateur.

Les **dispositifs de sortie** sont des outils qui se diversifient, qui deviennent plus fiables et plus rapides et dont le coût est de plus en plus abordable. Les terminaux graphiques et les imprimantes à laser ont rendu possible une qualité de présentation exceptionnelle, pour des rapports de toute nature (textes, graphiques, etc.).

Du côté de l'**unité centrale de traitement** (**UCT**), les circuits intégrés sont moins chers, plus rapides et plus fiables. Le fameux Intel 586 permet à des micro-ordinateurs d'atteindre une puissance qui était autrefois accessible uniquement à de gros ordinateurs que ne pouvaient s'offrir que des compagnies assez importantes. En outre, le développement des techniques permettant le traitement en parallèle laisse croire à une capacité de traitement encore plus grande dans l'avenir.

Pour ce qui est des **dispositifs de stockage des données**, le disque optique et d'autres dispositifs permettent aujourd'hui d'emmagasiner des quantités énormes de données et de pouvoir les manipuler très facilement. Ainsi, on peut bâtir aisément de grandes bases de données.

Dans la sphère des **échanges de données**, les outils de communication qui permettent l'intégration et la mise en commun de banques de données s'améliorent continuellement. De nos jours, les micro-ordinateurs communiquent constamment avec les plus gros ordinateurs; de plus, un grand nombre d'entreprises ont maintenant des systèmes intégrés de micro-ordinateurs.

En ce qui a trait aux **micro-ordinateurs**, leur développement a constitué une des innovations les plus percutantes dans le domaine de l'informatique. Lorsqu'on les combine avec des outils modernes de télécommunication, ils permettent de résoudre localement des problèmes particuliers à l'entreprise malgré la distance ou d'utiliser d'importantes banques de données centralisées dans différentes bibliothèques, universités ou entreprises. Le micro-ordinateur améliore le rendement individuel, alors que les ordinateurs centraux ou les mini-ordinateurs sont des outils destinés aux grandes entreprises.

Comme dans le cas des logiciels, le développement du matériel (*hardware*) est orienté vers une plus grande intégration de ces équipements, vers l'utilisation des systèmes de communication et vers une facilité d'utilisation accrue. La possibilité d'intégrer les micro-ordinateurs à l'ensemble du système informatisé de l'entreprise, ainsi que les perspectives de partage des données, procure à la micro-informatique un rôle de plus en plus important.

▶ 13.2
Les systèmes d'informations

Comme nous l'avons vu au chapitre 1, les applications informatisées se divisent en six catégories (voir figure 13.1):

1. La bureautique s'intéresse à tout ce qui touche la tenue, l'organisation et la préparation des dossiers tant à l'intérieur qu'à l'extérieur de l'entreprise.

2. Les systèmes d'aide à la communication tendent à favoriser la communication à l'intérieur de l'entreprise de même qu'avec les fournisseurs et les clients.

3. Les systèmes de traitement de transactions ont pour objectif de traiter et d'enregistrer toutes les transactions effectuées par l'entreprise.

4. Les systèmes de soutien de la décision aident les gestionnaires à prendre de meilleures décisions en leur offrant l'information la plus adéquate.

5. Les systèmes d'aide à la direction jouent un rôle semblable à celui des systèmes d'aide à la décision, mais plus sur le plan de la stratégie que sur le plan des activités.

6. Les systèmes d'aide experts permettent d'atteindre des objectifs précis dans des contextes déterminés à l'avance.

Bien que chacun des systèmes soit indépendant et effectue des tâches particulières à l'intérieur de l'organisation, tous ont besoin d'une base de données qui rassemble les informations nécessaires au bon déroulement des opérations de l'entreprise.

La révolution dans les systèmes d'informations a été accomplie par le biais de l'élaboration de systèmes de soutien de la prise de décision, c'est-à-dire de systèmes permettant une prise de décision et une planification des activités qui s'appuient

▶ Figure 13.1

Les différents types d'applications

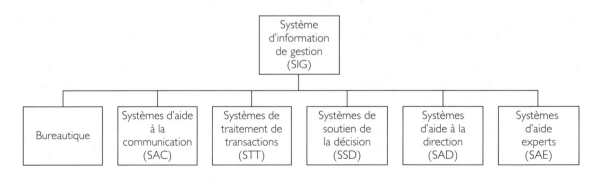

sur l'utilisation commune de bases de données internes et externes. Le résultat est encore une fois l'intégration des informations et une facilité d'utilisation plus grande. La clé de cette intégration a été le développement récent de puissants systèmes de gestion de bases de données faciles à utiliser. Ainsi, ces différents systèmes d'informations peuvent partager leurs données de façon efficace.

13.2.1
Le triangle du traitement de l'information

Les logiciels, l'équipement ainsi que les systèmes décrivent l'architecture ou les outils utilisés en traitement de l'information, mais ils ne décrivent pas l'activité même du traitement de l'information. La question est de savoir ce qu'accomplissent les utilisateurs lorsqu'ils font du traitement de l'information.

Il y a trois composantes rattachées au traitement de l'information :

— le traitement de texte;

— le traitement des données;

— le traitement des bases des données.

Ces composantes sont reliées entre elles par les télécommunications. Regardons de plus près ces différents éléments qui constituent le corps du traitement de l'information.

Le traitement de texte

Parce qu'on entend souvent l'expression «traitement de données», on est porté à croire que c'est ce que font les ordinateurs la plupart du temps. En fait, 90 % de toutes les données triées par une compagnie sont des mots.

Presque toute l'information est emmagasinée sous forme de mots plutôt que de nombres. Ainsi, le traitement de texte, c'est-à-dire la création, l'em-magasinage et la manipulation ultérieure de ces textes, est l'un des usages les plus importants de l'ordinateur.

Avec le temps, les traitements de texte ont évolué à un point tel qu'aujourd'hui on peut presque dire que ce sont des logiciels d'éditique. Leur constante amélioration nous permet de croire non seulement à la possibilité de dessiner à l'intérieur d'un logiciel de traitement de texte, mais aussi à celle de calculer facilement, en plus de corriger les fautes d'orthographe et même de grammaire.

Le traitement des données

Il y a une grande différence entre le traitement de texte et le traitement des données en général. Le traitement des données s'applique à des données suivant un ensemble logique de commandes (le programme); le processus de traitement demande très peu l'intervention humaine. Par contre, le traitement de texte qui manipule des mots, des phrases et des paragraphes requiert l'intervention humaine d'une façon continue. En effet, les définitions et les commandes d'ordre logique ne suffisent pas pour écrire, corriger ou adapter un texte. Il faut, lors de l'élaboration d'une phrase, que l'être humain intervienne continuellement pour que cette phrase ait un sens et soit construite selon les règles syntaxiques propres à une langue. Pourtant, il semble que les tâches reliées au traitement des données (des nombres) attirent plus l'attention que les tâches effectuées par un traitement de texte. Cela est peut-être dû au fait que le traitement des données trouve son origine dans les grands projets militaires et spatiaux, alors que le traitement de texte est plutôt associé au travail de bureau, à la correspondance. Mais comme nous l'avons montré dans ce livre, le traitement de texte n'est plus juste une «affaire de secrétariat». Les directeurs et spécialistes de toutes sortes utilisent le traitement des données et le traitement de texte, et plus encore ce dernier. Ils passent beaucoup plus de temps à créer et à récupérer des textes, des rapports, des directives aux employés et des données sur les ventes qu'à analyser des données purement numériques.

Le traitement des bases de données

Les systèmes de bases de données, capables d'emmagasiner à la fois des données numériques et des textes, sont le fondement même des systèmes de traitement de l'information. Le traitement de texte et le traitement des données fournissent l'information nécessaire à une base de données. Si vous êtes un représentant, par exemple, vous désirerez connaître les résultats des ventes (des nombres), mais aussi des renseignements sur les articles qui seront soldés durant les prochaines semaines (du texte). Au début, les fichiers informatisés étaient organisés de la même manière que les fichiers sur papier que l'on trouve encore dans les classeurs de métal des bureaux. Mais lorsqu'on s'est rendu compte que ce type d'organisation ne faisait que multiplier les fichiers et rendait inefficace l'utilisation d'ordinateurs, on a mis au point des systèmes de gestion de bases de données afin d'optimiser le recours aux ordinateurs et à leur grande capacité de stockage de données. La quasi-totalité des bases de données fonctionnent au moyen de données numériques. Cependant, les systèmes de gestion des textes se développent rapidement et intégreront dans le futur des textes, bien sûr, mais aussi des nombres, des graphiques, des images et quelquefois la voix.

Les télécommunications

On ne saurait surestimer l'importance des télécommunications dans le traitement de l'information. Celles-ci permettent en effet l'intégration des trois activités liées à ce traitement, soit le traitement des mots, des nombres et des bases de données. Grâce aux télécommunications, les utilisateurs peuvent communiquer entre eux et avoir accès à des informations communes stockées dans l'ordinateur. Les télécommunications sont donc une affaire de synergie. L'effet total du traitement de l'information est plus grand que la somme des effets particuliers à tel et tel endroit. En d'autres termes, une technologie actuelle permet à une autre de se développer; de plus, elle accentue l'influence et les possibilités de cette dernière.

La synergie est constatée à l'intérieur des réseaux où l'utilisateur peut à la fois avoir accès à des fichiers de données numériques, à des textes, à des images sur microfilms ainsi qu'à des communications verbales. Les télécommunications possibles grâce au réseau sont à la base du développement d'un bureau dont l'efficacité est maximale. Cela permet notamment les activités suivantes : le courrier électronique, les messages vocaux, les téléconférences et l'accès à d'importantes bases de données.

Toutes ces merveilles sont maintenant à notre portée. La question est de savoir comment les entreprises réussiront à les intégrer. En conséquence, après avoir décrit ce qui a déjà été inventé, nous parlerons de ce qui est actuellement utilisé dans les entreprises.

▶ 13.3
Où en sommes-nous aujourd'hui ?

Si vous travailliez dans une entreprise moyenne, les possibilités que nous venons d'évoquer pourraient vous sembler utopiques. Combien de directeurs utilisent les téléconférences, ou un poste de travail hautement informatisé ?

Une organisation ne peut, du jour au lendemain, faire appel à toutes les technologies les plus récentes pour l'élaboration de systèmes de traitement de l'information. Il y a des étapes à suivre. D'une façon générale, les compagnies à l'avant-garde dans l'utilisation des ordinateurs ont franchi quatre étapes pour l'implantation de systèmes informatisés, d'après les recherches de Richard Nolan[1] :

— l'installation du premier équipement;

— la généralisation de l'utilisation;

— l'élaboration d'un système;

— l'intégration des différentes composantes.

En gros, ces étapes équivalent aux développements technologiques des quatre dernières décennies. On est alors passé d'une faible participation de l'utilisateur à une participation importante, d'une planification et d'un contrôle de l'information un peu lâches à une rigueur beaucoup plus grande. Cependant, encore aujourd'hui, plusieurs entreprises, surtout celles qui viennent d'acquérir un ordinateur, se trouvent à la première étape de cette évolution. La plupart des entreprises, par contre, sont plutôt à la deuxième ou à la troisième étape. Seules les plus importantes (comme Bell Canada et Telecom Canada) ont atteint la quatrième étape.

Voyons ce qui se passe à chacune de ces étapes. Les quatre étapes du développement de la technologie correspondent aussi aux étapes que suit une compagnie lorsqu'elle décide de s'informatiser.

13.3.1
L'installation du premier équipement

À cette étape-ci, l'entreprise a acheté son premier ordinateur et l'enthousiasme est à son comble.

1. Richard Nolan, *Managing the Data Resource Function*, 2e édition, St-Paul, Minnesota West Publishing Company, 1987.

On en attend des résultats exceptionnels, mais il faut hélas mettre ceux-ci en perspective si on ne veut pas que la déception succède à l'enthousiasme.

On achète des programmes d'applications ou on les élabore à l'intérieur de l'entreprise. Ces programmes ont pour but de faire le traitement de transactions comptables ou du travail général de bureau. Puisque l'entreprise désire accélérer et automatiser des tâches qui étaient autrefois exécutées manuellement par les employés, ceux-ci craignent un peu de perdre leur emploi et vivent des moments d'incertitude.

L'accès à l'ordinateur est souvent le privilège de quelques personnes, et la participation des autres employés est alors découragée. La nécessité d'embaucher du personnel spécialisé, payé plus cher que les autres employés, provoque souvent de l'insatisfaction parmi le personnel en place depuis longtemps. Le service de l'ordinateur, que plus tard on appellera probablement le service du traitement de l'information, bénéficie d'une grande liberté dans ses activités et est soumis à un contrôle budgétaire limité.

13.3.2
La généralisation de l'utilisation

À cette étape-ci, les applications en viennent à pulluler. Tout le monde veut utiliser l'ordinateur. Bien que l'accent soit mis sur les transactions comptables, on commence à recourir à l'ordinateur dans d'autres services.

On achète toute la panoplie des technologies nécessaires pour instaurer un système complet de traitement de l'information (TPIS).

Plusieurs activités manuelles sont automatisées; il en résulte la perte de quelques emplois. Certains employés sont envoyés dans d'autres secteurs d'activités ou ne sont tout simplement pas remplacés s'ils prennent leur retraite. Bien que les attentes envers ce nouveau système ne soient pas aussi élevées qu'au début, l'enthousiasme est encore palpable. Les dirigeants sont plus en mesure de contrôler les activités du service de l'informatique, et des systèmes de planification et de contrôle formalisés s'instaurent petit à petit.

13.3.3
L'élaboration d'un système

Lorsqu'un système complet de traitement de l'information a été testé et implanté, que son fonctionnement donne les résultats escomptés, l'étape suivante devient l'élaboration d'un système de gestion de l'information (MIS), pour contrôler les opérations du service de l'informatique. À cette étape, les directeurs ont un meilleur outil pour contrôler les ressources de l'entreprise. La participation des utilisateurs augmente grandement; il y a maintenant de nombreuses interactions entre le service de l'informatique et les autres secteurs de l'entreprise, à tout le moins chez les dirigeants de ces secteurs. Le traitement de l'information est libéré de l'emprise de la « salle de l'ordinateur » et cette dernière n'est plus considérée comme un endroit mystérieux.

On demande aux usagers de justifier davantage leur emploi de l'ordinateur, ce qui exige une planification et un contrôle plus serrés au service de l'informatique. Les analystes de systèmes sont demandés, et de multiples requêtes pour l'obtention de nouveaux systèmes sont acheminées au service qui ne peut répondre à tous les besoins. Il en résulte la nécessité de justifier auprès des informaticiens le bien-fondé du traitement de l'information que désirent effectuer les différents secteurs de l'entreprise. Le service de l'informatique est souvent, à cette étape-ci, un service du traitement de l'information.

13.3.4
L'intégration des différentes composantes

À cette étape-ci, l'entreprise intègre tous les systèmes déjà en place pour en faire un système unifié qui servira de soutien pour la prise de décision.

Les réseaux installés aux étapes précédentes sont maintenant utilisés pleinement et l'équipement, les logiciels et les systèmes sont intégrés. Les usagers ont un accès facile au système d'information. D'un autre côté, ils sont responsables de l'usage qu'ils en font.

Le système de traitement de l'information est de plus en plus établi en fonction de sa facilité d'utilisation par les employés, et le service de l'informatique oriente son action vers l'entretien des programmes existants et des bases de données. Les directeurs du service se préoccupent de plus en plus de la planification à long terme et de l'élaboration de méthodes de contrôle.

Les systèmes de télécommunications permettent un accès facile à des personnes et à des renseignements situés dans d'autres villes ainsi qu'à des bases de données internes ou externes.

Enfin, les cadres utilisent l'ordinateur d'une façon beaucoup plus efficace. Ils y voient un excellent outil pour la prise de décision.

▶ 13.4
Les besoins de gestion

Seules quelques entreprises sont parvenues à l'étape de l'intégration. Malgré tout, même chez celles-ci, la démarche visant à une intégration poussée se fait très lentement.

Comment se fait-il que si peu d'entreprises aient jusqu'ici profité des diverses possibilités techniques qui seraient certainement bénéfiques pour leurs activités ? Ce n'est sans doute pas à cause d'un manque d'équipement approprié. Les appareils sont plus sophistiqués que les logiciels. Il se pourrait que les logiciels soient la cause de ce retard, mais, comme nous l'avons vu précédemment, le développement de ces derniers s'accélère. Peut-être aussi serait-ce la faute des systèmes. Cependant, le TPIS et le MIS sont des concepts bien compris et bien élaborés; il n'y a que le DSS qui demande à être raffiné, mais cette démarche progresse bien.

La véritable raison du lent progrès vers une intégration des systèmes de traitement de l'information peut s'exprimer en un mot : la **direction**. On constate en effet que la haute direction ne favorise pas la compréhension de la haute technologie, et il n'y a pas assez de dirigeants qui aient des connaissances approfondies dans cette sphère d'activité.

Bien que l'information soit cruciale pour la bonne marche des opérations d'une entreprise, il n'y a pas, en général, de gestionnaire responsable de cette information. En fait, tout le monde s'imagine que l'information est la responsabilité de tout le monde, ce qui revient à dire que personne n'est responsable.

On observe un énorme besoin d'expertise en ce qui concerne la planification, le contrôle et le traitement de l'information. Il faut que la technologie soit gérée par quelqu'un qui y voie non pas une fin en soi mais un moyen, un outil permettant d'améliorer l'efficacité et la productivité d'une entreprise.

Quel genre de personne pourrait assumer cette fonction ? Les individus qui s'occupent du traitement de données semblent un choix naturel pour ce poste, puisqu'ils connaissent bien la tech-nologie et maîtrisent habituellement une application. Cependant, leur connaissance du monde des affaires est très souvent limitée.

Cette situation est attribuable au fait que la philosophie de la plupart des organisations consiste à isoler les techniciens, à leur taire les grandes orientations de l'entreprise, de telle sorte qu'ils puissent se concentrer sur l'élaboration et l'application des techniques informatiques. Cela signifie donc que les techniciens en viennent à se préoccuper beaucoup plus de technologie que d'affaires.

Il faut donc trouver des directeurs de l'information qui aient des qualités de gestion, de la compétence dans les affaires de même qu'une bonne connaissance de la technique. Le problème se présente sous deux aspects :

— Les entreprises doivent créer des postes de direction qui offrent des responsabilités dans le domaine du traitement de l'information.

— Les entreprises doivent trouver les personnes qui possèdent des habiletés sur les plans de la technique et de la direction pour combler ces postes.

Afin de faire face à ces besoins, un nouveau concept a vu le jour, celui de la gestion de la « ressource information ».

13.4.1
La gestion
de la ressource information

La théorie de la gestion de la ressource information reconnaît que la technologie des systèmes d'informations modifie la manière de faire des affaires et d'entrer en concurrence. Elle confirme que le secteur des ressources informatiques, qui était un service replié sur lui-même, est devenu une organisation ouverte et orientée vers l'utilisateur. Elle constate que les gens d'affaires ont vraiment besoin de comprendre la manière d'utiliser l'information.

La théorie de la gestion de la ressource information nous amène à considérer l'information comme une ressource de l'entreprise, au même titre que les autres ressources; de ce fait, elle doit être gérée comme telle. Cela signifie que le matériel informatique, les logiciels, les systèmes et le personnel doivent être gérés de façon à profiter à toute l'organisation. La fragmentation et la redondance de l'information doivent être corrigées et placées sous la gouverne d'un directeur influent dans l'organisation, un vice-président ou un directeur de l'information. Voyons ce que cette personne devra faire et comment son travail influencera le travail des utilisateurs au bout de la ligne.

Quelle sera la description des tâches pour un poste de vice-président de la gestion de l'information? On peut dégager au moins quatre responsabilités :

1. Il devra superviser les divers responsables des systèmes de bases de données, des analyses de systèmes, des applications scientifiques, des télécommunications et des systèmes de fonctionnement du bureau.

2. Il devra aider les membres de l'entreprise à faire face aux changements technologiques, aux besoins d'information et aux problèmes de santé résultant du travail effectué avec les ordinateurs. C'est le domaine de l'ergonomie.

3. Il devra se tenir au courant des développements technologiques dans leurs grandes lignes et confier la connaissance des détails sur les nouvelles technologies à des spécialistes à la tête de chaque secteur.

4. Il devra aussi s'assurer que l'information ne se perd pas et que les fichiers privés le demeurent.

Il ne suffit pas de nommer un vice-président de la gestion de l'information; encore faut-il que cette personne ait du pouvoir à l'intérieur de l'organisation.

La possibilité de détenir du pouvoir ne dépend pas uniquement du fait d'avoir une solide intelligence, beaucoup d'énergie et une forte personnalité. Ce pouvoir doit être relié au poste occupé. Le manque de pouvoir du poste de vice-président de la gestion de l'information a été reconnu par de nombreux observateurs comme l'obstacle majeur à l'intégration plus rapide des systèmes de traitement de l'information.

Dans beaucoup d'entreprises, le service du traitement de l'information dépend directement du vice-président de la comptabilité et des finances, ce qui est dans la logique de l'époque où le traitement de l'information consistait uniquement dans le traitement des transactions comptables ainsi que des tâches générales de bureau (TPIS). Cependant, ce lien de dépendance limite les perspectives et les possibilités d'un système de traitement de l'information.

Dans d'autres entreprises, le service du traitement de l'information doit rendre des comptes à tous les vice-présidents; non seulement au vice-président de la comptabilité et des finances, mais aussi à celui du marketing, à celui de la production et à celui de la recherche et du développement. Le défaut de ce type d'organisations est qu'elles servent trop de maîtres à la fois.

Les entreprises qui ont adopté l'orientation « gestion de la ressource information » ont promu le directeur de celle-ci au rang de vice-président, sur la même pied que les autres vice-présidents et avec le même accès au président de l'entreprise. De cette façon, le système de gestion du traitement de l'information peut évoluer d'une manière intégrée sous la direction d'un responsable ayant du pouvoir et une vision d'ensemble.

▶ 13.5
L'information dans le futur

Nous revenons souvent sur le fait que l'ordinateur constitue un outil. Même si nous préférions penser autrement, force est de constater que «les humains ne sont productifs et ne visent un but précis qu'occasionnellement, comme le mentionne l'humaniste William Chase. «La plupart du temps les humains rêvent éveillés, tournent en rond, perdent leur temps, et en général sont inefficaces et gaspillent leurs possibilités. Ce n'est pas le cas des ordinateurs.» Cela ne signifie pas que les ordinateurs soient meilleurs que nous. Cela veut plutôt dire qu'ils sont des outils qui peuvent nous rendre plus productifs, plus efficaces et capables d'atteindre nos buts plus rapidement. Et, bien sûr, l'ordinateur a créé un nouvel esprit dans l'entreprise.

13.5.1
L'ordinateur en tant qu'outil

Quelle sera la place de l'ordinateur dans votre carrière en cette fin de siècle? Examinons quelques perspectives.

Les prévisions d'emploi
en haute technologie

Beaucoup d'étudiants envisagent une carrière en haute technologie, que ce soit en électronique, en informatique ou en ingénierie, croyant que ces industries seront une des sources les plus importantes de création d'emploi. Certes, il y aura encore beaucoup de demandes pour des spécialistes en ces domaines, particulièrement en génie électrique et en informatique.

Mais il faut remarquer certains faits importants. Même les industries de haute technologie ne créent pas beaucoup d'emplois de haute technologie. Des études américaines ont démontré que seulement 15 % des emplois dans les entreprises d'électronique et 25 % dans les entreprises d'ordinateurs et de traitement des données sont des emplois de techniciens. Uniquement 6 % des nouveaux emplois seront des emplois de haute technologie, et parmi les emplois qui connaissent une croissance de leur nombre, la haute technologie se situe loin derrière.

Les emplois créés en haute technologie se polarisent ainsi: d'un côté, des emplois qui nécessitent une grande compétence et qui sont grassement payés et, de l'autre, des emplois qui demandent peu de compétence et qui sont peu rémunérateurs. La programmation, un domaine d'emploi relativement bien payé qui requiert des études collégiales, provoquera une embauche accrue de 70 %. Par contre, la réparation de l'équipement de traitement de données, un emploi moins bien payé qui n'exige pas d'études collégiales, verra ses besoins en main-d'œuvre augmenter de 81 %.

Il y a beaucoup de mouvement dans les emplois de haute technologie. Une étude d'une durée de trois ans menée sur ce sujet en Californie a démontré que pour trois emplois créés en haute technologie chaque année, un disparaissait en raison d'une concurrence féroce découlant notamment des fusions et du déménagement outre-mer des chaînes de montage.

La haute technologie évoque l'industrie de la pomme de terre. La culture des pommes de terre nécessite très peu d'employés, et la situation ne changera pas dans l'avenir. Cependant, il y a des centaines de milliers de personnes qui gagnent leur vie à vendre des patates frites. Il semble que la technologie se comporte de la même manière. Il n'y aura pas énormément d'emplois en haute technologie comme telle, mais il y en aura beaucoup en technologie. En d'autres mots, la plupart des nouveaux emplois ne seront pas dans les industries créatrices de la technologie, mais dans les entreprises utilisatrices de cette technologie.

Les emplois utilisant la technologie

C'est l'utilisation intelligente de la technologie ou de l'innovation qui crée des emplois, conclut un chercheur du MIT, David Birch. L'innovation, c'est l'utilisation de la technologie pour inventer ou remplacer des produits ou des procédés de fabrication.

Dans quel secteur seront créés les nouveaux emplois? Si la tendance se poursuit, 75 % des nouveaux emplois feront partie du secteur des services. Bien sûr, les emplois de services sont déjà plus nombreux que les emplois de fabrication de biens de consommation. Les emplois de services qui sont en général plus intéressants et plus payants que les emplois dans les manufactures sont ceux de la vente au détail, des compagnies aériennes, des chaînes de restauration-minute, des services publics, etc.

Aux États-Unis, en 1995, le quart des emplois, soit 35 millions, feront partie d'une catégorie appelée «services divers». On s'attend à ce que cette catégorie s'empare du tiers des emplois durant cette décennie. Les services divers englobent non seulement les services récréatifs, l'hôtellerie, les soins médicaux et les services reliés au monde des affaires, mais aussi le traitement des données et autres activités de services, pour les ordinateurs notamment. Les emplois reliés au domaine de l'information dans le monde des affaires devraient être au nombre de 6,2 millions en 1995. Une autre catégorie, les «divers services professionnels», comprenant les avocats, les ingénieurs, les comptables et les architectes, devrait fournir 3 millions d'emplois en 1995.

Toutes ces catégories d'emplois, de bureau, de supervision, de services spécialisés, exigeront l'utilisation des ordinateurs. La question est de savoir jusqu'où l'on doit pousser l'étude de l'informatique.

Avons-nous besoin d'une compétence en haute technologie?

Comme vous le savez, l'ordinateur est outil de haute technologie. Mais une compétence en haute technologie n'est pas requise pour son utilisation. En ce sens, l'expérience actuelle diffère de l'expérience des travailleurs d'usine plus tôt dans ce siècle, alors que la mécanisation a modifié les habiletés requises pour la production des mêmes biens. Nous avons vu que, grâce à des logiciels tels que le traitement de texte, les chiffriers et les bases de données, des millions de personnes ont pu utiliser l'ordinateur sans avoir à apprendre la programmation, par exemple. Il est fort probable que les trois quarts des futurs emplois nécessiteront l'utilisation d'un ordinateur, mais il ne sera pas obligatoire d'acquérir une compétence en haute technologie pour se servir de l'ordinateur comme d'un outil. Beaucoup d'emplois dans le secteur des services exigeront un minimum de spécialisation. Celle-ci pourra être acquise en une ou deux semaines au moyen d'une formation appropriée. Autrement dit, on apprendra à utiliser un ordinateur comme on apprend à conduire une automobile.

Le danger de l'automatisation

Le fait que l'automatisation soit la cause de pertes d'emplois est bien sûr un phénomène inquiétant. En France, par exemple, on a conseillé à des étudiants en médecine d'envisager des spécialités requérant une grande dextérité manuelle, telles que l'obstétrique et la chirurgie, plutôt que des disciplines qui dépendent essentiellement du jugement, car ce dernier secteur pourrait être dans une certaine mesure confié aux ordinateurs. Au Japon, où la robotique a envahi l'industrie, les travailleurs s'opposent de plus en plus à l'automatisation de l'industrie, et ce dans un pays où la plupart des grandes entreprises garantissent un emploi à vie à leurs travailleurs. Aux États-Unis, beaucoup de directeurs sont chargés d'automatiser leurs services, ce qui aura pour effet de leur faire perdre leur propre emploi.

Il n'y a pas de doute que l'automatisation engendrée par l'utilisation de l'ordinateur modifiera sensiblement le monde du travail. Par exemple, le nombre d'emplois dans les mines et sur les fermes restera à peu près au même niveau ou baissera légèrement, tandis que le nombre d'emplois dans le commerce et les services augmentera d'une façon marquée.

L'ordinateur, le robot et d'autres formes d'automatisation attribuables à la haute technologie auront des effets variés. Certains emplois disparaîtront, d'autres deviendront plus complexes et d'autres encore seront réduits à une succession de tâches répétitives. Mais il y a un moyen de tirer avantage de ces changements. Tout directeur doit se rendre compte du fait que l'amélioration du rendement amenée par l'automatisation peut être réduite à néant par un personnel qui résiste au changement ou qui agit en coulisse pour s'emparer des emplois conservés. Mieux vaut alors qu'il garde à son emploi les travailleurs talentueux, quitte à les recycler dans des emplois différents qui seront offerts une fois l'automatisation terminée.

Si on veut profiter de l'automatisation, il faut bien la gérer lors des phases de la planification et de l'implantation. Outre les problèmes humains, il y aurait lieu de voir si d'autres types de problèmes nous attendent...

13.5.2
Devons-nous faire confiance aux ordinateurs?

Souvenez-vous de HAL, l'ordinateur dans le film *2001 Odyssée de l'espace* de Stanley Kubrick. Il s'est révolté, a pris la maîtrise du vaisseau spatial et tué tous ses occupants sauf un. HAL semble avoir symbolisé les craintes des gens qui furent les premiers à voir arriver l'ordinateur dans leur paysage. On avait peur qu'il ne devienne indépendant face à nous et que, sous ses dehors amicaux, il soit un peu fou et même tueur. Certaines gens ont encore peur de la maîtrise que pourrait exercer le Gouvernement sur leur vie privée à cause de la grande quantité d'informations que peuvent emmagasiner les ordinateurs.

Quels sont les sujets qui devraient nous préoccuper face à l'omniprésence des ordinateurs? Il y a au moins trois domaines qui sont dignes d'intérêt:

— la santé et le stress;

— les erreurs de l'ordinateur;

— les changements de la qualité de la vie.

La santé et le stress

Les ordinateurs peuvent-ils être dangereux pour votre santé? Songeons, par exemple, aux endroits où l'on construit beaucoup d'ordinateurs, tels que «Silicon Valley» ou le comté de Santa Clara en Californie. Il n'y a pas de grandes cheminées qui rejettent des poussières polluantes à la tonne, et les entreprises ressemblent à des universités. L'industrie de la fabrication d'ordinateurs a longtemps été considérée comme une industrie propre. Pourtant, il y a eu des poursuites intentées par des employés qui affirmaient que leur santé avait été affectée par des produits chimiques toxiques utilisés pour la fabrication des microprocesseurs; en outre, des responsables de la qualité de l'air ont découvert que des fabricants de semi-conducteurs laissaient s'échapper dans l'atmosphère des tonnes de gaz responsables du *smog*, et des municipalités avoisinantes ont constaté que leur réserve d'eau souterraine était souillée par des produits chimiques toxiques utilisés pour la fabrication de puces. Les fabricants d'ordinateurs ont cependant répliqué que leur industrie était l'une des plus propres qui soient, ce qui peut bien être le cas si on la compare à l'industrie lourde, telle que l'acier ou la fabrication d'automobiles.

On s'inquiète aussi du fait de se trouver longtemps devant l'écran de l'ordinateur. Bien qu'il n'y ait pas de preuve qu'il y ait un risque pour les femmes enceintes ou que le bas taux de radiation soit dangereux, il reste qu'on constate des maux de dos et des problèmes de vision chez les personnes qui passent beaucoup d'heures devant l'écran. De même, le stress est souvent mentionné. Cependant, ces problèmes ont très peu à voir avec la technologie de l'ordinateur; ils proviennent plutôt d'une mauvaise posture causée par un matériel inadéquat ou mal ajusté et de demandes de productivité exagérées de la part de certains patrons. La santé et le stress dans ce type d'environnement sont devenus des problèmes auxquels les syndicats s'intéressent. Dans l'avenir, ces inquiétudes pourraient bien augmenter, comme augmentera le nombre de personnes qui travailleront devant un écran.

Les erreurs de l'ordinateur

On utilise souvent l'expression « c'est la faute de l'ordinateur » pour excuser une erreur qui est dans bien des cas humaine. Cependant, il y a effectivement des problèmes causés par le mauvais fonctionnement d'un ordinateur. Nous en examinerons quelques-uns.

On croit souvent que l'équipement est défectueux lorsqu'il y a un problème quelconque. Habi-

tuellement, les fabricants de semi-conducteurs ne livrent que des pièces rigoureusement testées, de telle sorte que les bris sont rares, même si, il y a quelques années, on s'est rendu compte qu'une des plus importantes compagnies de puces avait livré à l'armée américaine des pièces qui n'avaient pas subi des tests assez rigoureux. Mais les puces sont relativement fiables. Cependant, d'autres composantes d'un système d'ordinateur sont plus susceptibles de défaillir : le système de climatisation de l'air, les imprimantes, les circuits téléphoniques reliés à l'ordinateur, etc. Quelquefois, ces défaillances entraînent des conséquences spectaculaires. Ainsi, en juin 1980, un circuit intégré abîmé dans le réseau de télécommunication de l'armée américaine a eu pour effet de signaler à la défense aérienne qu'un missile en provenance de l'ex-URSS se dirigeait vers l'Amérique du Nord. On trouva la défaillance, mais pas avant que des bombardiers eurent pris leur envol pour assurer la défense !

Les pannes de courant et les effets de l'électricité statique sont deux autres phénomènes qui peuvent constituer de sérieux ennemis de l'ordinateur. Une chute de voltage de 25 % durant un dixième de seconde peut « fermer » plusieurs ordinateurs. On passera alors beaucoup de temps à essayer de récupérer des données perdues à cause d'une panne. De toute évidence, le monde de l'informatique demeurera dépendant face à l'électricité, et plusieurs se demandent si, devant l'augmentation continuelle de la demande, nous ne manquerons pas à moyen terme de cette source d'énergie. S'ajoute à cela une aggravation des problèmes dus à des effets électromagnétiques qui nuisent au matériel de communication et détruisent des données. Pour pallier cette menace, plusieurs ont fait installer à grands frais des écrans protecteurs contre ce magnétisme destructeur.

Par ailleurs, il arrive que le design soit un peu relâché. Souvent, les fabricants de matériel ou de logiciels ne prévoient pas de récupération pour des erreurs que font pourtant fréquemment les utilisateurs. Par exemple, le logiciel de micro-ordinateur ne prévoit pas l'enregistrement du nom du dernier utilisateur du logiciel ni les changements qu'il aurait pu y apporter, alors que les logiciels des plus gros ordinateurs ont cette capacité. Les spécialistes s'entendent pour dire que l'équipement des micro-ordinateurs n'offre pas assez de souplesse pour faire des copies de sécurité pour les données, ce qui entraîne la perte de beaucoup de données.

En ce qui concerne les erreurs de programmation, il y a plusieurs moyens de les détecter et de les corriger. Cependant, sous l'effet de la pression devant le travail à remettre, de nombreuses erreurs passent inaperçues.

Les erreurs commises lors de l'entrée des données sont attribuables à l'humain; ce sont les plus fréquentes. Si vous avez reçu une facture exorbitante, c'est probablement dû à une erreur humaine, comme dans le cas de cette personne qui a eu un jour la surprise de constater un état de compte d'un grand magasin qui lui créditait la somme de 165 millions de dollars!

Bien que certaines tâches puissent s'effectuer manuellement lors d'une panne de courant — quoique difficilement —, dans certaines situations les activités doivent cesser jusqu'au retour de l'électricité. Il y a des centrales téléphoniques qui sont totalement informatisées, si bien que, lors d'une panne, on ne peut obtenir de l'aide pour la recherche d'un numéro de téléphone.

Les banques, les compagnies aériennes et les magasins de vente au détail ont un système qui peut prendre la relève en cas de panne de courant. Ce sont alors des générateurs et des batteries qui permettent de poursuivre les activités. Si un ordinateur central fait défaut, il y a souvent un autre ordinateur qui prend la relève. À New York, la Citybank possède deux ordinateurs centraux, chacun desservant une région différente, mais tous deux étant capables de soutenir seul toutes les transactions en cas d'urgence. À Phoenix, quand l'ordinateur de la compagnie, spécialisé dans les réservations de 2 800 hôtels, connaît des problèmes, celui qui est responsable des autres transactions de la compagnie prend la relève. La fiabilité a grandement été améliorée dans beaucoup d'industries par l'utilisation d'ordinateurs qu'on appelle «*fault-tolerant*», tels que ceux qui sont produits par Tandem. Ces ordinateurs sont construits avec deux unités centrales de traitement travaillant en parallèle avec le même programme. En temps normal, on utilise uniquement une unité centrale de traitement pour les résultats, mais si une défaillance survient on se sert de la deuxième.

Les changements de la qualité de la vie

Les ordinateurs ont commencé à changer la qualité de la vie. Durant les années 50, alors que la télévision faisait son apparition dans nos salons, ses détracteurs s'attendaient à ce que celle-ci produise une nation de zombis sans imagination. Certains pensent aujourd'hui la même chose au sujet des ordinateurs; ils réduiront, selon eux, notre curiosité et notre imagination du fait qu'ils nous obligent à formaliser notre pensée. Pour la société en général, les ordinateurs pourraient élargir le fossé qui sépare les classes, certains bénéficiant de connaissances d'initiés, ayant accès aux banques de données, aux cartes de crédit, etc., et les autres, les pauvres et les chômeurs, vivant dans un monde plus ou moins parallèle dans lequel les ordinateurs n'entrent pas. Ce sont là quelques aspects plus déprimants de l'automatisation grandissante à laquelle nous devons faire face. Cependant, d'innombrables défis stimulants devront être relevés.

À cause de la micro-informatique, de plus en plus de personnes ont fait de leur maison leur lieu de travail. C'est là une nouvelle tendance qu'on trouve non seulement chez les travailleurs autonomes, mais aussi chez des salariés dont le travail peut être évalué par l'entreprise même s'il est fait à distance.

13.5.3
Les outils de haute technologie du futur

Le fondateur de la compagnie Atari Inc., Nolan Bushnell, disait lors d'une conférence : «Si vous voulez que vos employés innovent, achetez-leur un livre de science-fiction, enlevez la couverture et dites-leur que c'est un livre d'histoire. Le futur n'est pas synonyme d'innovations. La plupart des idées sont déjà énoncées. Lisez les auteurs de science-fiction; ils écrivent ce qui deviendra réalité.» C'était une boutade, mais il reste que la plus grande partie du matériel informatique d'aujourd'hui était de la science-fiction hier. Quelles seront les innovations du futur qui influenceront notre façon de vivre et de travailler? Voyons quelques possibilités.

L'emmagasinage des données

Dans un article publié en 1945, Vannevar Bush, inventeur d'ordinateurs analogiques au MIT, fit un inventaire des choses qu'il croyait voir se produire durant les vingt années suivantes. L'une d'elles était l'invention d'un gadget appelé «Memex», de la grosseur d'un bureau, qui pourrait emmagasiner l'information contenue dans 10 000 livres, soit l'équivalent d'une bibliothèque d'une petite localité, et que les personnes pourraient posséder chez elles pour consultation. Il est prévu qu'à la fin de cette décennie un processeur d'un mètre cube pourra contenir toute l'information d'une des plus grandes bibliothèques du monde, celle du Congrès aux États-Unis.

Nous pouvons déjà imaginer les possibilités qu'offrent les micro-ordinateurs de 32 bits. Pour moins de 2 500 $, on peut maintenant obtenir une puissance de calcul qu'on obtenait, il n'y a pas si longtemps, qu'avec de gros ordinateurs coûtant 900 000 $. De plus, du côté de la fabrication des puces, les progrès sont également phénoménaux.

La base même de la technologie des ordinateurs changera sans aucun doute, avec des ordinateurs qui traiteront les données non plus comme des signaux électriques mais comme des pulsations lumineuses. Ce sera l'ère des ordinateurs optiques qui feront du traitement de données à des vitesses des centaines de milliers de fois plus rapides que le plus gros ordinateur le plus rapide aujourd'hui. Plus encore, des chercheurs proposent les «biopuces», qui, grâce aux techniques d'ingénierie génétique, nous permettraient de cultiver des ordinateurs comme on cultive des molécules. Peut-être, dans le futur, les ordinateurs seront-ils conçus en fonction du carbone plutôt qu'en fonction du silicone ?

Les techniques de stockage

La disquette est appelée à disparaître, comme les cartes perforées ont disparu. De plus en plus, on se fiera au disque rigide comme moyen de stockage des données. On se tourne aussi vers le stockage sur disque optique.

Les imprimantes

Les nouvelles générations de photocopieuses seront d'une telle efficacité que le département du Trésor des États-Unis se penche depuis quelques années sur les problèmes de contrefaçon auxquels on devra faire face avec le papier-monnaie. Les imprimantes à jet d'encre et à laser, qui sont d'une très grande qualité et qui offrent des possibilités graphiques très vastes, verront leur prix continuer de chuter.

Les possibilités graphiques

Environ 30 % de tous les logiciels vendus sont des logiciels d'applications graphiques, et on croit que les ventes continueront de grimper, car de plus en plus de gestionnaires deviennent eux-mêmes des graphistes pour répondre à leurs propres besoins. Les fabricants de micro-ordinateurs intègrent toujours davantage des capacités graphiques à leurs produits.

En outre, des écrans vidéo à haute résolution sont actuellement élaborés. Ils visent à montrer les plus fins détails d'une image.

Les réseaux

Les réseaux et la télécommunication de données se révéleront probablement les développements les plus importants en même temps qu'ils couvriront la planète. La fibre optique, des modems moins chers, plus de fréquences utilisables augmenteront considérablement l'étendue et la flexibilité des télécommunications. Par ailleurs, on observe depuis peu de temps la généralisation de l'utilisation des téléphones cellulaires, ce qui accroît encore la flexibilité des communications.

L'intelligence artificielle

Si les développements évoqués précédemment sont révolutionnaires, l'intelligence artificielle promet d'être absolument incroyable. L'intelligence artificielle sera la cause de profonds changements dans notre civilisation. Elle modifiera notre façon de travailler, notre façon d'apprendre, mais aussi notre façon de réfléchir sur nous-mêmes, au dire des spécialistes.

L'intelligence artificielle, ce champ d'études qui explore la possibilité pour des ordinateurs de réaliser des tâches requérant des qualités humaines telles que l'intelligence, l'imagination et l'intuition, est déjà parmi nous. Une de ses sous-spécialités,

l'«ingénierie de la connaissance», a déjà porté des fruits : les systèmes experts et les systèmes de bases de connaissances.

13.5.4
De nouvelles avenues pour les systèmes experts

Il est généralement accepté que les systèmes experts changeront les méthodes des organisations en modifiant la manière dont les gens aborderont la solution de problèmes. Les systèmes experts résoudront-ils nos problèmes de productivité, aideront-ils les individus à utiliser des réacteurs nucléaires et un équipement très complexe, permettront-ils aux dirigeants de se concentrer sur des tâches plus délicates? Telles sont, en tout cas, les attentes face à eux. Cependant, si les systèmes experts commerciaux actuellement à l'essai ne remplissent pas leurs promesses, cela pourrait être fatal pour la recherche.

Selon Patrick Winston, du MIT, les systèmes experts actuels sont «des savants idiots, leur connaissance est mince». La méthode actuelle de résolution de problèmes, basée sur des règles, doit être élargie. Il existe deux stratégies pour la résolution de problèmes : la classification, dans laquelle un expert renvoie une situation à un ensemble de cas, et la construction d'hypothèses, où l'on formule des hypothèses pour expliquer l'information connue et où, par la suite, chaque hypothèse est testée plus précisément.

La résolution de problème, qui est liée à la représentation des connaissances, est souvent appelée «catalogue de résolution de problèmes». Cette méthode adopte un plan d'attaque très large, puis raffine sa stratégie de solution au fur et à mesure des particularités des solutions proposées.

Si les systèmes experts de demain rivalisent avec des experts humains, ce sera probablement parce qu'au lieu de fonctionner avec un ordinateur ayant un seul processeur, comme c'est le cas aujourd'hui, la tâche sera divisée entre plusieurs processeurs reliés entre eux, qui se serviront des conclusions obtenues par les uns et par les autres. Un réseau d'ordinateurs sera formé. Ceux-ci travailleront concurremment, cela étant différent de l'approche actuelle qui est une approche à tâtons.

Marvin Minski, un des fondateurs de l'intelligence artificielle, travaille actuellement à un concept appelé «société de système d'esprit». Il s'agit d'une approche théorique visant à construire une intelligence générale qui ne soit pas restreinte à un domaine particulier de problèmes. Dans ce concept, chaque ordinateur représente un expert; tous les ordinateurs sont reliés entre eux, et la coordination est assurée par une «boîte noire» qui ignore comment chacun travaille.

En ce qui concerne les processeurs de langage naturel, on s'entend pour dire que, pour que l'intelligence artificielle donne des résultats, il faudra que la communication avec les utilisateurs se fasse dans un langage facile d'accès; dans notre cas, ce sera le français. Bien que les scientifiques travaillent très fort pour apprendre aux machines à comprendre le langage et l'écriture, le problème est beaucoup plus difficile à résoudre que ce que croyaient la plupart des premiers chercheurs.

L'intelligence artificielle et au delà

Que doit surveiller la personne qui aspire à un poste d'administration ou de direction? La première vague d'appareils sera de petits systèmes de connaissances, la plupart utilisant des micro-ordinateurs, tel un système expert. Pour que cette première phase s'enracine, cependant, les directeurs et les spécialistes devront apprendre de quelle façon la connaissance se bâtit. Cela se produira lorsqu'on élaborera les outils de «construc-tion» de la connaissance; il sera alors possible, grâce à des interfaces, d'utiliser un langage naturel pour élaborer des prototypes de systèmes.

La deuxième vague d'appareils promet d'être encore plus spectaculaire: il s'agira de vrais systèmes experts qui ressembleront à des experts humains. Ces systèmes d'intelligence artificielle, appelés «systèmes de traitement de la connaissance», combineront la capacité de résolution de problèmes des ordinateurs, selon leur mode habituel, avec le savoir-faire d'experts et avec des postes de travail intelligents.

Évidemment, ces développements bouleverseront la structure et l'organisation des services de traitement des données et de l'information, et le pouvoir d'un gestionnaire ou d'un spécialiste sera étonnant.

Le salut à l'âge de l'information

Les ordinateurs nous offrent plusieurs choix. Malgré tout, ces choix seront des choix humains. Quand les ordinateurs nous inspirent un respect mêlé de crainte, nous ferions bien de relire une pensée de l'humaniste William Chase :

> L'ordinateur, après tout, c'est un outil, rien qu'un outil, et c'est notre outil. Nous l'utiliserons après que les artisans nous l'auront rendu accessible. Il en fut de même du marteau, du canon et du couteau; il en fut de même de l'automobile, de la radio et de l'avion. À l'origine, c'étaient tous des objets inspirant un respect béat, de la curiosité et même de la terreur; mais nous avons fini par exercer sur eux toute notre autorité.

Il en sera de même de l'ordinateur. Sans doute, au XXIe siècle, nous en souviendrons-nous comme d'une autre œuvre de l'être humain que nous avons appris à maîtriser et à démystifier.

CONCLUSION

L'informatisation du travail administratif et des activités de gestion semble déjà un phénomène assimilé. Cependant, en deux décennies, les systèmes informatiques se sont profondément transformés, et leurs conséquences sur l'organisation du travail par le fait même. Les mutations techniques ont entraîné un déplacement de la problématique où la machine est souveraine à celle où la multitude des choix pose la question centrale de l'organisation du système d'information. De plus, la participation des utilisateurs à l'implantation du processus informatique devient indispensable après qu'ils ont maîtrisé la machine. Auront-ils aussi la maîtrise de l'organisation de leur travail?

CAS 13.1
LE BUREAU DE DEMAIN

La compagnie d'assurances Assure-Tout a décidé récemment que chaque agent d'assurance devrait avoir un micro-ordinateur sur son bureau. La recommandation de l'entreprise vise d'abord les employés qui ont plus de quatre années d'ancienneté. Ce sont les agents eux-mêmes qui doivent payer l'appareil, environ 3 500 $. Des quelque 350 agents de l'entreprise, 200 étaient tenus d'acheter, et 125 l'ont effectivement fait.

Les agents ont un statut de travailleurs autonomes, mais ils maintiennent des liens étroits avec la maison mère. Avant d'avoir un micro-ordinateur, les vendeurs devaient constamment demander à l'entreprise de mettre au point la police d'assurance du client potentiel à l'aide des informations qu'ils transmettaient par téléphone. S'ils faisaient une nouvelle proposition au même client, ils devaient encore une fois demander à l'entreprise d'établir une police. Or, la compagnie d'assurances prévoit qu'avec les micro-ordinateurs les agents auront eux-mêmes accès à toutes ces informations grâce aux différents progiciels qui seront élaborés spécialement pour eux. Le président de la compagnie s'est rendu compte qu'en raison des fusions de compagnies, des prises de contrôle, etc., le domaine de l'assurance connaît des changements majeurs. Autrefois vendeur de polices d'assurance-vie, l'agent doit maintenant informer son client sur les différentes options de financement de son avenir (sa retraite). Il doit connaître, en plus de l'assurance-vie, les REER, les paiements différés et plusieurs autres services financiers encore plus particuliers. Mais ces domaines exigent des approches différentes de celle de la vente d'assurance-vie; les données doivent être davantage chiffrées, et souvent illustrées, afin que le consommateur puisse y comprendre quelque chose.

La compagnie d'assurances a l'intention de créer un groupe d'étude afin de réagir rapidement aux différents problèmes auxquels les agents doivent faire face sur le terrain.

Votre tâche

1. Expliquez pourquoi les micro-ordinateurs sont devenus des outils indispensables dans le domaine des assurances.

2. Décrivez les mesures que la compagnie a prises ou devrait prendre afin de garantir le succès de l'intégration de la micro-informatique dans son entreprise.

3. Pourquoi n'y a-t-il pas plus d'agents qui ont adhéré à ce nouveau type de mode de travail?

▶ QUESTIONS

1. Nommez quelques changements récents dans le domaine de l'équipement.

2. Nommez les trois composantes du traitement de l'information.

3. Qu'est-ce que la télécommunication?

4. Quelles sont les quatre étapes de l'implantation de systèmes informatisés?

5. Pourquoi les progrès de l'intégration des systèmes de traitement de l'information sont-ils lents?

6. Qu'est-ce que la gestion de la ressource information?

7. Quels sujets devraient nous préoccuper face à l'omniprésence des ordinateurs?

8. Il y a beaucoup de mouvement dans les emplois de haute technologie. Commentez.

9. Qu'entend-on par « intelligence artificielle »?

10. Pourquoi les systèmes experts sont-ils l'outil de demain?

BIBLIOGRAPHIE

Ouvrages en français

BERGERON, P.C. *La Gestion moderne*, Chicoutimi, Gaëtan Morin Éditeur, 1983.

BLASIS, J.-P. *Les Enjeux de la bureautique*, Paris, Éditions d'Organisation, 1983.

CAVARERO, J.-L. et HÉRIN-AIMÉ, D. *La Conception des systèmes d'information : un modèle, un dossier standard, des méthodes*, Paris, Masson, 1982.

CROPIER, M. *Le Phénomène bureaucratique*, Paris, Seuil, 1966.

DAVIS, G.B., OLSON, M., ADJENSTAT, J. et PEAUCELLE, J.-L. *Système d'information pour le management : les approfondissements*, Paris, Economica, 1986.

DAVIS, G.B., OLSON, M., ADJENSTAT, J. et PEAUCELLE, J.L. *Système d'information pour le management : les bases*, Paris, Economica, 1986.

DECOSTE, C., GAGNON, P.-D., SAVARD, G. et TREMBLAY, P. *La Gestion de la bureautique*, Chicoutimi, Gaëtan Morin Éditeur, 1988.

GOLDBERGER, C., LANGUEPIN, O. et SEYDON, E. *Systèmes experts : c'est possible!*, Ressources/Temps réel, 1988.

GUNN, T. «La mécanisation de la conception et de la production», *Pour la science*, n° 61.

HURTIBISE, R. *L'Intégration de l'information à l'organisation*, Montréal, Agence d'Arc inc., 1990.

HURTIBISE, R. *La Bureautique : éléments et impacts*, Montréal, Agence d'Arc inc., 1984.

LAUZON, L.-P. *et al. Contrôle de gestion*, 2e édition, Chicoutimi, Gaëtan Morin Éditeur, 1985.

LEPAGE, J. «Quand l'informatique vient organiser la vidéo», *Informatique et bureautique*, avril 1985.

LEPAGE, J. «Une agence de voyage précise son itinéraire informatique», *Informatique et bureautique*, décembre 1984.

LIU, M. *Approche socio-technique de l'organisation*, Paris, Éditions d'Organisation, 1983.

MARTINEAU, J. *La Bureautique*, Montréal, McGraw-Hill, 1982.

MEINADIER, J.-P. *Structure et Fonctionnement des ordinateurs*, Paris, Larousse, 1971.

PELON, P. et VUILLEMIN, A. *Les Nouvelles Technologies de la documentation et de l'information*, Guide d'équipement et d'organisation des administrations publiques et des collectivités territoriales, Paris, La documentation française, 1985.

RAYMOND, L., RIVARD, S. et BERGERON, F. *L'Informatisation dans les PME. Douze cas types*, Québec, Presses de l'Université Laval, 1988.

SANDERS, D. H. *L'Informatique : un instrument de gestion*, Montréal, McGraw-Hill, 1980.

SANDERS, D. M. *L'Univers des ordinateurs*, Montréal, McGraw-Hill, 1984.

SENN, J.A. *Analyse et Conception de systèmes d'information*, Montréal, McGraw-Hill, 1986.

Ouvrages en anglais

ANTHONY, R.N. *Planning of Control Systems : A Framework for Analysis*, Cambridge, Harvard University Press, 1985.

ARON, J.D. *Information System in Perspective*, Computing Surveys, 1986.

CARLSON, E.D. et SPRAGUE Jr., R.H. *Building Effective Decision Support Systems*, Englewood Cliffs, Prentice-Hall, 1982.

CHECKLAND, P. *Systems Thinking, Systems Practice*, New York, Wiley, 1981.

COLTER, M.A. «A Comparative Examination of Systems Analysis Techniques», *MIS Quarterly*, 1984.

COPELAND, D. G. et McKENNEY, J. L. «Airline Reservations Systems: Lessons from History», *MIS Quarterly*, septembre 1988.

DATE, C. F. *An Introduction to Database Systems*, volume 1, 4ᵉ édition, Don Mills, Addisson-Wesley Publishing Co., 1985.

DE MARCO, T. *Structured Analysis and System Specification*, Toronto, Prentice-Hall, 1979.

ELIASON, A.L. *Systems Development*, Toronto, Little, Brown and Co., 1987.

EVEREST, G.C. *Database Management : Objectives, System Functions and Administration*, New York, McGraw-Hill, 1981.

HURBER, G. «Organization Information Systems; Determinant of Their Performance and Behavior», *Management Science*, 1982.

KING, W.R., «Strategic Planning for Management Information Systems», *MIS Quarterly*, 1978.

LAUDON, K. «From PC'S to Managerial Workstations: Organizational Environment and Management Policy in the Financial Industry», Center for Research on Information Systems, Working Paper nᵒ 121, avril 1985, New York University.

LEDERER, A.L. et MENDELOW, A.L. «Issues in Information Systems Planning», *Information et Management*, 1986.

MARKUS, M. *System in Organizations : Bugs and Features*, Boston, Pitman, 1983.

McLEAN, E.R. et SODEN, J.V. *Strategic Planning for MIS*, New York, John Wiley & Sons, 1977.

NOLAN, R. *Managing the Data Resource Function*, 2ᶜ édition, St-Paul, Minnesota West Publishing Company, 1987.

O'LEARY, T.J. et WILLIAMS, B.K. *Computers and Information Systems*, Redwood City (Cal.), Thee Benjamin/Cummings Publishing Company, 1989.

RAYMOND, L. «MIS Success in Small Business», *MIS Quarterly*, mars 1985.

RHODES, R. et KRUPSH, J. «Do Top Level Executives Use Computers to Make Their Decisions?», *Office Systems Research-Journal*, vol. 6, nᵒ 2.

SHNEIDERMAN, B. et KEARLEY, G. *Hypertext Hand-on! An Introduction to a New Way of Organizing and Accessing Information*, Don Mills, Addisson-Wesley Publishing Co., 1989.

SIMPSON, J.W. «Blazing Trails in the Electronic Wilderness», *The Wall Street Journal*, 1988.

THIERAUF, R.J. *Decision Support Systems for Effective Planning and Control*, Toronto, Prentice-Hall, 1987.

WARNIER, J.D. *Logical Construction of Systems*, New York, Van Nostrand Reinhold, 1981.

WARREN, F. et McFERLAND, «Information Technology Changes the Way You Compete», *Havard Business Review*, 1984.

WATERMAN, D.A. *Generic Categories of Expert System Application. A Guide to Expert Systems*, 1986.

WEST, C.K. *The Social and Psychological Distortion of Information*, Chicago, Nelson-Hall, 1981.

WETHERBE, J.C. et G.W., *MIS Management*, New York, McGraw-Hill, 1984.

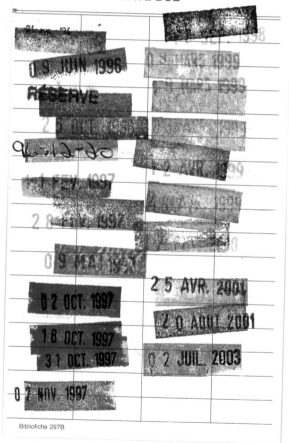